AKAL BÁS

Maqueta de portada: Sergio Ramírez
Diseño interior y cubierta: RAG

Reservados todos los derechos. De acuerdo a lo dispuesto en
el art. 270 del Código Penal, podrán ser castigados con penas
de multa y privación de libertad quienes sin la preceptiva autorización
reproduzcan, plagien, distribuyan o comuniquen públicamente, en todo o en parte,
una obra literaria, artística o científica, fijada en cualquier tipo de soporte.

1.ª reimpresión, 2009
2.ª reimpresión, 2011
3.ª reimpresión, 2014
4.ª reimpresión, 2015
5.ª reimpresión, 2017

© Juan Carmona Muela, 2003

© de la 1.ª edición, Ediciones Istmo, S. A., 2003

© de la edición en Básica de Bolsillo, Ediciones Akal, S. A., 2008
Sector Foresta, 1
28760 Tres Cantos
Madrid - España
Tel.: 918 061 996
Fax: 918 044 028
www.akal.com

ISBN: 978-84-460-2931-1
Depósito legal: M-12.161-2011

Impreso en España

Juan Carmona Muela

Iconografía de los santos

ARGENTINA / ESPAÑA / MÉXICO

A mis hijas, Julia y Elena

ÍNDICE

Presentación 9

Iconografía de los santos 13

Índice onomástico 465

Bibliografía 469

Presentación

Resulta inevitable titular así un libro dedicado a las imágenes de los santos, pero, en contra de lo que pudiera sugerirle al lector, la presente obra no tiene pretensiones de exhaustividad. La empresa no sólo resultaría prácticamente imposible, sino que desvirtuaría el propósito real del libro, que es, en definitiva, el estudio de las imágenes de aquellos santos cuya fama y devoción han dejado una huella incuestionable en la cultura y el arte de Occidente. Así lo expresó también Juan Interián de Ayala, teólogo de la Universidad de Salamanca, al abordar la iconografía de los santos en *El pintor cristiano y erudito*: «No es mi ánimo extender mi discurso a todas las imágenes de cualesquiera santos: porque ¿qué Hércules podría cargar sobre sí tan gran peso? Sólo es mi intención tratar de las imágenes de los santos cuyas solemnidades están en los fastos de la Iglesia [...], y aún no de todas éstas, sino solamente de aquellas que se ven con más frecuencia entre nosotros» (Madrid, 1730). Con este criterio, pues, se han seleccionado los personajes y se ha incluido, junto a los santos de devoción universal, a un buen número de santos estrechamente vinculados a nuestras tradiciones y cuyas imágenes todavía podemos contemplar en nuestras iglesias o en nuestros museos.

Por otra parte, queriendo ser fieles a la primera parte del título, esto es, al estudio iconográfico, se ha prestado más atención al apartado de cada artículo consignado como «Representaciones», añadiendo información incluso sobre obras de arte de especial relevancia para la iconografía del santo tratado, como la historia de san Mateo pintada por Caravaggio en San Luis de los Franceses, el *San Mauricio y la legión tebana* de El Greco o las Verónicas de Zurbarán. Es evidente que este tratamiento requiere espacio y que, si al mismo tiempo se quiere encerrar en unos límites que no sobrepasen lo que es razonable en una guía útil, la exhaustividad es la primera ambición que hay que sacrificar; por lo tanto, concebirlo de otra manera hubiera sido convertir la iconografía en un mero catálogo de obras o en una simple enumeración de atributos. El lector juzgará si el resultado ha conseguido o no huir de ambos extremos.

A la hora de elaborar este apartado, siguiendo el consejo que Antonio Palomino daba a los pintores (*El museo pictórico y escala óptica*, 1724), hemos tenido en cuenta lo que «doctamente escribieron Juan Molano, doctor teólogo de la Universidad de Lovaina [*De Historia SS. Imaginum*, Lovaina, 1570], y el eminentísimo cardenal Paleotto [*Discorso intorno alle imagine sacre e profane*, Bolonia, 1582]; y sobre todo está hoy escribiendo el reverendísimo padre maestro Fray Juan Interián de Ayala». Los tres y las *Adiciones a algunas imágenes* con las que Francisco Pacheco concluía *El Arte de la Pintura* (Sevilla, 1649) son producto de la Contrarreforma; se escribieron para evitar los «errores» y los «abusos» de los artistas, por lo que constituyen un material de inestimable valor para entender la iconografía sagrada postridentina. Son muchos los santos que vieron reformadas y recortadas sus biografías, cuando no directamente cuestionada su historicidad, como el popular san Jorge de Capadocia o santa Úrsula. Evitar la crítica y la mofa de los protestantes suponía someter la imagen sagrada a la vigilancia y al control de la Iglesia para erradicar cualquier elemento sospechoso, por irreal, por fantástico o por herético: el Niño camino del vientre de María en la escena de la Anunciación, el beso de santa Ana y san Joaquín, el episodio del león en la vida de san Jerónimo o el del niño en la playa en la de san Agustín son asuntos que se critican por uno u otro motivo intentando, con mayor o menor fortuna, hacerlos desaparecer de la vista de los fieles, que tienen en las imágenes su única fuente de instrucción.

Es por esto por lo que la Iglesia de Trento defiende la fidelidad histórica por encima de todo, y fidelidad al Evangelio cuando se trata de los santos del Nuevo Testamento. Sin embargo, se admite la tradición como fuente de inspiración en aquellas imágenes que, si bien no son en todo conformes a la palabra sagrada, dice Gabriele Paleotti (*Discorso*, lib. II, cap. IX), sí lo son a la autoridad de los Santos Padres y al uso universal de la Iglesia. Así, aunque el evangelista no dice qué hacía la Virgen cuando el arcángel san Gabriel la saludó, la tradición defiende y enseña que estaba de rodillas concentrada en la oración; y aunque tampoco dice san Lucas cómo iba san Pablo a Damasco, si a pie o a caballo, es verosímil pensar que, si estaba al servicio del Sumo Sacerdote, hiciese el viaje a caballo. Pero la tradición hay que aplicarla con juicio e inteligencia, pues una cosa es representar a san Pablo a caballo y otra «adornarlo como un soldado romano», dice Interián de Ayala (*El pintor cristiano*, lib. II, cap. 5), del mismo modo que pintarían a Sila o a Mario: «¡Qué tuvo jamás de común un judío como era Pablo, con el traje y adornos de un capitán romano!». Estos errores son producto, sigue Ayala, de la «somnolencia de los pintores y la ignorancia que tienen de los hechos».

Para conocer los episodios a los que se refieren las imágenes, abrimos cada entrada con el apartado «Historia y tradición». En muchos casos el resultado es una suerte de biografía piadosa que no queda muy lejos de cualquier hagiografía al uso; para resolverlas, además de consultar numerosas biografías individuales, se han tenido en cuenta los repertorios hagiográficos que conocieron y manejaron los artistas. La *Leyenda Dorada* que el dominico Santiago de la Vorágine escribiera hacia 1264 es la fuente fundamental, prácticamente la única que utilizaron hasta bien entrado el siglo XVI; y aunque se limitó a compendiar los relatos que ya podían leerse en las misas y en las festividades de los santos, la obra de Santiago de la Vorágine, en palabras de Mâle, «representa admirablemente a toda una serie de obras que, en rigor, nos dispensa de consultar». Pero la crítica al excesivo contenido maravilloso del libro, el rigor histórico que reclamaba el Concilio de Trento y una nueva legión de santos hicieron necesario poner al alcance de los artistas del Barroco un nuevo repertorio que sustituyera a la *Leyenda Dorada*: los distintos *Flos Sanctorum* que se escribieron durante el siglo XVI cumplieron ese cometido. Son los de Pedro de Vega (Zaragoza, 1521), Alonso de Villegas (Madrid, 1588) y Pedro de Ribadeneira (Madrid, 1599-1601). Sin citar ninguno en particular, dice Palomino que son «utilísimo tratado, no sólo para la vida cristiana, sino para la dirección de los pintores en la expresión» de las vidas y martirios de la «turba de mártires, confesores, vírgenes y anacoretas» (*Museo pictórico*, lib. IX, cap. 3). Hemos utilizado también aquí el *Año Christiano* que el jesuita francés Jean Croiset publicó en el siglo XVIII. No sólo tiene el interés de recoger ya la tradición más admitida y popular, sino que muchos de sus relatos se inspiran directamente en las obras de arte que pudo contemplar.

Salvo que la redacción de cada uno de los apartados lo requiera, y dado que se citan estas fuentes con frecuencia, no hemos considerado oportuno referenciar en el texto las ediciones utilizadas, que sí quedan consignadas para información del lector en la bibliografía general. Lo mismo cabe decir de las obras de don Antonio Ponz y Ceán Bermúdez, fuentes importantes para el conocimiento de nuestra historia del arte. En la bibliografía específica que cierra cada uno de los artículos, se han incluido estudios sobre obras de arte que, como apuntábamos antes, son especialmente importantes para la iconografía de determinados santos. El orden alfabético en el que están dispuestos en el libro haría innecesario ofrecer al final un índice de nombres; sin embargo, su inclusión no sólo facilita su consulta, sino que además podemos encontrar en él información de un número no despreciable de santos que, no teniendo entrada propia, se encuentran distribuidos a lo largo de los 140 artículos de aquellos que por su relevancia sí la han merecido. Resolvemos con el tradicional método de destacar en negrita las páginas en las que se encuentran estos últimos. En el índice sólo se consignan las páginas en las que aparecen como personajes y no cuando su nombre aparece asociado a la titularidad de una iglesia o de una orden religiosa.

ABDÓN Y SENÉN
S. III. Mártires.

HISTORIA Y TRADICIÓN: El emperador Decio llevó a Córdoba a numerosos cristianos apresados en Babilonia y en otras provincias del imperio. Una vez torturados y muertos, los dejaba insepultos, pero Abdón y Senén, virreyes según la *Leyenda Dorada*, enterraban los cuerpos de los mártires. Por ello fueron denunciados ante el emperador y conducidos a Roma encadenados. Allí fueron arrojados a los osos y leones del circo, pero las fieras se sentaron a su alrededor sin hacerles daño; finalmente fueron decapitados. Unos monjes benedictinos trasladaron sus reliquias escondidas en unos barriles desde Roma hasta la abadía de Arlés-sur-Tech en el Rosellón, lo que debió contribuir a extender su culto por el norte peninsular. Su acto piadoso de enterrar los cuerpos de los cristianos les ganó el patronazgo sobre los hortelanos hasta que, en época moderna, fueron sustituidos por san Isidro.

ATRIBUTOS: Palma, espada, cadenas.

REPRESENTACIONES: Visten como príncipes o como caballeros, y llevan la corona en calidad de «virreyes». Así los pintó Jaime Huguet en el *Retablo de san Abdón y san Senén* (1459-1460) para la iglesia de Santa María de Terrasa, en el que incluyó cuatro escenas: la denuncia al emperador, los santos en el circo, la decapitación y el traslado de sus reliquias. Luis Salvador Carmona los representa como soldados encadenados, captando el momento en que son apresados y conducidos a Roma (Iglesia de Santa María de Orixondo en Vergara, Guipúzcoa).

ÁGUEDA
S. III. Virgen y mártir.

HISTORIA Y TRADICIÓN: Quintiliano, cónsul de Sicilia, quiso casarse con Águeda, o Ágata, de una ilustre familia de Catania.

Ante la negativa de la joven por considerarse ya sierva de Cristo, el cónsul decidió introducirla en un prostíbulo para hacerla cambiar de opinión. Como esto no conseguía corromper su fe, decidió torturarla. Después de someterla al tormento del potro, hizo que le arrancaran los pechos, a lo que ella le dijo: «¿No te da vergüenza privar a una mujer de un órgano semejante al que tú, de niño, succionaste reclinado en el regazo de tu madre?». Sin embargo, esa misma noche se apareció san Pedro en el calabozo e hizo reaparecer sus pechos y la curó de todas sus heridas; al día siguiente fue quemada en la hoguera. Durante el primer aniversario de su muerte entró en erupción el volcán de Catania. La lava, sin embargo, se detuvo ante la tumba de santa Águeda; es por ello patrona de la ciudad y abogada contra los incendios y quemaduras. Desde el siglo XVII se reza a la santa en petición de leche para las nodrizas, motivo por el cual se la considera protectora de la lactancia.

ATRIBUTOS: Pechos sobre una bandeja, corona de flores, palma.

REPRESENTACIONES: La imagen más frecuente de santa Águeda es aquella que nos la presenta como mártir, frente al espectador, llevando sus atributos. La función esencialmente didáctica que tiene la plástica medieval y el gusto por lo narrativo de la pintura gótica hacen que se incluya en su iconografía la escena en la que los verdugos le cortan los pechos con unas grandes tenazas, tal como se ve, por ejemplo, en una de las tablas laterales del *Retablo de la Virgen* de Lorenzo Zaragoza (Jérica, Castellón, iglesia de San Jorge). Aunque sigue representándose a santa Águeda con sus pechos sobre una bandeja hasta el Barroco (Zurbarán, Musée Fabre de Montpellier), la depuración de las imágenes religiosas que impulsa el Concilio de Trento y la función esencialmente devocional que adquiere ahora el arte sacro, huyendo para ello del desnudo y de lo deshonesto, provocan en la iconografía de santa Águeda una clara reacción contra el principal y más claro de sus atributos por considerarlo contrario a la nueva estética del decoro. Se imponen entonces los modelos de los artistas italianos, como Andrea Vaccaro, Massimo Stanzione o Francesco Guarino, que nos presentan a la santa oprimiendo sus ropas contra un pecho ensangrentado (1637, Nápoles, Museo de Capodimonte). Palomino se hace eco de este nuevo gusto cuando recomienda a los pintores «usar de toda la industria posible para honestar el desnudo, en los casos precisos, especialmente en las mujeres: ya con el cabello, ya con algún cendal, ya buscándole la actitud y contorno más modesto o ya cubriendo parte de la figura con otra que se le anteponga, como Adán a Eva; y a santa Águeda, o santa Catalina mártir». Otro episodio frecuente en su iconografía es la intervención de San Pedro cuando la santa se halla en la prisión (Vaccaro, *San Pedro cura a santa Águeda*, Madrid, Academia de Bellas Artes de San Fernando).

AGUSTÍN
354-430. Obispo y Doctor de la Iglesia.

HISTORIA Y TRADICIÓN: Nacido en una localidad cercana a Cartago, se considera a san Agustín uno de los cuatro Padres de la Iglesia occidental, a pesar de que en su juventud profesó el maniqueísmo durante nueve años. Su madre, santa Mónica, lloraba apenada por el error en el que vivía su hijo, hasta que una noche tuvo una visión en la que un joven se le acercó y le dijo: «Ten la seguridad de que donde tú estés estará él». Así, le siguió hasta Roma y hasta Milán, donde san Agustín empezó a enseñar retórica. En Milán conoció a san Ambrosio y comenzó a dudar del maniqueísmo escuchando sus sermones. Angustiado por la duda, se sentó un día debajo de una higuera y, mientras lloraba, oyó un voz que le decía «toma y lee». Cogió un libro que llevaba consigo y disipó sus dudas leyendo la *Epístola a los romanos* de san Pablo. Fue por fin bautizado en el cristianismo por san Ambrosio en el año 387, junto a su hijo Adeodato y su amigo Alipio.

De nuevo en Cartago, fundó en Tagaste, su ciudad natal, el primer monasterio agustiniano. Se dedicó también a escribir y a enseñar la nueva fe, alcanzando pronto el cargo de presbítero de

Valerio, obispo de Hipona. Tal era la elocuencia con la que hablaba san Agustín que, en contra de toda costumbre, predicaba en la catedral en sustitución del propio obispo aunque éste estuviese presente. En el año 395 fue consagrado obispo de Hipona y allí murió, durante el asedio de los vándalos en el año 430. En su agonía curó a un enfermo que acudió a él alertado por una visión. El cuerpo de san Agustín fue llevado a Cerdeña, y a principios del siglo VIII el rey lombardo Luitprando hizo que lo trasladasen a Pavía. De la producción literaria de san Agustín habría que destacar *La Ciudad de Dios* y las *Confesiones*, obra autobiográfica compuesta hacia el año 400 y que constituye la fuente principal de su iconografía. Apartándose de la historicidad de las *Confesiones*, a finales del siglo XIII surge la leyenda del encuentro con el Niño Jesús en la playa cuando éste intenta introducir el agua del mar en un hoyo con ayuda de una concha. San Agustín le dice que eso es tarea imposible, a lo que el Niño le replica que no menos que encerrar el misterio de la Trinidad en un razonamiento humano.

ATRIBUTOS: Como escritor y Doctor de la Iglesia lleva el libro y la pluma; y una maqueta de iglesia en su calidad de fundador. A menudo lleva un corazón llameante en la mano como símbolo de su total entrega a Dios (Rubens, *La Virgen y el Niño con santos*, 1628, Amberes, iglesia de San Agustín). Según Molano (*De Historia SS. Imaginum*, Lovaina, 1570), es un atributo extraído de los comentarios de san Agustín al capítulo 23 de *Proverbios* («Dame, hijo, tu corazón, y que tus ojos hallen deleite en mis caminos» *Pr.* 23, 26). Desde el siglo XVI, en ocasiones el corazón está traspasado por flechas (Lucas Jordán, *San Agustín y santa Mónica*, 1657, Madrid, convento de la Encarnación); en este caso el atributo se inspira en un pasaje de las *Confesiones*: «Tus flechas habían atravesado mi corazón con tu amor. Llevaba tus palabras clavadas en mis entrañas» (*Confesiones*, IX, 2, 3). Por último, el episodio del encuentro con el Niño Jesús en la playa puede quedar reducido también a simple atributo, especialmente en el Barroco (Gregorio Fernández, *San Agustín*, 1629-1630, Madrid, convento de la Encarnación).

REPRESENTACIONES: Hasta el siglo XVI se representa a san Agustín joven y sin barba, pero a partir de entonces se impone el tipo patriarcal, maduro y barbado. Puede vestir indistintamente como obispo, como monje agustino con el hábito negro y un cinturón de cuero, o con una mezcla de ambas indumentarias, con la capa pluvial normalmente por encima del hábito. Es frecuente su representación como figura aislada o formando conjunto con los otros Padres de la Iglesia latina.

Entre los ciclos narrativos hay que destacar la serie de 18 composiciones al fresco que Benozzo Gozzoli realizó hacia 1465 en San Gimignano. Estos ciclos se centran en el núcleo histórico de la biografía de san Agustín narrada por él mismo en las *Confesiones*, destacando la visión de santa Mónica, la conversión o el «Tolle, lege», el bautismo y la consagración como obispo de Hipona. A este núcleo pueden añadirse otras escenas, como el traslado de sus reliquias a Pavía (s. XIV, Pavía, mausoleo del santo en la iglesia de San Pedro en el Cielo de Oro); o la lucha contra maniqueos y donatistas (Huguet, *Retablo des Blanquers*, 1463-1465, Barcelona, Museo Nacional de Arte de Cataluña), aspecto por el que fue llamado «martillo de herejes» y por el que será de nuevo recordado en el Barroco. Así, Salzillo lo representó pisando a los herejes y esgrimiendo una pluma como arma (*San Agustín combatiendo la herejía*, 1745-1750, Murcia, iglesia de las Agustinas). También Carle Van Loo desarrolló el núcleo histórico de la biografía agustina en seis grandes composiciones pintadas entre 1746 y 1755 para la iglesia parisina de Notre Dame des Victories, ejemplo de la depuración de la vida de los santos emprendida en el siglo XVII como reacción a los ataques de los protestantes.

Para esta serie se desecharon escenas consideradas apócrifas, que sí aparecen, por ejemplo, en el retablo de Huguet antes mencionado y que se harán bastante frecuentes en el Barroco a pesar de todo: el encuentro con el Niño Jesús en la playa (Rubens, *San Agustín y la leyenda de la playa*, 1637, Praga, Galería Nacional) y el lavatorio de los pies de un peregrino que resulta ser Cristo (Lanfranco, *San Agustín y Cristo peregrino*, 1636-1637, Salamanca, Agustinas de Monterrey). El mismo asunto fue pintado también por Murillo (Valencia, Museo de Bellas Artes) utilizando como fuente una de las estampas de la serie grabada por Bolswert en 1624. Los 28 grabados de la *Iconographia Magni Patris Aurelii Augustini* inspiraron también los grandes ciclos del convento agustino de Quito, en Ecuador, obra de Miguel de Santiago, así como el realizado por Basilio Pacheco a mediados del XVIII para el convento de San Agustín de Cuzco, que, con 38 cuadros, es el más extenso de todos. Murillo lo representó meditando entre Cristo y la Virgen que le ofrece un pecho (*San Agustín entre Cristo y la Virgen*, 1665, Madrid, Prado): «Yo no sé de qué lado dirigirme; dudo entre la sangre de Cristo y la leche de su Madre».

BIBLIOGRAFÍA:

COURCELLE, J. y P., *Iconographie de Saint Augustin. Les cycles du XIVe siècle*, París, Institut D'Études Augustiniennes, 1965.

—, *Iconographie de Saint Augustin. Les cycles du XVe siècle*, París, Institut D'Études Augustiniennes, París, 1969.

—, *Iconographie de Saint Augustin. Les cycles du XVIe et du XVIIe siècle*, París, Institut D'Études Augustiniennes, 1972.

—, *Iconographie de Saint Augustin. Les cycles du XVIIe (2e partie) et du XVIIIe siècle*, París, Institut D'Études Augustiniennes, 1991.

DANIA, L., FUNARIA, D., *San Agostino, Il santo nella pittura dal XIV al XVIII secolo*, Milán, Silvana Editoriale, 1988.

ORRIOLS I ALSINA, A., «Iconografía de San Agustín en los ciclos góticos catalanes», *Boletín del Museo e Instituto «Camón Aznar»* 40 (1990), pp. 13-46.

PAS DE SÉCHEVAL, A., «Les tableaux de Carle Vanloo pour le choeur de l'église parisienne de Notre-Dame-des-Victoires», *Revue de l'art* 114 (1996), pp. 23-33.

ALEJO
S. IV. Peregrino.

HISTORIA Y TRADICIÓN: San Alejo era hijo de un noble romano llamado Eufemiano, un hombre piadoso que siempre encontraba sitio en su casa para atender a los mendigos que llamaban a su puerta. Cuando Alejo creció, sus padres eligieron una esposa para él y, aunque consintió en casarse, la misma noche de bodas abandonó a su esposa y se marchó a Oriente, a la ciudad siria de Edesa. Allí estuvo diecisiete años viviendo de la caridad que recogía a la puerta de la iglesia de Santa María Madre de Dios, hasta que la misma Virgen ordenó al párroco hacerlo pasar al templo.

Alejo, queriendo huir de la popularidad que había provocado el milagro, se embarcó rumbo a Tarso, en Cilicia, pero el barco se desvió y lo llevó de vuelta a Roma. Recordando la caridad de su padre, se acercó un día a él para pedirle refugio en su casa y Eufemiano, sin reconocer a su hijo, ordenó a sus criados que lo alojasen en algún rincón del palacio y le dieran de comer todos los días. Le acomodaron en el hueco que quedaba debajo de una escalera, donde vivió otros diecisiete años, siendo objeto de la burla de los criados de su padre, que incluso le arrojaban el agua sucia que habían utilizado para fregar. Murió allí, agarrando fuertemente con la mano el papel en el que había contado su historia. Su padre se encontraba en la iglesia de San Pedro, donde el papa Inocencio I celebraba misa en presencia del emperador Honorio, y fue en ese momento cuando una voz anunció que un hombre santo había muerto en casa de Eufemiano. Hasta allí se encaminaron todos, quedando asombrados y prorrumpiendo en llantos cuando el papel reveló la verdadera identidad del mendigo.

ATRIBUTOS: Escalera, papel en la mano.

REPRESENTACIONES: La leyenda de san Alejo se populariza a partir del siglo X y, ya en el siglo XI, encontramos representada la escena del descubrimiento de su cadáver en un fresco de la iglesia inferior de San Clemente, en Roma. Es éste el episodio más frecuente en su iconografía, que llega incluso hasta el Barroco. Pietro da Cortona lo representó agarrado al papel y a una sencilla cruz de palo (*San Alejo moribundo*, Nápoles, iglesia dei Girolamini). Aunque a menudo se le viste como un mendigo, puede aparecer también como peregrino, como en la escultura de Agustín Pujol que se conservó hasta 1936 en la iglesia de Santa María del Mar en Barcelona. La presencia de la escalera y del papel en la mano que lleva el *Santiago el Mayor* de Ribera (1631, Madrid, Museo del Prado), ha hecho pensar a algunos críticos que el personaje representado no sea el apóstol, sino san Alejo.

Leyenda de san Alejo, s. XI, Roma, basílica de San Clemente.

AMBROSIO
340-397. Obispo y Doctor de la Iglesia.

HISTORIA Y TRADICIÓN: Considerado también uno de los cuatro Padres de la Iglesia latina junto a san Gregorio, san Agustín y san Jerónimo, se vio ya desde su nacimiento un presagio de su futura elocuencia porque, estando en la cuna, recibió la visita de un enjambre de abejas que se le posaban en la cara y se le metían en la boca sin causarle el menor daño. Este milagro, relatado por Paulino de Nola (*Vita S. Ambrosii, ca.* 422), anunciaba los ríos de miel que habrían de salir de la boca de san Ambrosio. Después de estudiar en Roma, fue nombrado gobernador de las provincias Emilia y Liguria. Hacia el 374 murió el obispo arriano de Milán, Auxencio, provocando una disputa por la sede vacante entre arrianos y católicos. Ambrosio acudió para apaciguarlos y, cuando concluyó su discurso, una voz infantil le proclamó obispo de Milán; la multitud secundó la propuesta y fue elevado a la dignidad episcopal cuando tenía treinta y cinco años.

A partir de entonces se dedicó a combatir la herejía arriana, y así consiguió en el año 379 que el emperador Graciano terminara con la tolerancia que hasta entonces había practicado, prohibiéndoles la enseñanza, tener clero y reunirse en sínodo. También por influencia de san Ambrosio, Graciano hizo retirar el altar de la Victoria que presidía las reuniones del senado, «y así, se puede decir que, después de Dios, debe la Iglesia a san Ambrosio esta última victoria contra el paganismo».

Asimismo consiguió subordinar el poder del emperador al poder de la Iglesia, humillando en varias ocasiones en público a Teodosio, como en el año 388, negándose a edificar a sus expensas una sinagoga quemada por los católicos; o, el caso más importante, la penitencia impuesta al emperador por la matanza de Tesalónica del año 390. En este año fue encarcelado un auriga acusado de homosexualidad, comportamiento castigado entonces según las nuevas leyes de inspiración cristiana. El pueblo linchó al gobernador que había dado la orden, y Teodosio respondió ordenando una matanza en el circo donde murieron más de tres mil personas. San Ambrosio, al enterarse, dictó la excomunión del emperador, que se encontraba en Milán, y le prohibió la entrada en la iglesia. Teodosio, intentando justificarse, dijo: «Ya conozco mi culpa, y espero en la misericordia divina, como David, aunque cometió un adulterio y un homicidio». San Ambrosio le contestó: «Vos le habéis imitado en su pecado, imitadle también en su penitencia». En la Navidad del 390, Teodosio, despojado de su vestimenta imperial, se postró ante san Ambrosio y obtuvo el perdón. Cuando san Ambrosio murió, su cuerpo fue depositado junto a los de Gervasio y Protasio, mártires milaneses cuyas reliquias había descubierto.

ATRIBUTOS: Como Doctor y Padre de la Iglesia lleva la pluma, el libro y la maqueta de iglesia; una colmena en alusión al milagro de las abejas como fuente de su doctrina, por lo que es llamado «Doctor melifluo»; y un látigo de tres colas, frecuente en la pintura italiana (Antonio Vivarini, *Virgen entronizada con los santos Gregorio, Jerónimo, Ambrosio y Agustín*, 1446, Venecia, Galería de la Academia). Este último atributo, además de simbolizar genéricamente el azote contra las herejías, hace referencia a la milagrosa aparición de san Ambrosio en la batalla de Parabiago de 1338 frente a las tropas de Luis de Baviera (Molano, 1570). Pintarlo sin él entra en la categoría de lo que Paleotti llama «pintura imperfecta».

REPRESENTACIONES: Se le representa por regla general formando conjunto con el resto de los Padres de la Iglesia, maduro y con barba, y vistiendo los hábitos episcopales. Entre las escenas, la más frecuente es la penitencia impuesta al emperador Teodosio por la matanza de Tesalónica (Rubens, *San Ambrosio recibiendo al emperador Teodosio*, 1618-1619, Viena, Kunsthistorisches Museum). Como también le cupo el honor de haber bautizado a san Agustín, el episodio se encuentra con frecuencia en las series biográficas de ambos santos. Éste es el caso de la que Valdés Leal pintó en 1673 para el palacio episcopal de Sevilla por encargo del arzobispo Ambrosio de Spínola, aunque las pinturas fueron sustraídas durante la ocupación napoleónica y en la actualidad andan dispersas en diferentes museos y colecciones privadas. Siete escenas componen la serie: *El milagro de las abejas*, *San Ambrosio nombrado gobernador de Milán*, *San Ambrosio consagrado obispo de Milán*, *San Ambrosio bautizando a san Agustín*, *San Ambrosio negando al emperador Teodosio la entrada al templo*, *San Ambrosio absolviendo al emperador* y *La última comunión de san Ambrosio*.

ANA
Madre de la Virgen María.

Historia y tradición: La tradición relativa a santa Ana y a san Joaquín, los padres de la Virgen, se encuentra en los evangelios apócrifos, especialmente en el *Protoevangelio de Santiago*, algunos de cuyos capítulos están redactados en el siglo II; el *Pseudo Mateo*, del siglo VI; y el *De nativitate Mariae*, o *Libro de la natividad de María*, posiblemente redactado hacia el siglo IX. Santiago de la Vorágine los recogió en la *Leyenda Dorada*, por lo que gozaron de gran popularidad a lo largo de la Edad Media. Aunque en algunos momentos sus contenidos y protagonistas llegaron a ser cuestionados (Mâle, 1985), constituían la única fuente que compensaba el silencio de los evangelios canónicos sobre la infancia de la Virgen y del mismo Jesús, asuntos que, aun en el Barroco, seguían alimentando la devoción popular y la iconografía.

Joaquín y Ana, ambos de la estirpe de David, vivían en Jerusalén. Después de muchos años su matrimonio no había obtenido descendencia, por lo que, en una ocasión, san Joaquín fue reprendido y expulsado del templo. Afligido, se retira al desierto sin que su mujer Ana sepa nada de su huida. Ambos se lamentan por separado y a su vez reciben la visita del ángel anunciándoles «el nacimiento de una hija cuyo nombre será María, que ha de ser bendita entre todas las mujeres» (*De nativitate*). Les dice además que se reencontrarán en la puerta de la ciudad que llaman Dorada. Hacia allí se encamina el matrimonio; Ana, en cuanto vio a Joaquín que venía con sus rebaños, «salió corriendo a su encuentro, se abalanzó sobre su cuello y dio gracias a Dios diciendo: "Poco ha era viuda y ya no lo soy; no hace mucho era estéril, y he aquí que he concebido en mis entrañas"» (*Ps. Mateo*).

Cuando la niña cumplió tres años fue ofrecida al templo de Jerusalén en cumplimiento del voto que hiciera santa Ana cuando lamentaba su esterilidad. «Al llegar frente a la fachada del templo, subió tan rápidamente las quince gradas, que no tuvo tiempo de volver su vista atrás y ni siquiera sintió añoranza de sus padres» (*Ps. Mateo*). Según la tradición, san Joaquín murió pocos días después, con ochenta años, y santa Ana años más tarde, con setenta y nueve. Es tradición también que el cuerpo de santa Ana fue llevado a la ciudad de Provenza de Apt por san Auspicio, su primer obispo; y que, en el año 772, fue trasladado a la catedral por el obispo Magnerico.

ATRIBUTOS: Libro, Virgen Niña.

Giotto, *Encuentro en la Puerta Dorada,* 1304-1312, Padua, Capilla Scrovegni.

REPRESENTACIONES: Giotto, en los frescos realizados entre 1304 y 1312 en la Capilla Scrovegni de Padua, desarrolla en ocho escenas las posibilidades de representación narrativa de la historia de los padres de la Virgen tomando como fuente el evangelio del *Pseudo Mateo*: *San Joaquín es arrojado del templo*, *San Joaquín entre los pastores*, *Anuncio del ángel a santa Ana*, *El sacrificio de Joaquín*, *Anuncio a san Joaquín mientras duerme*, *Encuentro en la Puerta Dorada*, *Nacimiento de María* y *Presentación en el Templo*. El *Abrazo en la Puerta Dorada* es el momento culminante de la historia de santa Ana y el más representado, pues la devoción popular situaba en este preciso instante la concepción de la Virgen. Con el abrazo se cumplía la predicción del profeta Isaías: «Saldrá un vástago del tronco de Jesé, y un retoño de sus raíces brotará» (*Is.* 11, 1), de manera que la escena iba con frecuencia asociada a la representación del Árbol de Jesé simbolizando la inmaculada concepción de la Virgen, es decir, sin pecado original (Gil de Silóe, *Retablo del Árbol de Jesé*, 1483-1486, Burgos, Catedral).

En la escena de Giotto el matrimonio acompaña el abrazo con un beso, gesto habitual que iniciaba el saludo entre dos personas. Como esta costumbre inducía a pensar en el beso como único medio por el que fue concebida la Virgen, ya en la Edad Media se evitaba representarlo, convirtiendo la escena en un encuentro frío y distante (Giovanni da Milano, 1365, Florencia, Santa Croce). Entonces se sustituía el afectuoso abrazo del que hablan los apócrifos, y encontramos con frecuencia a un ángel sobrevolando la escena, sacralizando el encuentro al tocar con sus manos al mismo tiempo a los dos esposos, como se ve, por ejemplo, en la tabla de Pedro Berruguete que se encuentra en la catedral de Palencia. Francisco Pacheco aprueba la variante iconográfica y propone incluso una solución mucho más piadosa: pintar a los santos esposos arrodillados dando gracias a Dios. Así los pintó en un cuadro para el colegio de San Hermenegildo de Sevilla, hoy en la Academia de Bellas Artes de San Fernando de Madrid. De cualquier manera, el tema cayó en desuso a partir del siglo XVI y la Iglesia, que nunca sancionó la imagen del *Abrazo en la Puerta Dorada*, la prohibió finalmente mediante un decreto promulgado en 1677 por Inocencio XI.

En el siglo XIV surge el tema de *Santa Ana Triple* como una síntesis del Árbol de Jesé, exaltando a la madre de quien habría de ser a su vez madre del Redentor, según las palabras de san Jerónimo recogidas en la *Leyenda Dorada*: «Santa Ana, progenitora afortunadísima de la Teotocos, es decir, de la Madre de Dios [...], merece toda nuestra veneración porque de su seno salió el pimpollo nacido de la raíz de Jesé». La composición frontal e hierática inicial, que vemos por ejemplo en Masaccio (1424-1425, Florencia, Uffizi), se convertirá más tarde en una afectiva escena familiar, como en el magnífico cartón de Leonardo da Vinci, *Santa Ana, la Virgen y el Niño* (1505, Londres, National Gallery). En el Barroco surge un nuevo tema en la iconografía de santa Ana: *Santa Ana Maestra*, en el que aparece enseñando a leer a la Virgen Niña. De nuevo Francisco Pacheco describe y reprueba una de las primeras representaciones de este asunto, el lienzo de Juan de Roelas pintado para el convento de la Merced de Sevilla, hoy en su Museo de Bellas Artes. Argumenta que la Virgen, como Madre de Dios, recibió el magisterio del Espíritu Santo «desde el primer instante de su purísima concepción»; además, santa Ana no tuvo tiempo de enseñarle nada, pues la ofreció al templo cuando tenía tres años. Aunque Pacheco espera que con estas razones queden «desaficionados los devotos desta pintura», el tema seguirá representándose con frecuencia (Murillo, *Santa Ana y la Virgen*, ca. 1665, Madrid, Museo del Prado).

BIBLIOGRAFÍA:

CALDERÓN BENJUMEA, C., *Iconografía de Santa Ana en Sevilla y Triana*, Sevilla, Diputación Provincial, 1990.

CALVO CASTELLÓN, A., «Los apócrifos y la Leyenda Dorada en la inspiración iconográfica mariana. El anuncio del nacimiento de María en tres tablas de Pedro Berruguete», *Cuadernos de Arte e Iconografía* VI, 11 (1993), pp. 347-353.

STRATTON, S., «La Inmaculada Concepción en el arte español», *Cuadernos de Arte e Iconografía* I, 2, (1988), pp. 3-128.

SHEINGORN, P., «"The Wise Mother": The image of St. Anne teaching the Virgin Mary», *Gesta* 32, 1 (1993), pp. 69-80.

ANDRÉS
S. I. Apóstol.

HISTORIA Y TRADICIÓN: Hermano de san Pedro, fue captado por Jesús a orillas del lago Tiberíades cuando se encontraba pescando con su hermano (*Mt* 4, 18-20; *Mc* 1, 16-18). Jesús les dijo «venid conmigo y os haré pescadores de hombres», siendo, pues, los primeros que fueron llamados al apostolado. Según la tradición, san Andrés fue el artífice de la evangelización de Escitia, Capadocia, Galacia, Bitinia, Albania y Acaya, en el Peloponeso, donde tiene lugar su martirio, narrado con todo detalle en la *Leyenda Dorada*. Entre los convertidos al cristianismo por san Andrés se encuentra la esposa del gobernador romano, Egeas. Éste, airado, se dirige a la ciudad de Patrás y ordena detener al santo. Sentado en su tribunal, le ordena que haga sacrificios a los dioses o le hará «colgar de esa cruz» de la que tanto hablaba. Finalmente cumplió el gobernador su amenaza: después de azotarle, san Andrés fue atado de pies y manos a la cruz «para que tardara más en morir y sus padecimientos fueran más prolongados». Estuvo colgado en la cruz dos días, tiempo en el que no dejó de predicar hasta que murió.

ATRIBUTOS: Peces y cruz en aspa.

REPRESENTACIONES: Las representaciones más frecuentes nos lo presentan aislado formando parte de algún apostolado, o como imagen devocional llevando la cruz *decussata*, con forma de X (Duquesnoy, 1640, Roma, San Pedro del Vaticano); y en ocasiones también un pez (Ribera, Madrid, Museo del Prado; Valdés Leal, 1647, Córdoba, iglesia de San Francisco). Domenichino desarrolló la vida de san Andrés en cinco escenas, entre 1624 y 1628, en la iglesia de Sant'Andrea della Valle, en Roma, en la que incluyó la escena de la flagelación como ya hiciera en San Gregorio al Celio.

La imagen de su crucifixión es una de las más frecuentes: le vemos anciano, atado a la cruz *decussata* negándose a adorar a los ídolos (Ribera, 1628, Budapest, Museo de Bellas Artes), o ya colgado y rodeado de una gran muchedumbre (Rubens, 1639, Madrid, Fundación Carlos de Amberes; Murillo, 1675-1680, Madrid, Museo del Prado). Éste es uno de los aspectos más llamativos de la iconografía de san Andrés: la utilización generalizada de este tipo de cruz como instrumento de su martirio desde el siglo XV, sin que haya fuente documental alguna en la que basar su representación. Su origen, oscuro aún, se sitúa en Borgoña, región que tiene a san Andrés por patrón por creer que los burgundios procedían de Escitia, una de las zonas evangelizadas por el santo. Por eso cuando Felipe III el Bueno, Gran Duque de Borgoña, fundó la Orden del Toisón de Oro, la puso bajo la tutela de san Andrés; arrodillado y rezando frente al santo le vemos en una miniatura anónima del *Breviario de Felipe el Bueno* (*ca.* 1455, Bruselas, Biblioteca Real): san Andrés lleva un libro en la mano derecha, y con la izquierda sostiene la cruz *decussata* que apoya en el suelo. Y aparece también en una mi-

Murillo, *Martirio de san Andrés,* 1675-1680, Madrid, Museo del Prado.

niatura de Jean Fouquet en el Libro de Horas de Etienne Chevalier (1452-1460, Chantilly, Museo Condé). Molano, sin embargo, criticaba la adopción de esta cruz por la Casa de Borgoña porque se basaba en una mala lectura de la angulación de los brazos de la cruz que, tenida por la de san Andrés, llevaron los cruzados a Marsella en la misma época en que se fundó la Orden del Toisón de Oro. A pesar de las críticas del teólogo de Lovaina, la cruz con forma de X se convirtió en el atributo más característico del santo.

BIBLIOGRAFÍA:

RUIZ DE ELVIRA, A., «La "Crux Decussata" y el martirio de San Andrés Apóstol», *Cuadernos de Investigación Filológica* 19-20 (1993-1994), pp. 183-209.

ANTONIO ABAD
251-356. Anacoreta.

HISTORIA Y TRADICIÓN: San Antonio nació en una aldea de Egipto llamada Qeman. Cuando tenía veinte años de edad, sus padres murieron dejándole una rica herencia, pero lo vendió todo para dárselo a los pobres y se retiró al desierto, a un sepulcro abandonado, donde estuvo viviendo durante veinte años. Comía pan y sal solamente una vez al día, casi siempre al anochecer. Aquí el demonio quiso tentarlo con todo tipo de artimañas sin conseguir nada: ni las riquezas ni el placer que el diablo ponía delante de los ojos del santo consiguieron su propósito; al contrario, san Antonio redoblaba sus penitencias y sus oraciones.

En una ocasión una turba de diablos le apalearon hasta dejarle sin sentido y el monje que iba de vez en cuando a traerle comida, creyéndole muerto, le sacó de la gruta para enterrarlo; pero san Antonio, vuelto en sí, quiso de nuevo ir a su gruta a desafiar a los diablos. Éstos, «comparecieron en forma de diferentes fieras y empezaron a atacarle y lo hicieron de tal manera que, entre todos, unos a base de dentelladas y mordiscos, otros con zarpazos, otros con cornadas, lo dejaron cruelísimamente lacerado». Entonces se le apareció Jesús, y san Antonio le reprochó que no hubiese acudido antes en su ayuda. Pero Jesús le dijo que había estado allí desde el principio, comprobando su fe y su fortaleza y, puesto que había vencido, ensalzaría su nombre por toda la Tierra. Se levantó san Antonio con más ánimo y se marchó a la Tebaida, instalándose en las ruinas de un antiguo fuerte. Un día, mientras dormía, le fue revelada la existencia de otro anacoreta, san Pablo, que también vivía en el desierto, y fue a visitarlo a la mañana siguiente (sobre los pormenores de este viaje véase «Pablo Ermitaño»).

Según la tradición, san Antonio murió con 105 años de edad y fue sepultado por sus discípulos en un lugar secreto, aunque doscientos años más tarde se descubrió el lugar por revelación divina y su cuerpo fue llevado a Alejandría y luego a Constantinopla. En el siglo X un caballero francés se trajo las reliquias a la localidad de Vienne, desde donde empezó a extenderse su culto, especialmente a partir de finales del siglo XI, cuando se fundó la Orden Hospitalaria de San Antonio para conjurar la enfermedad conocida como «fuego sacro», que desde entonces se llamó «fuego de San Antonio». La vida de san Antonio fue escrita en griego en el año 357 por san Atanasio y posteriormente traducida al latín por Evragio de Antioquía.

ATRIBUTOS: Cerdo, libro, rosario, báculo con forma de «T» (Tau) –o ésta impresa en el hábito– y campanilla.

REPRESENTACIONES: Se le representa como un anciano vistiendo túnica blanca y escapulario, manto y capa con capuchón de color pardo. Los atributos que tiene no derivan de su leyenda, sino del papel que ejerce como sanador contra los males contagiosos por los que se le invoca; el más característico es el cerdo, de cuyo cuello cuelga muchas veces la campanilla. El mal llamado «fuego de San Antonio» se ha identificado hoy como ergotismo, enfermedad provocada por el cornezuelo del centeno, y para curarla los monjes antoninos usaban la grasa de cerdos que criaban ellos mismos. Los animales de la Orden tenían el privilegio de circular libremente por las calles siempre y cuando llevasen la campanilla que los identificaba como tales colgada del cuello. También se ha relacionado el cerdo con el diablo (Mc 5, 11-13), simbolizando así la victoria del santo contra los demonios que le tentaron en el desierto; por esta razón Salzillo lo retrató atravesando con su báculo a un dragón (1746, Murcia, iglesia de San Antón) en una imagen más propia de san Jorge o de san Miguel. El libro que a menudo tiene en las manos (Durero, 1512; Gregorio Fernández, 1609-1613, Nava del Rey [Valladolid], iglesia de los Santos Juanes; Valdés Leal, 1559-1660, Sevilla, iglesia de la Magdalena), significa que, aun sin estudiar, conocía la Sagrada Escritura por revelación divina. La cruz es el arma de Dios contra los demonios, y el tener forma de tau se debe a su origen egipcio. Por último, aunque menos frecuente, también tiene como atributo el fuego en alusión al mal por el que intercede (Lluís Borrassá, *ca.* 1400, Museo Episcopal de Vic). Quizá éste sea el vínculo que unía los lienzos de *San Lorenzo* y de *San Antonio Abad* que Zurbarán pintó en 1636 para el convento de la Merced Descalza de Sevilla.

El ciclo más extenso sobre su vida lo constituyen las 196 miniaturas con las que Robin Fournier ilustró en 1426 un manuscrito encargado por los monjes antoninos de Saint Antoine de Vienne, hoy en la Biblioteca Pública de Malta. De este manuscrito existe una réplica completa en la Biblioteca Laurentina de Florencia (Cockerell, 1933). Las escenas que más se representan son la visita que realiza a san Pablo Ermitaño (Velázquez, 1642, Madrid, Museo del Prado), la aparición de Cristo y el reproche que el santo le hace por no acudir antes en su ayuda (Tintoretto, 1577, Venecia, iglesia de San Trovaso; Ribera, 1644, Mallorca, colección privada) y, por supuesto, las tentaciones, tema en el que hay que incluir tanto el acoso de las mujeres lascivas como los dos apaleamientos que sufre el santo. Un ejemplo notable del primer caso lo constituye la tabla de Patinir y Metsys (Madrid, Museo del Prado), inspirada en los grabados que ilustraban la *Nave de las Locas* de Badius Ascensius (Mateo Gómez, 1980). El maltrato que sufre san Antonio a manos de la multitud de demonios es, sin embargo, el tema más frecuente en su iconografía, especialmente preferido por la pintura centroeuropea, pues ofrecía la posibilidad de representar un amplio repertorio de seres fantásticos, de «diferentes fieras», según el texto de la *Leyenda Dorada*. El magnífico grabado de Martin Schongauer puede considerarse como el punto de partida que ha inspirado, entre otros, a Grünewald (1512-1516, Colmar, Museo de Unterlinden) y al Bosco (Lisboa, Museo Nacional de Arte Antiguo).

Además, el tema de las tentaciones de san Antonio traduce al lenguaje religioso el drama de la melancolía. Entre los hijos de Saturno, planeta que rige el carácter melancólico, se encuentran los ancianos, los ermitaños y los monjes, por lo que aquí concretamente san Antonio es el equivalente religioso al dios Saturno. La alternancia entre el estado de crisis expresada por el episodio de sus tentaciones, y el de serena contemplación y reflexión, responde así a la polaridad fundamental del mundo saturniano (Chastel, 1936). Desde este punto de vista, el cuadro de Goya *Dos viejos*, perteneciente a la serie de las Pinturas Negras (1820-1823, Madrid, Museo del Prado), podría tratarse en realidad de una representación de las tentaciones de san Antonio, identificando como tal al personaje del primer plano y al diablo en el personaje deforme que le acosa por detrás. Aunque faltan algunos atributos básicos para establecer una identificación definitiva, sí lleva otros que le caracterizan, como el bastón, la capa con la capucha puesta y el estuche para el libro que vemos apenas esbozado bajo su brazo izquierdo. El hecho de que estuviese frente al *Saturno* reforzaría esta identificación, pues estaría dando la réplica al dios pagano como representación de la melancolía, el drama vital de Goya cuando decora la Quinta del Sordo.

Bibliografía:

Chastel, A., «La tentation de Saint Antoine ou le songe du melancolique», *Gazette des Beaux Arts* 15 (1936), pp. 218-229.

Cockerell, S. C., «Two pictorial lives of St. Anthony the Great», *Burlington Magazine* 62 (1933), pp. 58-67.

Massing, J. M., «Schongauer's *Tribulations of St Anthony*. Its iconography and influence on German art», *Print Quaterly* 1, 4 (1984), pp. 221-236.

Mateo Gómez, I., «Precisión iconográfica sobre las tentaciones de San Antonio, de Patinir y Metsys», *Boletín del Museo del Prado* VI, 17 (1985), pp. 78-82.

Nuet Blanch, M., «San Antonio tentado por la lujuria. Dos formas de representación en la pintura de los siglos XIV y XV», *Locus Amoenus* 2 (1996), pp. 111-124.

Martin Schongauer, *Tentación de san Antonio,* París, Biblioteca Nacional.

ANTONIO DE PADUA
1195-1231. Franciscano.

Historia y tradición: San Antonio nació en Lisboa, en el seno de una noble familia que le puso el nombre de Fernando. Realizó sus primeros estudios con los canónigos de la catedral de su ciudad natal, y a los quince años tomó el hábito de los canónigos regulares de San Agustín. Fue inmediatamente trasladado a Coimbra, al convento de Santa Cruz, donde entra en contacto con los hermanos franciscanos y decide entonces ingresar en la Orden de San Francisco. Toma los nuevos hábitos en 1221 y se cambia el nombre por el de Antonio, pues el convento franciscano en el que fue recibido estaba dedicado a San Antonio Abad. Después de permanecer un tiempo en España, embarcó para Marruecos con ánimo de conseguir la corona del martirio predicando entre los musulmanes, pero tuvo que regresar a la Península aquejado de una grave enfermedad. Sin embargo, una tormenta desvió su barco hasta Sicilia, donde tuvo noticias de la celebración de un capítulo general de la Orden en Asís a la que asistiría el propio san Francisco. Después de recibir allí las órdenes del sacerdocio, estudia teología y ejerce su ministerio pastoral por orden de san Francisco en varias ciudades de Francia e Italia.

Aunque según sus biógrafos a ningún predicador se le oyó nunca con mayor atención, en una ocasión fue a predicar a un pueblo marítimo, pero, no consiguiendo auditorio entre los herejes, se fue a la orilla del mar a predicar a los peces, que inmediatamente acudieron a su llamada, «pues no hay quien quiera oír la palabra de Dios, vosotros, que sois criaturas suyas, venid, y con vuestro rendimiento confundid la indocilidad de estos impíos». Estando otro día predicando en Tolosa sobre la eucaristía, un hereje le dijo que necesitaba un milagro para quedar completamente convencido. Después de dejar a su mula sin comer durante tres días, se le ofreció una cebadera bien provista de trigo y una hostia consagrada; el animal se arrodilló ante la hostia y no comió hasta que la retiraron de su vista.

Otros muchos milagros obró san Antonio de Padua, entre los que hay que destacar el del joven irascible que se cortó el pie con el que había pegado a su madre, aunque luego el santo se lo curó volviendo a colocarlo en su sitio. O el de la resurrección del cadáver que supuestamente había matado su padre, al que tuvo que ir a defender a Lisboa: a petición de san Antonio el muerto se incorporó proclamando su inocencia. Algo semejante ocurrió cuando otorgó el don de la palabra a un recién nacido para que reconociera a su padre, evitando así la acusación de adulterio a su madre. En el *Liber Miraculorum,* escrito por un monje franciscano en el siglo XIV, se encuentra el milagro que mayor trascendencia iconográfica ha tenido, el de la aparición del Niño Jesús. Cuando se encontraba predicando por el sur de Francia, un adepto le ofrece como alojamiento una habitación de su casa. Movido por la curiosidad y atraído por las oraciones del santo, se encamina hacia la habitación y ve, a través de la ventana, a un niño en sus brazos al que besa y acaricia. San Antonio murió en Padua, ciudad que lo tiene por patrón, a los treinta y seis años de edad. Su popularidad y su fama de santo estaban ya tan arraigadas que sólo hubo que esperar un año para su canonización, que fue otorgada por Gregorio IX en 1232.

ATRIBUTOS: Vara de azucenas (símbolo de pureza), libro y Niño Jesús.

Donatello, *Milagro de la mula,* 1446-1450, Padua, San Antonio, altar del santo.

REPRESENTACIONES: Se le efigia siempre joven, en ocasiones con una barba puntiaguda semejante a la que lleva san Francisco. La representación más conocida y más común es la de la visión del Niño Jesús, que suele aparecer de pie sobre un libro, abierto o cerrado. Aunque el libro no aparece en el relato del milagro, otras tradiciones afirmaban que la aparición se produjo cuando el santo predicaba sobre el dogma de la Encarnación, por lo que, o bien la visión emana de la propia lectura (El Greco, *La visión de san Antonio*, 1577-1579, Madrid, Museo del Prado), o bien el Niño desciende y se instala sobre el libro (Murillo, *La visión de san Antonio*, 1664-1666, Sevilla, Museo de Bellas Artes). Otras veces el libro desempeña un papel secundario y entra en escena la Virgen, que deposita personalmente al Niño Jesús en los brazos del santo (Alonso Cano, *Visión de san Antonio de Padua*, 1645, Munich, Alte Pinakothek). Finalmente, aunque el relato insiste en el abrazo dispensado por el Niño Jesús a san Antonio, Murillo escenifica el episodio con la típica diagonal barroca, haciendo descender al Niño desde un extremo a través de un rompimiento de gloria y colocando al santo de Padua en el extremo opuesto, con los brazos abiertos en espera del premio del abrazo divino (1656, Sevilla, Catedral).

Entre 1446 y 1450, Donatello realizó cuatro relieves en bronce para el *Altar del Santo* en la basílica de San Antonio de Padua: *El milagro del recién nacido*, *El milagro del hijo arrepentido*, *El milagro de la mula* y *El milagro del corazón del avaro muerto*, que es descubierto en el cofre donde milagrosamente había sido trasladado desde el pecho del cadáver. También en Padua, en la Scuola del Santo, Tiziano pintó en 1511 tres escenas al fresco en las que representó dos de los milagros realizados ya por Donatello y añadió uno no tan frecuente, *El milagro del marido celoso*, por el que resucita a una esposa asesinada por su marido cuando éste, arrepentido, solicita su perdón. En la cúpula de la iglesia de San Antonio de la Florida, en Madrid, representó Goya el episodio en el que defiende la inocencia de su padre haciendo hablar al asesinado. Por último, la predicación a los peces, episodio paralelo a la predicación a los pájaros que hiciera san Francisco, podemos encontrarla en un lienzo de

Veronés que se conserva en la Galería Borghese, en Roma, y en uno de los ocho frescos que Lucas Jordán pintó en la iglesia madrileña de San Antonio de los Portugueses, hoy llamada de los Alemanes.

BIBLIOGRAFÍA:

SEMENZATO, C., *Sant'Antonio in settecentocinquant'anni di storia dell'arte*, Padua, Mesaggero, 1985.

SUREDA I PONS, J., «Aspetti della figura di Sant' Antonio nell'arte», en *Capalavori per Sant'Antonio*, Padua, Edizioni de Luca, 1995, pp. 4-14.

APOLONIA
S. III. Virgen y mártir.

HISTORIA Y TRADICIÓN: Santa Apolonia fue martirizada en Alejandría durante la persecución de Decio. La *Leyenda Dorada* apenas describe su martirio, sólo dice que «lo primero que hicieron al apoderarse de la virtuosa virgen fue romperle todos sus dientes con satánica crueldad»; luego hicieron una hoguera para quemarla, pero ella se adelantó arrojándose a la llamas. Este episodio lo encontramos también en las hagiografías de otras santas de mayor relevancia que sí lo han incorporado a su iconografía, como es el caso de santa Inés; pero en santa Apolonia el tormento de los dientes es el único detalle original de su martirio, el que sirve para identificarla y el que contribuyó a la difusión de su culto por toda Europa al hacerla abogada contra el dolor de muelas.

ATRIBUTOS: Tenazas con una muela, palma y corona de flores.

REPRESENTACIONES: A pesar de que Santiago de la Vorágine dice de ella que era «una virgen venerable, ya anciana», se representa a santa Apolonia joven, edad más acorde con la eterna belleza de que disfrutan las vírgenes en el paraíso, según aconsejaban los tratadistas postridentinos como Juan Interián de Ayala.

En su iconografía dominan las imágenes de devoción, a menudo ocupando espacios secundarios en los retablos dedicados a otros santos, como en el de san Agustín que Piero della Francesca pintó para la iglesia de San Agustín de Sansepolcro. La *Santa Apolonia* (Washington, National Gallery), de busto, estaba situada en la predela. Valdés Leal la pintó entre 1655 y 1656 en la predela del retablo dedicado a Elías que se encuentra en la iglesia de Nuestra Señora de los Carmelitas Calzados de Córdoba. Además de las tenazas, muestra sus dientes ensangrentados en un pañuelo blanco situado sobre una mesa. Para la iglesia de la Merced Descalza de Sevilla la pintó Zurbarán (París, Louvre), todavía más joven que en los casos anteriores. Pueden señalarse también ejemplos en los que se representa el cruento martirio de irle arrancando los dientes con unas tenazas (Pedro Pertús, *Martirio de santa Apolonia*, 1576, Zaragoza, Museo Provincial de Bellas Artes).

Bibliografía:
Paiva Boléo, J., *Santa Apolonia. Estudo histórico e iconográfico*, Lisboa, 1960.

BÁRBARA
S. III. Virgen y mártir.

Historia y tradición: Santa Bárbara vivía en Nicomedia, en la provincia de Bitinia, con su padre Dióscoro, tan celoso de la belleza de su hija que la hizo encerrar en una torre para alejarla de las miradas de los hombres. A pesar de su encierro consiguió hacer llegar una carta a Orígenes, un sacerdote cristiano que se encontraba entonces en Nicomedia. El sacerdote le enseñó los misterios de la fe por medio de una carta y envió también a un emisario que la bautizase, llamado Valentín. Dióscoro emprendió un viaje pensando que a su vuelta santa Bárbara habría accedido a sus pretensiones de casarla, pero cuando volvió se encontró que los obreros que trabajan en la torre habían abierto en el muro una tercera ventana como símbolo de la Trinidad y que, no sólo no quería casarse con nadie, sino que se había hecho cristiana. Dióscoro, enfurecido, sacó su espada con intención de matarla, pero, milagrosamente, el muro de la torre se abrió y santa Bárbara pudo escapar y refugiarse detrás de unas rocas.

En la persecución, Dióscoro se encontró con dos pastores que habían visto dónde se escondía; uno de ellos delata a la joven Bárbara, pero como castigo sus ovejas se convirtieron en langostas y él mismo en una estatua de piedra. Dióscoro llevó a su hija hasta el tribunal del gobernador Marciano, donde fue sometida a múltiples torturas que no consiguieron que santa Bárbara renegara de su fe. Finalmente fue conducida hasta un monte donde su propio padre la decapitó. Cuando Dióscoro bajaba la colina, se oyó un trueno, y un rayo atravesó el cielo y lo mató. La leyenda de santa Bárbara se popularizó en Occidente a partir del siglo XV, cuando se incluyó en la *Leyenda Dorada* de Santiago de la Vorágine partiendo del texto de la Pasión que se conserva en un códice de la primera mitad del siglo IX. Sus patronazgos son numerosos: se la invoca contra el trueno y el rayo, y protege de la muerte súbita a todas aquellas personas expuestas a una muerte instantánea, especialmente a artificieros y artilleros, quienes la adoptaron como patrona. Es patrona también de fundidores de campanas, de mineros, canteros y arquitectos.

ATRIBUTOS: Corona, palma, torre, cañón y un personaje, su padre Dióscoro, bajo sus pies.

REPRESENTACIONES: En las imágenes devocionales, la torre en la que fue encerrada con las tres ventanas simbolizando la Trinidad es el atributo que mejor la identifica; aunque en el siglo XV, cuando su iconografía aún no estaba consolidada, la torre se representa en segundo plano y santa Bárbara aparece leyendo un libro como símbolo de su fe (Van Eyck, *Santa Bárbara*, 1437, Amberes, Museo Real de Bellas Artes; Robert Campin, *Santa Bárbara*, 1438, Madrid, Museo del Prado). A partir de entonces se la representa ya sosteniendo la torre, y aparece también su padre tendido bajo sus pies, según costumbre propia del siglo XV que luego caerá en desuso. Así la representó Ghirlandaio en el fresco que realizó en la iglesia de San Andrés, en Cercina. En Centroeuropa es frecuente encontrarla llevando un cáliz con la hostia, pues también se la invoca para no morir sin haber recibido los sacramentos, como puede verse, por ejemplo, en un grabado de Durero de 1505. El atributo del cañón aparece en el siglo XVI (G. B. Moroni, *La Virgen con santa Bárbara y san Lorenzo*, Milán, Pinacoteca Brera).

Entre los ciclos, el que incluye un número mayor de escenas puede ser el retablo atribuido a un maestro anónimo, conocido como Maestro del Altar de Santa Bárbara, que se conserva en el museo de Breslau, actual Wroclaw, en Polonia; está fechado en el año 1447 y representa doce escenas. Otro ciclo importante lo constituyen las ocho escenas del retablo procedente de Puerto Mingalvo que se conserva en el Museo Nacional de Arte de Cataluña. Atribuido a Gonçal Peris, incluye una *Lapidación de santa Bárbara*, episodio que puede haberse inspirado en una tradición local recogida en un manuscrito de 1486 titulado *Jardinet d'Orats*. Su inclusión en el ciclo podría responder a su carácter de protectora contra las granizadas.

BIBLIOGRAFÍA:
PLANAS BADENAS, J., «El retablo de Puerto Mingalvo de Gonçal Peris y la iconografía de Santa Bárbara en la Corona de Aragón», en J. Yarza Luances, *Estudios de iconografía medieval*, Barcelona, 1984, pp. 379-428.

BARTOLOMÉ
s. I. Apóstol.

HISTORIA Y TRADICIÓN: Su nombre aparece incluido entre el número de los doce escogidos por Jesús (*Mateo* 10, 3 y paralelos), pero san Bartolomé no desempeña ningún papel relevante en los evangelios. Una vez más, es en la *Leyenda Dorada* de Santiago de la Vorágine en donde quedan definitivamente fijados para la tradición los hechos relativos a su apostolado en la India, especialmente el dominio que el santo ejercía sobre los demonios que habitaban en las estatuas de los paganos, que quedaban paralizados y aterrorizados sólo con su presencia. Consiguió convertir al rey de esas tierras, Polimio, y destruir los ídolos de sus templos, pero su sucesor, Astiages, se dejó convencer por las quejas de los sacerdotes y apresó a san Bartolomé. Mientras le amenazaba, «alguien se presentó ante el rey y le comunicó que la imagen de Baldach, otro de sus ídolos, acababa de caer rodando por el suelo y de romperse en mil pedazos. El rey, al oír esta noticia, rasgó su manto de púrpura, mandó que apalearan al apóstol y que tras propinarle una enorme paliza lo desollaran vivo».

Ribera, *Martirio de san Bartolomé,* Osuna (Sevilla), Patronato de Arte.

ATRIBUTOS: Cuchillo, manto blanco, demonio encadenado (El Greco, *San Bartolomé*, Toledo, Casa Museo de El Greco) y cabeza de estatua (Ribera, *Martirio de san Bartolomé*, 1628-1630, Florencia, Palacio Pitti).

REPRESENTACIONES: La fisonomía de San Bartolomé que vemos en sus representaciones se ha mantenido fiel a la descripción que de él hace el ídolo Berith al inicio de la *Leyenda*: «Es un hombre de estatura corriente, cabellos ensortijados y negros, tez blanca, ojos grandes, nariz recta y bien proporcionada, barba espesa y un poquito entrecana; va vestido con una túnica blanca estampada [...], y con un manto blanco». En la portada de la iglesia de San Bartolomé, en Logroño, vemos en relieves del siglo XIV tanto las escenas que preceden al martirio como las del martirio mismo, tras el cual el santo se aleja con su propia piel al hombro. El tema del martirio por desollamiento es sin duda el más frecuente y son muy conocidas las distintas versiones que de este tema pintó Ribera, pinturas que cimentarían el mito romántico de que Ribera mojaba sus pinceles en la sangre de los mártires. Según Palomino, «no se deleitaba tanto Ribera en pintar cosas dulces y devotas, como en expresar cosas horrendas y ásperas: cuales son los cuerpos de los ancianos, secos, arrugados y consumidos, con el rostro enjuto y macilento [...]; como lo muestra el San Bartolomé en el martirio, quitándole la piel, y descubierta la anatomía interior del brazo». Así vemos el martirio en el lienzo que se conserva en el Patronato de Arte en Osuna, Sevilla: el verdugo, como un carnicero, arranca la piel del santo empujándola con el puño cerrado. Aun faltándole muchos de los atributos propios de san Bartolomé, el lienzo que hoy se conoce como *Martirio de san Felipe* (1639, Madrid, Museo del Prado) fue durante mucho tiempo considerado como una versión más del martirio del santo, debido fundamentalmente a la presencia del cuchillo que luce en el bolsillo el sayón que está inclinado y agarrándole por una pierna.

BENITO
480-547. Fundador de la Orden Benedictina y patrón de Europa.

HISTORIA Y TRADICIÓN: San Gregorio Magno dedicó el segundo libro de sus *Diálogos* a la vida de san Benito. Escrito entre el 593 y el 594, apenas cincuenta años después de la muerte del santo de Nursia, *De vita et miraculis Venerabilis Benedicti* es la principal y casi la única fuente en la que se basan todas las biografías de san Benito. Escrita en 38 capítulos, san Gregorio se valió del testimonio de los monjes de Montecasino y de Subiaco para escribirla, e incluso es posible que alguna de sus fuentes hubiese conocido a san Benito: «No he podido averiguar todos los hechos de su vida, pero los pocos que narro los he sabido por referencias de cuatro de sus discípulos».

Sin facilitarnos ninguna fecha, nos cuenta que Benito nació en Nursia, en la Umbría, en el seno de una familia acomodada. Cuando tenía veinte años fue enviado a Roma para cursar los estudios liberales, pero pronto abandonó la Ciudad Eterna y marchó junto a su nodriza a Effide, hoy Affide. Allí la criada pidió prestada una criba para separar un poco de trigo, pero la puso tan al filo de la mesa que se cayó y se rompió en dos mitades; sin embargo, Benito consiguió unirlas de nuevo rezando. Este milagro le atrajo admiración y fama, pero él, buscando una vida más solitaria, abandonó a su nodriza y se fue a Subiaco, unos pocos kilómetros más al norte, a un paraje agreste y escarpado donde el río Anio formaba un lago artificial y donde en otro tiempo el emperador Nerón se había construido una villa que aún conservaba el nombre, *sub-lacum*. Allí conoce al monje Román, que le impone el hábito monástico, y se retira a una gruta (hoy Sacro Speco) donde permanecerá haciendo vida eremítica durante tres años. Como el acceso a la gruta era muy difícil, Román le suministraba alimento con ayuda de una cesta atada a una cuerda y una campana en su extremo para advertir a Benito de su llegada. Aunque el diablo rompió la campana, el monje Román siguió suministrando comida a Benito. En una ocasión, para vencer las tentaciones que le atormentaban, se arrojó desnudo a un zarzal obteniendo así la *apatheia christiana*, o apaciguamiento de todas sus pasiones, que nunca más en su vida volvió a tener.

Tampoco en la gruta pudo escapar de su fama de santidad, hasta el punto de que los monjes del vecino monasterio de Vicovaro le pidieron que se pusiera al frente del mismo, pues su abad había muerto recientemente. Después de una leve resistencia, san Benito aceptó el encargo, pero pronto los monjes se arrepintieron de ello, pues el régimen de vida que les impuso era muy estricto. Decididos a envenenarle, le enviaron un vaso de vino a su celda aprovechando que estaba enfermo, pero el vaso se rompió después de bendecirlo. Abandonó por tanto Vicovaro y regresó a Subiaco.

Eran tantas las personas que querían imitar su ejemplo a su lado que terminó por organizarlos en doce monasterios. Entre sus nuevos discípulos estaban Mauro y Plácido, que serían protagonistas de uno de los milagros más conocidos de esta etapa de la vida de san Benito. El pequeño Plácido fue a buscar agua al río, pero perdió el equilibrio y cayó al agua. San Benito supo al instante lo que había pasado y mandó a Mauro para que le ayudase; llegó al río y, andando sobre la superficie, llegó hasta el niño y lo sacó del agua. También recuperó milagrosamente la hoz de un campesino que se había hundido en una fosa, ya que san Benito cogió el palo y el hierro salió del fondo volviéndose a encajar en él.

Su fama atrajo la envidia del presbítero Florencio, que dirigía la cercana iglesia de San Lorenzo, el cual le envió un pan envenenado diciendo que era pan bendito; san Benito, sin embargo, le entregó el pan a un cuervo para que se lo llevara lejos. Pero Florencio insiste en la confabulación y hace entrar en el monasterio a siete mujeres desnudas para tentar a los monjes. Benito entonces decide abandonar el lugar, y con los monjes más jóvenes se dirigió a Montecasino. Allí, sobre las ruinas de un templo dedicado a Apolo, empieza la construcción del monasterio en el que terminará san Benito sus días, escenario también de los últimos hechos maravillosos de su vida. Durante la construcción misma del monasterio se produjeron dos hechos importantes. Resucitó a un niño que había muerto sepultado bajo un derrumbamiento, y expulsó al diablo del recinto, pues impedía que los trabajadores pudieran mover las piedras sentándose en ellas.

Para comprobar la santidad de Benito, el rey godo Totila disfrazó con ropas regias a uno de sus sirvientes y fueron a visitarle. San Benito no se dejó engañar por el ardid, y el propio rey fue a pedir perdón al santo. Una noche san Benito estaba cenando más tarde que de costumbre con la ayuda de una vela que sostenía un monje joven; éste, hijo de un abogado, pensó con soberbia que no era digno de su condición servir al anciano. San Benito, que sabía lo que estaba pensando, le reprendió por ello y le relevó de su función. Una vez, un campesino que estaba sufriendo la extorsión de un godo arriano llamado Zalla le dijo a éste que no tenía nada que darle porque se había encomendado con sus bienes a san Benito. El godo, enfurecido, ordenó al campesino, al que había atado fuertemente las manos, que condujera su caballo hasta Benito; pero cuando llegaron ante su presencia las cuerdas se desataron milagrosamente y Zalla bajó del caballo sumamente arrepentido.

Como cada año, san Benito bajaba del monasterio para visitar a su hermana, santa Escolástica. La conversación duró hasta la noche y Escolástica rogó a su hermano que se quedara para continuar la conversación al día siguiente. Ante la negativa de Benito, Escolástica se puso a rezar y en ese instante se desencadenó una tormenta que le impedía salir de la casa: «Ahora, pues, sal si puedes, déjame y torna al monasterio». Poco antes de su muerte, san Benito se encontraba rezando cuando, de pronto, vio una luz intensa que iluminaba la bola del mundo y el alma de Germán, obispo de Capua, que subía al cielo rodeado de ángeles. Poco después supo que Germán había muerto en el momento mismo de su visión. Según la tradición, la muerte de Benito se produjo el 21 de marzo de 547, logrando recibir la última comunión con ayuda de sus discípulos, que le ayudaron a mantenerse en pie mientras pronunciaba su última oración.

En el siglo VII Montecasino fue devastado por los lombardos y sus reliquias fueron transportadas al monasterio de Fleury, en Francia (hoy Saint Benoit-sur-Loire), quizá en el año 672. El culto a san Benito se extenderá desde Francia por toda Europa, ayudado también por la enorme difusión que alcanzó la Regla. La *Regla Benedicti*, redactada en Montecasino entre los años 530 y 560, es un código legislativo y espiritual que, aunque escrito inicialmente para los monjes de Montecasino, constituyó el fundamento básico del monacato occidental. Su impulso definitivo arrancó de los concilios de Aquisgrán de los años 816 y 817, promovidos por Luis el Piadoso con el fin de imponer a todos los monjes del Imperio carolingio la Regla de San Benito. Reconociendo el papel del santo en la formación de Europa, en la Encíclica *Fulgens Radiatur* de 1947 Pío XII le otorgó el título de Padre de Europa, y Pablo VI, en octubre de 1964, proclamó a san Benito «patrono y celestial protector de Europa».

Juan Rizi, *La cena de san Benito,* Madrid, Museo del Prado.

ATRIBUTOS: Báculo, libro de la Regla, campanilla, vaso con serpiente o dragón en alusión al veneno, y cuervo a sus pies con el pan en el pico. En la pintura italiana de los siglos XIV y XV encontramos también como atributo de san Benito un látigo o haz de varillas: Lorenzo Mónaco, *Coronación de la Virgen*, 1413, Florencia, Uffizi; Ghirlandaio, *Jesús con cuatro santos y el comitente*, Volterra, Museo Cívico; Piero della Francesca, *Políptico de la Misericordia*, 1445-1462, Borgo Sansepolcro, Museo

Cívico. Aunque se ha relacionado con el episodio en el que san Benito castiga con el haz a un monje que se dejaba distraer por el diablo (*Diálogos*, II, 4), Karel Steppe (1980) cree que simboliza la relación maestro-discípulo, pues en la Antigüedad el haz de varas era emblema de la gramática, y en la Edad Media de la firmeza y la autoridad del maestro de escuela.

REPRESENTACIONES: Durante la Edad Media se representa a san Benito joven e imberbe, con la cabeza rapada y con una amplia tonsura monacal. En Italia, desde el siglo XIV se le representa como un anciano venerable y con una amplia barba: es el tipo patriarcal que se difundirá desde el Renacimiento al resto de Europa. La indumentaria que lleva normalmente es la cogulla, un hábito negro, amplio y con capucha. Sin embargo, cuando lo representan cistercienses o camaldulenses le visten con una cogulla blanca; así le vemos en los ejemplos mencionados anteriormente al hablar del atributo de las varillas, y también en los ciclos de San Miniato al Monte y del Monte Oliveto Maggiore.

Aunque pueden mencionarse ejemplos anteriores al siglo X, es a partir del siglo XII cuando la representación de san Benito se repite con frecuencia. Normalmente lo encontramos aislado, compartiendo espacio con otros santos importantes, aunque su calidad de santo fundador le empareja la mayoría de las veces con san Bernardo (Paolo de San Leocadio, *La Virgen del caballero de Montesa*, s. XVI, Madrid, Museo del Prado). En cuanto a los ciclos narrativos, encontramos conjuntos importantes en Sacro Speco, la gruta sagrada en la que hoy se levantan dos iglesias. Los frescos, del siglo XIII, representan fundamentalmente la primera parte de la vida del santo desde la salida hacia Roma hasta Subiaco. En Saint Benoit-sur-Loire encontramos capiteles románicos del siglo XII con nueve escenas y una *Traslación de las reliquias de san Benito*.

Spinello Aretino pintó 16 escenas a finales del XIV en la sacristía de San Miniato al Monte, en Florencia. Este ciclo traduce en imágenes lo fundamental del relato de san Gregorio, que coincide también con el que hemos hecho más arriba. Más amplio es el ciclo realizado por Signorelli y Sodoma (s. XV-XVI) en el claustro grande del monasterio de Monte Oliveto, en Siena, ya que son 36 escenas pintadas al fresco, entre las cuales se encuentran algunas menos frecuentes en la iconografía benedictina, como *El milagro de los sacos de harina* (*Diálogos*, II, 21), o *San Benito revelando en sueños al abad de Terracina los planos de su monasterio* (*Diálogos*, II, 22).

Tenemos también que mencionar la existencia de importantes ciclos benedictinos en España. Alonso Berruguete talló entre 1527 y 1532 las esculturas y relieves del retablo mayor de San Benito el Real de Valladolid (hoy en el Museo Nacional de Escultura). Además de la imponente figura del santo de Nursia que lo presidía, labró cuatro relieves con escenas de su vida; dos referidos al periodo de Subiaco: *Benito hace brotar agua de una roca* y *El salvamento de san Plácido*; y otros dos al de Montecasino: *La muerte de san Benito* y otro episodio que se viene interpretando como *La conversión del rey Totila* (Moral, 1980). Aunque quizás en esta última se trate del campesino liberado del godo Zalla, ya que la importancia dada al caballo en la composición así parece indicarlo, por lo que es muy posible que la fuente de inspiración no sean los *Diálogos* de san Gregorio, sino el resumen que hizo Santiago de la Vorágine en la *Leyenda Dorada*: «Viendo Gala [Zalla] que el que había llegado hasta allí atado quedaba repentina y milagrosamente suelto por el poder extraordinario de aquel monje, se apeó inmediatamente de su caballo, y aterrado y confuso se postró en tierra».

Asimismo para San Benito el Real de Valladolid se labraron los 31 relieves de la sillería del coro alto con escenas de la vida del santo. Creyéndola del siglo XVI, se había pensado que esta serie podría incluso haber inspirado la *Vita et Miracula Sanctissimi Patris Benedicti* impresa en Roma en 1579 a instancias de fray Juan de Guzmán, Procurador General de la Congregación de Valladolid. La vida incluye 50 grabados de Aliprando Capriolo realizados a partir de dibujos de Bernardino Passeri y con dísticos latinos de Tomas Tritero. Sin embargo, la sillería de Valladolid se atribuye ahora a Felipe de Espinabete (1719-1799), con lo que no sólo no pudo inspirar los grabados de Passeri, sino que se basó asimismo en una fuente grabada distinta, la *Vita Beatissimi Patris Benedicti Monachor* impresa en Florencia en 1586. Ésta es una reimpresión de la anterior, aunque introduce cambios en los grabados y los versos que acompañan las ilustraciones son de Ángel Sangrino, abad de Montecasino. Esta fuente habría inspirado también los 48 relieves tallados por Albert van den Brulle entre 1596 y 1598 en San Giorgio Maggiore, en Venecia.

Así también son 48 los relieves que labró Mateo de Prado a mediados del siglo XVII en el guardapolvo de la sillería del monasterio de San Martiño Pinario en Santiago de Compostela, constituyendo el ciclo más extenso que el arte español haya consagrado a la iconografía de san Benito; y donde la fuente grabada sí fue en este caso la edición romana de 1579. En el Barroco hay que mencionar la actividad de fray Juan Rizi, monje benedictino desde 1627, que dedicó gran parte de su obra a la vida de su santo patrón. La serie más importante la pintó para el monasterio de San Martín de Madrid. Cuatro de estas composiciones se encuentran hoy en el Museo del Prado: *San Benito bendiciendo un pan*, *San Benito destruyendo los ídolos*, *La cena de san Benito* y *San Benito bendiciendo a san Mauro*.

BIBLIOGRAFÍA:

FERNÁNDEZ GONZÁLEZ, M. R., «La sillería del coro alto del monasterio de Benito el Real de Valladolid», *Boletín del Seminario de Estudios de Arte y Arqueología* 60 (1994), pp. 499-515.

GONZÁLEZ DE ZÁRATE, J. M., «Aportaciones del coro alto de San Benito de Valladolid a la iconografía de San Benito», *Boletín del Seminario de Estudios de Arte y Arqueología* 52 (1986), pp. 357-368.

KAREL STEPPE, J., «San Benito en las artes plásticas», *San Benito, padre de Occidente*, Barcelona, 1980, pp. 54-144.

LOIS FERNÁNDEZ, M. C., «La historia de San Benito en el coro bajo de San Martín», *Boletín de la Universidad de Santiago de Compostela* 66 (1958), pp. 79-94.

MORAL, T., «Algunos aspectos de la devoción a San Benito en España», *Cistercium* 157 (1980), pp. 137-182.

—, «San Benito en el arte español», *Cistercium* 158-160 (1980-1981).

PIQUER I JOVER, J. J., «Aportaciones a la iconografía de San Benito», *Cistercium* 157 (1980), pp. 183-203.

VV.AA., *Iconografia di San Benedetto nella Pittura della Toscana*, Florencia, 1982.

BERNARDINO DE SIENA
1380-1444. Franciscano.

Historia y tradición: Nacido en la Toscana, Bernardino quedó huérfano siendo niño, por lo que fue recogido y educado en Siena por una tía materna. Sus futuras dotes de predicador persuasivo quedaron demostradas cuando, con ocasión de una epidemia de peste que asolaba la región, consiguió convencer a los cofrades del hospital de Santa María de la Scala para que abandonasen sus casas y entregasen su vida socorriendo a los apestados. Poco después tomó los hábitos franciscanos y comenzó a predicar con bastante fluidez y soltura, gracias a un milagro que le curó la tartamudez que padecía cuando un globo de fuego descendió del cielo y se le introdujo por la boca liberándole la garganta de todo impedimento.

En sus predicaciones enseñaba una tabla con el monograma de Cristo escrito, el IHS, promoviendo la devoción por el Nombre de Jesús; pero para algunos fieles y predicadores la adoración del monograma de Cristo era incurrir en idolatría, así que durante uno de sus sermones le rompieron la tabla. El santo dibujó entonces en el suelo un círculo y escribió las letras en el centro; en ese mismo momento bajó del cielo un disco de fuego, un pequeño sol con el IHS escrito, tal como lo había diseñado san Bernardino. De cualquier manera, san Juan de Capistrano, por entonces General de la Orden, tuvo que acudir a Roma para despejar los recelos que en la curia habían despertado las acusaciones. Él mismo ondeará una bandera con el símbolo de Jesús en 1456, cerca de Belgrado, consiguiendo la victoria contra los turcos. San Bernardino de Siena fue canonizado en 1450 por el papa Nicolás V; es patrón de Siena y se le invoca contra la ronquera y la afonía.

Atributos: Tabla o disco solar con el IHS, libro y mitra a sus pies en referencia a los obispados rechazados de Siena, Ferrara y Urbino.

Representaciones: Se le representa por lo general anciano, sin barba y bastante delgado, con el rostro demacrado y consumido. Lo más frecuente es encontrarlo aislado, como imagen devocional o en compañía de otros santos franciscanos. Su atributo principal no es representado siempre de la misma manera: señalando con el dedo el disco solar lo vemos en el *Políptico de la Misericordia* de Piero della Francesca (1445-1462, Borgo Sansepolcro, Museo Cívico) y en la tabla de Jaime Huguet *San Bernardino y el Ángel Custodio* (1468, Barcelona, Museo de la Catedral); con el disco en la mano, un disco sin llamas, suele representarle Alvise Vivarini (*Virgen entronizada con santos*, 1480, Venecia, Galería de la Academia); en Italia central el símbolo se inscribe en un cuadrado, como puede verse en la *Coronación de la Virgen*, de Ghirlandaio, que se conserva en la Pinacoteca Comunale de Città di Castello; y por último, en el cuadro de Ribera, *Trinidad de la Tierra con san Bruno, san Benito, san Bernardino y san Buenaventura* (Nápoles, Palazzo Reale) lo vemos sosteniendo la tabla con el monograma de Cristo que utilizaba en sus sermones. Pinturicchio pintó en 1484 tres escenas en la iglesia romana de Santa María in Aracoeli: la toma del hábito, la muerte y la glorificación de san Bernardino.

BIBLIOGRAFÍA:

ALBERTO PAVONE, M., *Iconología francescana. Il Quattrocento*, Todi, Ediart, 1988.

ARASSE, D., «Entre devotion et heresie: la tablette de saint Bernardin ou le secret d'un predicateur», *Res (Cambridge-Mass.)* 28 (1995), pp. 118-139.

BERNARDO DE CLARAVAL
1090-1153. Cisterciense.

HISTORIA Y TRADICIÓN: Nacido en la Borgoña, su nacimiento fue precedido por un presagio: estando embarazada, su madre soñó que llevaba «en sus entrañas un cachorro blanco manchado de rojo en el lomo» que no paraba de ladrar. Un sacerdote le anunció a su madre que daría a luz a un «excelente perro que defenderá la casa de Dios con particularísimo cuidado y dará grandes ladridos contra los enemigos de la fe». Otro sueño influirá decisivamente durante toda su vida: una noche de Navidad, siendo niño, se encontraba en la iglesia reflexionando sobre la hora en la que habría nacido Jesús y se quedó dormido; entonces vio cómo se le aparecía el Niño Jesús, y concluyó que habría nacido en el mismo instante de su visión. Desde entonces san Bernardo sentirá un profunda atracción por el misterio de la Encarnación y una gran devoción por la Virgen.

En 1112, cuando tenía 22 años, tomó los hábitos de la Orden del Císter en la abadía de Cîteaux, y en 1115, san Esteban Harding, el abad, le envió junto a otros doce compañeros a fundar una nueva abadía en Claraval. Desde entonces creció considerablemente la influencia y la popularidad de san Bernardo, se multiplicaron las fundaciones cistercienses y le ofrecieron los obispados de distintas ciudades, entre ellos los de Génova y Milán, pero san Bernardo los rechazó todos. No obstante, no dejó por ello de intervenir decisivamente en la política de su tiempo, y así consiguió como legado pontificio la reconciliación de la Iglesia con Guillermo, duque de Aquitania; durante el cisma provocado por la designación en 1130 del antipapa Anacleto II, san Bernardo se puso al servicio del papa Inocencio II, consiguiendo las adhesiones de Enrique I, rey de Inglaterra, y del emperador Lotario III; y en marzo de 1146 inició en Vezelay la predicación de la segunda cruzada por designio de Urbano II.

San Bernardo murió en agosto de 1153, y en 1174 fue canonizado por el papa Alejandro III. Su labor como escritor fue también intensa, por lo que recibe el apelativo de «Doctor Melifluo», aunque no fue oficialmente declarado como tal hasta 1830 durante el pontificado de Pío VIII. Todas las biografías de san Bernardo, incluida la que Santiago de la Vorágine escribió en la *Leyenda Dorada*, se basan en la *Vita Prima* escrita por Guillermo de Saint Thierry, Arnaldo de Bonaval y Gofredo de Auxerre, contemporáneos del santo. Es, pues, la principal fuente iconográfica sobre san Bernardo, pero no la única, pues habría que incluir sus propios escritos, algunos de los cuales dieron origen a representaciones alegóricas singulares que habrían de incorporarse como episodios verdaderos en las biografías posteriores; es el caso del famoso tema de la *lactatio* que cuenta cómo, estando un día en oración delante de una imagen de la Virgen, al comenzar en voz alta con la frase «monstra te esse matrem», se le apareció la Virgen con el Niño Jesús en brazos regalando al santo arrodillado un chorro de leche de sus pechos al tiempo que le respondía: «monstro me esse matrem». La fuente literaria de esta milagrosa lactación de san Bernardo puede estar en sus *Sermones al Cantar de los Cantares* (Stoichita, 1996), o en el *Sermón del Domingo en la Octava de la Asunción*: «¿Qué teme llegar, y acercarse a María, nuestra fragilidad humana? Nada tiene de áspera, ni desabrida; nada de ceñuda, toda es suavidad y a todos ofrece el más humano abrigo, y el néctar de sus pechos [...]. Alimentad hoy, Señora, a vuestros pobres, dadles de beber de vuestra copiosa vasija» (Durán, 1953).

Lo mismo sucede con el *amplexus*, el abrazo dispensado al santo por Cristo crucificado, cuyo relato aparece en el *Exordium Magnum*: Don Menardo, abad de un monasterio vecino al de Claraval, vio cómo se le aparecía Jesús crucificado a san Bernardo mientras éste se encontraba rezando. «El santo abad lo adoraba y besaba con una ardiente devoción. Entonces la Divina Majestad, desclavando sus brazos de los extremos de la cruz, parecía abrazar al siervo de Dios y estrecharlo contra su pecho». La fuente vuelve a estar en los *Sermones al Cantar de los Cantares*, en los que san Bernardo confiesa su devoción por la Pasión de Cristo, tema frecuente en sus escritos. En uno de ellos escribe: «¡Cuán bueno sois, Señor, para el alma que os busca! Salís a su encuentro, la abrazáis y os portáis con ella cual amante esposo». Como prolongación del *amplexus*, y en paralelismo con el milagro de la *lactatio*, surge la leyenda según la cual Cristo acercó a san Bernardo hacia su costado abierto ofreciéndole su sangre diciendo: «Bebe, Bernardo, bebe de esta Fuente de la Vida, consuelo y regalo de las almas».

ATRIBUTOS: Báculo abacial, mitra en el suelo simbolizando las dignidades episcopales rechazadas, libro, debido a su intensa actividad literaria, y diablo a sus pies como referencia a las numerosas ocasiones en las que fue vencido por el santo, según relatan extensamente sus primeros biógrafos.

Murillo, *Aparición de la Virgen a san Bernardo,* Madrid, Museo del Prado.

REPRESENTACIONES: Aunque no existe una *vera effigies* propiamente dicha, la fisonomía de san Bernardo se basa en el retrato literario realizado por Gofredo de Auxerre en la *Vita Prima*: «Su cuerpo era esbelto y delgado, sumamente fino su cutis y las mejillas ligeramente sonrosadas [...]. Su cabello era blondo y su barba rubia». Luce además una tonsura monacal que le rodea prácticamente toda la cabeza, vistiendo el hábito blanco propio del Cister, y se le suele representar solo, leyendo o rezando, o bien acompañado de otros santos fundadores. En el arte italiano son muy frecuentes las representaciones en las que aparece escribiendo ante la Virgen, que parece instruir al santo, como en el retablo de Giovanni da Milano *Virgen entronizada con el Niño y santos* (1360, Prato, Galleria Comunale), o en las tablas de Filippo Lippi (*Aparición de la Virgen a san Bernardo*, 1447, Londres, National Gallery) y Filippino Lippi (*Aparición de la Virgen a san Bernardo*, 1480-1486, Florencia, iglesia de la Badia).

Aunque es posible localizar pasajes en la biografía de san Bernardo en los que se le aparece la Virgen, en este caso el tema no responde a un episodio concreto, sino al deseo de expresar alegóricamente que es la misma Virgen la fuente de toda la doctrina contenida en los escritos de san Bernardo; y parecida significación puede tener el tema de la *lactatio*. En una recopilación francesa de *exempla* titulada *Ci nous dit*, compuesta en el siglo XIV, se cuenta que san Bernardo fue designado por el abad de Cîteaux para predicar ante el obispo de Chalon. El santo quiso excusarse, pero el abad se opuso y, preocupado, se puso a rezar ante una imagen de la Virgen y se quedó dormido: «Y Nuestra Señora le puso el santo pecho en la boca y le enseñó la divina ciencia. Y desde entonces fue uno de los más sutiles predicadores de su tiempo y predicó ante el obispo». La representación más antigua que se conoce de este tema se encuentra en una tabla anónima fechada en 1290 que se conserva en el Museo Luliano de Palma de Mallorca. En el arte español es una representación bastante frecuente y responde por lo general a un esquema bien definido: san Bernardo aparece arrodillado en actitud orante y la Virgen, sobre un altar, o apareciéndose a través de un rompimiento de gloria, oprime su pecho para hacer llegar un chorro de leche a la boca entreabierta del santo; de esta manera lo pintaron Juan de Roelas, Alonso Cano o Murillo. Desde España el tema de la *lactatio* se difundió por Francia y Flandes hasta llegar, ya en el XVI, a Italia (Bernardino Poccetti, *María alimenta a san Bernardo*, 1598-1600, Florencia, convento de Santa María Magdalena de Pazzi).

Debido a la devoción de san Bernardo por la Pasión de Jesús, es frecuente encontrarlo escribiendo o meditando junto al Cristo Crucificado. Pero es el *amplexus*, el abrazo dado a san Bernardo por Jesús desde la cruz, el que mejor mostraba a sus fieles el amor del santo hacia Jesucristo; hay que recordar que en los *Sermones al Cantar de los Cantares* escribía: «Yo tengo siempre a Jesús en la boca, como sabéis, lo tengo siempre en el corazón [...]; ésta es para mí la más sublime filosofía, conocer a Jesús y a Jesús Crucificado». Normalmente Jesús desclava sus brazos de la cruz y los extiende hacia san Bernardo (Gregorio Fernández, Valladolid, retablo mayor del monasterio de las Huelgas Reales; Giovanni Odazzi, *Cristo abrazando a san Bernardo*, 1705-1710, Roma, iglesia de San Bernardo alle Terme). Sin embargo, Ribalta, en una de las creaciones más conocidas de este tema, representa a san Bernardo abrazando por fin el cuerpo de Jesús (*Cristo abrazando a san Bernardo*, 1621-1625, Madrid, Museo del Prado); y el momento culminante del abrazo místico del *amplexus* es la efusión de la sangre del costado herido de Cristo que san Bernardo bebe, asunto que quedó plasmado en el lienzo de Il Greccheto que se conserva en Génova, en la iglesia de Santa María della Cella.

Por último, como visualización de la devoción cristológica de san Bernardo, surge a mediados del Cinquecento en Italia la representación del santo llevando los símbolos de la Pasión. Aparece ya en la estampa número 56 de la serie grabada en Roma en 1587 sobre diseños de Antonio Tempesta. El libro, *Vita et miracula Divi Bernardi Claravalensis Abbatis*, fue encargado por la Congregación española de San Bernardo cuando era procurador general en Roma el español Bernardo Gutiérrez. Los 56 grabados de que consta la serie se convirtieron pronto en el mayor repertorio iconográfico que tenían a disposición artistas y comitentes sobre san Bernardo; en ellos se basan los 44 relieves que en 1645 realizó Carlo Garavaglia en la sillería del coro de la abadía cisterciense de Chiaravalle Milanese, así como los relieves del retablo mayor de la iglesia de Abanto, en Zaragoza, y los 14 relieves en madera de nogal que, procedentes del monasterio de Piedra, se conservan en la misma iglesia.

BIBLIOGRAFÍA:

ALLO MANERO, A. y ESTEBAN LORENTE, J. F., «Vida y milagros de San Bernardo en el retablo de la parroquial de Abanto, procedente del monasterio de Piedra (Zaragoza)», *El arte Barroco en Aragón. Actas del III Coloquio de Arte Aragonés*, Huesca, 1985, pp. 229-248.

DAL PRÁ, L., «Bernardo di Chiaravalle. Realtà e interpretazione nell'arte italiana», *Bernardo di Chiaravalle nell'arte italiana dal XIV al XVIII secolo*, Florencia, Electa, 1990, pp. 29-88.

—, *Iconografia di San Bernardo di Clairvaux in Italia*, Roma, Ediciones Cistercienses, 1991.

DURÁN, R., *Iconografía española de San Bernardo*, monasterio de Poblet, 1953.

BLAS
S. III-IV. Obispo y mártir.

HISTORIA Y TRADICIÓN: San Blas era obispo de Sebaste, en Armenia. Para escapar de la persecución de Diocleciano, se refugió en una cueva donde acudían todo tipo de animales que no se marchaban si antes no recibían la bendición del santo; pero descubierto por unos cazadores, fue conducido ante el gobernador. Durante el viaje, una mujer le salió al paso para pedirle que curase a su hijo, que no podía respirar a causa de una espina que se había tragado. En otro sitio, otra mujer le pidió poder recuperar a su cerdo, su única propiedad, que le había sido arrebatado unos días antes por un lobo; y en el mismo momento en el que san Blas tranquilizaba a la mujer, el lobo dejó el cerdo a sus pies.

Una vez en la cárcel, la mujer que había recuperado su cerdo se enteró de que el santo se encontraba en la prisión; así que mató al animal y le llevó la cabeza y las patas. Para obligar a san Blas a adorar a los ídolos, le desgarraron las carnes con unos peines de hierro y le intentaron ahogar, pero el lago se solidificó. Finalmente fue decapitado, pero antes pidió a Dios que sanase de cualquier mal de garganta a todo aquel que se encomendase a él. Por el martirio de los peines de hierro es además patrón de los cardadores de lana.

Atributos: Aunque no es específico de san Blas, el rastrillo de hierro es el atributo que mejor le identifica.

Representaciones: San Blas viste siempre como obispo, con el báculo, la mitra y la capa pluvial. Suele representarse sin barba, pero por influencia de Oriente, de donde se importó su culto, puede aparecer también con ella (Masaccio, *Tríptico de san Juvenal*, 1422, Cascia di Reggello). Además del martirio, otras escenas representadas son: la etapa de eremita en la cueva, el milagro del niño atragantado con la espina, la devolución del cerdo y la ofrenda de la cabeza y las patas que realiza posteriormente su propietaria (Martín de Soria, *Retablo de san Blas*, iglesia de Luesia, en Zaragoza).

BRUNO
1027-1101. Fundador de la Orden de la Cartuja.

Historia y tradición: Nacido en Colonia, marchó a Reims cuando tenía catorce años para cursar estudios superiores. Sus progresos hicieron que el arzobispo Gervasio le nombrara canónigo y regente del centro escolar de la catedral. A la muerte del arzobispo, la sede la ocupó Manasés mediante pecado de simonía, pero la vida escandalosa y licenciosa del nuevo arzobispo atrajo las críticas de su entorno hasta que fue por fin excomulgado y depuesto de su cargo. Le ofrecieron a san Bruno ocupar la sede vacante, pero él la rechazó, prefiriendo una vida más ascética y solitaria; éste fue, pues, el motivo que empujó a san Bruno al retiro según la depuración hecha de su biografía durante la Contrarreforma, desdeñando por apócrifo el milagro ocurrido durante los funerales de Diocrés, que durante mucho tiempo fue tenido por cierto. Y aunque el episodio fue retirado incluso del Breviario romano por orden del papa Urbano VIII, seguía atrayendo la imaginación de comitentes y artistas y, de hecho, encabezaba la mayoría de las series dedicadas al santo, por lo que el padre Interián de Ayala volvió a advertir a los pintores «que, en adelante, no ejerzan la industria de su noble arte en representar un caso tan espantoso».

Jean Croiset, en su difundido *Año Christiano*, reivindica y relata el episodio como causa más probable del retiro de san Bruno, pues «una resolución tan generosa y tan repentina había de tener principio de más estruendo». El episodio en cuestión es el siguiente: se encontraba san Bruno en París cuando murió el doctor Diocrés; asistiendo a sus funerales, vio cómo se levantaba del féretro exclamando «Por justo juicio de Dios soy acusado». Aplazado el funeral para el día siguiente, el muerto volvió a repetir: «Por justo juicio de Dios soy juzgado»; y al tercer día volvió a levantarse para exclamar: «No tengo necesidad de oraciones; por juicio justo de Dios soy condenado al fuego sempiterno». Así pues, tras esta experiencia, decidió retirarse del mundo y, con otros seis compañeros, abandonó la ciudad y se dirigió a Grenoble para pedirle a su obispo, san Hugo, que les concediese un terreno donde poder vivir en soledad. El santo obispo reconoció en la comitiva que acompañaba a san Bruno a las siete estrellas que vio en un sueño durante la noche anterior y que le condujeron hasta el desierto de Chartreux, en donde Dios se construía una mansión. Llevados hasta allí por san Hugo, se instalaron en el desierto de la Cartuja el 24 de junio de 1084, festividad de San Juan Bautista, tenido desde entonces por el santo protector de la Orden recién fundada.

Sin embargo, en 1089 el papa Urbano II reclama a san Bruno como consejero en Roma, donde permaneció tres años rogando constantemente al papa que le dejase volver a su retiro. Urbano II llegó a ofrecerle la silla arzobispal de Reggio, pero san Bruno la rechazó. Durante ese tiempo, los monjes de la Cartuja, desamparados, comenzaron a relajar la vida de penitencia que mantenían y un día, hablando sobre el particular, se les apareció san Pedro diciéndoles que «la Virgen los tomaría a todos debajo de su especial protección, con tal de que todos fuesen muy exactos en rezar cada día las siete horas canónicas de su Oficio»; y a partir de ese día la Virgen se convirtió en protectora de la Orden. Cuando por fin obtuvo san Bruno licencia del papa para marcharse, decidió no volver a la Cartuja y fundar otro monasterio en un paraje solitario de Calabria, en el obispado de Squilache: el monasterio de Santa María de la Torre, donde permaneció hasta el día de su muerte, el 6 de octubre de 1101. Fue beatificado en 1514 por León X, y canonizado por Gregorio XV en 1623.

ATRIBUTOS: Como fundador de una Orden lleva el libro de la Regla; la mitra y el báculo a los pies aluden a los obispados rechazados. En ocasiones pisa la bola del mundo simbolizando su desprecio por las cosas mundanas; y en recuerdo de la visión de san Hugo lleva en su nimbo las siete estrellas, o seis, situando la séptima sobre su pecho (Ribalta, *San Bruno*, 1625-1627, Valencia, Museo de Bellas Artes). Como penitente puede llevar una cruz y una calavera; y por último, una rama de olivo o un crucifijo rameado tomado del Salmo 51, 10: «Ego sicut oliva fructifera in domo Dei», es decir, «Yo seré como olivo fructífero en la casa de Dios».

REPRESENTACIONES: San Bruno viste normalmente el hábito blanco de la Orden, túnica y escapulario con capucha, al que a veces se le añade una capa negra. Se le representa por lo general joven e imberbe, de rostro afilado, casi calvo, con un estrecho cerco de pelo en torno a la cabeza. José de Mora realizó contra toda costumbre un jovencísimo *San Bruno* (1695, Sagrario de la Cartuja de Granada), y además prescindió de todos los atributos que suelen rodear al santo cuando se le representa en penitencia, como la calavera (Manuel Pereira, 1652, Madrid, Academia de Bellas Artes de San Fernando) o la cruz (Martínez Montañés, 1634, Sevilla, Museo de Bellas Artes).

La iconografía de san Bruno comienza, pues, en el siglo XVI a raíz de la beatificación de 1514. Ya en 1516 se publica en Colonia la *Vita Sancti Brunonis* de Petrus Blomevenna, prior de la cartuja de Santa Bárbara, ilustrada con xilografías de Woensam, posible precedente iconográfico para los grandes ciclos narrativos que se prodigarán en la centuria siguiente en los monasterios de la Cartuja. Así, el realizado en 1630 por Daniel Crespi para la Cartuja de Pavía; el realizado en 1635 por Máximo Stanzione para la Cartuja de San Martín, en Nápoles; o el más importante, el ciclo de 22 cuadros pintados por Le Sueur para el claustro de la Cartuja de París, hoy en el Louvre. En España el ciclo más importante le fue encargado a Vicente Carducho por el prior de la cartuja de El Paular, Juan de Baeza. Entre 1626 y 1632 Carducho pintó un total de 56 cuadros para El Paular, de los cuales 27 ilustraban la vida de san Bruno y el resto representaban escenas de la vida de otros ilustres cartujanos. La serie, hoy dispersa debido a la exclaustración provocada por la desamortización, se inicia con la conversión de san Bruno impresionado por los milagros ocurridos durante los funerales de Diocrés, episodio al que los cartujos no estaban dispuestos a renunciar, según vimos más arriba.

Además de los episodios ya relatados, no falta en estas series la aparición en sueños de san Bruno al conde de Calabria para advertirle de una conspiración. Otra representación frecuente es la aparición de la Virgen con el Niño Jesús a san Bruno, que le entrega la Regla de la Orden (Ribera, *Virgen con el Niño y san Bruno*, 1624, Weimar, Schlossmuseum; Simon Vouet, 1626, *La Virgen apareciéndose a san Bruno*, Nápoles, Cartuja de San Martín). Otro tema muy querido por la Orden de la Cartuja es el de la Virgen de la Misericordia, que muestra a la Virgen protegiendo a los cartujos bajo su manto; este tema forma parte de los tres lienzos que pintó Zurbarán en 1655 para la cartuja de Santa María de las Cuevas de Sevilla (hoy en el Museo de Bellas Artes) simbolizando la oración y el amor a la Virgen. *San Hugo en el refectorio de los cartujos* es una alegoría de la mortificación, y cuenta un milagro tomado de la *Vida del seráfico Padre San Bruno, Patriarca de la Cartuxa*, de Juan de Madariaga (Valencia, 1596): san Hugo envió a los cartujos carne para comer un domingo de quincuagésima; estando los siete discutiendo si debían o no comerla, quedaron dormidos los cuarenta y cinco días siguientes, hasta el miércoles santo, cuando despertaron y vieron entrar en el refectorio a san Hugo, que había acudido alertado del prodigio por uno de sus sirvientes. La carne de los platos se convirtió en ceniza a la vista de todos, y entonces los monjes interpretaron el milagro como una invitación divina a la abstinencia. El tercer cuadro, *San Bruno y el papa Urbano II*, es una alegoría del silencio; la incomunicación entre los dos personajes es tal que, describiendo el cuadro, Paul Guinard (1975) dice que esta «sacra conversación sin conversación ofrece el más sorprendente contraste entre la suntuosidad de un decorado realista y la árida esquematización de dos figuras, que parecen flotar como dos ectoplasmas».

Zurbarán, *San Hugo en el refectorio de los cartujos,* 1655, Sevilla, Museo de Bellas Artes.

BIBLIOGRAFÍA:

BATICLE, J., «Les peintres de la vie de Saint Bruno au XVII siècle, Lanfranc, Carducho, le Sueur», *La Revue des Arts* 8 (1958), pp. 17-28.

CUARTERO Y HUERTA, B., «Relación descriptiva de los cincuenta y seis cuadros pintados por Vicencio Carduchi para el claustro grande de la Cartuja del Paular», *Boletín de la Real Academia de la Historia* 126-128 (1950-1951).

GUINARD, P., «A propos de "Saint Bruno et le Pape" de Zurbarán», *Melanges de la Casa de Velázquez* 11 (1975), pp. 585-591.

LÓPEZ CAMPUZANO, J., «Aportaciones a la iconografía de San Bruno», *Anales de Historia del Arte* 7 (1997), pp. 193-209.

WERNER BEUTLER, *Vicente Carducho en el Paular*, Madrid, Ed. Verlag Locher Köln, 1998.

BUENAVENTURA

1221-1274. Franciscano. Obispo y Doctor de la Iglesia.

HISTORIA Y TRADICIÓN: Nacido en Bagnorea (Toscana), su verdadero nombre era Giovanni Fidanza, como su padre, pero a los cuatro años cayó enfermo y, estando a punto de morir, su madre se encomendó a san Francisco de Asís, que entonces se encontraba en el mismo lugar, prometiéndole que si su hijo sanaba lo consagraría a la orden franciscana. San Francisco rezó por él y el niño sanó al instante, por lo que exclamó: «o buona ventura». Desde entonces se le conoce con el nombre de Buenaventura. Él mismo recuerda el suceso con agradecimiento en la *Leyenda Menor* (1236): «Estando gravemente enfermo cuando aún era niño pequeño, mi madre hizo una promesa en favor mío al bienaventurado padre Francisco, y me libré de las fauces de la muerte quedando completamente restablecido. Y, conservando un vivo recuerdo de ello, ahora lo confieso sincera y abiertamente, no sea que silenciando tamaño beneficio, se me tache de crimen de ingratitud».

Ingresó, pues, en la Orden de San Francisco y al terminar el noviciado fue enviado a estudiar a París, donde obtuvo el grado de Doctor en 1257 junto con santo Tomás de Aquino, con quien mantendrá desde entonces una estrecha relación. En una ocasión santo Tomás fue a visitar a san Buenaventura a su celda para preguntarle cuál era la fuente de su doctrina y de su sabiduría. San Buenaventura le mostró un crucifijo y le dijo: «He aquí el libro de donde yo extraigo lo que predico, lo que enseño y lo que escribo». Se cuenta también que, antes de ser sacerdote, le gustaba comulgar con la mayor frecuencia posible y que pasaba horas enteras delante de los altares. Un día, habiéndose abstenido de la Sagrada Comunión por reverencia, recibió sin embargo la comunión de manos de un ángel.

Unos meses antes de la consecución de su doctorado fue elegido General de la Orden de San Francisco cuando sólo contaba treinta y cinco años de edad. En 1260 se celebra el Capítulo General de Narbona, en donde se pide a san Buenaventura que escriba la vida de san Francisco; cuando la estaba escribiendo, le fue a visitar santo Tomás como solía hacer, pero, sabiendo en lo que estaba ocupado, dijo: «Dejemos a un santo trabajar para otro santo». Después de tres años de investigaciones por Italia vio la luz la *Leyenda Maior*, único texto sobre la vida de san Francisco autorizado por el Capítulo General de París en 1263.

En 1265 rehusó la silla episcopal de York que le ofrecía Clemente IV, pero en 1273 tuvo que aceptar la de Albano, en Italia, y el capelo cardenalicio, ambos ofrecidos por el inflexible Gregorio X. El papa envió el capelo con dos nuncios, y éstos le encontraron en el convento de Magelo lavando los platos. El santo no interrumpió su labor por la noticia de su nombramiento, antes bien, colgó el capelo en un palo y siguió fregando. Precisamente, dos años antes Gregorio X había sido elegido papa gracias a la influencia de san Buenaventura, que deseaba poner fin a los tres años en los que la cátedra de San Pedro había estado vacía desde la muerte de Clemente IV.

Como cardenal-obispo de Albano, san Buenaventura acompañó al pontífice en el Concilio de Lyon, celebrado en esa ciudad en 1274 con objeto de conseguir la unión de las Iglesias latina y griega y el socorro de Tierra Santa. El 28 de junio se sellaba la unión de ambas iglesias y el 15 de julio san Buenaventura murió, casi de repente, a la edad de cincuenta y tres años. Antes de morir quiso comulgar, pero los continuos vómitos y convulsiones se lo impedían. Se puso el ostensorio en el pecho y, milagrosamente, la Sagrada Forma entró directamente en su corazón. Fue sepultado en la iglesia de San Francisco de Lyon, pero en 1434 los franciscanos edificaron otra iglesia y abrieron el sepulcro del santo para trasladar sus reliquias. Encontraron sus huesos, pero su cabeza se hallaba intacta, «con todos sus cabellos, sus dientes, y la lengua tan fresca, los labios tan encarnados y el color del rostro tan perfecto y tan vivo como si el santo lo estuviera».

Fue canonizado por Sixto IV en 1482, y en 1588 Sixto V le nombra Doctor Seráfico. Además de la mencionada obra sobre la vida de san Francisco, escribió otras importantes como la *Apología de los pobres*, *Itinerario de la mente hacia Dios* y el *Árbol de la Cruz* o *Arbor crucis*, origen de la iconografía del Lignum Vitae propia del Gótico.

ATRIBUTOS: Capa y capelo cardenalicio, a menudo colgados de un árbol, aunque más frecuentemente sobre el hábito franciscano. Libro y pluma alusivos a su condición de Doctor. Ostensorio junto al pecho. Mitra de obispo en el suelo o sobre su cabeza. Rosario y crucifijo, a veces con ramas y coronado por un pelícano (símbolo de Cristo), en relación a su opúsculo *Arbor crucis*.

REPRESENTACIONES: Las representaciones de la vida de san Buenaventura son excepcionales, y la más completa es la que aparece en un grabado de Adrián Collaert de finales del siglo XVI. El santo preside la lámina y, a los lados, 10 viñetas con escenas de su vida. Arriba, y de formato mayor que el resto, la escena del traslado de sus reliquias y el hallazgo de su cabeza incorrupta. Otra de las series más completas era la que decoraba el colegio de San Buenaventura de Sevilla, y que hoy se encuentra dispersa por museos de todo el mundo. Constaba de ocho grandes lienzos, de los cuales los cuatro primeros son escenas relativas a la infancia y juventud del santo que fueron pintadas por Francisco de Herrera el Viejo en 1628: *Aparición de santa Catalina a la familia de san Buenaventura*, *San Buenaventura curado por san Francisco*, *San Buenaventura toma el hábito franciscano* y *San Buenaventura recibe la comunión de manos de un ángel*.

La primera escena no aparece en ninguna de las biografías del santo, por lo que es posible que sea una escena de patronazgo, es decir, ideada a propósito por los mentores del programa iconográfico del colegio franciscano de Sevilla, que quisieron poner a san Buenaventura bajo la directa protección de Santa Catalina, patrona de teólogos y filósofos. En el lienzo, la santa se aparece a los padres de san Buenaventura, Giovanni Fidanza y María Ritella, para anunciarles que su hijo llegará a ser un gran teólogo. El patronazgo de santa Catalina y el hecho de que el colegio de San Buenaventura de Sevilla estuviera dedicado a la enseñanza de la filosofia y la teología fundamentan la veracidad de la hipótesis (Martínez Ripoll, 1976).

Las otras cuatro fueron pintadas por Zurbarán en 1629, y estaban dedicadas a la madurez y la muerte de san Buenaventura: *San Buenaventura y santo Tomás de Aquino ante el crucifijo* (destruido), *San Buenaventura y el ángel* (inspirándole para la elección de un nuevo papa, lo que se muestra con la tiara cónica de tres coronas sobre la mesa en la que reza el santo), *San Buenaventura en el Concilio de Lyon* y *Exposición del cuerpo de san Buenaventura*. El mismo Zurbarán ilustró el episodio en el que santo Tomás, que iba a visitar a san Buenaventura, opta por no molestarlo y dejarle trabajar en la vida de san Francisco de Asís en *San Buenaventura recibiendo la visita de santo Tomás de Aquino* (1659-1660, Madrid, San Francisco el Grande).

Sin embargo, la iconografía más frecuente de san Buenaventura es la que lo representa de forma aislada, en compañía de otros santos de su Orden o de otros insignes doctores de la Iglesia. En las primeras de estas imágenes devocionales, fechadas en el siglo XV, acompañan al santo sus atributos tradicionales, incluido el crucifijo rameado mencionado anteriormente, como la que se encuentra en el convento de San Miguel de Villadiego. Murillo, en *San Leandro y san Buenaventura* (1665-1666, Sevilla, Museo de Bellas Artes), le identifica con un atributo poco usual, una maqueta de iglesia, pues se le considera cofundador y reorganizador de la Orden franciscana.

Herrera el Viejo, *San Buenaventura toma el hábito franciscano,* 1628, Madrid, Museo del Prado.

BIBLIOGRAFÍA:

MARTÍNEZ RIPOLL, A., *La iglesia del Colegio de San Buenaventura*, Sevilla, Diputación Provincial, 1976.

PADRÓN NERIDA, A., «Tres tablas con escenas de la vida de San Buenaventura por el Maestro de Segovia», *Boletín del Seminario de Arte y Arqueología* 70 (1986), pp. 379-384.

CARLOS BORROMEO
1538-1584. Cardenal y arzobispo.

HISTORIA Y TRADICIÓN: San Carlos Borromeo es la personificación ideal de los valores de la Contrarreforma. Empeñará más de la mitad de su vida en aplicar con celo los dictámenes que desde Trento pretendían mejorar la Iglesia católica. Completada su formación en la Universidad de Pavía y habiendo obtenido en 1559 el doctorado en Derecho canónico, llega a Roma al año siguiente, con sólo veintidós años, para ponerse al servicio de su tío el papa Pío IV, que le ha nombrado cardenal secretario poniéndole al frente de los asuntos más importantes de la curia romana.

Concluido el Concilio de Trento, es nombrado arzobispo de Milán en diciembre de 1564 y, observando el decreto relativo a evitar la acumulación de rentas, san Carlos Borromeo marchó a Milán y allí fijó su residencia en 1565, comenzando inmediatamente la implantación de la reforma católica: celebra concilios provinciales; crea seminarios para la formación eclesiástica; funda la Congregación de Clérigos Seculares, la Congregación de los Oblatos de San Ambrosio; y recorre incansablemente su diócesis amonestando, corrigiendo y predicando. Pero el ímpetu reformador de san Carlos encontró también una fuerte oposición; más de una vez se topó con las puertas de los templos cerradas, como en Santa Maria de la Scala, en Milán; e incluso llegaron a atentar contra su vida cuando un sicario pagado por la Orden de los Humillados le disparó mientras rezaba.

San Carlos Borromeo volvió a desafiar la muerte por sus constantes desvelos y cuidados dispensados a los enfermos de peste durante la epidemia que asoló Milán en 1576. Cuentan sus biógrafos que andaba por las calles de día y de noche, distribuyendo limosnas, consolando y administrando los sacramentos a los enfermos. Para aplacar la epidemia organizaba procesiones y las presidía andando descalzo y con una soga al cuello; a veces llevaba la reliquia del clavo de la Santa Cruz que se guarda en el Duomo de Milán. Murió en noviembre de

1584, con sólo cuarenta y seis años de edad, y fue canonizado en 1610 por el papa Pablo V. Entre sus obras, por su importancia para la historia del arte, habría que destacar las *Instrucciones para la construcción y para el mobiliario eclesiástico*, de 1577, en las que intenta adecuar las nuevas construcciones religiosas a las exigencias litúrgicas expresadas en el Concilio de Trento.

Daniel Crespi, *Cena de san Carlos Borromeo,* 1625, Milán, iglesia de Santa María de la Pasión.

ATRIBUTOS: Cuerda en el cuello y cruz.

REPRESENTACIONES: La fisonomía de san Carlos Borromeo, con su peculiar nariz, grande y aguileña, se basa en los numerosos retratos y grabados que comenzaron a circular inmediatamente después de su muerte. Según Luis Muñoz, en su *Vida de S. Carlos Borromeo* (Madrid, 1626), incluso «Felipe II quiso conservar su memoria teniendo un retrato suyo en su cámara». Las representaciones más frecuentes nos lo muestran como cardenal, en procesión (Pietro da Cortona, 1667, Roma, iglesia de San Carlo ai Catinari; Domenico Maria Muratori, 1740, Roma, Santa María la Mayor), asistiendo a los apestados (Borgiani, Roma, iglesia de San Adrián), bautizándoles (Giacomo Cavedoni, 1614, Milán, Pinacoteca Brera), o rezando, pidiendo la erradicación de la enfermedad ante la Virgen, mostrándole el santo clavo (Francisco Camilo, 1670, Salamanca, Catedral), o ante una cruz con la sagrada reliquia (Zurbarán, Madrid, colección particular).

En *San Carlos Borromeo suplicando por el fin de la plaga*, de Etienne Parrocel (1739, Roma, Santa Prassede), vemos a san Miguel enfundando su espada flamígera y poniendo así fin a la peste gracias a las oraciones del santo, que se encuentra arrodillado ante un crucifijo. La mediación de san Carlos Borromeo ante la peste contribuyó en gran medida a difundir su culto por el resto de Europa. Así por ejemplo, en 1715 comenzó Fisher von Erlach la construcción en Viena de la iglesia de San Carlos Borromeo por orden del emperador Carlos VI como exvoto por la epidemia de 1713. También se le ve con frecuencia junto a san Felipe Neri (Lucas Jordán, 1704, Nápoles, iglesia de los Jerónimos). Daniel Crespi pintó a san Carlos disfrutando calladamente de la lectura y de una frugal cena de agua y pan, acorde con los ideales y el comportamiento ejemplar de un santo de la Contrarreforma (*Cena de san Carlos Borromeo*, 1625, Milán, iglesia de Santa María de la Pasión).

BIBLIOGRAFÍA:
GUIDETTI, A., *San Carlo Borromeo. La vita nell'iconografia e nei documenti*, Milán, 1984.

CARMELO
†1558. Mercedario.

Historia y tradición: Poco se sabe de este santo, a quien la Orden de la Merced tributa tan alta dignidad sin haber sido canonizado. Fray Jerónimo Carmelo vistió el hábito mercedario en Barcelona en 1542, destacando desde entonces por su entrega a la vida virtuosa, impulsado a ello por una voz celestial que oyó en una ocasión mientras rezaba: «Jerónimo, saber juntar en uno virginidad y amores, al paso que es difícil, es lo más bienaventurado». Fue un gran devoto de la Virgen y un acérrimo defensor del dogma de la Inmaculada Concepción, en cuya defensa escribió *De Conceptione*.

Refiere la tradición que, escribiendo unos comentarios al *Cantar de los Cantares*, leyó los versos «Tota pulchra es, amica mea, et macula non es in te» («Toda tú, amiga mía, eres hermosa, sin que en ti se halle mancha alguna»), y entonces se sintió inmediatamente arrebatado en éxtasis viendo a la Virgen rodeada de su coro de ángeles. Cuando desapareció la visión y quiso continuar, sólo pudo escribir «Ita est, nam ego vidi», es decir, «así es, y yo lo vi». Siguió escribiendo durante un rato, pareciéndole que escribía finezas, pero cuando leyó lo escrito todos los renglones decían lo mismo: «Tota pulchra es, amica mea». También quiere la tradición concederle la silla episcopal de Teruel cuando, según parece, la diócesis turolense no se creó hasta 1577, diecinueve años después de la muerte de san Carmelo.

Atributos: Hábito mercedario, libro y pluma.

Representaciones: De iconografía escasa, las representaciones más importantes son las dos versiones que realizó Zurbarán en 1630, una conservada en la iglesia de Santa Bárbara de Madrid y la otra en el Museo de Bellas Artes de Sevilla. Esta última fue pintada para el altar de la Sala de Láminas del convento de la Merced de Sevilla, haciendo pareja con san Pedro Pascual, el otro santo mercedario que tuvo también una visión de la Inmaculada. Jerónimo Jacinto de Espinosa pintó el mismo tema para el convento de la Merced de Valencia (1660, Barcelona, colección particular). En esta ocasión, de la boca del santo sale la frase «Ita est, et ego vidi».

CASILDA
S. XI. Virgen.

HISTORIA Y TRADICIÓN: Casilda era hija del rey moro de Toledo Al-Mamum, a pesar de lo cual sintió desde siempre una piedad y una caridad connatural hacia los cautivos cristianos que su padre tenía encerrados en las mazmorras del Alcázar. A menudo se acercaba hasta ellos sin el conocimiento del rey para confortarlos con su presencia y su charla, y también les llevaba comida. Un día que iba cargada de pan para los cautivos se vio sorprendida por su padre, que, en tono airado, le preguntó qué era lo que llevaba en el regazo de su vestido. Casilda respondió sin vacilar que eran rosas, y, efectivamente, cuando descubrió lo que llevaba, los mendrugos de pan se habían convertido milagrosamente en rosas, «volviendo las rosas a convertirse en pan con no menor prodigio luego que se ausentó el explorador». Este milagro fue, al decir de sus hagiógrafos, la causa directa de su definitiva conversión al cristianismo.

Sucedió después que santa Casilda padeció de flujo de sangre para el que no hallaban remedio los médicos del rey. Supo sin embargo, bien por inspiración divina, bien por revelación de los cristianos cautivos, que cerca de Briviesca, en la provincia de Burgos, había unos lagos llamados de San Vicente en los que hallaría cura tomando allí un baño. Partió con el permiso de su padre hacia el lugar indicado, siendo recibida con honores por el rey de Castilla, Fernando I. Tomado el baño, fue sanada del flujo que padecía, «y recibiendo otro mejor lavatorio, que es el agua del santo bautismo, sin querer volver a Toledo, labró sobre el lago, en lo más alto de una peña, una ermita, en la cual hizo vida solitaria y acabó sus bienaventurados días». Aunque el culto popular empezó muy pronto, no fue oficialmente reconocida como santa hasta el siglo XVI por la Iglesia de Burgos. Se la invoca contra las enfermedades femeninas del flujo de sangre.

ATRIBUTOS: Corona, por su virginidad, y flores en el regazo del vestido.

REPRESENTACIONES: La representación más usual es la referida al milagro de las rosas, captando el momento en el que la santa enseña las flores escondidas en su regazo. Así la pintó Zurbarán en varias ocasiones (1640-1650, Madrid, Museo Thyssen; Barcelona, colección particular). Subsisten dudas, sin embargo, de que el lienzo que se conserva en el Museo del Prado sea santa Casilda, y hoy la tendencia es identificar al personaje con santa Isabel de Portugal, que también protagonizó un milagro idéntico. En el santuario burgalés se conserva un sepulcro gótico con relieves de su vida, y en la tapa una representación yacente de la santa. En 1524 Diego Siloé talló la escultura que se encuentra en el sepulcro definitivo, también yacente, pero en esta ocasión inclinada sobre uno de sus lados y con un libro en la mano, símbolo, probablemente, «del mensaje cristiano que le ha permitido llegar a ese sueño expectante de la santidad» (Payo Hernanz, 1993). El mismo tipo iconográfico reproduce un cuadro del siglo XVIII situado en la sacristía del santuario.

BIBLIOGRAFÍA:
PAYO HERNANZ, R. J., «Iconografía de Santa Casilda». *Cuadernos de Arte e Iconografía* VI, 12 (1993), pp. 96-108.

CATALINA DE ALEJANDRÍA
S. IV. Virgen y mártir.

HISTORIA Y TRADICIÓN: Hija del rey Costo, la joven Catalina vivía en Alejandría bajo el reinado de Majencio o de Maximino, cuando el emperador publicó un edicto ordenando acudir a toda la población al templo para ofrecer sacrificios a los ídolos. Catalina se presentó ante el emperador y le intentó convencer de la veracidad de la fe cristiana. Pero después de una larga conversación, el emperador se convenció de que carecía de la preparación filosófica suficiente como para rebatir los argumentos de Catalina y mandó llamar a cincuenta sabios para que se enfrentaran a ella. Celebrado el certamen, Catalina logró la conversión al cristianismo de los cincuenta sabios, por lo que el emperador, enfurecido, los mandó ejecutar. Puesto que en el debate Catalina se mostraba invencible, el emperador la amenazó con torturarla si no renegaba de su fe, para lo cual hizo construir un artefacto consistente en unas ruedas «cuajadas de agudísimos clavos y de pequeñas sierras dentadas». Pero cuando las ruedas se pusieron a girar, se rompieron y salieron despedidos sus trozos, matando a una multitud de paganos. Fue finalmente decapitada, pero de su herida no brotó sangre, sino leche. Su cuerpo fue recogido por unos ángeles y sepultado en el Monte Sinaí.

En un manuscrito latino fechado en 1337, se narra además uno de los acontecimientos de mayor repercusión iconográfica, el de los desposorios místicos de santa Catalina con el Niño Jesús. Antes de reafirmar sus conocimientos y su fe en el cristianismo, un ermitaño le regaló una imagen de la Virgen con el Niño Jesús para que rezara delante de ella. Catalina le pidió a María que le mostrase a su Hijo; la aparición tuvo lugar esa misma noche, pero el Niño se negó a volver su rostro hacia la santa porque aún no la consideraba preparada. Santa Catalina volvió a recibir el magisterio del ermitaño y de nuevo por la noche se le apareció la Virgen con el Niño Jesús, quien, en esta ocasión, se mostró dispuesto a recibirla como esposa perpetua. Entonces la Virgen tomó la mano de santa Catalina y el Niño Jesús le colocó el anillo en el dedo. Santa Catalina es considerada patrona de filósofos, teólogos y estudiantes, y, por ello, una de las santas más veneradas y más representadas en el arte cristiano.

Atributos: El más significativo es la rueda de cuchillas, sin la cual, dice Interián de Ayala, «apenas habría quien conociese ser ésta la imagen de santa Catalina». Como símbolos del martirio le acompañan también la espada y la palma. Lleva además la corona de la virginidad, el anillo de sus desposorios místicos y el libro como símbolo de su sabiduría.

Fernando Gallego, *Martirio de santa Catalina de Alejandría,* Madrid, Museo del Prado.

REPRESENTACIONES: Es muy frecuente la imagen devocional, como patrona de filósofos y teólogos, y se la muestra aislada y rodeada de sus atributos (Yánez de la Almedina, Madrid, Museo del Prado; Caravaggio, 1598, Madrid, Museo Thyssen Bornemisza). También podemos verla clavando la punta de la espada en la cabeza de Majencio, que se encuentra a sus pies, simbolizando así su triunfo dialéctico sobre el paganismo representado por el emperador (Valdés Leal, Sevilla, iglesia de la Magdalena, capilla de la Quinta Angustia). Se ha representado también la disputa de santa Catalina con el emperador (Pinturicchio, 1492-1494, Vaticano, Apartamentos Borgia); con mayor frecuencia el martirio (Lelio Orsi, *ca.* 1560, Módena, Galería Estense), los desposorios de la santa con el Niño Jesús (Corregio, 1525-1526, París, Museo del Louvre; Ribera, 1648, Nueva York, Metropolitan Museum) y el traslado milagroso de su cuerpo al Monte Sinaí, como vemos en una de las versiones que del tema pintó Zurbarán (*Entierro de santa Catalina*, Munich, Alte Pinakothek) sobre un grabado de Cornelius Cort de 1575. Ludovico Carracci representó el momento previo a los desposorios en *El sueño de santa Catalina de Alejandría* (Washington, National Gallery).

CATALINA DE SIENA
1347-1380. Dominica.

HISTORIA Y TRADICIÓN: Conocemos la vida de Catalina Benincasa gracias a Raimundo de Capua, elegido confesor de la santa en 1374 y luego Maestro General de la Orden dominica. Entre 1385 y 1395 escribió la *Legenda Maior* con objeto de promover su canonización, que, no obstante, no llegaría hasta 1461 por decreto de Pío II. El texto está plagado de visiones que la misma santa le confesó haber tenido, como la más famosa y controvertida, la de su estigmatización, ocurrida un domingo de 1375 mientras rezaba en la iglesia de Santa Cristina en Pisa. Vio que de Jesús crucificado salían rayos sangrientos que se dirigían hacia ella; al percibir el misterio, le rogó que las marcas no apareciesen en su cuerpo, y así, «antes de que los rayos me alcanzaran, su color rojo sangriento se transformó en una luz brillante; y en la forma de luz pura llegaron a las cinco partes de mi cuerpo, es decir, a mis manos, mis pies y mi corazón».

En otra visión Cristo se le aparece con una corona de espinas y otra de oro para que la santa escoja. Evidentemente, santa Catalina escoge la de espinas. Esta unidad del alma de santa Catalina con la de Cristo se muestra en otras dos famosas visiones. En una, Cristo, que le arrebató el corazón, vuelve para ofrecerle ahora el suyo: «Querida hija, no hace mucho que tomé tu corazón, ahora te doy el mío para que vivas siempre». La última visión que relatamos tuvo lugar antes de ingresar como terciaria dominica cuando tenía quince años. Sus padres la presionaban para casarse y ella, que no quería, salió súbitamente de su casa de Siena y se refugió en una cueva, pidiendo encarecidamente a la Virgen que le diera a su hijo por esposo. Entonces apareció Jesús y la desposó colocándola un anillo en el dedo. Pero no todo fueron visiones en la vida de santa Catalina, porque de su vida pública destaca la decisiva intervención para devolver la sede papal a Roma, convenciendo a Gregorio XI de que debía retornar a Italia. Santa Catalina recibió al papa en Roma el 17 de enero de 1377, aunque con la muerte del pontífice se produjo el Cisma de Occidente.

ATRIBUTOS: Lirio, libro, estigmas, corona de espinas y corazón en la mano. A partir del siglo XVI lleva también un crucifijo (Tiépolo, *La Virgen con santa Catalina de Siena, santa Rosa de Lima y santa Inés de Montepulciano*, 1740, Venecia, iglesia de los Gesuati).

REPRESENTACIONES: Una de las primeras representaciones de santa Catalina, realizada antes de su canonización, se encuentra en la iglesia de Santo Domingo en Siena. Es un fresco de Andrea Vanni, realizado hacia 1381, que muestra a la santa con el hábito blanco y la capa negra propia de los dominicos, con un lirio en la mano y acariciando la cara de una devota. De finales del siglo XIV son también las tablas que representan el episodio del matrimonio místico, una del Maestro de Santa Úrsula (Pisa, Museo Cívico) y otra de Giovanni di Paolo (Bruselas, colección particular). Giovanni di Paolo representó también la estigmatización de santa Catalina (Nueva York, Metropolitan Museum), pero omitió la figuración de los rayos. La omisión se debe muy probablemente al impacto que en la iconografía de santa Catalina tuvo la controversia entre franciscanos y dominicos sobre el privilegio de la estigmatización, que los franciscanos consideraban exclusivo de su fundador. La disputa llegó hasta tal punto que el papa Sixto IV (1471-1484) prohibió en 1472, so pena de excomunión, pintar los estigmas en las imágenes de santa Catalina. Su sucesor, Inocencio VIII (1484-1492), confirmó la prohibición, pero ordenó que permaneciesen inalteradas las imágenes anteriores al decreto de 1472 en las que sí aparecían. Por último, Clemente VIII (1592-1605) derogó el decreto de Sixto IV en 1598, y ya considerando la cuestión de los estigmas de santa Catalina como un problema de interés general para la Iglesia, la Sagrada Congregación de Ritos en 1630, bajo el pontificado de Urbano VIII, resolvía la cuestión aprobando sin más reservas la narración que del misterio había hecho Raimundo de Capua en la *Legenda Maior*. Los artistas, fieles al texto, se habían adelantado ya a la solución de Urbano VIII pintando los rayos luminosos y las llagas doradas sobre los miembros de santa Catalina, como había hecho Vecchieta en un fresco realizado en el Palacio Público de Siena ante la inminente canonización de la Benincasa; y como se hará posteriormente, según confirma Francisco Pacheco, que emplea todo el capítulo dedicado a la iconografía de santa Catalina de Siena a tratar este problema.

La iglesia de Santa Catalina de Siena, en Roma, reúne uno de los conjuntos pictóricos más completos dedicados a la santa. Son un total de 10 composiciones realizadas entre 1768 y 1770 entre las que cabe destacar el *Matrimonio místico de santa Catalina*, de Gaetano Lapis, *Santa Catalina escogiendo la corona de espinas*, de Pietro Angeletti, *Cristo cambiando su corazón por el de santa Catalina*, de Tommaso Conca, y *Santa Catalina recibiendo al papa Gregorio XI a su llegada a Roma*, de Pecheux. Entre las vidas grabadas destacan la *Vita, mors et miracula quaedam selecta B. Catherinae Senensis* publicada en Siena en 1597, con 12 grabados de Pieter de Jode sobre diseños de Francesco Vanni; y la más ambiciosa y difundida, la *Catharinae Senensis Virginis SS. mae Ord. Praedicatorum, Vita ac Miracula Selectiora*, publicada en Amberes en 1603 con 34 grabados de Cornelio y Philip Galle.

BIBLIOGRAFÍA:
BIANCHI, L. y GIUNTA D., *Iconografia di S. Caterina da Siena*, Roma, 1988.
BORGHINI, G., «S. Caterina da Siena a Via Giulia (1766-1776), pasaggio obbligato per la cultura figurativa del secondo Settecento romano», *Storia dell'arte* 52 (1984), pp. 205-220.

CAYETANO

1480-1547. Fundador de la Orden de Clérigos Regulares, Teatinos.

HISTORIA Y TRADICIÓN: Cayetano de Thiene nació en Vicenza, en la República de Venecia. En 1504 se gradúa en Derecho civil y eclesiástico en Padua y dos años más tarde se encuentra en Roma al servicio de Julio II con el oficio de protonotario apostólico; sin embargo, en 1516 renuncia a su cargo y decide hacerse sacerdote. El nuevo papa, León X, le dispensa de sus funciones en la curia, y san Cayetano se ordena en septiembre de 1517. Entonces se une a la Compañía del Divino Amor que se había formado unos años antes en Roma, la cual estaba formada por un grupo de clérigos y seglares que, queriendo poner en práctica la caridad evangélica, visitaban los hospitales y las cárceles asistiendo a los enfermos.

Como apóstol del Divino Amor, san Cayetano viaja entre Roma, Vicenza y Venecia, donde funda el Hospital de los Incurables. En 1523 vuelve a Roma y funda la Orden de Clérigos Regulares en compañía de Juan Pedro Carafa, obispo de Teate, la cual es una asociación de sacerdotes que se han propuesto vivir como los apóstoles, en la pobreza absoluta y sustentándose con las limosnas que no pueden mendigar; por ello vivirán de las donaciones que les lleguen como compensación por su predicación. En junio de 1524 la Orden es aprobada por el papa Clemente VII.

Con el Saco de Roma perpetrado por las tropas de Carlos V, san Cayetano huyó primero a Venecia y luego a Nápoles, donde se estableció definitivamente. En esta ciudad, un noble dona una casa a la Orden, pero además quería dejarles unas rentas, a lo que se opone san Cayetano, pues contraviene el espíritu de la Orden y porque en Venecia, a pesar de las dificultades, no les había faltado sustento. El noble, insistiendo, afirma que «una cosa es Venecia y otra Nápoles»; a lo que el santo replica: «Concedido, pero el Dios de Venecia es también el Dios de Nápoles». Entonces abandonan la iglesia de Santa María de la Misericordia y se instalan en la iglesia de San Pablo el Mayor, donada por el virrey de Nápoles.

San Cayetano muere en agosto de 1547, cesando en el mismo momento de su muerte los tumultos que había provocado la decisión del virrey de instalar en Nápoles el Tribunal de la Inquisición; por esto es considerado protector y patrono de Nápoles, junto con san Genaro. Fue beatificado por Urbano VIII en 1629, y canonizado por Clemente X en 1671.

ATRIBUTOS: Libro, lirio y Niño Jesús en brazos.

REPRESENTACIONES: Se le representa joven, vestido con la sotana negra de sacerdote y, desde el siglo XVII, le vemos con frecuencia con el Niño Jesús en brazos o rezando devotamente ante la Sagrada Familia (Tiépolo, *Aparición de la Sagrada Familia a san Cayetano*, 1735, Venecia, Galería de la Academia). Según la tradición, un día de 1517 se encontraba en Roma rezando la noche de la Natividad en Santa María la Mayor cuando se le apareció la Virgen y depositó al Niño en sus brazos. El acontecimiento le fue relatado por el mismo santo a Laura Mignani en una carta fechada en enero de 1518. El episodio no aparece en ninguno de los 50 grabados que ilustran la *Vita Beati Caietani Thienaei* de Juan Bautista Castaldo publicada en Verona en 1619; sin embargo, en el grabado número 33 aparece san Cayetano arrodillado, como un espectador más, en la clásica escena que muestra la adoración de los pastores al Niño Jesús, porque, como reza la leyenda situada al pie, «la fiesta de Navidad suscitaba una fascinación incontenible en el corazón de Cayetano». Es posible entonces que la devoción hacia el misterio de la Encarnación, expresada verbalmente como una visión, haya adquirido forma plástica propia, y el episodio se haya incluido como un acontecimiento realmente ocurrido en su hagiografía. El pintor napolitano Andrea Vaccaro envió a Madrid una serie sobre la vida de san Cayetano en 10 lienzos que Ponz cita distribuidos en distintas estancias del Palacio Real. Seis de ellos siguen allí, y los otros cuatro se conservan en el Museo del Prado.

BIBLIOGRAFÍA:
LLOMPART, G., *Vida ilustrada de San Cayetano*, Palma de Mallorca, 1985.

CECILIA
S. III. Virgen y mártir.

HISTORIA Y TRADICIÓN: Romana de origen noble, llevaba siempre consigo el libro de los evangelios y rezaba continuamente para preservar su virginidad. Incluso en la misma noche de bodas consiguió convertir y bautizar a su esposo, Valeriano, para que no consumara el matrimonio; y como premio por su castidad, un ángel se apareció en la cámara nupcial y coronó a ambos esposos con sendas coronas de rosas y azucenas. También se convirtió Tiburcio, hermano de Valeriano, pero ambos fueron martirizados por el prefecto Almaquio por negarse a ofrecer sacrificios a los dioses; y Cecilia, en tanto que esposa de Valeriano, fue llamada ante el prefecto y, como también ella se negaba a adorar a los dioses, fue asimismo sometida a martirio: primero la sumergieron en una caldera de agua hirviendo, pero salió ilesa del suplicio y entonces ordenó decapitarla. Por tres veces el verdugo descargó la espada sobre su cuello sin conseguir separarle la cabeza del cuerpo y, como un cuarto golpe no estaba permitido por las leyes, santa Cecilia vagó por las calles de Roma con el cuello sangrante durante tres días, tiempo que empleó en repartir sus bienes entre los pobres antes de morir.

ATRIBUTOS: Palma, corona de rosas, libro, espada y órgano. El órgano se generaliza como atributo desde el siglo XVI, desplazando prácticamente al resto. Tiene su origen en el texto latino de su *Passio*, del siglo VI, que cuenta cómo el día de su boda, mientras sonaban los órganos durante la ceremonia, Cecilia cantaba en su interior pidiéndole a Dios que mantuviera su corazón y su cuerpo inmaculados: «cantantibus organis Caecilia in corde suo soli Domino decantabat dicens: "Fiat cor et corpus meum immaculatum"». Una errónea traducción indujo a pensar que ella misma tocaba el órgano, por lo que se la considera patrona de la música y, en calidad de tal, puede aparecer con otros instrumentos.

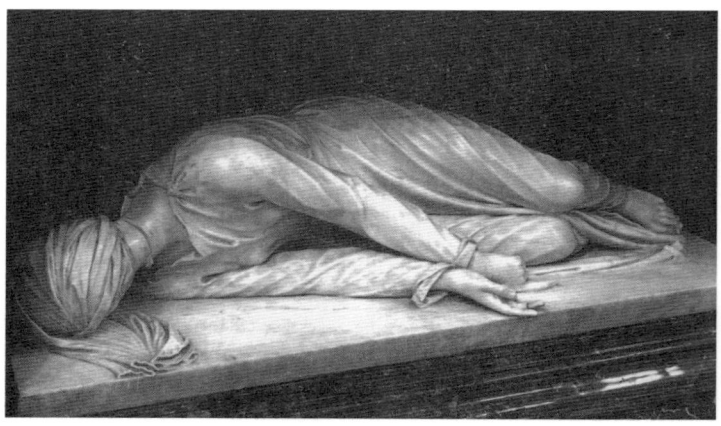

Maderno, *Santa Cecilia,* 1600, Roma, Santa Cecilia in Trastevere.

REPRESENTACIONES: Aparece generalmente como patrona de la música, como en el lienzo de Carlo Sellito (*Santa Cecilia, ca.* 1613, Nápoles, Museo de Capodimonte), pintado para los cofrades de la Regia Capella dei Musici; o como personificación de la castidad conyugal, como es el caso del cuadro de altar pintado por Rafael (*Santa Cecilia*, 1515, Bolonia, Pinacoteca Nazionale) para la beata Elena Duglioli (Stefaniak, 1991).

El Maestro de Santa Cecilia pintó ocho escenas en el *Frontal de santa Cecilia* (s. XIV, Florencia, Galería de la Academia), desde el banquete nupcial hasta el suplicio del agua hirviendo, omitiendo una de las más importantes y más repetidas en épocas posteriores, como es la de su muerte ante el papa Urbano I después de tres días de agonía. La vemos, por ejemplo, en una de las cinco escenas que pintó Domenichino entre 1616 y 1617 en la iglesia de San Luis de los Franceses en Roma. Con el cuello ensangrentado aparece en la serie pintada al fresco por Bicci di Lorenzo en la iglesia de Santa María del Carmine, en Florencia. En 1599 se abrió el féretro de la santa en su santuario del Trastevere y se descubrió su cuerpo tendido sobre el lado derecho, la cabeza ladeada hacia la izquierda y cubierta por un velo. Estefano Maderno realizó una escultura de la santa en esta misma posición, dejando al descubierto el tajo de la espada del verdugo (*Santa Cecilia*, 1600, Roma, Santa Cecilia in Trastevere).

BIBLIOGRAFÍA:
STEFANIAK, R., «Raphael's S. Cecilia: a fine and private vision of virginity», *Art History* 14, 3 (1991), pp. 345-371.

CLARA DE ASÍS
1193-1253. Fundadora de la Orden de Santa Clara, o clarisas, la rama femenina de la Orden de San Francisco.

HISTORIA Y TRADICIÓN: La fuente principal para conocer la vida de santa Clara de Asís es la *Legenda Santae Clarae* aparecida en 1256; fue escrita por el franciscano Tomás de Celano por encargo del papa Alejandro IV con motivo de la canonización de la santa, y aprobada por el pontífice un año antes. Se cuenta que, estando su madre embarazada, fue a la iglesia para pedir un parto sin complicaciones, cuando escuchó una voz que le decía: «No temas, mujer, pues alumbrarás felizmente una luz que iluminará con mayor claridad el mundo entero». En recuerdo de ese vaticinio le puso a su hija cuando nació el nombre de Clara.

Aunque era de origen noble, se sintió atraída por el retorno a la pobreza que escuchó en los sermones de san Francisco, que hacia el año 1210 se había establecido en Asís. El Domingo de Ramos de 1212 se encontraba en la catedral y, cuando el obispo procedió al reparto de las palmas, santa Clara, ensimismada, no se movió de su sitio. Entonces el obispo se acercó a ella y le puso la palma en sus manos. Esa misma noche escapó de su casa y se refugió en la ermita de Santa María de los Ángeles, donde el mismo san Francisco le cortó el pelo para consagrarla a Dios. Ese mismo año se le unió su hermana Inés, sin que sus familiares pudieran impedirlo. Se establecieron poco después en la iglesia de San Damián, con lo que quedaría así formalmente fundada la Orden de las Clarisas como una rama femenina de la Orden franciscana, al suministrarle el propio *poverello* de Asís una primera fórmula de vida, la *Forma Vitae*, como Regla inicial de la comunidad.

En 1240, en la guerra mantenida entre el emperador Federico II y el papa Gregorio IX, tropas sarracenas al servicio del emperador germano asaltaron Asís, y ya amenazaban los muros del monasterio de San Damián cuando Santa Clara, aun enferma, encabezó una procesión llevando una custodia con la Sagrada Forma pidiendo protección. Entonces se desató un fuerte vendaval que obligó a los sarracenos a retirarse. Poco antes de morir, en agosto de 1253, recibió la visita del papa Inocencio IV, que aprobó la Regla para la comunidad de clarisas que la propia santa había escrito. Fue canonizada dos años más tarde con la publicación de la bula *Clara claris praeclara meritis*.

ATRIBUTOS: Como fundadora lleva báculo y libro, una rama de azucenas como símbolo de pureza, y, el más representativo desde el siglo XVI, la custodia en la mano en recuerdo de la defensa de Asís y como expresión de la devoción de la santa hacia la Eucaristía.

REPRESENTACIONES: Se la representa normalmente joven, lujosamente vestida en las escenas previas a su profesión religiosa y, posteriormente, con el hábito de las clarisas, consistente en una túnica, un manto gris o marrón ceñido a la cintura con el cordón de tres nudos, la toca cubriéndole la cabeza y el cuello, y el velo negro cayendo sobre los hombros hasta la cintura. Una de las primeras representaciones se halla en la basílica de Santa Clara en Asís; se trata de una tabla anónima, fechada hacia el año 1280, que muestra a la santa con báculo crucífero presidiendo los ocho episodios de su vida que la rodean. Entre las escenas aquí representadas, que se repetirán con frecuencia en su iconografía, se encuentran la entrega de la palma por el obispo de Asís el Domingo de Ramos, el encuentro con san Francisco de Asís, su profesión cuando se le corta el pelo, y el momento de la aprobación de su Regla tiempo antes a su muerte.

Valdés Leal, *Santa Clara recibiendo la palma,* 1652-1653, Palma de Mallorca, colección particular.

Juan Valdés Leal pintó seis episodios para el convento de Santa Clara de Carmona entre 1652 y 1653; de ellos, cuatro lienzos se encuentran en la actualidad en una colección privada de Palma de Mallorca, y los otros dos, *La procesión de santa Clara con la Sagrada Forma* y *La retirada de los sarracenos,* en el ayuntamiento de Sevilla. Antes de que este episodio se convirtiera en el momento más relevante de la vida de la santa, y el más representado dado el contexto de pugna religiosa entre católicos y protestantes acerca del rito de la Eucaristía, el atributo que la identificaba no era la custodia, sino las azucenas (Giotto, *Santa Clara*, Florencia, Santa Croce; Simone Martini, *Santa Clara*, Asís, iglesia inferior de la basílica de San Francisco). A principios del siglo XVII se publicaron en Amberes los *Icones Sanctae Clarae*, serie de 34 grabados de Adrián Collaert y Adam Van Noort con textos de Henricus Sedulius, tomados de los capítulos que él mismo dedica a la vida de la santa en su *Historia Seraphica* de 1613.

BIBLIOGRAFÍA:

SANZ GARCÍA, A., *Iconografía de Santa Clara en el monasterio de las Descalzas Reales*, Madrid, 1993.

WOOD, J., «Perceptions of holiness in Thirteen-century italian painting: Clara of Assisi», *Art History* 14, 3 (1991), pp. 301-328.

CLEMENTE
S. I. Papa y mártir.

HISTORIA Y TRADICIÓN: Hijo de un senador romano, se convirtió al cristianismo escuchando la predicación de Pedro en Roma y le siguió como discípulo suyo, aunque fue el tercero en sucederle en el pontificado. Mediante la imposición del velo a las vírgenes había conseguido la conversión de una dama llamada Teodora, que prometió guardar para siempre su castidad; el marido, de nombre Sisinio, quiso castigar a san Clemente, pero quedó ciego de repente, así como sus sirvientes, que en vez de atar al santo para arrastrarle por el suelo, ataron y arrastraron las columnas de la propia casa de Sisinio. Los ruegos de Teodora hicieron que su marido recuperase la vista, e incluso éste se convirtió.

El prefecto de Roma, Mamertino, desterró a san Clemente a Quersona (Crimea) a trabajos forzados en una cantera. Allí se encontró con numerosos cristianos que le confesaron que su mayor suplicio era la sed que sufrían a causa de los calores y de la aridez del terreno, y que la poca agua que conseguían debían acarrearla de muy lejos. San Clemente rezó por ellos, y vio cómo un cordero le señalaba con una pata el lugar donde brotó una fuente que se convirtió en un río. Este milagro produjo nuevas conversiones y fue la causa directa de su martirio. Le ataron un ancla al cuello y le arrojaron al Mar Negro para que ninguno de sus fieles pudiera recuperar su cuerpo; pero todos los años, en el día de su martirio, el mar se retiraba y permanecía así siete días para que sus devotos pudieran venerarle en una ermita construida por los ángeles. En una ocasión, un matrimonio dejó a su hijo olvidado en su interior y ya no pudieron volver a buscarle, pues el mar había vuelto a cubrir la ermita; pero volvieron al año siguiente esperando recoger sus huesos y lo encontraron vivo. Según la tradición, el cuerpo de san Clemente fue llevado a Roma y depositado en la iglesia que lleva su nombre en el monte Celio, en el mismo sitio en el que se encontraba su palacio familiar.

ATRIBUTO: Ancla colgada del cuello.

REPRESENTACIONES: Las escenas más representadas en la iconografía de san Clemente coinciden con lo relatado más arriba. Así, por ejemplo, en su basílica romana vemos el episodio de la ceguera de Sisinio, el milagro del niño encontrado en la ermita del Mar Negro y la traslación de su cuerpo a la basílica (s. XI, Roma, basílica de San Clemente). Tiépolo lo representó adorando la Trinidad (1737-1738, Munich, Alte Pinakothek); y Valdés Leal lo pintó, entre 1687 y 1688, junto a san Pedro venerando a Cristo, en la bóveda del presbiterio de la iglesia de San Clemente de Sevilla. El retablo mayor es obra del escultor sevillano Felipe de Ribas (1609-1648), y en la hornacina central vemos a san Clemente con el báculo de triple travesaño alusivo a su dignidad papal en la mano derecha y su ancla característica en la izquierda. El monasterio de San Clemente el Real de Sevilla, según tradición, fue fundado por Fernando III el Santo inmediatamente después de la conquista de la ciudad hispalense, que tuvo lugar el 23 de noviembre de 1248, festividad de San Clemente.

COSME Y DAMIÁN
S. III. Mártires.

HISTORIA Y TRADICIÓN: Cosme y Damián eran hermanos gemelos, nacidos en Asia Menor, en la ciudad de Egea, aunque su familia era de origen árabe. Inspirados por el Espíritu Santo, eran capaces de curar cualquier dolencia, ya fuera en hombres o en animales. Como sus habilidades eran don divino, no cobraban nada por sus servicios, por lo que eran llamados «anargiros», es decir, «los desinteresados». Sin embargo, en una ocasión Damián aceptó el regalo que como agradecimiento le ofrecía una viuda, de nombre Paladia, cediendo así a los ruegos y los juramentos que la mujer profería. Al enterarse, su hermano se enfadó hasta el punto de no querer verlo más, pero esa misma noche se le apareció Dios para decirle que Damián no había cometido ningún pecado al aceptar el regalo de Paladia.

Su fama llegó a oídos del procónsul de Egea, Lisias, que los hizo llamar a su presencia para interrogarles sobre su identidad: «Nos llamamos Cosme y Damián. Tenemos otros tres hermanos, cuyos nombres son Antonio, Leoncio y Euprepio. Somos de Arabia. Carecemos de bienes de fortuna, cosa que no nos importa, pues este asunto preocupa muy poco a quienes profesamos la religión cristiana». Tras llamar a los tres hermanos, Lisias les ordenó ofrecer culto a los ídolos, pero los cinco se negaron, por lo que tuvieron que soportar varios tormentos: después de machacarles pies y manos, los ataron con cadenas y los arrojaron al mar, pero un ángel los salvó; luego fueron arrojados a una hoguera y sometidos al tormento del potro, pero con idéntico resultado. Entonces el procónsul ordenó que apartasen a Cosme y a Damián del resto de sus hermanos y que les apedreasen, pero las piedras volvían hacia quienes las arrojaban; luego fueron crucificados en presencia de sus hermanos para que fuesen acribillados a flechazos, pero también las flechas se volvían contra los saeteros. Fueron finalmente decapitados junto a sus tres hermanos; y cuando los cristianos recogieron sus cuerpos, no sabían dónde enterrarlos, puesto que habían dado órdenes expresas de no ser enterrados juntos. Entonces apareció un camello que, con voz humana, les dijo que los cinco hermanos tenían que ser enterrados juntos.

Fernando del Rincón, *Milagro de los santos Cosme y Damián,* Madrid, Museo del Prado.

Su culto debió empezar muy pronto pues se les seguía invocando contra todo tipo de enfermedades. Así, una vez, un campesino se quedó dormido en el campo con la boca abierta y, sin que éste lo advirtiese, una serpiente se introdujo por ella. Por la noche asaltaron al campesino tremendos dolores y se puso a gritar pidiendo el auxilio de los santos Cosme y Damián. Como los dolores no remitían, se fue a la iglesia de los santos y se quedó dormido, saliendo entonces la serpiente de la misma forma que había entrado. Adquirieron así el patronazgo sobre los médicos, cirujanos y farmacéuticos; y el papa Félix IV construyó en el año 527 una iglesia en su honor en el Foro Romano, en una de las salas del Templo de la Paz, en donde según la tradición vivió el médico Galeno. Es en esta iglesia donde se sitúa el milagro más famoso de san Cosme y san Damián, el milagro de la pierna: el encargado de la vigilancia y cuidado del templo contrajo un cáncer en una pierna y una noche el hombre soñó que los santos se aparecían en su lecho prestos a curarle. Comentando dónde podían encontrar carne sana con la que sustituir la enferma, uno de ellos se dirigió al cementerio, porque ese mismo día habían enterrado a un moro. Le cortó una pierna y se la llevó para sustituirla por la del enfermo. Al día siguiente, el hombre comprobó, con su pierna ya sana, que lo que él creía un sueño había sucedido en realidad.

Atributos: Los atributos con los que normalmente aparecen tienen que ver con sus facultades medicinales y sanadoras. Son «el orinal o vasija de vidrio transparente para analizar el color y los posos de la orina del enfermo; el botiquín o estuche con departamentos en los que se guardan las drogas o medicinas; la espátula, para mezclar y aplicar los medicamentos; el mortero, tarros de cerámica y otros recipientes de farmacia, la bolsa en la que se guardaba el instrumental para las operaciones quirúrgicas, y lancetas, punzones de hueso para las sangrías» (López Campuzano, 1982). Excepcionalmente, sin embargo, pueden aparecer con algunos de los instrumentos de su martirio, como en las tablas del Maestro de Palanquinos (s. xv, catedral de León), en donde aparecen ambos con la cruz. San Cosme lleva además un libro, símbolo de su fe, y san Damián una flechas. Atributos suyos son también la corona y la palma, propios de los mártires.

REPRESENTACIONES: Los dos santos son representados jóvenes e imberbes y con gran parecido físico, puesto que eran hermanos gemelos. Normalmente visten a la moda de la época que los representa, o también con el atuendo de los médicos: toga roja forrada de piel y boina roja. Desde Oriente su culto se extendió muy rápidamente por Occidente, especialmente en Italia, siendo quizás una de sus primeras representaciones la localizada en el ábside de la iglesia que en su honor se levantó en Roma en el siglo VI (García Páramo, 1988).

Los ciclos pictóricos referidos a su vida y milagros no son frecuentes. Uno de los más importantes es el que pintó Fra Angélico para el altar del convento de San Marcos por encargo de Cosme de Médici, quien tenía al santo como protector de su familia, por lo que varios de sus miembros adoptaron su nombre. En la predela, repartida hoy entre varios museos, se representaban ocho escenas: la curación de Paladia, los santos ante Lisias, Lisias poseído por los demonios, el martirio de las flechas, el de la hoguera, la decapitación de los santos, el entierro y el milagro de la pierna. En el martirio de las flechas Fra Angélico une las dos escenas que Santiago de la Vorágine, fuente principal para la iconografía de los santos, narra por separado. Vemos a san Cosme y san Damián crucificados, y a sus verdugos que lanzan piedras y flechas, cuyas puntas se doblan para dirigirse contra ellos. En el entierro de los santos está representado camello que habla milagrosamente para que entierren a los cinco hermanos juntos.

Otro ciclo importante lo tenemos en el *Retablo de san Cosme y san Damián* del pintor catalán Miguel Nadal (s. XV, catedral de Barcelona). La Virgen y los santos presiden la calle central, mientras que se han representado cuatro escenas en las laterales y en la predela tres: la curación de Paladia, los encuentros con Lisias, el martirio de la hoguera, la decapitación y el milagro de la pierna. También Jaime Huguet introdujo dos escenas, la decapitación y el milagro de la pierna, en la predela del retablo dedicado a los santos Abdón y Senén (1459-1460, iglesia de Santa María de Terrasa, Barcelona).

El milagro de la pierna es, por tanto, la escena que con más frecuencia se repite en su iconografía. La pierna del moro muerto aparece la mayoría de las veces de color negro, como en la citada representación de Huguet, o en la tabla de Fernando del Rincón (s. xv, Madrid, Museo del Prado), en la que además aparece en el ángulo inferior derecho el campesino de cuya boca está saliendo la serpiente. También son muy frecuentes las imágenes devocionales, apareciendo solos o en compañía de otros santos sanadores y antipestíferos como san Roque y san Sebastián (Tiziano, *San Marcos con los santos Cosme y Damián, Roque y Sebastián*, 1510, Venecia, basílica de Santa María della Salute), o de otros santos médicos como san Pantaleón (frescos de Santa María la Antigua, Roma, s. VIII; tabla anónima del s. xv en el Museo de Colonia).

BIBLIOGRAFÍA:

JORDI GONZÁLEZ R., *Iconografía de los santos Cosme y Damián*, Barcelona, 1973.

LÓPEZ CAMPUZANO, J., «Iconografía de los santos sanadores II, San Cosme y San Damián», *Anales de Historia del Arte* 6 (1996), pp. 255-266.

CRISTÓBAL
S. III. Mártir.

HISTORIA Y TRADICIÓN: San Cristóbal, de origen cananeo, destacaba por su corpulencia y su estatura, «doce codos» afirma Santiago de la Vorágine, unos 5 metros de altura. Réprobo, su nombre originario, andaba buscando al príncipe más poderoso de la Tierra para ponerse a su servicio. Primero encontró a un rey, pero éste se santiguaba y se echaba a temblar cada vez que oía mencionar al demonio, por lo que Réprobo marchó en su busca. Cuando encontró al diablo, se puso a su servicio, pero, como en el camino por el que iban había una cruz de piedra, el diablo se puso a temblar y salió precipitadamente del camino para rodear la cruz: «Otra vez me he equivocado: tú no eres el príncipe más grande de la tierra; por tanto ahí te quedas; yo me marcho en busca de ese Cristo que te supera en grandeza y poder». Preguntando por Cristo encontró a un ermitaño que le indicó una forma adecuada de servirle, dada la estatura y la fuerza que tenía: ayudar a pasar a la gente de una orilla a otra de un río muy peligroso; así que preparó un vara fuerte para utilizarla a modo de báculo en el que apoyarse cuando ayudaba a la gente a pasar el río.

Un día se lo pidió un niño y el gigante Réprobo lo subió sobre sus hombros y comenzó a pasar el río; sin embargo, sintió que el caudal de agua aumentaba y que la carga que llevaba sobre sus hombros se le hacía cada vez más pesada. A duras penas consiguió llegar a la otra orilla y, dejando al niño en el suelo, le dijo: «¡He sentido en mis espaldas un peso mayor que si llevara sobre ellas el mundo entero!», a lo que el niño le respondió: «Acabas de decir una gran verdad, [...] porque sobre tus hombros acarreabas al mundo entero y al creador de ese mundo». Se identificó el niño como Jesucristo y, para probar la veracidad de lo que decía, le indicó que clavase la vara al lado de su cabaña; a la mañana siguiente la vara había florecido y se había convertido en una palmera cargada de dátiles.

Fue entonces cuando se cambió el nombre y adoptó el de Cristóbal, que significa «portador de Cristo». Dejó el quehacer del río y se dedicó a predicar consiguiendo la conversión de mucha gente. Fue por ello apresado por un rey que se llamaba Daño, quien lo encerró en un calabozo y mandó a dos mujeres, Nicea y Aquilina, para que lo tentasen y sedujesen. Como esto no surtió efecto, pues ambas mujeres se convirtieron al cristianismo, el rey mandó matar a san Cristóbal. Le golpearon con barras de hierro, le pusieron en la cabeza un casco ardiendo, le intentaron quemar en una parrilla y le dispararon flechas, pero ninguno de estos suplicios conseguía hacerle daño. Es más, una de las flechas dio la vuelta y se le clavó al rey entre los ojos dejándole ciego. San Cristóbal fue decapitado y, siguiendo las instrucciones que el mismo santo le había dado, el rey mezcló polvo con su sangre, se la aplicó en los ojos, se curó y se convirtió.

A san Cristóbal se le invoca contra la peste y, como a san Sebastián, contra la muerte repentina. También es patrón de viajeros y peregrinos por su oficio de ayudar a la gente a pasar el río. Es posible que este patronazgo haya contribuido a difundir y popularizar su culto en las regiones del norte de España, zona de paso de los peregrinos que se dirigían a Santiago de Compostela (Llompart, 1965).

ATRIBUTOS: Los más frecuentes son el Niño Jesús sobre sus hombros con la bola del mundo, y la vara florida o la palmera en la que se apoya para pasar el río (Martínez Montañés, 1597, Sevilla, iglesia del Salvador). Puede llevar también una rueda de molino, y en ocasiones aparece el ermitaño con una linterna en una de las orillas del río. Según Pacheco, el ermitaño y su linterna simbolizan «la luz de la buena doctrina y de la fe que lo guió», y la rueda de molino, «el contrapeso y lastre de la humildad».

REPRESENTACIONES: Aunque el culto a san Cristóbal comienza en el siglo V, es a partir del siglo X cuando aparecen las primeras representaciones. La escena que predomina en su iconografía es, sin lugar a dudas, la del paso del río con el Niño Jesús sobre sus hombros, y así lo vemos en la preciosa tabla del siglo XIV del Museo del Prado: tiene atadas al cinto a otras personas a las que ayuda a pasar el río, y lleva también la excepcional rueda de molino, atributo con el que se le ve en pocas ocasiones. Siempre lleva barba y, aunque lo usual es verlo vestido, la alusión a su estatura y su fuerza puede ser una excusa para pintar un desnudo (Ribera, 1637, Madrid, Museo del Prado). Desde Molano, en la hagiografía al uso se hace una interpretación alegórica de este episodio. Dice el padre Ribadeneira: «Comúnmente se pinta a san Cristóbal con el Niño Jesús en el hombro, como que le pasa un río, y no hallo qué fundamento tenga pintarle así, si no es un símbolo de que san Cristóbal pasó las muchas olas de tormentos y trabajos con la gran fortaleza que el Señor le dio».

La creencia de que de san Cristóbal podía evitar la muerte súbita, de que quien viese una imagen suya no moría en ese día, explica la existencia de gigantescas representaciones del santo en lugares públicos, como el fresco que realizó Tiziano en 1523 en el Palacio Ducal de Venecia. En España tenemos dos famosos ejemplos: el fresco pintado por Gabriel de Rueda en 1638 en la catedral de Toledo, y el pintado por Mateo Pérez de Alessio en la catedral de Sevilla, este último de 9 metros de altura, en el que también se ve, a la izquierda, la figura del ermitaño con la linterna.

Frente al absoluto predominio de esta escena, apenas podemos citar ejemplos en los que se haya representado un ciclo completo de la leyenda de san Cristóbal. En un frontal del siglo XIV dedicado al santo que se conserva en el Museo Nacional de Arte de Cataluña se ven cuatro escenas: encarcelamiento con las dos cortesanas, el martirio del fuego, el de las flechas y la decapitación. Andrea Mantegna pintó seis escenas en la iglesia de los Eremitani (1452, Padua, Capilla Ovetari), pero fueron prácticamente destruidas durante la Segunda Guerra Mundial. Sólo quedan completas dos escenas, el martirio de las flechas y el traslado del cuerpo ya decapitado.

BIBLIOGRAFÍA:

GRAU LOBO, L. A., «San Cristóbal, "Homo Viator" en los caminos bajomedievales: avance hacia el catálogo de una iconografía singular», *Bigecio* 4-5 (1994-1995), pp. 167-184.

LLOMPART, G., «San Cristóbal como abogado popular de la peregrinación medieval», *Revista de Dialectología y Tradiciones Populares* 21 (1965), pp. 293-313.

DIEGO DE ALCALÁ
† 1463. Franciscano.

HISTORIA Y TRADICIÓN: San Diego nació en San Nicolás del Puerto, en la provincia de Sevilla. Después de vivir como un ermitaño durante un tiempo, decide tomar el hábito franciscano y se traslada a Arrizafa, cerca de Córdoba, en cuyo convento profesa como lego para ejercer la caridad. Hacia 1449 sus superiores le envían a las Canarias como guardián del convento de San Buenaventura en Betencuria (Fuerteventura), donde debió de permanecer hasta el año siguiente predicando y ejerciendo labores de misionero. De vuelta en España, estando en Sevilla, sucedió que un niño, para huir de las reprimendas de su madre, se escondió en un horno y allí se quedó dormido. La madre, sin sospechar nada, metió leña en el horno y lo encendió, y, cuando quiso darse cuenta, ya era tarde para sacar al niño, pues las llamas eran muy violentas, por lo que salió desesperada a la calle pidiendo ayuda. San Diego calmó a la mujer y la envió a rezar delante de un altar de la Virgen mientras él llamaba al muchacho, que salió del horno sin la menor quemadura.

Fue en peregrinación a Roma con motivo de la canonización de san Bernardino de Siena y allí, viéndose sorprendido por la peste, colaboró ardientemente con el resto de los hermanos franciscanos ayudando a los enfermos en el convento de Santa María de Araceli. Los últimos años de su vida los pasó en el convento de Santa María de Jesús, en Alcalá de Henares, en el que tuvo lugar el milagro que mejor caracteriza su iconografía. Llevado por su celo caritativo, se disponía a repartir entre los pobres el pan de la comunidad, pero fue reprendido por el prior, que pidió le mostrase lo que llevaba escondido en el hábito; entonces san Diego mostró su contenido y el prior sólo vio las rosas en que aquél se había convertido.

Fue canonizado en 1588 por Sixto V, después de un proceso abierto a instancias de Felipe II, que atribuía a san Diego la curación del príncipe Carlos, que convalecía en palacio de una caída. En 1562 el rey pidió las reliquias de fray Diego de San Nicolás al convento de Alcalá, que fueron llevadas en procesión e introducidas en los aposentos de palacio, e incluso en la propia cama del príncipe para garantizar así su poder taumatúrgico.

ATRIBUTOS: Rosas recogidas en el hábito y una cruz sencilla de madera que llevaba siempre consigo; según la tradición, meditando con ella en la mano sobre la Pasión de Cristo se elevaba en éxtasis en el aire.

Zurbarán, *San Diego de Alcalá, ca.* 1640, Madrid, Museo del Prado.

REPRESENTACIONES: La representación más frecuente es la que muestra al santo en el milagro de las flores, aunque, tratándose de imágenes de culto, la mayoría se encuentran descontextualizadas y son los fieles, los espectadores, los testigos del milagro (Zurbarán, Madrid, iglesia de los Santos Justo y Pastor; Madrid, Museo Lázaro Galdiano). Hacia 1640 pintó el mismo Zurbarán otra representación de san Diego de Alcalá en la que excepcionalmente sí se encuentra presente el prior testigo del milagro (Madrid, Museo del Prado). A san Diego se le efigia siempre joven y sin barba, vistiendo el hábito pardo franciscano que levanta con las dos manos para recoger y esconder los panes o las rosas (Alonso Cano, Granada, Museo de Bellas Artes; Pedro de Mena, Granada, iglesia de San Antón). Con el atributo de la cruz lo representaron Ribera (1646, Toledo, catedral) y Vicente Carducho (1661, Valladolid, Museo Nacional de Escultura).

Los temas del éxtasis de san Diego ante la cruz y el milagro de las flores formaban parte de una serie franciscana encargada a Murillo en 1645 para decorar el claustro chico del convento de

San Francisco de Sevilla, en el que además incluyó a *San Diego repartiendo limosna* (Madrid, Academia de Bellas Artes de San Fernando). Otra importante serie le fue encargada a Aníbal Carracci por Juan Henríquez de Herrera para su capilla de la iglesia de Santiago de los Españoles en Roma; el cual, al igual que Felipe II, atribuía al santo la milagrosa curación de su hijo. Las obras se extendieron entre 1602 y 1607, quedando la serie distribuida en diez composiciones al fresco, que fueron pasadas a lienzo a mediados del siglo XIX para traerlas a España tras ser vendida la iglesia. El altar lo presidía *San Diego intercediendo por el niño Herrera*; en la bóveda, *Comida milagrosa en el campo*, *San Diego recogiendo limosnas*, *San Diego recibiendo el hábito franciscano* y *El milagro del niño caído en el horno* (estos cuatro, en el Museo del Prado de Madrid); en las paredes *El milagro de las flores*, *El santo dando vista a un ciego*, *La predicación del santo* y *La aparición del santo a los peregrinos en su tumba* (en el Museo Nacional de Arte de Cataluña).

BIBLIOGRAFÍA:

HERNÁNDEZ PERERA, J., «Zurbarán y San Diego», *Goya* 64-65 (1965), pp. 232-241.

JIMÉNEZ PRIEGO, M. T., «Conjuntos pictóricos de Juan García de Miranda en el convento de San Diego de Alcalá de Henares», *Archivo iberoamericano* 58, 229 (1998), pp. 83-126.

POSNER, D., «Annibale Carracci and his School: the Paintings of the Herrera Chapel», *Arte Antica e Moderna* 12 (1960), pp. 397-412.

DOMINGO DE GUZMÁN

1170-1221. Fundador de la Orden de Predicadores o dominicos.

HISTORIA Y TRADICIÓN: Domingo de Guzmán y Aza nació en Caleruega (Burgos). Su madre, Juana de Aza, había ido en peregrinación al monasterio de Silos y, rezando delante del sepulcro de santo Domingo, se le apareció el santo y le prometió que Dios le daría un hijo. Cuando nació, le puso Domingo en memoria de su bienhechor. A esta tradición local se superpone otra que tendrá mayor trascendencia en la iconografía de santo Domingo de Guzmán, y se refiere también a los presagios que anunciaron su nacimiento, contados por el primer biógrafo del santo, Jordán de Sajonia, en su obra *Libellus de principiis Ordinis Fratrum Praedicatorum* escrita en 1234. En ella, su madre soñó que llevaba en su vientre un perro con una antorcha encendida: «con lo cual se prefiguraba que el hijo que había de concebir sería predicador insigne, que, con el ladrido de su santa palabra, excitase a la vigilancia a las almas dormidas en el pecado y llevase por todo el mundo aquel fuego que Jesucristo vino a traer a la tierra». También soñó su madre que, en el momento del bautizo, tenía el niño una estrella en la frente, simbolizando que «sería la luz de los pueblos, iluminando a aquellos que yacían en las tinieblas».

Siendo santo Domingo muy joven, con veinticuatro años, el obispo de Osma Martín Bazán lo hizo canónigo regular de la catedral, y más tarde fue nombrado prior de su cabildo. Como enseguida dio muestras de ser un hábil predicador, fue enviado a Francia junto a los legados pontificios a combatir la herejía albigense. Puso por escrito sus argumentos y entregó la obra a los herejes, para que, con su lectura, advirtieran el error en el que se encontraban. Los herejes decidieron someter el libro a la prueba del fuego: si, tras arrojarlo a las llamas, no se quemaba, deducirían que contenía la verdadera doctrina, pero, si se quemaba, persistirían en sus creencias. Realizada la prueba, el libro de santo Domingo se alzó sobre el fuego sin quemarse.

Terminada la cruzada contra los herejes en 1213, concibió la idea de fundar una Orden de predicadores y marchó a Roma en 1215 para pedir confirmación al papa Inocencio III. El pontífice se mostró al principio reacio, pero esa noche soñó que la iglesia de Letrán amenazaba con derrumbarse y que aparecía santo Domingo y la sostenía sobre sus espaldas. Accedió entonces, pero la bula de confirmación le fue entregada al año siguiente por su sucesor, Honorio III. Estaba en Roma, rezando en la basílica de San Pedro, cuando se le aparecieron los apóstoles Pedro y Pablo haciéndole entrega de un báculo y un libro, al tiempo que le decían: «Ve por el mundo y predica, porque has sido elegido por Dios para ejercer este ministerio».

Pedro Berruguete, *La prueba del fuego de santo Domingo de Guzmán,* Madrid, Museo del Prado.

Tuvo también en Roma otra visión importante. Vio a Jesucristo encolerizado y amenazando con arrojar sobre el mundo tres lanzas, pues había sido ganado por el vicio, la avaricia y la lujuria. Pero la Virgen aplacó su ira presentándole a santo Domingo y a san Francisco de Asís, arrodillados a sus pies, dispuestos a vencer con su predicación todos los pecados. Al día siguiente al de la visión, santo Domingo vio a san Francisco y corrió hacia él; lo abrazó, lo besó y le dijo: «Tú eres mi compañero. Conmigo recorrerás el mundo». Fundada así la Orden de los Hermanos Predicadores, o dominicos, sus miembros ocuparon siempre puestos destacados en la enseñanza, en la predicación y en la Inquisición. Santo Domingo murió en Bolonia en 1221 y fue canonizado por el papa Gregorio IX en 1234. Una tradición tardía le atribuye la invención del rosario, que le fue entregado por la Virgen.

Atributos: Los primeros y más característicos están extraídos de las visiones de su nacimiento: la estrella sobre la cabeza o en la frente y el perro con la antorcha encendida. El perro es blanco y negro como el hábito de los dominicos, a quienes representa mediante un juego de palabras, pues es un *Domini Canis*, es decir, un «perro del Señor». Posteriormente se añaden otros alusivos a su condición de fundador, como el libro y el báculo rematado por una cruz flordelisada, el emblema de la Orden. Lleva también las azucenas como símbolo de castidad y, desde el siglo xv, el rosario.

Representaciones: Las representaciones más tempranas del santo las encontramos en el arte gótico italiano. De forma aislada o en compañía de otros santos lo han representado Duccio di Buoninsegna, Guido de Siena, Lorenzo Veneciano o Fra Angélico ya en el siglo xv; a este último, como dominico, debemos una rica y variada muestra de iconografía dedicada a santo Domingo de Guzmán, la mayoría conservada en el convento de San Marcos de Florencia. Allí lo vemos abrazado a la cruz de Cristo o sumido en la lectura en *Cristo escarnecido*, quizá una de las imágenes más bellas del santo. Los ciclos dedicados a narrar su vida se inician con las premoniciones de su nacimiento e inciden especialmente en las visiones que tuvo en Roma cuando trataba de fundar la Orden, es decir, la aparición de Pedro y Pablo, el sueño de Inocencio III, la visión de Cristo con las tres lanzas y el encuentro con san Francisco de Asís.

Su trabajo contra las herejías se representa con el episodio de la prueba del fuego y, entre sus milagros, destaca la resurrección del niño Napoleón Orsini, que había muerto al caer de su caballo. Algunas de estas escenas las encontramos en el *Arca de santo Domingo*, obra del siglo XIII realizada por el taller de Nicola Pisano para albergar las reliquias del santo en la iglesia dedicada a él en Bolonia; en un retablo de Francesco Traini (1345, Pisa, catedral); y también en el *Retablo de santo Domingo* que Pedro Berruguete pintó para la iglesia de Santo Tomás de Ávila, hoy en el Museo del Prado. La tabla que conocemos como *Auto de Fe* probablemente representa la salvación del hereje Raimundo, a quien santo Domingo salvó de la hoguera porque sabía que después de veinte años abandonaría su error e ingresaría en la Orden dominica. Pere Nicolau pintó tres escenas en la predela del altar mayor de la iglesia de predicadores de Valencia (*ca.* 1403, Valencia, Museo Provincial de Bellas Artes): *El sueño de Juana de Aza*, *El sueño de Inocencio III* y *La prueba del fuego*.

En España se representa también la aparición de santo Domingo de Silos a la madre de santo Domingo de Guzmán (s. XVII, Burgos, convento de Caleruega). Desde el siglo XVI se representa la «invención» del rosario (Murillo, *La Virgen entregando el rosario a santo Domingo*, 1638-1640, Sevilla, Palacio Arzobispal), así como la milagrosa aparición de la Virgen del Rosario en 1530 a un dominico del convento de Santo Domingo en Soriano, en el reino de Nápoles, mostrándole un lienzo con la verdadera imagen del santo (Zurbarán, *Santo Domingo en Soriano*, 1626, Sevilla, iglesia de la Magdalena). Alonso Cano representó el abrazo de santo Domingo y san Francisco ante una aparición de la Virgen sosteniendo al Niño Jesús en brazos. Éste pisa la bola del mundo, pero la Virgen parece retirarle el pie (*Virgen del Rosario*, 1665-1666, Málaga, catedral). La importancia de la predicación y de la oración en un contexto contrarreformista parece que hicieron resurgir en España los temas dominicanos hasta el punto, incluso, de representar al santo como penitente, actitud muy del gusto de la estética postridentina pero muy alejada de su iconografía tradicional (Martínez Montañés, 1605, Sevilla, Museo de Bellas Artes). Para terminar, habría que citar el grandioso y original fresco de Andrea Bonaiutti (Capilla de los Españoles, 1367, Florencia, Santa María Novella) en el que se ve a santo Domingo mostrar el camino de la salvación y a sus numerosos *domini canes* luchando contra los pecados del mundo.

BIBLIOGRAFÍA:

COBIANCHI, R., «Iconographic and visual sources for Bernardo Strozzi's "Vision of St. Dominic"», *Burlington Magazine* 10, 1147 (1998), pp. 668-675.

GELABERT, J. M. (ed.), *Santo Domingo de Guzmán visto por sus contemporáneos*, Madrid, B.A.C., 1966.

IBÁÑEZ PÉREZ, A. C., «Iconografía de Santo Domingo de Guzmán en Burgos», *Cuadernos de Arte e Iconografía* VI, 11 (1993), pp. 507-514.

ITURGÁIZ CIRIZA, D., *Iconografía de Santo Domingo de Guzmán. La fuerza de la imagen*, Burgos, Aldecoa, 1992.

DOMINGO DE SILOS
1073. Benedictino y abad.

HISTORIA Y TRADICIÓN: Domingo Manso nació en la villa de Cañas (La Rioja) y, siendo muy joven, se dedicó a guardar el ganado de sus padres. Después se consagró al estudio y se ordenó sacerdote, pero le atraía la vida solitaria y decidió vivir como un ermitaño durante un tiempo. Pensando que necesitaba la dirección de un maestro espiritual, vistió el hábito benedictino en el monasterio de San Millán de la Cogolla en el año 1025. En 1034 Sancho, el abad de San Millán, le envió a Cañas como prior del monasterio de Santa María con objeto de sacarlo de la miseria en la que se encontraba; y cumplió tan bien su misión que al cabo de dos años volvió a San Millán ocupando también el cargo de prior. Sin embargo, su celo en la conservación de los bienes de su monasterio le acarreará problemas con el rey de Navarra, García Sánchez de Nájera (1035-1054), cuando éste le demande fondos con los que continuar sus campañas contra los musulmanes.

Aunque la primera biografía de santo Domingo de Silos fue escrita a finales del siglo XI por el monje Grimaldo por encargo del abad Fortunio, sucesor del santo en el monasterio, fue Gonzalo de Berceo quien la difundió y popularizó con su *Vida de sancto Domingo de Silos* escrita en 1236. El poeta se recrea en el tenso diálogo que mantienen santo Domingo y un rey sorprendido por la firmeza y el atrevimiento del prior de San Millán: «Lo que una vegada a Dios es ofreçido / nunca en otros usos debe ser metido / Qui ende lo camiase seríe loco tollido / en díe de el judiçio seríele retrahído / [...]. / Rey, guarda tu alma, non fagas tal pecado / ca seríe sacrilegio, un crimen muy vedado». El rey, enfurecido, le replica: «Don monge denodado / fablades como qui siede en castiello alzado / mas si prender vos puedo fuera del sagrado / seades bien seguro, que seredes colgado». De manera que decidió exiliarse y se marchó a la corte de Fernando I de Castilla en 1040.

Como le precedía su fama de buen administrador, el rey le envió al monasterio de San Sebastián, en Silos, que cambiaría su primitiva advocación por la de Santo Domingo desde 1076. Como abad del monasterio silense ocupó los 33 años siguientes, hasta el día de su muerte, ocurrida en diciembre de 1073. Poco antes de morir, recibió la visita de la Virgen María y de Jesús, y unos ángeles le impusieron tres coronas. De los milagros *post mortem* realizados por el santo destaca por encima de todos el de liberar a los cautivos cristianos que se encomendaban a él. En agradecimiento, los liberados por su intercesión le ofrecían sus cadenas: «En tierra de christianos yo por ti aparesco / [...] / como tú me mandaste los fierros te ofresco».

ATRIBUTOS: Cadenas o grilletes, libro.

Representaciones: Una de las primeras representaciones de santo Domingo la tenemos en la lápida sepulcral, del siglo XIII, que cubría su primera tumba, en el claustro de la abadía de Silos. Viste indumentaria episcopal, según la forma habitual de representarlo en la Edad Media, como en la famosa y conocida tabla de Bartolomé Bermejo (1477, Madrid, Museo del Prado). Desde entonces es más normal encontrarlo vistiendo la cogulla benedictina y llevando el báculo abacial (Marcos de Garay, 1615-1624, Museo del monasterio de Silos).

Los acontecimientos de la vida de santo Domingo que más se han representado son su muerte (Juan Rizi, XVII, monasterio de Silos, otra versión en el de San Millán de la Cogolla) y la liberación de los cautivos cristianos (relieve del s. XIII en el monasterio de Silos; Juan de Ribera, s. XVII, Palermo, monasterio de San Martín). Apenas se pueden citar ciclos dedicados a santo Domingo. El frontal del siglo XIV que se conserva en el Museo de Bellas Artes de Bilbao contiene cuatro escenas inspiradas en una fuente distinta a las citadas más arriba, los *Miraculos romanzados* que Pedro Marín escribiera en Silos entre 1232 y 1293.

Bibliografía:

Galilea Antón, A., «Un frontal navarro, dedicado a Santo Domingo de Silos, en el Museo de Bellas Artes de Bilbao», *Cuadernos de Sección. Artes Plásticas y Monumentales* 15 (1995), pp. 449-459.

Mateo Gómez, I., «Reflexiones sobre aspectos iconográficos en el Santo Domingo de Silos de Bermejo», *Boletín de Museo del Prado* VI, 16 (1985), pp. 5-13.

Moral, T., *Santo Domingo de Silos. Culto e iconografía*, Abadía de Leyre, 1988.

DOMINGO DE LA CALZADA
1119. Confesor.

Historia y tradición: Sobre el lugar del nacimiento de santo Domingo existen dos tradiciones. La primera afirma que era italiano, de la región de Toscana, tal como se desprende de las dos bulas que Urbano V remitió a la catedral calcatense en 1362 concediendo indulgencias a los fieles que contribuyesen con limosnas a la construcción de una capilla para el santo y a los que visitasen su iglesia: «acepto quod in ecclesia Calciatensi, que est fundata sub vocabulo Sancti Dominici, confessoris, de partibus Tuscie oriundi, corpus dicti Sancti requiescebat...». Sin embargo, terminó por imponerse la creencia de que nació en Viloria de Rioja (Burgos), y así se recoge en la biografía más importante, aunque tardía, escrita sobre santo Domingo, la *Historia de la vida y milagros de Santo Domingo de la Calzada*, de fray Luis de Vega (Burgos, 1606), y en la que, un siglo más tarde, escribió José González de Tejada basándose en ésta, la *Historia de Santo Domingo de la Calzada, Abraham de la Rioja, patrón del obispado de Calahorra y la Calzada* (Madrid, 1702). En cualquier caso, los acontecimientos importantes de su vida empiezan cuando, siendo muy joven, ve frustradas sus aspiraciones de ingresar en la Orden de San Benito al ser rechazado de los monasterios de Santa María de Valvanera y de San Millán de la Cogolla. Decide hacerse eremita y se retira a un bosque cercano, haciendo vida solitaria hasta 1039 ó 1040, fecha en la que se pone bajo la protección y enseñanza de Gregorio, obispo de Ostia, que había llegado a la región como legado de Benedicto IX.

En 1044 murió su maestro y decidió entonces asentarse definitivamente en el bosque en el que había hecho vida eremítica, junto al río Oja, y volver a su antigua vida, pero, viendo los peligros a los que se exponían los peregrinos que se dirigían a Santiago de Compostela, puso todo su empeño en ayudarles. Construyó una calzada más segura desbrozando él solo el bosque, derribando los árboles a golpes de hoz; y construyó también un puente de piedra sobre el río. Uno de los obreros murió sepultado por un derrumbamiento, pero el santo logró resucitarlo con sus oraciones; y lo mismo sucedió con un peregrino que se había dormido junto al camino y que fue atropellado por la carreta de bueyes que transportaba las piedras para la construcción del puente. Gracias a estas dos obras, el primitivo Camino de Santiago, que transcurría más al norte, se desplazó definitivamente hacia el sur, pasando por la ciudad que está levantando el santo y que llevará más tarde su nombre. Para asistir a los peregrinos construye también un hospital y un pozo, a pesar de la oposición de los vecinos de la cercana localidad de Ayuela. A este hospital llegaron en una ocasión dos peregrinos y, pensando que se les había tratado mal, la emprendieron a golpes con santo Domingo; luego se marcharon, pero en el camino discutieron y se mataron mutuamente. Un perro que había presenciado las dos escenas le llevó al santo la mano de uno de ellos.

En el año 1076 recibe la visita de Alfonso VI de Castilla, que le anima a seguir con su actividad repobladora y le hace donación de tierras y privilegios. Su obra constructora termina con la erección de una iglesia que acabaría hacia 1107, dos años antes de su muerte. Como a su homónimo de Silos, los cautivos cristianos invocaban al santo para que les liberase de las cárceles moras, faceta que dominará en su iconografía junto con la actividad caritativa ejercida durante toda su vida. Sobre este asunto, Pedro de Vega relata un milagro interesante: un joven riojano fue preso de los moros y encerrado en unas mazmorras; el joven entonces se arrodilla y solicita la intercesión divina, invocando a santo Domingo de la Calzada, patrón y abogado de su tierra. Sucedió entonces que el moro que lo tenía cautivo tenía invitados a su mesa y se disponían a comer un gallo asado, en ese momento el carcelero se le acercó y, al oído, le mostró su preocupación por que las oraciones del preso fueran a dar resultado y así quedara libre gracias a la intervención de santo Domingo. Entonces el moro le contestó: «Así como es cosa que no puede ser que cante este gallo que tengo en este asador, así es cosa que no puede ser que libre Santo Domingo a este cristiano que tengo cautivo». No acabó de decirlo cuando, efectivamente, el gallo se vistió sus plumas blancas y empezó a cantar, tras lo cual llevaron el gallo a Santo Domingo de la Calzada y le pusieron con una gallina para perpetuar la especie.

La presencia del gallo y la gallina en la catedral de Santo Domingo de la Calzada está atestiguada desde 1350 por una bula expedida en Aviñón concediendo indulgencias para quien las viese, junto con las otras reliquias existentes en la catedral: «et omnes videntes gallum et gallinam ibidem existentes et alias reliquias in predicta ecclesia». De alguna manera, la tradición de libertador de cautivos de santo Domingo y la necesidad de explicar la presencia de las aves en su catedral condujeron a la formación de este tipo de leyendas, que, durante el siglo XV, debieron fusionarse con la del peregrino injustamente ahorcado y salvado por el apóstol Santiago sosteniéndole por los pies. Este milagro se cuenta en el *Codex Calixtinus*, o *Liber Sancti Jacobi*, del siglo XII, y fue posteriormente recogido por Santiago de la Vorágine para la *Leyenda Dorada* en el siglo XIII. El acontecimiento sucedía en Tolosa, pero en el siglo XV el Señor de Coumont (*Itinerario a Compostela*, 1417-1418) lo sitúa en Santo Domingo de la Calzada. En su relato, la leyenda aparece ya perfectamente conformada y es, en síntesis, la siguiente: un matrimonio alemán que viajaba con su hijo hacia Compostela se alojó en una posada para hacer noche en Santo Domingo. La hija del posadero, atraída por la juventud del muchacho, le reclama sus favores, pero él la rechaza; para vengarse, le introduce una copa de plata en su bolsa y denuncia su desaparición a la mañana siguiente, cuando los peregrinos ya habían emprendido de nuevo el viaje, pero son detenidos por la justicia y el muchacho es condenado a la horca después de comprobar que la copa robada estaba en su bolsa. Los padres, muy entristecidos, continúan su viaje hacia Compostela, pero en el camino de vuelta deciden rezar delante de su hijo ahorcado, y cuál no fue su sorpresa cuando descubren que sigue milagrosamente vivo, pues «ung preudhome l'avoit tout dies soustenu par les pies». Van inmediatamente al juez para que lo descuelgue, pero éste, que estaba a punto de comerse un gallo y una gallina, les dice que es tan imposible que su hijo esté vivo como que esos pollos recién asados se pongan a cantar, e inmediatamente las aves saltaron del plato y se pusieron a cantar. El Señor de Coumont concluye el relato afirmando, como prueba de su veracidad, que «aún hay en la iglesia un gallo y una gallina descendientes de aquellos que cantaron en el espeto ante el juez. Yo los he visto de verdad y son totalmente blancos».

Aunque Coumont sólo dice del personaje que salvó al muchacho que era un «gentilhombre», encontramos a partir de ahora la leyenda situada en Santo Domingo de la Calzada, aunque atribuyendo la milagrosa salvación a Santiago el Mayor. Así aparece en Marineo Sículo, *De las cosas memorables de España*, de 1533; y en Pedro de Medina, *Libro de las grandezas y cosas memorables de España*, de 1548. Pronto se produce el desplazamiento de protagonismo, y ya a finales del siglo XVI se atribuye al santo lo que antes sólo ocurría en la ciudad, por ejemplo, en la *Historia ecclesiástica, y flores de santos de España*, de fray Juan de Marieta (Cuenca, 1594). El libro de Luis de Vega citado anteriormente termina por fijar definitivamente la leyenda en la biografía de santo Domingo de la Calzada, en cuya ciudad hoy todos los peregrinos aprenden que «cantó la gallina después de asada».

Sepulcro de santo Domingo de la Calzada (detalle), catedral de Santo Domingo de la Calzada, La Rioja.

ATRIBUTOS: Hoz, rosario, gallo y gallina, cautivo encadenado a sus pies.

REPRESENTACIONES: A santo Domingo de la Calzada se le representa siempre anciano y con barba, viste el traje talar propio de los sacerdotes y a menudo lleva la capucha puesta; estos detalles son los que permiten diferenciarlo de santo Domingo de Silos cuando a ambos se les representa en su faceta de liberadores de cautivos cristianos. Hasta el siglo XVI ésta es la imagen que domina la iconografía de santo Domingo de la Calzada, como podemos comprobar en los numerosos ejemplos que se concentran en la misma catedral calcatense. Así, con un cautivo encadenado a sus pies, le vemos en el relieve de la cripta, obra del siglo XIII, en la silla episcopal del coro (Andrés de Nájera, 1521-1527) y en el retablo mayor realizado por Damián Forment entre 1537 y 1540. Además labró dos escenas en el zócalo de alabastro: *Santo Domingo recibiendo la gratitud de los cautivos liberados* y *Santo Domingo dando limosnas a los pobres*.

En la catedral de Santo Domingo se conservan también los dos ciclos narrativos más importantes. El primero lo constituyen los 12 relieves del sepulcro del santo. Es obra del siglo XV y en él ya aparece el milagro del peregrino ahorcado, al que se dedican dos relieves, aunque el sombrero que lleva el personaje que sostiene al ahorcado deja claro que todavía el protagonista es el apóstol Santiago. En el trascoro se conserva el segundo ciclo, que es un retablo, formado por nueve tablas, realizado por Andrés Melgar y Alonso Gallego entre 1530 y 1532. Aparecen aquí representados todos los milagros que ya son habituales en la iconografía del santo, incluyendo además la protección que ejerció sobre la ciudad durante la guerra civil entre Pedro I el Cruel y Enrique II de Trastamara: en 1360 Pedro I se dirigía a destruir la ciudad; los habitantes, aterrados, corrieron al sepulcro de santo Domingo pidiendo su protección, y de él vieron salir unas manos blancas amparándoles; en ese mismo momento, cuando el ejército alcanzaba el alto de la Morcuera desde donde se divisa la ciudad y toda La Rioja, una espesa niebla los envolvió y, no atinando adónde se dirigían, emprendieron la retirada.

A partir del siglo XVII, su faceta de libertador de cautivos perdió importancia en su iconografía, desde que le fuera atribuido el doble milagro del peregrino ahorcado y la resurrección de las aves asadas. Desde entonces el atributo emblemático que le acompaña es el gallo, con su inseparable gallina, como lo muestra la escultura de autor anónimo realizada hacia 1736 para el retablo mayor de la capilla de Santa Tecla, en la catedral de Burgos, o la más famosa de Julián de San Martín (1789, catedral de Santo Domingo de la Calzada), que todavía se saca en procesión.

BIBLIOGRAFÍA:

CANTERA MONTENEGRO, J., «El tema del peregrino ahorcado en la iconografía de Santo Domingo de la Calzada», *Anales de Historia del Arte* 3 (1991-1992), pp. 23-38.

FERNÁNDEZ SAN MILLÁN, J. M., *Santo Domingo de la Calzada. Guía de la catedral*, La Rioja, 1999.

FRADEJAS CEBRERO, J., «Leyenda del gallo de Santo Domingo», *Cuadernos para la investigación de la literatura hispánica* 12 (1990), pp. 7-60.

GOÑI GAZTAMBIDE, J., «Santo Domingo de la Calzada. El santo, el puente, y la catedral», *Hispania Sacra* 23 (1970), pp. 451-458.

UBIETO ARTETA, A., «Apuntes para la biografía de Santo Domingo de la Calzada», *Berceo* 82 (1982), pp. 25-36.

DOROTEA

S. III. Virgen y mártir.

HISTORIA Y TRADICIÓN: La leyenda de santa Dorotea reproduce los tópicos de otras santas mártires de la época de las grandes persecuciones. Hija de un noble del orden senatorial, su belleza atrajo los requerimientos del prefecto Fabricio, pero la joven le rechazó afirmando que ya está desposada con Cristo. Ni las amenazas ni las torturas a que fue sometida sirvieron para medrar su ánimo, antes bien, ella se sentía dichosa porque la muerte la llevaría junto a su esposo y sería feliz para siempre recogiendo rosas y manzanas del huerto celestial. Cuando la conducían a las afueras de la ciudad para decapitarla, Teófilo, el notario del rey, le dijo para mofarse que no se olvidara de enviarle rosas y manzanas del Paraíso en cuanto llegase. Justo en el momento en que el verdugo levantaba el hacha, un ángel se apareció a santa Dorotea llevando en un canastillo tres rosas y tres manzanas. Dorotea le dijo que se las entregase a Teófilo. Éste, al recibir el presente, se convirtió al cristianismo y con su testimonio convirtió a otros muchos, por lo que él mismo fue también martirizado.

ATRIBUTOS: Cesto con tres rosas y tres manzanas.

REPRESENTACIONES: Procedente del Hospital de la Sangre de Sevilla, guarda el Museo de Bellas Artes de la ciudad una *Santa Dorotea* de Zurbarán, si no de su mano, sí de su taller. La santa, como otras pertenecientes a la misma serie realizada entre 1640 y 1650, se encuentra en actitud de marcha llevando en las manos su atributo, en este caso el canastillo con las tres rosas y las tres manzanas; este detalle evita cualquier confusión con otras santas que llevan también rosas como signos distintivos, como santa Casilda, santa Isabel de Portugal y santa Isabel de Hungría. La vemos también en la *Virgen del venerable Agnesio*, de Juan de Juanes (Valencia, Museo de Bellas Artes), entregando ella misma los frutos del Paraíso a san Teófilo; pero el pintor ha cambiando las manzanas por tres granadas, a pesar de que en el marco antiguo de la obra una inscripción decía: «Oh Teófilo, soy la Dorotea de Cristo, toma del Huerto lirios, manzanas y rosas para los dioses».

ELENA
Ca. 250-329. Madre del emperador Constantino.

HISTORIA Y TRADICIÓN: Elena nació en Drépano, Bitinia, y, según la tradición más admitida, era de baja condición social, por lo que, hasta su matrimonio con Constancio Cloro, trabajaba en el mesón de su padre. Otra tradición afirma, sin embargo, que era hija del rey de Gran Bretaña Clohel, y que Constancio puso los ojos en la muchacha cuando, siendo gobernador de la provincia, se alojaba en la casa del rey. Esta versión, que ya se expone en la *Leyenda Dorada*, es la que todavía podía leerse en el siglo XVIII, en la vida de Constantino escrita para *La Corte Santa* por el confesor de Luis XIII de Francia, Nicolás Causino. Parece, no obstante, que Constancio conoció a Elena en Bitinia, donde se casó con ella o la tomó como concubina, y fruto de esta unión nació Constantino, llamado El Grande por los cristianos.

En el año 293, Diocleciano nombró a Constancio césar de Maximiano en Occidente. Entonces, Constancio repudió a Elena para casarse con Teodora, una hijastra de Maximiano; pero Constantino, después de asumir el mando imperial tras la derrota de Majencio en el puente Milvio, declara augusta a su madre y le confía la administración del erario público. A partir de ese momento Elena desempeña un decisivo papel en el descubrimiento de la Vera Cruz, aquella en la que Cristo fue crucificado. La historia, popularizada por la *Leyenda Dorada*, cuenta cómo Adán envió a su hijo Seth al Paraíso para buscar un óleo que le hiciera recobrar la salud; en cambio, un ángel le dio una rama anunciándole que, cuando esa rama se hiciese árbol, su padre sanaría. Pero al regresar, Seth encontró ya muerto a su padre y plantó la rama sobre su tumba; con ese árbol se hizo la cruz para crucificar a Jesús.

Después de la crucifixión, la cruz fue depositada junto a las dos de los ladrones en un pozo y se construyó encima un templo, en el Gólgota, en honor de Venus. Santa Elena, anciana ya, viajó a Jerusalén en busca de la cruz del Salvador, la misma que su hijo había visto en sueños la noche anterior a la batalla del puente Milvio y que, llevándola como estandarte, le había dado la victoria. Después de hacer confesar a un judío llamado Judas metiéndole en un pozo seco, averiguó el lugar e hizo demoler el templo, donde encontró las tres cruces. Para saber cuál era la verdadera, hizo que tocasen con las cruces un cadáver que llevaban a enterrar en ese momento, y el difunto se levantó resucitado nada más le tocó la cruz de Cristo; del mismo modo, una muchacha enferma que tocó la cruz quedó recuperada al instante. Elena dividió la cruz en tres partes: una para Jerusalén, la segunda la envió a Constantinopla y la tercera se venera en la iglesia de la Santa Cruz de Jerusalén en Roma. Poco después se encontraron los tres clavos: con uno hizo fabricar los frenos del caballo de Constantino, el segundo lo utilizó para hacerse una diadema y el tercero lo lanzó al mar Adriático para calmar una tempestad. Los tres se recuperaron y fueron a parar, según la tradición, a Milán, Tréveris y Roma.

ATRIBUTOS: Corona, alusiva a su dignidad imperial, la cruz y los tres clavos de Cristo.

Piero della Francesca, *Hallazgo de las tres cruces y Milagro de la Vera Cruz*, Arezzo, iglesia de San Francisco.

REPRESENTACIONES: La figura de santa Elena está tan ligada al descubrimiento de la Vera Cruz que puede decirse que, además de proporcionarle su atributo más significativo, no se representa ningún otro momento de su vida. Llevando la cruz y los clavos la vemos en la escultura de Andrea Bolgi, discípulo de Bernini, en San Pedro del Vaticano; Veronés la representó traspuesta, en dos versiones, dejándose vencer por el sueño en un momento de descanso y dirigiendo su rostro dormido hacia la cruz que le muestran los ángeles (*La visión de santa Elena*, ca. 1570, Londres, National Gallery; ca. 1580, Roma, Pinacoteca Vaticana).

Los ciclos que ilustran los dos textos de la *Leyenda Dorada*, la invención y la exaltación de la Cruz, fueron especialmente frecuentes e importantes durante los siglos XIV y XV, la mayoría en iglesias franciscanas, ya que los franciscanos fueron, efectivamente, los verdaderos impulsores de la devoción a la Santa Cruz debido a una interesante conjunción de factores (Baert, 2000). En primer lugar, san Francisco recibió los estigmas en la fiesta de la Exaltación de la Cruz, el 14 de septiembre, según nos cuenta su biógrafo oficial, san Buenaventura; pero, además, el milagro era el punto culminante de la conformidad del santo con Cristo, de una vida orientada a imitarle en la humildad y en la pasión. Es en este contexto espiritual en el que san Buenaventura escribe el *Lignum Vitae*. Por otra parte, los franciscanos eran evangelizadores en Oriente y los guardianes de los santos lugares de Jerusalén en un momento histórico vital para la Iglesia griega, con los turcos a las puertas de Constantinopla y sin que las continuas llamadas a la cruzada o los intentos de unión con la Iglesia latina pudieran evitar su caída. La leyenda de la invención y exaltación de la Vera Cruz pintada en los muros de las iglesias franciscanas era la forma en que la Orden llamaba a los fieles a la cruzada contra los turcos.

Uno de los ciclos más importantes fue pintado por Agnolo Gaddi en 1390 en Santa Croce, Florencia. Gaddi articula la narración en ocho frescos, la mayoría de los cuales incluye dos escenas. De los cinco dedicados a la invención de la Cruz, santa Elena interviene en dos. Inspirándose en esta serie, Cenni di Francesco pintó en 1410 también ocho frescos en Volterra, y Masolino en 1424 seis en la iglesia de San Esteban de Empoli, de los que sólo se han podido recuperar los dibujos preparatorios sobre el muro. La iglesia de la Santa Cruz de Jerusalén en Roma conserva dos grandes frescos atribuidos a Pinturicchio; en uno se relata, en tres escenas, la invención de la cruz, y en el otro la exaltación. Pero el ciclo más importante es el realizado por Piero della Francesca en la iglesia de San Francisco de Arezzo. En él Piero, de las nueve composiciones en las que cuenta la historia de la Santa Cruz, dedica cuatro a Constantino y santa Elena: *Visión de Constantino, Victoria de Constantino sobre Majencio, Tortura de Judas* y *Descubrimiento y milagro de la Cruz*.

BIBLIOGRAFÍA:

BAERT, B., «Twilight between tradition and innovation. The iconography of the Cross-legend in the sinopie of Masolino da Panicale at Empoli», *Storia dell'Arte* 99 (2000), pp. 5-16.

CAPPELLETTI, F., «L'affresco nel catino absidiale di Santa Croce in Gerusalemme a Roma. La fonte iconografica, la committenza e la datazione», *Storia dell'arte* 66 (1989), pp. 119-126.

SCHNEIDER, L., «The iconography of Piero della Francesca's frescoes illustrating the legend of the Cross in the church of St. Francesco in Arezzo», *The Art Quaterly* 32 (1969), pp. 22-48.

ELOY
588-659. Obispo.

HISTORIA Y TRADICIÓN: San Eloy, o Eligio, nació en la región de Limousin. Terrigia, su madre, estando embarazada, supo por un sueño que su hijo sería una persona muy importante: soñó que un águila bajaba del cielo hasta su vientre, daba tres vueltas y volvía a elevarse en el aire. En Limoges aprendió el oficio de platero, y a los treinta años marchó a París, donde entró al servicio del rey Clotario II. Éste quería hacerse una silla de oro y pedrería según un diseño propio, pero no encontraba a nadie que se la pudiese hacer. Eloy se ofreció a llevar a cabo la empresa y con el material que le dio el rey no hizo una, sino dos sillas. Maravillado por este hecho, que consideraba un milagro, el rey tomó a san Eloy a su servicio, y continuó el santo en la corte al servicio también de su sucesor, Dagoberto. Pero la vida piadosa le atraía más que la cortesana, así que, concedido el permiso del rey, se ordenó sacerdote y fundó la iglesia de Solignac, bajo la Regla de San Columbano, y varios conventos de religiosas en París y en Limoges; y en París fundó además la iglesia de San Pablo.

Más tarde fue nombrado obispo de la diócesis de Noyon, un territorio que comprendía casi todo el nordeste de Francia y el suroeste de Bélgica, lo que explica el culto desarrollado al santo en esta zona. Según la tradición, dedicó todo su celo apostólico a lograr la evangelización de estas gentes hasta el mismo día de su muerte, ocurrida hacia el año 659. Es patrón de orfebres y de herreros, pues, según una tradición francesa difundida desde el siglo XIV, san Eloy había colocado la pata desprendida de un caballo colocándole un clavo en la herradura.

Tadeo Gadi, *San Eloy ante el rey Clotario,* Madrid, Museo del Prado.

ATRIBUTOS: Martillo, yunque, objetos de orfebrería y unas tenazas, con las que habría aprisionado la boca y la nariz del diablo.

REPRESENTACIONES: El patronazgo ejercido por san Eloy sobre herreros y orfebres ha contribuido a difundir su culto y su iconografía por toda Europa, gracias a las iglesias e imágenes comisionadas por las cofradías y gremios que lo tienen por patrón. Así, por ejemplo, el gremio de orfebres de Florencia encargó a Nanni di Banco la escultura de *San Eloy* que decora uno de los catorce tabernáculos de Orsanmichele, el almacén de grano de la ciudad; y Valdés Leal realizó *La Virgen de los Plateros* (1654-1656, Córdoba, Museo de Bellas Artes) para el gremio de los plateros de Córdoba. Mientras que en Francia son frecuentes las representaciones del santo como herrero, en el resto de Europa se le ve la mayoría de las veces como obispo, aunque acompañado siempre por sus atributos de orfebre, como en la escultura florentina mencionada anteriormente. Como obispo lo representó Valdés Leal (*San Eloy y san Marcos el afligido*, Vizcaya, colección privada); y como obispo aparece al inicio de las ordenanzas del gremio sevillano de plateros impresas en 1733, en un grabado realizado por Vicente Nogués en 1718; y de nuevo en las ordenanzas de 1747 en un grabado de Diego de San Román.

En cuanto a la representación de escenas, la más común es la del encargo y posterior entrega al rey Clotario de la silla de montar. Ante el rey, y fabricando la silla, le vemos en las dos tablas atribuidas a Taddeo Gaddi que conserva el Museo del Prado. El gremio de plateros de Valencia le encargó a Juan de Juanes en 1534 un retablo dedicado a san Eloy para la iglesia de Santa Catalina, con cuatro tablas donde se representaban pasajes de la vida del santo: *El sueño de la madre de san Eloy*, *San Eloy trabajando y dando limosna a los pobres*, *San Eloy entregando la silla al rey de Francia* y *Consagración de san Eloy como obispo de Noyon*. Del incendio de 1584 sólo se salvó ésta última, hoy el Museo de Arte de Arizona. Para sustituir el primitivo retablo, los plateros encargaron a Francisco Ribalta en 1607 copiar las composiciones de Juan de Juanes; dos de ellas, la *Consagración de san Eloy* y la *Entrega de la silla de oro,* se conservan en la iglesia de San Martín de Valencia, y *El sueño de la madre de san Eloy*, en el Museo de Bellas Artes de la misma ciudad.

ERASMO
S. IV. Obispo y mártir.

HISTORIA Y TRADICIÓN: Obispo de Antioquía, sufrió martirio durante la persecución de Diocleciano, siendo azotado con varas de plomo, apaleado, desgarrado con garfios de hierro y sumergido en una caldera de aceite hirviendo sin que nada de todo esto le hiciera el menor daño. Fue encarcelado, pero un ángel le liberó de su cautiverio y se lo llevó a la ciudad italiana de Lucrino, donde continuó haciendo milagros hasta que fue denunciado y conducido hasta el emperador Maximiano; éste, queriendo que renunciara a su fe, condujo a san Erasmo a la ciudad de Sirmio, en donde había un templo dedicado a Júpiter, pero en cuanto el diablo, escondido en el interior de la estatua, vio al santo, salió huyendo. Fue de nuevo encarcelado, y de nuevo liberado por un ángel que «lo condujo hasta la orilla del mar, lo colocó sobre una barca que allí había preparada por Dios, y a bordo de ella trasladose San Erasmo a la provincia de Campania», concretamente a la ciudad de Formia, donde permaneció siete años más hasta que murió. Su cuerpo permaneció en dicha ciudad hasta que fue trasladado a la cercana ciudad de Gaeta en el siglo IX.

ATRIBUTOS: Intestinos enrollados en un torno, ángel.

REPRESENTACIONES: Las representaciones más frecuentes de san Erasmo son las que nos lo presentan como mártir o sufriendo el martirio de irle enrollando los intestinos en un torno. Tanto el atributo como la representación misma se generalizan a partir del siglo XIV (Anónimo, *Martirio de san Erasmo*, s. XV, catedral de León). Debido a la protección divina prestada en su traslado en barca a la ciudad de Formia, es considerado protector de los marineros, siendo especialmente invocado contra las tempestades. Mâle cree que el cabrestante u otro instrumento marino era el atributo del santo, pero que, al no ser interpretado correctamente, surgió la leyenda del martirio de los intestinos.

Asistimos así a un verdadero desdoblamiento del personaje. Por un lado, san Erasmo como protector de los marineros, a quien conoceremos más por san Elmo o san Telmo, nombre surgido por contracción del de Erasmo entre los marineros del Mediterráneo (no confundir con san Pedro González Telmo). Ésta es también la razón por la que se llama *fuego de San Telmo* a la electricidad estática que se concentra en los mástiles presagiando una tormenta. Tendríamos, por otro lado, al san Erasmo abogado contra los cólicos intestinales, debido al atributo del torno con sus intestinos enrollados (Grünewald, *San Erasmo y san Mauricio*, 1517-1523, Munich, Alte Pinakothek).

La representación más frecuente es la del martirio, y así lo pintó, por ejemplo, Carlo Saraceni (1579-1620) para el altar mayor de la catedral de Gaeta, lugar donde se veneran aún sus restos. Pero el ejemplo más importante, sin duda alguna, es el cuadro que Poussin realizara para la basílica de San Pedro (*Martirio de san Erasmo*, 1628-1629, Roma, Museo Vaticanos). Aunque Santiago de la Vorágine no cuenta el martirio de los intestinos, Poussin sí debió tenerlo en cuenta, pues el gesto del sacerdote se ajusta perfectamente a lo narrado en la *Leyenda Dorada*: «Maximiano tomó de la mano al prisionero, lo condujo hasta el templo, lo introdujo en él, lo llevó ante una estatua de bronce de doce codos de altura y le dijo: "Aquí lo tienes, éste es el dios a quien yo sirvo"».

ESTANISLAO DE KOSTKA
1550-1568. Jesuita.

HISTORIA Y TRADICIÓN: Nacido en Polonia, con catorce años sus padres le enviaron a estudiar a Viena, en Austria, junto a un hermano suyo llamado Pablo. Eran los hermanos tan contrarios en pareceres y actitudes que, tomándole una gran aversión, empezó Pablo a menospreciar y aun a maltratar físicamente a Estanislao, que llegó incluso a enfermar gravemente. Entonces se le apareció la Virgen y le aconsejó que buscase la manera de entrar en la Compañía de Jesús, le puso al Niño en brazos y el santo se recobró por completo. Atravesando Alemania entró en una iglesia para oír misa y recibir la comunión, pero pronto advirtió que la iglesia era luterana y que allí no encontraría lo que andaba buscando; lloraba amargamente cuando vio venir hacia sí un coro de ángeles que le traían la Sagrada Forma. Cuando por fin llegó a Roma, san Francisco de Borja, entonces General de la Orden, le recibió con un abrazo y le dijo: «Estanislao, yo te recibo, y no puedo negarte este gusto, porque tengo muchas pruebas de que Dios te quiere en nuestra Compañía». Apenas habían pasado diez meses desde que tomó el hábito de novicio cuando murió repentinamente, con sólo dieciocho años. Fue canonizado en 1726 por el papa Benedicto XIII.

ATRIBUTOS: Niño Jesús en brazos, querubines, custodia.

REPRESENTACIONES: Se le representa siempre como un adolescente, muy joven y sin barba. Viste sotana y sobrepelliz, pero no lleva estola por no haber recibido las órdenes sacerdotales. Poco después de su canonización, quizás hacia 1730, Pedro Duque Cornejo realizó varias imágenes de san Estanislao para la iglesia sevillana de San Luis de los Franceses, que estaba dedicada a la formación de los jóvenes jesuitas. Normalmente va asociado con san Luis Gonzaga, el otro jesuita muerto novicio, como se ve en el retablo de la capilla dedicada al noviciado. En el remate del retablo Duque Cornejo labró una de las pocas escenas narrativas de la iconografía del santo polaco en España: el recibimiento dispensado por san Francisco de Borja al admitirlo en la Compañía. Tiene además retablo propio en la iglesia, cuya imagen preside la hornacina central: se apoya en una nube rodeada de ángeles y gira la cabeza hacia la derecha, donde está el Niño Jesús que sostiene en sus brazos. Esta misma disposición la repetirá más tarde Luis Salvador Carmona en la imagen que se encuentra en el santuario de Loyola, en Guipúzcoa. El ángel que se apoya en la nube sostendría una custodia, hoy desaparecida.

ESTEBAN
S. I. Diácono y protomártir.

HISTORIA Y TRADICIÓN: La historia de san Esteban es muy conocida, y su culto muy extendido gracias a que su martirio se relata en los *Hechos de los Apóstoles* (6-7). Como fue el primero en derramar su sangre por Jesús se le llama «protomártir», y puesto que «Cristo nació en la tierra para que el hombre naciera a la vida en el cielo», dice Santiago de la Vorágine, «la Iglesia colocó la festividad de este santo el día inmediatamente siguiente al de la fiesta de la Natividad del Señor», es decir, el 26 de diciembre. San Esteban era uno de los siete diáconos elegidos por los apóstoles para que se ocuparan del reparto de las limosnas, pero Esteban, «hombre lleno de fe y de Espíritu Santo», debatía en la sinagoga sin que nadie pudiera rebatir sus argumentos. Entonces, los judíos sobornaron a unos para que levantasen falso testimonio contra él, acusándole de hablar contra la Ley. Convocado ante el Sanedrín, «les expuso la misma ley, convirtiéndose en predicador de la ley quien era acusado de destruirla», dice san Agustín (Sermón 319). Pero el reproche final, acusándoles de resistirse a la llegada del Espíritu Santo matando a sus emisarios, provocó la ira de los presentes y, en el mismo momento en el que se abrió el cielo y vio a Jesús, se abalanzaron sobre él, lo arrastraron fuera de la ciudad y le apedrearon hasta matarle. San Esteban, de rodillas, pedía no obstante a Jesús que no les tuviese en cuenta el pecado que contra él estaban cometiendo. El joven Saulo, luego san Pablo, guardaba mientras las capas de los verdugos de san Esteban.

Hasta aquí lo relatado en *Hechos*, pero el ciclo hagiográfico de san Esteban se enriqueció con la invención de sus reliquias en el siglo v. En las cercanías de Jerusalén vivía un sacerdote llamado Luciano, a quien se le apareció en sueños Gamaliel, maestro de san Pablo y quien había enterrado a san Esteban: le pedía una sepultura más digna para el santo diácono y para sí mismo, enterrado junto a él. Después de repetirse la aparición dos veces más, el sacerdote se presentó ante Juan, obispo de Jerusalén, y con otras personas se dirigieron al lugar indicado y allí encontraron los restos de san Esteban, que fueron llevados a Jerusalén y depositados en la iglesia de Sión, pero luego se llevaron a Constantinopla cuando, por equivocación, Juliana, viuda de un senador, se llevó el féretro del santo en lugar del de su marido. Allí permaneció hasta que Teodosio lo envió a Roma para que curase a su hija Eudoxia, poseída por un demonio; el mismo demonio que reveló que san Esteban deseaba descansar junto a san Lorenzo, de manera que, después de curar a la hija del emperador, abrieron la sepultura de san Lorenzo, y éste, sonriente, se echó a un lado para dejar sitio a san Esteban. Es, por tanto, uno de los 14 santos sanadores y se le invoca contra los dolores de cabeza.

ATRIBUTOS: Piedras –sobre la cabeza, recogidas en la dalmática o sobre un libro– y la palma del martirio.

Juan de Juanes, *Entierro de san Esteban*, Madrid, Museo del Prado.

REPRESENTACIONES: Se le representa joven e imberbe, vestido con el alba blanca, la dalmática roja encima simbolizando su martirio, y la estola. De los muchos ciclos dedicados a ilustrar la vida de san Esteban, uno de los más importantes es el que realizó Fra Angélico al fresco en la Capilla Nicolina del Vaticano, fechado entre 1447 y 1449; la obra presenta en tres frescos mediopuntados seis escenas divididas por elementos arquitectónicos: *Ordenación de san Esteban* y *San Esteban distribuyendo limosnas*, *San Esteban predicando* y *Disputa en el Sanedrín*, y *Expulsión* y *Lapidación de san Esteban*. Otro importante ciclo fue pintado por Carpaccio entre 1511 y 1514 para la Scuola di Santo Stefano de Venecia. De las cinco composiciones iniciales sólo se conservan cuatro, repartidas en distintos museos: *Consagración* (Berlín, Gemäldegalerie), *Predicación* (París, Louvre), *Disputa* (Milán, Pinacoteca Brera) y *Lapidación* (Stuttgart, Staatsgalerie).

En España el ciclo más importante lo pintó Juan de Juanes para el retablo mayor de la iglesia de San Esteban de Valencia. De las nueve pinturas del retablo, seis ilustraban la vida del santo titular; estas seis y la *Última Cena*, situada en el banco, fueron adquiridas por Carlos IV y hoy pueden verse en el Museo del Prado. La primera de la serie, la *Ordenación de san Esteban*, se atribuye a Vicente Requena el Viejo; y el resto, de mano de Juanes, incluye las escenas habituales y termina con el *Entierro de san Esteban*. Jerónimo Jacinto de Espinosa completó la iconografía del retablo de Valencia con cuatro grandes lienzos que, a modo de puertas, protegían el retablo de Juanes. Los cuadros, conservados aún en la iglesia de San Esteban de Valencia, representan la invención de sus reliquias: *El sueño de Luciano*, *Luciano ante el obispo de Jerusalén*, *Hallazgo del cuerpo de san Esteban* y *Traslado del cuerpo de san Esteban*.

Sin embargo, la escena más frecuente de su iconografía es la lapidación. El Greco pintó a san Esteban en *El entierro del conde Orgaz* (1586-1588, Toledo, iglesia de Santo Tomé), ayudando a san Agustín a depositar el cuerpo del conde en la sepultura; mientras que la escena de la lapidación la vemos bordada en la dalmática. El lienzo de Claudio Coello (Salamanca, iglesia de

San Esteban) podría decirse que se convirtió en símbolo de la reacción patriótica de la historiografía artística española contra la llegada a España de Lucas Jordán, hecho que, según refiere Palomino, «le costó la vida» al pintor del rey. Palomino relata la envidia y la tristeza de Coello porque Carlos II hubiese llamado al italiano para decorar la escalera de El Escorial, y califica el *Martirio de san Esteban*, su último cuadro, de «excelentísimo». Ponz critica el retablo de Churriguera, pero «con todo, en lo alto de él hay un buen cuadro, que representa el martirio de san Esteban, obra de Claudio Coello, y no sé de donde se sacó el padre Caimo que lo acabó Jordán». Ceán Bermúdez dice abiertamente que la llegada de Jordán fue «una época fatal para la pintura de España»; y Ayala, más interesado por las cuestiones iconográficas, cita el «insigne» lienzo de Coello como ejemplo de que en la escena del martirio es lícito pintar también «la gloria que se le representó, y el premio que ya estaba preparado para este glorioso testigo de la divinidad». Por todo esto, sin embargo, a Palomino el *Martirio de san Esteban* de Coello «no pareció acaso el que fuese martirio».

BIBLIOGRAFÍA:
GONZÁLEZ GARCÍA, J. L., «*Ut pictura rhetorica*. Juan de Juanes y el retablo de San Esteban de Valencia», *Boletín del Museo del Prado* 17, 35 (1999), pp. 21-56.

EUGENIO
S. I. Obispo y mártir.

HISTORIA Y TRADICIÓN: Siendo papa san Clemente, llegó a Roma Dionisio Areopagita, a quien fue encomendado san Eugenio para que le acompañase en su predicación por el Occidente. En Arlés, san Dionisio le ordenó obispo y le envió a predicar a las tierras de Toledo. Conseguida la evangelización de estas gentes, decide volver a Francia junto a su maestro; pero en Deuil, cerca de París, se entera de que san Dionisio ha sido decapitado, y él mismo es apresado y decapitado por Sisinio, pretor del emperador Domiciano. Su cuerpo fue arrojado al lago Marchais y allí permaneció cerca de doscientos años sin corromperse; entonces san Dionisio se apareció a un noble llamado Ercoldo, que estaba enfermo, y le dijo: «Levántate, hermano, libre de la enfermedad que tienes, y ve al lago que está cerca de este lugar, donde hallarás el cuerpo de nuestro hermano y condiscípulo Eugenio. Sácale de allí con todo el honor que pudieres, y ponle en debida sepultura». El cuerpo es depositado en una carreta de bueyes que lo conduce hasta Deuil y allí es enterrado, pero en el siglo X es trasladado a la abadía de Saint Denis. Sus restos permanecieron allí casi olvidados hasta que fueron descubiertos por el obispo de Toledo, don Raimundo, cuando, camino hacia el sínodo de Reims, quiso visitar la abadía. De vuelta en España, comienzan las gestiones para recuperar su cuerpo, y en 1156 es enviado su brazo derecho; y por fin en 1565 es enviado el resto, que es recibido en Toledo por Felipe II entre grandes fiestas y solemnidades.

ATRIBUTOS: Salvo los atributos privativos de su dignidad episcopal, san Eugenio no tiene distintivos propios, aunque Felipe Bigarny le puso bajo los pies el lago al que fue arrojado después de su martirio (Bigarny, 1539-1543, sillería alta de la catedral de Toledo).

REPRESENTACIONES: Evidentemente, las representaciones más numerosas y más importantes se concentran en Toledo y en su catedral, ciudad que le cuenta también entre sus patrones, junto a san Ildefonso y santa Leocadia, y, como ocurriera con esta última, la recepción de sus reliquias marca el inicio de su culto y de su iconografía. Normalmente se le representa como un hombre maduro y sin barba, como obispo, y con la mano derecha levantada en actitud de bendecir (Copín de Holanda, 1509-1517, catedral de Toledo, Capilla de San Eugenio; Juan de Borgoña, 1510, catedral de Toledo, Sala Capitular). También en la catedral se conservan las tres series narrativas más importantes sobre la vida de san Eugenio: el arca relicario del siglo XII, con cuatro escenas; el arca del siglo XVI, el ciclo más extenso, con ocho relieves, incluyendo las dos traslaciones de sus reliquias, labrados por el platero Francisco Merino según dibujos de Nicolás de Vergara; y por último, los cuatro frescos pintados por Francisco Bayeu en el claustro entre 1776 y 1779: predicación, martirio, aparición de san Dionisio a Ercoldo y traslado de sus restos a Toledo por Felipe II.

Bibliografía:

López Torrijos, R., «Iconografía de San Eugenio de Toledo», *Anales Toledanos* XII (1977), pp. 3-40.

Rivera Recio, J. F., *San Eugenio de Toledo y su culto*, Toledo, Instituto Provincial de Investigaciones y Estudios Toledanos, 1963.

EULALIA
S. IV. Virgen y mártir.

Historia y tradición: «Acaso no parecería tan temeraria la sospecha, si alguno pretendiese que las dos Eulalias, ambas españolas, ambas vírgenes y ambas mártires, la una de Mérida, cuya fiesta se celebra el día 10 de diciembre, y la otra de Barcelona, a quien se le tributan solemnes cultos el día 12 de febrero; no fueran dos, sino una misma». Como hace Interián de Ayala, incluimos a ambas en el mismo apartado, pues, efectivamente, en el caso de Santa Eulalia parece claro que asistimos a un fenómeno de desdoblamiento o duplicación del personaje. Aunque la tradición española cree en la existencia de las dos Eulalias, una buena parte de la crítica duda o niega directamente la historicidad de la santa de Barcelona; y la primacía de la santa de Mérida la da el hecho de que el poeta Prudencio le dedicara el himno III del *Peristephanon*, quizá la primera fuente escrita sobre santa Eulalia. De éste depende el himno *Fulget hic honor sepulcri Martyris Eulaliae* en honor de la santa de Barcelona atribuido a Quirico, un obispo de Barcelona del siglo VII.

De esta época son también las dos Pasiones que se conservan dedicadas a las dos santas, pero cuyas semejanzas han hecho pensar en una fuente común, una *Passio* perdida de santa Eulalia de Mérida. Por lo demás, el análisis de calendarios, martirologios y otras fuentes litúrgicas arroja parecidos resultados (García Rodríguez, 1966): la primera fuente en la que aparece la fiesta de Santa Eulalia de Barcelona el 12 de febrero es el *Martirologio de Lyon*, fechado hacia el 804, mientras que los calendarios y libros litúrgicos españoles son posteriores y dependen de él; y por último, no puede probarse el culto en Barcelona a una santa Eulalia local distinta de la emeritense con anterioridad a la fecha de la invención o descubrimiento de sus reliquias, el año 877. Es posible, por tanto, que la presencia de una reliquia de la santa emeritense fuera el origen de la duplicación del personaje, iniciando así el culto a una santa homónima local. Los textos para el culto, incluida la Pasión, se compondrían entonces, aunque en caso de demostrarse una datación anterior, sólo probarían la existencia del culto a una santa Eulalia en época visigoda en nada distinta a la santa de Mérida.

Sea donde sea, en Mérida o en Barcelona, tenía Eulalia doce años cuando fue a buscar la palma del martirio. Recorrió andando el camino que la separaba de la ciudad y se presentó directamente ante el gobernador romano (Calpurniano en Mérida, Daciano en Barcelona). Después de un duro intercambio de reproches y de acusaciones, el gobernador sometió a la niña a toda clase de suplicios: fue azotada, desgarradas sus carnes con garfios de hierro, torturada en el potro, quemados sus costados y sus pechos con ascuas ardiendo y, finalmente, prepararon una hoguera para quemarla viva. Cuando expiró, de su boca salió su alma en forma de paloma y se fue volando hacia el cielo. Inmediatamente cayó una fuerte nevada que protegió el cuerpo de la santa mártir, y unos días más tarde fue recogido por otros cristianos y enterrado en el mismo lugar del martirio.

ATRIBUTOS: Cruz aspada –en alusión al potro y a la cruz donde fue suspendido su cuerpo una vez muerta, según la Pasión de la Eulalia de Barcelona–, palma y libro.

Bartolomé Ordoñez, *El juicio de santa Eulalia,* 1519, catedral de Barcelona.

REPRESENTACIONES: Por el atributo de la cruz aspada a menudo se la asocia con san Andrés (Lluís Dalmau, *Virgen dels Consellers*, 1443, Barcelona, Museo Nacional de Arte de Cataluña). Zurbarán la representó con la corona de la virginidad, la palma y un libro (Bilbao, Museo de Bellas Artes). La leyenda se desarrolla en un pequeño ciclo esculpido en su sepulcro de la cripta de la catedral de Barcelona, atribuido a Lupo di Francesco, discípulo de Giovanni Pisano (Clapés, 1993). En la tapa se han representado, en dos relieves, la traslación de la santa y la inauguración de su sepulcro en 1339, y la ascensión al cielo de su alma. En el trascoro de la misma catedral se ha representado la historia en cuatro grandes relieves; dos de ellos, *Juicio* y *Martirio de santa Eulalia*, los realizó Bartolomé Ordóñez en 1519, y los otros corresponden al escultor aragonés Pedro Vilar.

El ciclo más extenso se encuentra en un retablo gótico que se conserva en la catedral de Palma de Mallorca. Son un total de 16 escenas situadas a ambos lados de la imagen de la santa, que lleva como atributos la palma y el libro, y se inspiran en la Pasión de santa Eulalia de Mérida. Comienza con el viaje a Mérida en carro acompañada de Julia, «compañera de voto», y el judío que le sale al encuentro a las puertas de la ciudad. Siguen los numerosos suplicios ante el gobernador Calpurniano, y concluye con la visita a su sepulcro de los santos Donato y Félix.

BIBLIOGRAFÍA:

BASSEGODA NONELL, J., «El sepulcro de Santa Eulalia de Barcelona. Estudio histórico y técnico de su restauración», *Boletín de la Real Academia de Bellas Artes de San Fernando* 58 (1984), pp. 122-158.

BODELÓN GARCÍA, S., «Quirico y Prudencio: Himnos a las dos Eulalias», *Revista de Estudios Extremeños* 51, 1 (1995), pp. 25-47.

BRACONS CLAPÉS, J., «Lupo di Francesco, mestre pisà, autor del sepulcre de Santa Eulàlia», *D'art* 19 (1993), pp. 43-51.

BUENO ROCHA, J., «El sepulcro de Santa Eulalia», *Revista de Estudios Extremeños* 26, 3 (1970), pp. 463-497.

FÁBREGA GRAU, A., *Santa Eulalia de Barcelona. Revisión de un problema histórico*, Roma, 1958.

EUSTAQUIO
S. II. Mártir.

HISTORIA Y TRADICIÓN: Plácido es un general romano al servicio de Trajano. Un día, mientras se encontraba de caza, vio que el ciervo que perseguía tenía en su osamenta la imagen de Jesucristo crucificado de la que emanaban rayos muy luminosos. El ciervo, o el mismo crucificado, le revela su identidad y le convierte al cristianismo: «Voy a ser yo quien te cace a ti». Cuando vuelve a casa, se bautiza junto a su esposa y sus dos hijos, pero Dios, que ahora le llama Eustaquio, le ha anunciado muchas penalidades antes de alcanzar la gloria. Efectivamente, como al santo y paciente Job, una serie de calamidades sacuden su hacienda y su familia: emigra a Egipto, pero tiene que dejar a su esposa en el barco que les ha llevado porque no puede pagar el pasaje; y un lobo y un león le arrebatan a sus hijos cuando intentaba alternativamente pasarlos a la otra orilla del Nilo. Al cabo de unos años, cuando ya los daba por muertos, se reencuentra felizmente con ellos y con su esposa, y también es restituido en su antiguo cargo, pero, como tanto él como su familia se niegan a sacrificar a los dioses, son sometidos a tormento por Adriano. En el anfiteatro, el león al que son expuestos vuelve mansamente a su jaula. Finalmente, mueren asados en el vientre de un buey de bronce al que han prendido fuego.

ATRIBUTOS: El atributo que mejor le identifica es el ciervo, o sólo su cabeza, con el crucifijo entre los cuernos. Como patrón de los cazadores puede llevar además un cuerno de caza y unos perros. En la tabla de Durero del *Altar de Paumgarten* (1502-1504, Munich, Alte Pinakothek), el santo lleva un estandarte blanco con la cabeza del ciervo crucífero en él.

REPRESENTACIONES: La más frecuente es la visión del ciervo, motivo de su conversión: san Eustaquio se encuentra en el bosque, desmontado del caballo y arrodillado frente al animal (Pisanello, 1440, Londres, National Gallery; Durero, grabado de 1501;

Aníbal Carracci, 1585, Nápoles, Museo de Capodimonte). Aunque son dos las ocasiones en las que el santo se arrodilla ante el ciervo parlante, es la primera, el reconocimiento de Cristo y la profesión de fe de san Eustaquio, la que se representa. «Plácido, en cuanto oyó esta aclaración de Cristo, postróse en tierra y exclamó: "¡Oh, Señor! Creo que tú eres el creador de todas las cosas y creo también que pones en buen camino a los descarriados".» Es esta escena la que causa la confusión con san Huberto, obispo de Lieja, que, en su juventud y siendo montero mayor, experimentó en el transcurso de una cacería una visión similar a la de san Eustaquio. La leyenda de san Huberto se hizo popular durante el siglo XV y terminó desplazando a la de san Eustaquio. Junto a san Roque, se representó a san Huberto en el friso de la puerta que da acceso a la capilla del castillo de Amboise, donde se le ve arrodillado frente al ciervo; sólo la presencia del ángel que le entrega las vestiduras episcopales evita la confusión.

En el retablo del Árbol de Jesé de la catedral de Burgos, de Gil de Siloé, también se ha representado la escena de la visión del ciervo crucífero. El personaje, adoptado como patrón y protector del obispo Luis de Acuña, el comitente de la obra, extiende en otro relieve su mano hacia el obispo, mientras que con la otra sujeta a sus perros de caza. La condición de obispos de ambos personajes y la elección de los perros como atributo del santo hacen pensar que el personaje representado es san Huberto y no san Eustaquio, pues aquél era protector de los perros de caza (Gómez Bárcena, 1994).

Aunque con bastante menos frecuencia, también encontramos representados otros hechos de la vida de san Eustaquio, especialmente el martirio en el buey de bronce (Simón Vouet, París, iglesia de San Eustaquio). En el *Sepulcro del cardenal de san Eustaquio*, de la catedral de Sigüenza, se han representado tres escenas: la visión del ciervo parlante, el robo de sus dos hijos por el león y el lobo mientras atraviesa el río, y el reencuentro con su esposa y sus hijos. La leyenda completa se encuentra representada en las vidrieras góticas de la catedral de Chartres.

Pisanello, 1440, *Visión de san Eustaquio,* Londres, National Gallery.

BIBLIOGRAFÍA:

GÓMEZ BÁRCENA, M. J., «¿San Eustaquio o San Huberto? Un santo cazador en el retablo del Árbol de Jesé en la capilla del obispo de Acuña en la catedral de Burgos», *Anales de Historia del Arte* 4 (1994), pp. 419-430.

FELIPE
S. I. Apóstol.

HISTORIA Y TRADICIÓN: Podría decirse que san Felipe es un santo menor: en el Evangelio apenas se le menciona y su desarrollo hagiográfico se limita a dos escenas, ocurridas en las provincias que le tocó evangelizar, una en Escitia y la otra en Frigia, en la ciudad de Hierápolis. En Escitia fue apresado y llevado delante de una estatua de Marte para obligarle a hacer sacrificios; pero de debajo de la estatua salió un dragón que mató al instante a tres personas. San Felipe se ofreció a resucitarlos si derribaban la estatua, por lo que expulsó al dragón del lugar y resucitó a los muertos, consiguiendo así muchas conversiones. En Hierápolis, cuando contaba ya ochenta y siete años, fue de nuevo apresado, lo ataron a una cruz y lo apedrearon hasta morir. Sin duda el mayor protagonismo de Santiago el Menor, cuya fiesta se celebraba el mismo día, el primero de mayo, ha incidido en un menor desarrollo del culto a San Felipe.

ATRIBUTOS: Libro y cruz.

REPRESENTACIONES: Normalmente aparece en los apostolados, bien como figura aislada (Durero, grabado de 1526), bien en compañía de Santiago el Menor (Navarrete el Mudo, basílica de El Escorial). Ribera representó el martirio del santo, o más propiamente, la preparación del martirio (1639, Madrid, Museo del Prado). El lienzo durante mucho tiempo se identificó como un *Martirio de san Bartolomé* debido al cuchillo que se aprecia en el centro de la composición, en el bolsillo de uno de los sayones.

Entre 1497 y 1502 Filippino Lippi pintó en la capilla de Filippo Strozzi, en Santa María Novella de Florencia, la expulsión del dragón y el martirio de san Felipe; ambas escenas se inspiran en la *Leyenda Dorada*. En el *Exorcismo en el templo de Marte* se ve al hijo del sacerdote muerto por el dragón que ha salido del pedestal de la estatua, y a otras personas tapándose la nariz, pues «con el hedor de sus resuellos, infestó el ambiente de tal manera que cuantos asistían a aquel acto cayeron enfermos».

FELIPE NERI
1515-1595. Fundador de la Congregación del Oratorio.

HISTORIA Y TRADICIÓN: Felipe Neri había nacido en Florencia, hijo de un notario y de una madre emparentada con la nobleza, pero dejó su ciudad natal cuando tenía dieciocho años y se dirigió a un lugar llamado San Germán, en la Campania, para aprender el oficio de mercader al lado de un tío suyo. Sin embargo, hacia 1532 se encuentra en Roma, ciudad que ya no abandonaría nunca, viviendo en casa de un compatriota florentino, Galeotto del Caccia. En Roma alterna sus estudios en la Sapienza con el ejercicio de una vida de penitencia y oración, como un ermitaño, peregrinando por las iglesias de la Ciudad Eterna mientras predicaba la vuelta al cristianismo primitivo. Estando en oración un día de Pentecostés de 1544, recibió de la paloma del Espíritu Santo el fuego del amor divino, dilatando su corazón hasta el punto de romperle dos costillas.

En 1548 colabora con Persiano Rosa en la fundación de la Confraternidad de la Santísima Trinidad, dedicada a la asistencia a los pobres y a los peregrinos. En 1551 es ordenado sacerdote y se instala en la iglesia de San Jerónimo de la Caridad. Sin llegar a constituirse en comunidad, comienza san Felipe a reunirse con sacerdotes jesuitas de la cercana iglesia del Gesú y con dominicos de Santa María Sopra Minerva que comulgan con sus ideas y las difunden. Poco a poco el grupo se amplía y despierta los recelos de la Curia, que incluso envía a la Inquisición para investigar las actividades del sacerdote. Pero en 1575 el papa Gregorio XIII reconoce la comunidad, llamada a partir de ahora Congregación del Oratorio, y les cede como sede la pequeña iglesia de Santa María in Vallicella (Chiesa Nuova). Aunque la reconstrucción de la iglesia comenzó inmediatamente, san Felipe se obstinaba en permanecer en la iglesia de San Jerónimo, y sólo en 1583 se trasladó a ella debido a las presiones del pontífice.

No sintiéndose fundador de nada, evitó también la elaboración de una Regla para la Congregación, y sólo entregó un boceto antes de morir, con un mínimo de reglas para la vida en común, regida por la oración y la caridad como único vínculo entre los sacerdotes. Este *charitas nexus* se mantuvo en la Regla cuando fue finalmente aprobada por Pablo V en 1612, permitiendo la expansión de la creación filipense fuera de Roma, una aspiración de san Carlos Borromeo en contra de los deseos del propio Felipe Neri. En 1593 su salud era ya muy delicada y tuvo que ceder la dirección de la Congregación a César Baronio. En 1594, un año antes de morir, la Virgen se le apareció con el Niño Jesús, que bendijo la Congregacón del Oratorio. Murió después de recibir la extremaunción de manos de san Carlos Borromeo, y fue beatificado en 1615 y canonizado en 1622 junto a san Ignacio, san Francisco Javier, santa Teresa y san Isidro.

Atributos: Corazón llameante, lirio, rosario y libro.

Representaciones: A san Felipe Neri se le representa anciano, la barba cana, los ojos pequeños y hundidos, y la nariz aguileña; viste hábitos sacerdotales y normalmente va tocado con un birrete. La imagen oficial del fundador del Oratorio lo efigia de esta manera, escribiendo, rezando o, más comúnmente, llevando un rosario en la mano, debido, por una parte, al valor otorgado a la oración por la propia Congregación y, por otro, a la devoción mariana que profesaba san Felipe Neri. Así aparece en un grabado de 1595 que encabezaba el *De Bono Senectutis* de Gabrielle Paleotti, y según refiere el principal biógrafo del santo, Pietro Giacomo Bacci (*Vita di S. Filippo Neri Fiorentino Fondatore della Congregazione dell'Oratorio*, Roma, 1622), el retrato de san Felipe Neri se hizo aún en vida, aunque cuando el libro fue publicado el santo ya había muerto.

Sin embargo, el cardenal de Bolonia no fue ni el primero ni el único comitente de imágenes de san Felipe Neri, y es posible que el anónimo autor de la citada estampa se hubiera inspirado en un retrato anterior realizado por Federico Zuccari en 1593, *Retrato de san Felipe Neri viviente*, que se conserva en el Oratorio de Santa María di Galliera, en Bolonia. Además existe constancia de que en los cinco años anteriores a la muerte del santo se le hicieron varios retratos; por ejemplo, se sabe que el oratoriano Francesco María Tarugi había pedido un retrato de su fundador para tenerlo consigo en Nápoles, y que otro retrato le fue enviado a Federico Borromeo a Milán desde Roma (Melasecchi, 1998). Por tanto, la *vera effigies* de san Felipe Neri estaba ya bastante consolidada cuando se realizó la mascarilla mortuoria en 1595, y partiendo de ella, Cristoforo Roncalli, il Pomarancio, realizó un retrato que serviría de base a toda una familia de retratos oficiales destinados a las distintas fundaciones del Oratorio que reproducen la iconografía del grabado del texto de Paleotti. También el Pomarancio pintó entre 1596 y 1599 una serie compuesta de 11 episodios en el santuario de Santa María in Vallicella, pero fueron destruidos en un incendio en 1620 y una nueva serie de 9 escenas, debida también a la mano del Pomarancio, se sitúa ahora en la capilla del santo.

Tanto en ciclos como en representaciones aisladas, el episodio más importante es la visión de la Virgen ocurrida en 1594, pues supone la consagración de la creación filipense y constituye, por tanto, la representación oficial de la fundación del Oratorio. En las estampas biográficas ocupa siempre la posición central: de pie o arrodillado, extiende sus brazos hacia abajo en ademán de solicitar de la Virgen de la Vallicella su bendición y su protección. La primera estampa de este tipo apareció en la biografía de Antonio Gallonio, *Vita Beati P. Philippi Neri* (Roma, 1600), en la que su autor, Giacomo Lauro, situó alrededor de la imagen central 10 escenas inspiradas en el ciclo desaparecido del Pomarancio. También en 1600 grabó Antonio Tempesta una estampa biográfica con 30 escenas, situando en el centro la imagen de la aparición de la Virgen con san Felipe arrodillado. Es este modelo en el que se inspira Guido Reni para la realización de *La Virgen con el Niño y el beato Felipe Neri* (Roma, iglesia de Santa María in Vallicella). Pintada entre junio y octubre de 1614, ante la inminente beatificación de san Felipe, el lienzo de Reni se convirtió inmediatamente en la imagen oficial del fundador del Oratorio y en la gran obra de referencia para los artistas del Barroco (Pedro de Mena, *Aparición de la Virgen a san Felipe Neri*, Málaga, coro de la catedral).

En muchas ocasiones esta escena se asocia con el episodio de la dilatación de su corazón ocurrida en 1544, a la que unas veces se hace referencia acercando la mano al corazón (Alonso del Arco, *Aparición de la Virgen a san Felipe Neri*, Madrid, convento de Trinitarias) y otras, de una manera más explícita, representando en la escena a la paloma del Espíritu Santo (Guercino, *Éxtasis de san Felipe Neri*, 1644, Bolonia, Santa María di Galliera). Algardi, en la escultura situada en la sacristía de la Chiesa Nuova (*San Felipe Neri*, 1636-1638, Roma, Santa María in Vallicella), se refirió a este episodio en la leyenda inscrita en el libro que sostiene el ángel: VIAM MANDATORVM TVORVM CVCVRRI CVM DILATASTI COR MEVM.

Entre las representaciones de carácter narrativo hay que destacar también el fresco de Pietro da Cortona *San Felipe Neri y el milagro del andamio*, pintado en la bóveda de la iglesia de la Vallicella; representa la aparición de la Virgen que sostiene los andamios de la iglesia, evitando así que la obra se viniera abajo. Entre las representaciones de san Felipe Neri con otros santos contemporáneos adquiere especial relevancia el encuentro con san Carlos Borromeo, un tema muy querido por el Oratorio. Lucas Jordán representó al cardenal postrado a los pies de san Felipe y compartiendo ambos un momento de lectura de los textos sagrados (*San Carlos Borromeo dando la mano a san Felipe Neri*, *San Felipe Neri y san Carlos Borromeo en oración*, 1704, Nápoles, iglesia de San Jerónimo).

Entre los ciclos grabados, a las estampas biográficas ya mencionadas hay que añadir las series que ilustran sus distintas biografías. Para el texto de Giacomo Bacci ya citado, Luca Ciamberlano grabó 42 estampas sobre diseños de Guido Reni. Tanto éxito tuvo, que la misma serie fue utilizada en las obras de Domenico Sanzonio, *Vita novissima del Santo Patriarco e glorioso Taumaturgo Filippo Neri appostolo di Roma* (Padua, 1733), y de Ignazio Orsolini, *Riflessioni spirituali e morali... della vita di S. Filippo Neri* (Roma, 1699). La biografía de Bacci fue reeditada en 1818 por el romano Bernardino Olivieri con 36 estampas de Luigi Agricola, de la Academia de San Lucas. Por último, entre 1786 y 1793 se publicó en Venecia la serie más extensa, la *Vita di S. Filippo Neri Institutore della Congregazione dell'Oratorio,* compuesta de 60 grabados de Innocente Alessandri sobre diseños de Antonio Novelli según el gusto neoclásico de la época.

Aparición de la Virgen a san Felipe Neri, grabado sobre el original de Guido Reni, Madrid, Biblioteca Nacional.

BIBLIOGRAFÍA:
ALBA, A., *San Felipe Neri en el arte español*, Madrid, 1996.
CALVESI, M., «Prospero Orsi, "turcimanno" del Caravaggio», *Storia dell'arte* 85 (1995), pp. 355-358.
CATÁLOGO, *La Regola e la Fama. San Filippo Neri e l'arte*, Milán, Electa, 1995.
CATÁLOGO, *Messer Filippo Neri, santo. L'apostolo di Roma*, Roma, 1995.
MELASECCHI, O., «Avanzino Nucci ritrattista di San Filippo Neri», *Storia dell'arte* 85 (1995), pp. 412-414.
—, «Cristoforo Roncalli, Ludovico Leoni e la Congregazione dell'Oratorio romano», *Storia dell'arte* 92 (1998), pp. 5-26.
PRODI, P., «San Filippo Neri, un'anomalia nella Roma della Controriforma?», *Storia dell'arte* 85 (1995), pp. 333-339.

FÉLIX DE CANTALICIO
1513-1587. Capuchino.

HISTORIA Y TRADICIÓN: San Félix nació en Cantalicio, pequeña localidad perteneciente a Cittá Ducale, en la provincia de Umbría. De niño fue pastor y labrador hasta que en casa de uno de éstos, oyendo las vidas de los santos, quiso imitarlos y se fue al convento de franciscanos capuchinos de Cittá Ducale, donde fue admitido como lego; desde allí fue enviado al convento de Ascoli para realizar su noviciado, y posteriormente al convento de Roma con el oficio de limosnero, cargo que ejerció hasta su muerte, cuarenta años más tarde. Con su saco a cuestas recorría las calles de Roma pidiendo el pan y el vino para la comunidad y, cuando volvía al convento con la carga sobre sus espaldas, decía: «Entré capuchino con ánimo de no probar el pan ni el vino en toda la vida, y Dios, para probarme, ha querido hacerme como el dueño de todo el vino y de todo el pan que hay en Roma». Como otros santos, san Félix también tuvo el singular privilegio de sostener al Niño Jesús en sus brazos, concedido por la Virgen una noche mientras rezaba frente al altar mayor del convento. Su cuerpo se halla en la iglesia romana de Santa

Maria della Concezione. Fue beatificado por Urbano VIII en 1625 y canonizado en 1712 por Clemente XI.

Atributos: Niño Jesús en brazos y saco de limosnas lleno de panes.

Representaciones: Como san Félix murió con setenta y dos años de edad, se le representa anciano, con la barba y el pelo canos, y vistiendo el hábito franciscano propio de los capuchinos, es decir, con la capucha puntiaguda y el hábito lleno de remiendos. Normalmente le vemos recibiendo al Niño Jesús de manos de la Virgen (Alonso Cano, Cádiz, Museo de Bellas Artes). Murillo lo pintó en dos ocasiones para el convento de capuchinos de Sevilla, hoy en el Museo de Bellas Artes, y en palabras de Mâle dio al tema su forma perfecta. El lienzo destinado al altar mayor lo representa de medio cuerpo, con el Niño Jesús en brazos, mientras que en el que estaba situado en una de las capillas laterales se le ve también con el Niño en brazos y mirando a la Virgen, la cual, con los brazos extendidos, parece reclamar ya que se lo devuelva. Para Ceán Bermúdez, el cuadro representa a «san Félix de Cantalicio que entrega el Niño Dios a la Virgen santísima, sentada en un trono de nubes».

El relato que Jean Croiset hace de la escena de la aparición de la Virgen en *Año Christiano* está claramente inspirado en el lienzo de Murillo: «Hacía oración una noche en la iglesia de su convento, cuando de repente se sintió tan extraordinariamente abrasado del divino amor que, levantándose, corrió apresurado al altar mayor, donde se veneraba una imagen de la santísima Virgen, y sin atender más que a los amorosos ímpetus de su encendido corazón, le pidió a la madre de la misericordia que, siquiera por un momento, le permitiera imprimir los más tiernos y más reverentes ósculos en su dulcísimo hijo. Al punto se le apareció la Virgen y le puso al Niño en sus brazos [...]. Mas al fin era preciso restituir a la Madre el preciosísimo tesoro: hízolo, pero fue eterna la impresión que hizo en su alma este singular favor, y con razón se escogió después como por su emblema, o por su divisa, como se ve en sus imágenes y retratos».

Murillo, *San Félix de Cantalicio,* Sevilla, Museo de Bellas Artes.

FERNANDO III
1199-1252. Rey de Castilla y León.

HISTORIA Y TRADICIÓN: Hijo de doña Berenguela y de Alfonso IX, rey de León, se deben a Fernando III dos hechos fundamentales de la historia de España: la unión de las coronas de Castilla y León, y el impulso definitivo en el proceso de Reconquista. En 1217 moría su tío Enrique I, rey de Castilla, con lo que la sucesión al trono recaía en su madre, doña Berenguela, pero ésta abdicó en favor de su hijo Fernando el 31 de agosto del mismo año. Su padre Alfonso IX, rey de León, divorciado de su madre por razones de consanguinidad, se creía con más derecho que él a ocupar el trono de Castilla y comenzó una guerra entre ambos reinos que sólo detuvo la mediación del papa Honorio III. En 1230 se produce la muerte de Alfonso, dejando el trono a sus dos hijas, Sancha y Dulce, tenidas de un matrimonio anterior con doña Teresa de Portugal; pero doña Berenguela se apresuró a negociar con ésta el traspaso de los derechos al trono de León a Fernando, lo que consiguió a cambio de una cuantiosa suma; de este modo se realizó la unión definitiva de ambas coronas.

Una parte importante de la nobleza era contraria a este pacto, y el mismo día que Fernando III entraba en León para ocupar el trono, Diego López de Haro, señor de Vizcaya, se había hecho fuerte en la torre de la iglesia de San Isidoro, y cuenta la tradición que se le apareció san Isidoro infundiéndole tal temor que inmediatamente se puso al servicio del rey de Castilla. Fernando III profesará desde entonces especial devoción por el santo prelado de Sevilla, rezando constantemente ante su tumba para pedirle protección y ayuda; y también se dice que san Isidoro se le apareció durante el cerco de la capital hispalense animándole a tomar la ciudad.

La victoria de las huestes cristianas en las Navas de Tolosa en 1212 y el estado de descomposición en que se encontraba el imperio almohade ofrecían una ocasión inmejorable para proseguir, y quizá concluir, la reconquista de la Península. Así, en 1224, Fernando III acude en ayuda de Muhammad al Bayasi, señor de Baeza, que se había declarado reino independiente del califa de Marraquech. Bayasi buscaba la protección de Castilla a cambio de apoyo militar y estratégico a Fernando en sus campañas: pudo así ocupar sin problemas Quesada, Martos y Andújar. Cuando Al Bayasi fue asesinado en 1227, Fernando III ocupó Baeza y, según la tradición, ese mismo día el maestre de la Orden de Calatrava y sus tropas vieron en el cielo una cruz como símbolo de que debían continuar luchando en su nombre. La toma de Baeza tuvo lugar el 30 de noviembre de 1227, festividad de San Andrés, por lo que la cruz aspada se incluyó en el escudo de la Orden.

En 1236 era reconquistada Córdoba, la antigua capital del Califato; y diez años después, en 1246, se conquista Jaén, territorio que pertenecía al rey de Granada Muhammad ibn al-Hamar. Éste cedió Jaén y se convirtió en vasallo del rey castellano a cambio de conservar el resto de sus territorios. Entonces Fernando III se decidió por la conquista del corazón del imperio almohade: Sevilla. Conquistando las localidades adyacentes, llegó a las puertas de la capital hispalense en agosto de 1247, iniciando un largo asedio que se prolongará hasta noviembre de 1248; y es en este asedio donde sitúa la tradición la mayoría de los hechos maravillosos ocurridos en la vida de san Fernando. Llevaba el rey siempre consigo una tabla de la Virgen conocida como «Virgen de los Reyes», y durante el cerco de Sevilla rezaba continuamente delante de la imagen hasta que una noche la Virgen le contestó diciendo: «En mi imagen de la Antigua de quien tanto fía tu devoción, tienes continua intercesora, prosigue, que tú vencerás». De manera que esa misma noche Fernando III, protegido por su ángel de la guarda que impedía que fuera visto por los musulmanes, logró entrar en Sevilla, penetró en la mezquita y, al llegar al sitio donde se encontraba la imagen de la Virgen, se abrió el muro para mostrarla. Rezó postrado ante ella solicitándole su protección en la conquista de la ciudad, y Sevilla capituló al fin el 23 de noviembre de 1248, día de San Clemente. El cadí moro Axafat entregó al santo rey las llaves de la ciudad, y Fernando ordenó izar su enseña sobre el alminar de la mezquita mayor; aunque todavía concedió a sus habitantes un mes de plazo para salir de la ciudad con sus bienes muebles, por lo que la entrada triunfal del rey en Sevilla se produjo el 22 de diciembre, fecha en la que se conmemoraba el traslado de las reliquias de san Isidoro a León, hecho ocurrido en el año 1063.

Después de purificar la mezquita, se consagró como catedral dedicada a Santa María y se nombró arzobispo a un hijo de Fernando III, el infante don Felipe, que ocuparía el cargo hasta 1257. También se procedió al repartimiento de las casas y tierras de los musulmanes entre los nobles y las órdenes religiosas que habían acompañado al rey en la reconquista de la ciudad. Fernando III fijó su residencia en el Alcázar y allí murió de hidropesía el 30 de mayo de 1252. Cuenta la tradición que, sintiéndose morir, pidió recibir por última vez los santos sacramentos y, cuando llegó el infante don Felipe acompañado de otros prelados, el rey se arrojó de la cama, se puso una soga al cuello y con un crucifijo en las manos exclamó antes de morir: «Oh, Señor, por amor de mí te echaron a tu garganta otra soga más cruel, y yo, mezquino, ¿qué he hecho por ti?». Sus restos descansan en la catedral de Sevilla, ciudad que le tributa honores de santo patrón.

Parece que el culto a Fernando III se inició inmediatamente después de su muerte, adjudicándole desde entonces en los testimonios escritos contemporáneos el apelativo de «santo». Incluso consta que, en el siglo XIV, los enfermos acudían a su sepulcro, besaban su espada y le pedían remediar sus males (Cintas del Bot, 1991). A pesar de estos tempranos testimonios de devoción, la canonización oficial de Fernando III se retrasó hasta el siglo XVII, siendo finalmente aprobada por Clemente X el 4 de febrero de 1671.

ATRIBUTOS: Corona y cetro, alusivos a su condición de rey y gobernante; espada, como símbolo de justicia y de su condición de conquistador; esfera, que indica el dominio del gobernante sobre el mundo. Si la esfera está coronada con una cruz, indica que su poder y su gobierno están al servicio de la cristiandad. También atributo suyo son las llaves, en alusión a las ciudades que se le rindieron. Asimismo puede acompañarle una estatuilla de la Virgen, por su intensa devoción a la Madre de Dios. En la Capilla Real de la catedral de Sevilla se conserva una escultura de marfil llamada «Virgen de las Batallas» que, según la tradición, llevaba el santo rey en el arzón de su caballo en las campañas militares. En cuanto a la indumentaria, se le viste con la armadura de la época que lo representa, aunque la mayoría de las veces la capa real de armiño está presente.

REPRESENTACIONES: Las iconografía de Fernando III anterior a su canonización es escasa y quizás una de las representaciones más interesantes es la del Pendón Real, del siglo XV, que conserva el Ayuntamiento de Sevilla, donde el rey aparece sedente, con corona, la espada en la mano derecha y la esfera con castillos y leones en la izquierda. Un esquema idéntico presenta en el cuadro anónimo *San Fernando entre dos maceros* (s. XVI, Sevilla, convento de San Clemente), y, desde el punto de vista formal, ambos se aproximan bastante a lo que será la imagen oficial del santo, que la crítica sitúa en la estampa que hizo grabar en Roma en 1630 el licenciado Bernardo del Toro, agente de Felipe IV, para celebrar la Bula Remisorial despachada un año antes por Urbano VIII, concediendo a la Iglesia de Sevilla rendir culto de santo a Fernando III mientras el proceso de canonización estaba en marcha. La única diferencia con los ejemplos anteriores es que aquí el rey aparece de pie y que la esfera, sin las armas de Castilla y León, aparece rematada por una cruz: éste es el tipo iconográfico que se impondrá a partir de 1671.

Siguiendo este modelo, Pedro Roldán realizó la escultura que coronaba. *El Triunfo de san Fernando*, construcción de carácter efímero que se erigió en el trascoro de la catedral hispalense para celebrar la canonización oficial de 1671. La imagen no se conserva, pero sí la que realizó en la misma fecha para presidir el culto al santo rey en el altar mayor de la catedral y con la que a menudo se confunde. Desde el siglo XVII, pues, este tipo de imágenes proliferan, en especial en Córdoba y en Sevilla, aunque pueden citarse ejemplos interesantes de otros lugares, como la escultura que preside la portada del antiguo Hospicio de San Fernando, en Madrid, hoy sede del Museo Municipal.

Valdés Leal, *El triunfo de san Fernando,* 1671, Madrid, Biblioteca Nacional.

En pintura destacan los retratos realizados por Zurbarán (1630-1635, Sevilla, iglesia de San Esteban) y Murillo (1671, Sevilla, Biblioteca Colombina), que lo representa con los ojos elevados al cielo, destacando de esta manera su condición de santo sobre la de rey guerrero. Esta iconografía la repetirá Valdés Leal en el gran lienzo que pintó para la catedral de Jaén en 1673, y en el que realizó en 1687, en colaboración con su hijo, Lucas Valdés, para la iglesia del Hospital de los Venerables de Sevilla. A pesar de la abundancia de retratos de Fernando III, no poseemos ciclos narrativos completos de su vida; el lienzo de Valdés Leal para la catedral de Jaén debía formar parte de una serie de pinturas alusivas a episodios de su vida, pero el retablo que debía albergarlas no se construyó hasta un siglo más tarde, por lo que no sabemos si, además del lienzo central que preside el retablo neoclásico, Valdés Leal entregó o no el resto de las pinturas.

Sin embargo, desde el siglo XVII hasta el XIX varios artistas se han ocupado de los principales momentos que jalonan la vida del santo rey, que ejemplificamos siguiendo el orden cronológico: la abdicación de doña Berenguela en favor de su hijo (Mariano Roca y Delgado, *Coronación de san Fernando*, 1887, Sevilla, Gobierno Civil), la toma de Baeza (Ginés de Aguirre, *Tributo de Muhammad de Baeza a san Fernando*, 1760, Madrid, Academia de Bellas Artes de San Fernando), la conquista de Córdoba (Antonio Palomino, *Rendición de Córdoba a san Fernando*, 1712, Córdoba, catedral; Rodríguez Losada, *La rendición de Córdoba*, 1870-1874, Córdoba, Círculo de la Amistad), la de Jaén (José Guerra, *El rey moro de Granada ante san Fernando en el cerco de Jaén*, 1778, Madrid, Academia de Bellas Artes de San Fernando) y, por supuesto, el asedio y la conquista de Sevilla, de la que la pintura sevillana se ha ocupado con genio y profusión a la hora de materializar con detalle este episodio de su historia, enriqueciendo así la iconografía fernandina y configurando al mismo tiempo uno de los capítulos más notables de la iconografía hispalense. De la fase del asedio se han representado la *Aparición de la Virgen de los Reyes a san Fernando* (Valdés Leal, 1671, Sevilla, Banco Exterior), *San Fernando ante la Virgen de la Antigua* (Valdés Leal y Lucas Valdés, 1687, Sevilla, iglesia del Hospital de los Venerables) y la *Aparición de san Isidoro a san Fernando* (Francisco Miguel Ximénez, 1760-1770, Sevilla, convento de San Clemente). En cuanto a la conquista de la ciudad, la escena más frecuente es la entrega de las llaves que hace el moro Axafat a san Fernando (Francisco Pacheco, 1634, Sevilla, catedral; Zurbarán, 1634, Gran Bretaña, colección duque de Westminster). Para finalizar este episodio, dos importantes composiciones que relatan la reordenación religiosa de la ciudad: *Nombramiento del infante don Felipe como arzobispo electo de Sevilla* de Valdés Leal (1687, Sevilla, iglesia del Hospital de los Venerables) y la *Entrega de la Virgen de la Merced a san Pedro Nolasco* de Francisco Reyna (Sevilla, catedral), perteneciente a la serie de la Merced Calzada de Sevilla sobre la vida de su santo fundador.

De la muerte del rey conservamos dos importantes composiciones: *La última comunión de san Fernando* de José Gutiérrez de la Vega (1832, Madrid, Academia de Bellas Artes de San Fernando) y *Las postrimerías de san Fernando* de Virgilio Mattoni (1887, Sevilla, Museo de Bellas Artes). De la personalidad de Fernando III, la tradición resalta su intensa devoción a la Virgen y a los santos, así como su plena dedicación a la Iglesia, impulsando directamente la construcción de las catedrales de Burgos y de Toledo, cuyas primeras piedras colocó el santo rey en 1222 y 1226, respectivamente. Su fervor religioso llegaba hasta el punto de asistir junto a santo Domingo de Guzmán a la quema de herejes, lo que le llevó a prender él mismo fuego a las hogueras. Una pintura con este tema decoraba el claustro de Nuestra Señora de Atocha de Madrid perteneciente a un ciclo sobre la vida de santo Domingo, pero ya se habían perdido la mayoría cuando visitó el templo Antonio Ponz a finales del siglo XVIII. Sin embargo, el tema fue propuesto para premio de pintura por la Academia de Bellas Artes de San Fernando (Sánchez de León Fernández, 1992). También se cuenta del rey que, imitando a Jesucristo, la noche del Jueves Santo lavaba los pies de los pobres y les daba de comer, asunto que quedó plasmado en el cuadro de Antonio Casanova y Astorach *San Fernando dando de comer a los pobres* (1886, Barcelona, Museo Nacional de Arte de Cataluña).

BIBLIOGRAFÍA:
CATÁLOGO, *Fernando III rey de Sevilla*, Sevilla, Caja San Fernando, 1994.
CINTAS DEL BOT, A., *Iconografía del rey San Fernando en la pintura de Sevilla*, Sevilla, Diputación Provincial, 1991.
COSANO MOYANO, F., «Iconografía de una estampa, entrega de la ciudad de Córdoba» *Archivo Hispalense* 77 (1994), pp. 575-584.
GARCÍA O'NEILL, M., «Iconografía de San Fernando en la escultura», *Archivo Hispalense* 77 (1994), pp. 569-574.
MELERO CASADO, A., TORRES PEGALAJAR, M. D., «Fuentes documentales y bibliográficas para el estudio iconográfico de Fernando III», *Archivo Hispalense* 77 (1994), pp. 89-100.
MORENO CUADRO, F., «Humanismo y arte efímero, la canonización de San Fernando», *Traza y Baza* 9 (1985), pp. 21-98.
—, *Iconografía de San Fernando en Córdoba*, Córdoba, Publicaciones del Museo Diocesano de Bellas Artes, 1989.
QUILES, F., «En los cimientos de la Iglesia sevillana, Fernando III, rey y santo», *Boletín del Museo e Instituto «Camón Aznar»* 75-76 (1999), pp. 203-250.
SÁNCHEZ DE LEÓN FERNÁNDEZ, M. A., «Iconografía del rey San Fernando III en la Real Academia de Bellas Artes de San Fernando», *Boletín de la Real Academia de Bellas Artes de San Fernando* 75 (1992), pp. 511-555.
URREA, J., «San Fernando en Castilla y León», *Boletín del Seminario de Arte y Arqueología* 70 (1986), pp. 484-487.

FRANCISCO DE ASÍS
Ca. 1181-1226. Fundador de la Orden de los Hermanos Menores.

HISTORIA Y TRADICIÓN: A pesar de los numerosos documentos y escritos de la época que conservamos, algunos debidos a la mano del propio santo (Campagnola, 1982; Guerra, 1993), la figura de san Francisco de Asís sigue en muchos aspectos sumida en la leyenda. La primera biografía, la *Vita Prima* (1C), fue escrita en 1228 por Tomás de Celano, a petición del papa Gregorio IX con motivo de la canonización de san Francisco, sólo dos años después de su muerte. Celano escribe una segunda biografía en 1246, la *Vita Secunda* (2C), por mandato del General de la Orden, Crescencio de Jesi, quien invitó además a todos los hermanos franciscanos reunidos en el Capítulo General de Génova a poner por escrito cuantos recuerdos guardasen de su fundador. Entre la documentación enviada al Ministro General, y que servirá de base a esta segunda biografía, se encuentra la *Leyenda de los tres compañeros* (TC), escrita por los hermanos León, Ángel y Rufino. Completa la trilogía de Celano el *Tractatus de miraculis* compuesto en 1252.

Pero estos textos no parecían ser suficientes ni satisfacían a toda la Orden que, con el transcurrir de los años, se había dividido, básicamente, entre quienes querían ser fieles al primitivo espíritu de pobreza que inspirara san Francisco y quienes creían posible su adaptación y evolución. Es en este contexto en el que nace la biografía oficial de san Francisco, la *Leyenda Maior* (LM) de san Buenaventura; comisionada por el Capítulo General de Narbona de 1260 y presentada en el Capítulo de Pisa en 1263, obtuvo el aplauso incondicional del grupo dirigente, los partidarios de la evolución de la Orden. Además, en el Capítulo siguiente celebrado en París en 1266 se acordó la destrucción total de todas las biografías anteriores, en particular de la trilogía de Celano; sin embargo, sobrevivieron y pudieron recuperarse durante los siglos XVIII y XIX.

En la *Leyenda Maior* de san Buenaventura, san Francisco es el ángel del sexto sello (prol. 1), pero sobre todo es «alter Christus», pues vivió en todo conforme a la humildad de Jesús y mereció recibir en su cuerpo el sello de su semejanza con el Cristo crucificado, los estigmas (LM 15, 4). La idea de la conformidad con Cristo es una constante en la espiritualidad franciscana que, como veremos, tendrá hondas repercusiones en la iconografía del santo. En el ámbito biográfico culmina con *De conformitate vitae beati Francisci ad vitam Domini Iesu* de Bartolomeo de Pisa, escrito entre 1385 y 1390. Importantes también para la iconografía son las *Florecillas*; este texto formaba parte de las

Actus Beati Francisci et sociorum eius, del siglo XIV. Las *Florecillas*, seguidas de las *Consideraciones sobre las llagas*, fueron traducidas al italiano en 1477.

Nacido en la pequeña localidad de Asís, Francisco era hijo de Pica y de Pietro di Bernardone, comerciante de paños. Según la tradición, Pica no podía dar a luz, hasta que un mendigo le señaló un establo como el lugar más indicado para el nacimiento del niño. En ausencia de su padre, su madre le puso el nombre de Juan, pero cuando su padre, don Pietro, volvió de un viaje de Francia, le cambió el nombre por el de Francisco (TC, 1), debido a su atracción por los paños franceses y, en general, por todas sus tradiciones; de hecho, el joven Francisco hablaba el francés perfectamente y lo utilizaba en las grandes ocasiones (1C, 16). Según se deduce de los comentarios de sus primeros biógrafos, en su juventud se comportaba con la ostentación y la vanidad que le permitían los negocios de su padre, y se sentía atraído además por el espíritu caballeresco propio de la época. Así, participó en el levantamiento de los «homines populi» contra la vieja aristocracia de Asís, los «boni homines», y lograron expulsarlos a Perugia; pero en la guerra desatada en 1202 con esta ciudad, los «homines populi» cayeron en la batalla de Collestrada y Francisco sufrió prisión en Perugia.

«Éstos son los tristes principios en los que se ejercitaba desde la infancia este hombre a quien hoy veneramos como santo, y en los que continuó perdiendo y consumiendo miserablemente su vida hasta casi los veinticinco años de edad» (1C, 2). Es entonces cuando se produce la conversión del joven Francisco: un día se encontró con un leproso y, superando su repulsión, se dirigió hacia él para abrazarlo y besarlo. Este hecho, y el crucial diálogo con el crucifijo de la iglesia de San Damián, le indujeron a abrazar la vida de penitente; como el edificio amenazaba ruina, el crucifijo le dijo: «Francisco, ¿no ves que mi casa se derrumba? Anda, pues, y repárala» (TC, 13). Primero intentó donar el dinero obtenido tras vender toda la mercancía que llevaba, pero el sacerdote no lo aceptó por miedo a su padre, quien efectivamente le desheredó delante del obispo de Asís al comprobar que su hijo había mudado de vida y pretendía dárselo todo a los pobres. Francisco renunció al mundo y le devolvió a su padre incluso la ropa que llevaba puesta.

Restauró la iglesia de San Damián pidiendo limosna y transportando él mismo sobre sus espaldas las piedras (LM 2, 7; TC, 21) según la costumbre de los penitentes de entonces, que se prestaban para colaborar en la restauración de los edificios religiosos. Este hecho, que Celano presenta como un simple episodio biográfico (1C, 18), Buenaventura lo convierte en la reparación espiritual de toda la Iglesia católica (LM 2, 2). También restauró la iglesia de Santa María de los Ángeles, en la Porciúncula. En este lugar, el 12 de octubre de 1208, fiesta de San Lucas, o el 24 de febrero de 1209, fiesta de San Mateo, escucha la misa que se celebra en memoria de los apóstoles y, al oír el texto de la «missio apostolorum» (Mt 10, 9-10; Lc 10, 4-5), exclama: «Esto es lo que yo quiero, esto es lo que yo busco, esto es lo que en lo más íntimo del corazón anhelo poner en práctica» (1C, 22). Siguiendo el mandato evangélico adopta un nuevo hábito, burdo y áspero, ceñido con una cuerda, e inicia la forma de vida apostólica, dando así comienzo la Orden de los Hermanos Menores, «a fin de que con tal nombre se percataran sus discípulos de que habían venido a la Escuela de Cristo humilde para aprender la humildad» (LM 6, 5).

Entre 1209 y 1210 Francisco y sus primeros seguidores viajaron a Roma para obtener del papa Inocencio III la aprobación de la primera Regla de la Orden. El papa había tenido un sueño en el que aparecía «un hombre pobrecito, de pequeña estatura y de aspecto despreciable» sosteniendo sobre sus hombros la basílica de San Juan de Letrán, que estaba a punto de derrumbarse. Por eso accedió a su petición, pues reconoció en san Francisco al «hombre que con sus obras y su doctrina sostendrá a la Iglesia de Cristo» (LM 3, 10): con ello asumía la Santa Sede el mandato del crucifijo de San Damián en la persona del *poverello* de Asís. Basada en principios básicos del Evangelio (1C, 32; LM 3, 3), la Regla, modificada primero en 1221 –Regla no bulada–, obtendrá la aprobación definitiva en la redacción presentada al papa Honorio III en 1223, por ello llamada Regla bulada.

San Francisco quiere llevar su amor por Cristo crucificado hasta el extremo, hasta sufrir él mismo el martirio como una forma de corresponder a su amor y culminar así la imitación literal de la vida de Cristo (LM 9, 5). Con intención de encontrar la muerte entre los sarracenos realiza un viaje fallido a Siria en 1211, y otro a Marruecos en 1213, pero, cuando estaba en España, una enfermedad le obligó a regresar a Asís. Entre 1219 y 1220 logrará su propósito de viajar a Siria; y es en estos años cuando se produce la entrevista con el sultán «de Babilonia» Melek el Kamel, en Egipto. Es apresado y conducido ante él, pero sin obtener la palma deseada (LM 9, 8), pues «habría de ser transformado totalmente en la imagen de Cristo crucificado no por el martirio de la carne, sino por el incendio de su espíritu» (LM 13, 3). Así, cuando rezaba en el monte Alvernia, hacia el 14 de septiembre de 1224, tuvo la visión de Cristo crucificado bajo la forma de un serafín y recibió las llagas en manos, pies y costado. Murió sólo dos años más tarde, en la iglesia de Santa María de la Porciúncula, el 3 de octubre de 1226, siendo su cuerpo inicialmente depositado en la iglesia de San Jorge, mientras se terminaba la basílica que se estaba construyendo en su honor por mandato del papa Gregorio IX, amigo y protector de la Orden cuando aún era el cardenal Hugolino de Ostia. San Francisco fue canonizado en 1128, y en 1230 su cuerpo fue trasladado y enterrado definitivamente en la nueva iglesia de San Francisco, en Asís.

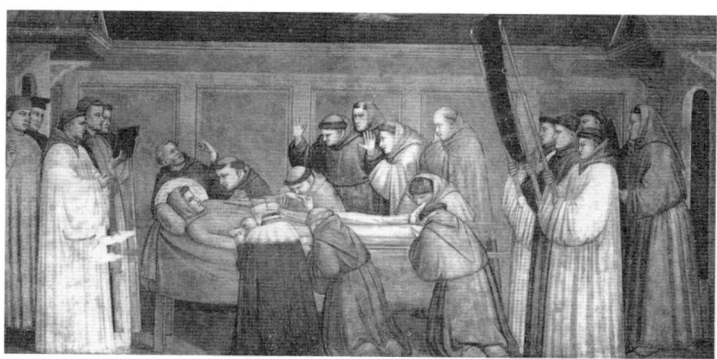

Giotto, *La muerte de san Francisco,* 1320-1325, Florencia, Santa Croce, Capilla Bardi.

Atributos: Libro, cruz y las cinco llagas en manos, pies y costado, visible a través de una abertura en su hábito.

Representaciones: No hay ningún retrato de san Francisco que pueda considerarse su *vera effigies*. Las primeras representaciones del santo se inspiran en mayor o menor medida en el retrato literario que encontramos en la *Vita Prima* de Celano, que pudo conocerle personalmente tras ingresar en la Orden en 1214. Nos dice que era «de estatura mediana, tirando a pequeño; su cabeza, de tamaño también mediano y redonda; la cara, un poco alargada y saliente; la frente, plana y pequeña; sus ojos eran regulares, negros y candorosos; tenía el cabello negro; las cejas, rectas; la nariz, proporcionada, fina y recta; las orejas, erguidas y pequeñas [...]; la barba, negra y rala» (1C, 83).

La primera imagen de san Francisco se encuentra en Subiaco (Sacro Speco), en la capilla de San Gregorio, en la que el santo aparece sin nimbo, lo que indicaría una cronología anterior a 1228, fecha de su canonización. Se sostiene con la ayuda de un báculo en su mano derecha, y en la izquierda lleva una filacteria en la que se puede leer Pax huic domui, es decir, «La paz sea con esta casa», el saludo propio de la misión apostólica adoptada por el santo. La primera tentativa de realizar un retrato realista se debe a Margaritone de Arezzo, quien elaboró un imagen que llegó a alcanzar una gran difusión. Se conservan varios ejemplares, probablemente sobre un prototipo perdido realizado hacia la mitad del siglo XIII (Scarpellini, 1982). El mejor de la serie, el que Vasari vio en el monasterio de Sargiano, se encuentra hoy en el Museo Medieval de Arezzo. La Pinacoteca del Vaticano conserva otro célebre ejemplar. Hay que citar también el retrato de Cimabue en la iglesia inferior de San Francisco de Asís, aunque por la datación que se le atribuye, entre 1275 y 1290, es difícil que se haya inspirado directamente en la descripción de Celano.

El hábito que distingue a los franciscanos es pardo y va ceñido a la cintura con un cordón que se deja caer por delante con tres o más nudos. Fue adoptado por san Francisco después de escuchar el sermón de los apóstoles en la Porciúncula: «Se prepara una túnica en forma de cruz para expulsar todas las ilusiones diabólicas;

se la prepara muy áspera, para crucificar la carne con sus vicios y pecados; se la prepara, en fin, pobrísima y burda, tal que el mundo nunca pueda ambicionarla» (1C, 22). Sin embargo, con la evolución histórica de la Orden surgieron facciones diversas en torno a la interpretación de la Regla y al grado de pobreza que se debía seguir. Estas facciones convirtieron el hábito, especialmente su capucha, en el símbolo visible de sus diferencias. San Francisco, en la Regla, sólo distingue entre el hábito de los novicios, que no lleva capucha, y el del resto, que sí la lleva, pero no especifica su forma; así, los partidarios de la pobreza estricta llevan el capuchón piramidal y puntiagudo, porque con él aparece san Francisco en las primeras representaciones (Margaritone; Maestro de San Francisco, *San Francisco entre dos ángeles*, Asís, Museo de Santa María de los Ángeles; etc.), mientras que los partidarios de la evolución o la adaptación al siglo, los observantes, la llevan corta y redondeada. El primer grupo, escindido en la Orden Capuchina desde 1528, publicó en 1623 los *Annales Fratrum Minorun Capuccinorum*, escritos por Zacarías Boverio, en los que se incluía un capítulo dedicado al hábito demostrando con grabados que el de san Francisco era capuchino. En España, mientras que Francisco Pacheco toma partido por los capuchinos, a Interián de Ayala le parece un asunto «bastante indiferente», pues san Francisco se desprendía de su hábito apenas encontraba un pobre al que dárselo, vistiéndose después con cualquier cosa que le pareciese vil y despreciable. «De aquí es donde, a mi entender, tiene su origen la diferencia de su hábito y de sus imágenes». En la iconografía de san Francisco, en aquellas imágenes encargadas por la Orden Capuchina, el hábito no sólo tiene el capuchón puntiagudo, sino que suele estar también recosido y remendado con retales, como el mismo santo recomendaba en la Regla (Zurbarán, *San Francisco en éxtasis, ca.* 1640, Londres, National Gallery).

Las escenas representadas son muchas y variadas, como podía esperarse del santo más venerado por la Iglesia de Occidente, y hasta el siglo XV aparecen rodeando la imagen del santo, que se sitúa en el centro, como en los iconos biográficos propios del arte bizantino. Hasta 1266, fecha del decreto capitular de París, los ejemplos que conservamos se inspiran en la trilogía de

Celano, y se da en ellos una mayor presencia de milagros póstumos. La tabla de Bonaventura Berlinghieri (1235, Pescia, iglesia de San Francisco) contiene seis escenas: dos biográficas, *La predicación a los pájaros* (1C, 58) y *La estigmatización* (1C, 94-96), y cuatro milagros, tres de ellos muy frecuentes en estas primeras representaciones, que son la curación de la niña con la cabeza pegada al hombro (1C, 127), la curación de la pierna contrahecha de Nicolás de Foligno (1C, 129) y la curación de la pierna de Bartolomé de Narni en unos baños (1C, 135). Inspirada también en Celano puede citarse la famosa tabla del Maestro de San Francisco (Florencia, Santa Croce, Capilla Bardi) con 20 escenas, algunas de las cuales serán ya constantes en la iconografía del *poverello* de Asís: *Renuncia a los bienes* (1C, 15), *Aprobación de la Regla* (1C, 33), *La Navidad de Greccio* (1C, 84-85), *La predicación ante el sultán de Babilonia* (1C, 57) y su *Aparición en el capítulo de Arlés* cuando predicaba san Antonio de Padua (1C, 48).

A partir de 1266 la biografía de san Buenaventura se constituye en la fuente principal para la iconografía de san Francisco. En ella se basan los cinco frescos del Maestro de San Francisco en la iglesia inferior de Asís, en los que encontramos por primera vez representados. *El diálogo con el crucifijo de San Damián* (LM 2, 1) y *El sueño de Inocencio III* (LM 3, 10); y también la serie de 28 episodios atribuidos a Giotto y sus seguidores en la iglesia superior de Asís. Además de los episodios ya representados en otros lugares encontramos aquí *El homenaje del hombre simple* (LM 1, 1), *El sueño del palacio lleno de armas* (LM 1, 3), *La visión del carro de fuego* (LM 4, 4), *La visión del trono* (LM 6, 6), *La expulsión de los diablos de Arezzo* (LM 6, 9), *La muerte del señor de Celano* (LM 11, 4) o *El adiós de las clarisas* (LM 15, 5). Los frescos de la basílica de Asís, casa madre de la Orden, se convirtieron pronto en el referente indiscutible para los ciclos posteriores, como el debido al propio Giotto en la Capilla Bardi en Santa Croce, Florencia; el realizado por Taddeo Gaddi para el armario de la sacristía de Santa Croce, hoy en la Galería de la Academia; o el realizado por Ghirlandaio en la Capilla Sassetti de Santa Trinitá, también en Florencia.

La escena más importante es, sin duda alguna, la de la estigmatización, y está presente en todos los ciclos, grandes o pequeños, y es la única que puede individualizarse y ser ella misma objeto de veneración (Giotto, *ca.* 1300, París, Louvre). Es así «porque este hombre nuevo Francisco resplandeció con un nuevo y estupendo milagro, apareció distinguido con un privilegio singular no concedido en tiempos pasados, es decir, fue condecorado con las sagradas llagas y su cuerpo, cuerpo de muerte, fue configurado al cuerpo del crucificado. Todo lo que sobre esto se diga quedará siempre por debajo de la alabanza que merece» (LM, milagr. 1, 1). Se representa a san Francisco en oración, arrodillado y con las manos extendidas, recibiendo los estigmas con rayos que parten del Cristoserafín. Las llagas son, pues, su atributo principal, pero milagro tan singular despertó enseguida los recelos y la incredulidad de muchos de sus contemporáneos, que, como Tomás, tuvieron que tocar para creer (LM 15, 4); e incluso el mismo papa Gregorio IX dudó del milagro antes de canonizar a san Francisco. No es de extrañar, por tanto, que en algunos lugares no le pintasen las llagas y que el papa Alejandro IV (1254-1261) saliera en su defensa castigando con la excomunión a los artistas que no las representasen. En la escena aparece con frecuencia el hermano León, pero en ninguna de las fuentes se menciona su presencia como testigo directo del milagro. Sí presenció la visión de la llama que se cuenta en las *Florecillas, Consideración III*, asunto que ha sido también representado (El Greco, *Visión de san Francisco, ca.* 1600-1605, Madrid, Museo Cerralbo), pero no la imposición de los estigmas. La justificación se encuentra en la *Bendición al hermano León* que el santo le dedicó en un pequeño pergamino. En la misma cara, refirió el hermano León en nota al margen el milagro de la estigmatización.

Junto a las representaciones de carácter narrativo se suelen incluir también las personificaciones de los tres votos de la Orden: caridad, castidad y pobreza. Taddeo di Bartolo pintó para la iglesia de San Francisco al Prato, en Perugia (1403, Perugia, Galería Nacional), al santo triunfante sobre los tres pecados contrapuestos: orgullo, avaricia y lujuria. Rodeado de una mandorla de serafines y enseñando los estigmas con las manos levantadas, resulta uno de los ejemplos más claros de representación de san Francisco como «alter Christus», aunque lo que podríamos denominar la iconografía de las conformidades se desarrollará plenamente durante el Barroco. Si en la Edad Media esta idea se presentaba al espectador enfrentando la vida de san Francisco con la de Cristo, el Barroco elimina lo episódico y lo narrativo para subrayar esencialmente los temas que le eran muy queridos a la plástica religiosa postridentina, es decir, el éxtasis, la penitencia, la meditación y el martirio.

El centro de la veneración franciscana sigue siendo la estigmatización de san Francisco, que se concibe como el momento culminante de su conformidad con Cristo, con su Pasión; pero ahora las imágenes de la Pasión se transfieren a la iconografía del santo para configurar el relato de su propia pasión. El ejemplo más notable de esta trasposición iconográfica es el lienzo de Filippo Paldini para iglesia de los Capuchinos de Messina (hoy en el Museo Nacional), que muestra al santo con los brazos en cruz y a unos ángeles clavándole manos y pies, mientras otro le infiere con una lanza la herida del costado. La fuente literaria para tan extraña imagen se encuentra en la misma biografía bonaventuriana: «Clavado ya en cuerpo y alma a la cruz juntamente con Cristo, Francisco no sólo ardía en amor seráfico a Dios, sino que también, a una con Cristo crucificado, estaba devorado por la sed...» (LM 14, 1). El episodio de la estigmatización, con una reinterpretación de la *Leyenda Maior*, se presenta ahora más como una visión interior del propio santo que como un episodio real o físico, pues fue «al desaparecer la visión» cuando dejó «en su corazón un ardor maravilloso, y no fue menos maravilloso la efigie de las señales que imprimió en su carne» (LM 13, 3). Así, Caravaggio (*San Francisco recibiendo los estigmas, ca.* 1595, Hartford, Connecticut, Wadsworth Atheneum), presenta la escena como una «agonía en el monte Alvernia», a semejanza de la tradicional agonía de Cristo en el Monte de los Olivos, con un ángel que desciende para confortarlo antes de aceptar su martirio. A partir de ahora, el tema frecuente de san Francisco confortado por ángeles (Moncalvo, Roma, Galería Spada), incluso el nuevo tema de san Francico confortado por un ángel músico un año antes de morir (Ribalta, *ca.* 1620, Madrid, Museo del Prado), sería el resultado de la misma trasposición iconográfica (Askew, 1969). El pasaje más claro del texto de san Buenaventura que justifica este fenómeno es el de la triple apertura del Evangelio inmediatamente ante de producirse el milagro de la estigmatización: «Y como [...] apareciera siempre la Pasión del Señor, comprendió el varón lleno de Dios que como había imitado a Cristo en las acciones de su vida, así también debía configurarse con Él en las aflicciones y dolores de la Pasión antes de pasar de este mundo» (LM 13, 2).

Otro tema frecuente durante el Barroco es san Francisco en meditación o adorando un crucifijo, acompañado de los atributos de los penitentes. Así, como a san Bernardo, también podemos ver a san Francisco abrazado al crucificado mientras renuncia al mundo pisando la bola que lo simboliza (Murillo, 1688, Sevilla, Museo de Bellas Artes; Ribalta, *ca.* 1620, Valencia, Museo de Bellas Artes). Es la plasmación plástica de la forma de vida franciscana expresada de esta manera por el mismo fundador: «El que quiera llegar a la cumbre de esta virtud debe renunciar no sólo a la prudencia del mundo, sino también, en cierto sentido, a la pericia de las letras, a fin de que, expropiado de tal posesión, pueda adentrarse en las obras del poder del Señor y entregarse desnudo en los brazos del Crucificado» (LM 7, 2).

Tres nuevos temas se representan también ahora con frecuencia (Mâle, 1985): *La visión de la redoma* (Ribera, Madrid, Museo del Prado; Valdés Leal, Sevilla, Museo de Bellas Artes), tomada de la *Historia seráfica* de Salvatore Vitale (Milán, 1645) y según la cual un ángel se le apareció llevando agua en una botella de vidrio para indicarle que así de perfecto debía ser quien aspirase al sacerdocio. En *La visión de san Francisco en la Porciúncula* (Murillo, 1670, Madrid, Museo del Prado), se le aparecieron Cristo y la Virgen en la iglesia de Santa María de los Ángeles después de haber sufrido la tentación del diablo. Para huir de ella se arrojó a un zarzal que milagrosamente se convirtió en un rosal, recogió doce rosas blancas y doce rojas, las llevó al papa y obtuvo, según lo prometido en la visión, la indulgencia plenaria para todos los fieles que rezasen en la Porciúncula el día de la liberación de San Pedro. En *San Francisco de Asís según la visión de Nicolás V* (Pedro de Mena, catedral de Toledo; Zurbarán, Museo Nacional de Arte de Cataluña) se representa al santo según fue descubierto por el papa en 1449 cuando bajó a visitar su tumba en Asís: con la capucha puesta, los ojos abiertos mirando hacia arriba y las manos enfundadas en el hábito.

Hay que citar por último dos importantes series grabadas sobre la vida de san Francisco. La *Vita di San Francesco* de Philip Galle publicada en Amberes en 1587 contiene catorce grabados que inspiraron los ciclos franciscanos de la Capilla Raimondi en Santa María della Vittoria, en Roma, así como algunos lienzos, como la *Muerte de san Francisco* de Passignano, en la catedral de Montecompatri (Roma). En 1594 Francisco Villamena publicaba en Roma la *Vita di San Francesco* ilustrada con 49 grabados. En esta serie se inspiraron los ciclos de Jacopo Ligozzi en el claustro de la iglesia de Ognissanti, en Florencia, y probablemente también el pintado por Nicolo Circignani en el claustro de San Pietro in Montorio.

BIBLIOGRAFÍA:

ASKEW, P., «The angelic consolation of St. Francis of Assisi in pos-tridentine italian painting», *Journal of the Warburg and Courtauld Institutes* 32 (1969), pp. 280-306.

CAMPAGNOLA, S., «Le prime "biografie" del santo», *Francesco d'Assisi. Storia e arte*, Milán, Electa, 1982, pp. 36-48.

CASTRO BRUNETTO, C. J., «Los grabados de la crónica capuchina del Padre Boverio o la reivindicación de una iconografía franciscana», *Cuadernos de Arte e Iconografía* VI, 11 (1993), pp. 382-385.

CATÁLOGO., *L'immagine di San Francesco nella Controriforma*, Roma, 1982.

FACCHINETTI, V., *San Francesco de Assisi nella storia, nella legenda, nell'arte*, Milán, 1926.

GUERRA, J. A., *San Francisco de Asís, escritos, biografía, documentos de la época*, Madrid, B.A.C., 1993.

SÁNCHEZ CANTÓN, F. J., *San Francisco de Asís en la escultura española*, Madrid, Real Academia de Bellas Artes de San Fernando, 1926.

SCARPELLINI, P., «Iconografia francescana nei secoli XIII e XIV», *Francesco d'Assisi. Storia e arte*, Milán, Electa, 1982, pp. 91-126.

SEBASTIÁN, S., «La serie iconográfica franciscana de San Pietro in Montorio», *Ars Longa* 5 (1994), pp. 9-19.

Murillo, *San Francisco abrazado al Crucificado,* 1688, Sevilla, Museo de Bellas Artes.

FRANCISCO DE BORJA
1510-1572. Jesuita.

Historia y tradición: Francisco de Borja era hijo de Juan de Borja, tercer duque de Gandía, y de Juana de Aragón, nieta del rey Fernando el Católico. Así pues, como noble, le estaba destinada una vida dedicada a la política en la corte imperial, por lo que su padre quiso dotarle de una sólida formación humanística, al tiempo que, siendo todavía un adolescente, lo envió a Tordesillas, al servicio de la infanta doña Catalina, hermana de Carlos V. Casada la infanta con el rey de Portugal, Juan III, volvió a Zaragoza, al palacio de su tío el arzobispo Juan de Aragón, donde terminó sus estudios de filosofía.

Con diecisiete años fue enviado de nuevo a la corte y allí, por indicación de la emperatriz Isabel, se casó con Leonor de Castro, una de sus damas de honor. El emperador le nombró marqués de Lombay y caballerizo mayor de la reina. En 1539 murió la emperatriz repentinamente en Toledo y Carlos V le encargó entonces a san Francisco que transportara el cadáver hasta Granada para sepultarlo en la Capilla Real. Cuando llegaron, destaparon el cuerpo para hacer la entrega y san Francisco de Borja quedó tan consternado al contemplar la degradación y el horroroso espectáculo que dejó la muerte en la bella mujer que había conocido, que exclamó: «No Señor, no Señor; nunca más servir a quien puede morir». Oyendo la oración fúnebre pronunciada por Juan de Ávila, decidió hacerse religioso si sobrevivía a la marquesa.

A su vuelta a la corte el emperador le nombró virrey de Cataluña y comendador de la Orden de Santiago, y, a la muerte de su padre, se convirtió en el cuarto duque de Gandía. En 1546 moría su esposa, doña Leonor de Castro, cuando él tenía 36 años, por lo que decidió cumplir el voto pronunciado años atrás en Granada, para lo cual eligió la Compañía de Jesús, fundada poco antes por san Ignacio de Loyola. Después de consultar con el propio Ignacio, se doctoró en teología en la Universidad de Gandía, dejó a su primogénito cargos y propiedades, y marchó a Roma hacia 1550 para encontrase con el santo de Loyola, recibiendo las órdenes sacerdotales al año siguiente; sin embargo, volvió inmediatamente a España huyendo de las intenciones de la Curia de hacerle cardenal. Aquí permaneció casi quince años más, durante los cuales todavía tuvo que aceptar los encargos que el emperador le encomendaba desde su retiro de Yuste.

En 1565 murió el padre Diego Laínez, sucesor de san Ignacio, y san Francisco de Borja fue elegido nuevo General de la Compañía, cargo que desempeñó, desde Roma, hasta su muerte, ocurrida en 1572. Fue enterrado inicialmente en Roma, pero en 1617 el duque de Lerma, nieto de san Francisco de Borja, hizo trasladar el cuerpo a la Casa Profesa de Madrid, hoy catedral de San Isidro. Fue beatificado en 1624 y canonizado en 1671.

Atributos: Calavera coronada.

Representaciones: La fisonomía de san Francisco de Borja se basa fundamentalmente en el retrato literario realizado por el padre Pedro de Ribadeneira en su *Vida del P. Francisco de Borja, que fue Duque de Gandía, y después Religioso y III Padre General de la Compañía de Jesús* (Madrid, 1592): era «de rostro largo y hermoso, blanco y colorado [...]. La frente ancha, la nariz algo larga y aguileña. Los ojos grandes, que tiraban a garzos; la boca pequeña y los labios colorados», a lo que hay que añadir una barba oscura y muy recortada. De cualquier manera, al igual que ocurriera con san Ignacio, los jesuitas que velaban su lecho de muerte le pidieron consentimiento para sacarle un retrato, pero san Francisco se negó; incluso, cuentan sus biógrafos, volvió el rostro para evitar que le retratase un pintor que habían introducido disimuladamente en la habitación.

San Francisco murió en la madrugada del 1 de octubre de 1572, y sacaron de su rostro una mascarilla mortuoria. Al día siguiente, en carta fechada el 2 de octubre, el hermano jesuita Melchor Marcos escribía a Carlos de Borja, duque de Gandía y primogénito del santo: «He procurado sacar el retrato de nuestro Padre antes que muriese, para que nos quede alguna consolación. Yo procuraré se envíe uno a Vuestra Ilustrísima». Para el padre Rafael Hornedo (1968) este retrato es el que todavía se conserva en la capilla del palacio ducal de Gandía, del que es posible que se hiciesen copias para las casas de la Compañía.

La iconografía más usual de san Francisco de Borja es la imagen devocional, de culto, acompañando siempre a otros ilustres santos jesuitas. En estas imágenes viste sotana y manteo, y lleva en una mano la calavera coronada de la emperatriz Isabel a la que contempla con rostro compungido. De esta forma le vemos en el lienzo de Alonso Cano (1624, Sevilla, Museo de Bellas Artes) y en la imagen de vestir de Martínez Montañés que fue policromada por Pacheco (1625, Sevilla, iglesia de la Anunciación). Este último llevaba en la mano derecha una custodia por la mucha devoción que tenía hacia la Eucaristía. Directamente inspirada en el lienzo de Alonso Cano está la talla que realizó el escultor de Estrasburgo Nicolás de Bussy para la iglesia de San Esteban de Murcia a finales del siglo XVII.

Más interés iconográfico tiene la escultura realizada por Pedro Duque Cornejo para la iglesia de San Luis de los Franceses de Sevilla; san Francisco apoya el pie derecho sobre la bola del mundo, en alusión a su propósito de abandonarlo, de dejar los bienes terrenales ante el espectáculo de la muerte, cuyo símbolo es la calavera de la emperatriz que lleva en la mano izquierda. Entre las escasas representaciones de carácter narrativo, la que se repite con mayor frecuencia es precisamente la visión del cadáver de la reina Isabel y la conversión que se opera en el entonces joven marqués de Lombay (José Moreno Carbonero, *La conversión del duque de Gandía*, 1883, Granada, Museo de Bellas Artes).

FRANCISCO DE PAULA
1416-1507. Fundador de la Orden de los Padres Mínimos.

HISTORIA Y TRADICIÓN: Nacido en Paola, Calabria, sus padres le pusieron de nombre Francisco porque invocaron al santo de Asís para poder tener un hijo. Al mes de su nacimiento, un absceso le cubrió el ojo izquierdo y de nuevo, temiendo que el niño perdiera la visión de ese ojo, invocaron la intercesión de san Francisco de Asís y el niño quedó curado. Cuando Francisco de Paula cumplió los doce años, vistió el hábito votivo franciscano durante un año en cumplimiento de la promesa hecha por su madre con motivo de su curación; de esta manera inició su preparación hacia la vida religiosa, que culminó con su ingreso entre los franciscanos en 1449. En 1452 dejó los frailes menores para fundar la Orden de los Mínimos, cuya Regla sería aprobada en 1474; en ella, a los tres votos tradicionales de pobreza, obediencia y castidad, añadían un cuarto de cuaresma perpetua. En este sentido se cuenta que, para confirmar a sus religiosos en la observancia de la vida cuaresmal, sostuvo entre sus manos unas brasas encendidas y les dijo: «Todo es posible para el que ama a Dios».

Su aspecto externo era tan desaliñado y descuidado que, en una ocasión que quería pasar a Sicilia para predicar, el barquero que debía transportarle se negó a hacerlo dudando de que pudiera pagarle el pasaje, y tuvo que pasar el estrecho de Mesina sobre su propio manto. Tantos eran los milagros y las curaciones que realizaba san Francisco de Paula, que en 1482 el rey Luis XI de Francia le llamó a Plessis-les-Tours para que le prolongara la vida, pero el santo sólo pudo asistirle para que muriese piadosamente. Los sucesores de Luis, Carlos VIII y Luis XII, tuvieron siempre al santo en tan gran estima que incluso sostenía a los príncipes durante el bautizo y se le consultaban asuntos importantes de gobierno. Cuando murió en 1507, con noventa y un años, su cuerpo fue depositado en el convento de los mínimos de Plessis, pero fue destruido por la furia iconoclasta de los hugonotes el 13 de abril de 1562. San Francisco de Paula fue canonizado en 1519 por el papa León X.

ATRIBUTOS: Vara larga y el emblema de la Orden, así como la palabra CHARITAS inscrita en un disco flamígero que, según la tradición, le bajaron del cielo unos ángeles.

REPRESENTACIONES: La representación más usual de san Francisco de Paula nos lo muestra ya anciano, con abundante barba, vistiendo el hábito franciscano, la capucha puesta sobre la cabeza y agarrando la vara con las dos manos o señalando el emblema de la Orden (Juan de Juanes, Valencia, iglesia de San Miguel y San Sebastián; Murillo, Madrid, Museo del Prado). Derivan estas representaciones del retrato realizado por Jean Bourdichon, pintor de la corte de Luis XII, obtenido a partir de la mascarilla mortuoria. Se sabe que Bourdichon hizo tres retratos: dos se encontraban en el convento de Plessis, uno en la iglesia y otro en el altar situado sobre su tumba, y el tercero fue enviado a León X con motivo de la canonización del santo. La última noticia acerca de este retrato lo situaba en la cámara de Clemente XI en el Palacio del Quirinal.

Del retrato del Vaticano derivan las numerosas copias y estampas que durante los siglos XVI y XVII se veneraban como *vera effigies*. Una de estas copias se conserva en el convento de la Trinidad del Monte, en Roma, conjunto edificado por orden del rey de Francia Carlos VIII y cedido como sede a los frailes mínimos. Aquí se conserva también el ciclo pictórico más importante y más extenso sobre la vida de san Francisco de Paula, con 36 episodios pintados al fresco en los lunetos del claustro grande en dos fases: la primera comenzó en 1586 con la participación, entre otros, de Cristoforo Roncalli, il Pomarancic; la segunda se inició en 1622 bajo la dirección del pintor lorenés Charles Mellin. Otro importante ciclo compuesto de 18 episodios se conserva en el claustro del convento de San Andrea della Fratte, también en Roma.

En estos ciclos se resalta la actividad de san Francisco de Paula como taumaturgo y como defensor de la fe y de la caridad, instrumentos indispensables para la salvación de la comunidad cristiana. Así, se le ve bendiciendo a los ejércitos cristianos, intercediendo para conseguir la victoria de Carlos VIII contra los bretones, animando a Fernando de Aragón en su lucha contra los musulmanes, o denunciando el régimen opresivo del rey Ferrante de Nápoles al romper una moneda de la que mana sangre y decirle: «Esa sangre es de los pobres». Este último asunto, frecuente en la iconografía de san Francisco de Paula, fue pintado también por José de Cieza para la iglesia dedicada al santo en Madrid. También es frecuente verle durante el paso milagroso del estrecho de Mesina (Antonio Tempesta, Galería de las Cartas Geográficas, Museos Vaticanos) y realizando alguno de los muchos milagros que se le atribuyen, como en el lienzo de Sebastiano Ricci, *San Francisco de Paula resucitando un niño* (Venecia, iglesia de San Rocco); o los diez realizados por diferentes artistas en el siglo XVIII para la iglesia de San Francisco de Paola, también en Venecia.

En cuanto a las vidas grabadas, hay que citar la *Vita e miracoli dei gloriosissimo Padre S. Francesco di Paola*, de Giovanni Orlandi (Nápoles, 1627), *Les figures et l'abregé de la vie, de la morte et des miracles de Saint Françoise de Paule*, del religioso mínimo Françoise Antoine Dondé (París, 1671), con 80 episodios inscritos en formato oval, y la *Vita e miracoli del glorioso patriarca S. Francesco di Paola* de Giovanni Abbiate Forieri (Milán, 1710), de factura y composición parecidas al anterior.

BIBLIOGRAFÍA:
BARBIERI, G., CORDARO, M., SCARPINO, S., *Francesco di Paola, Santo d'Europa. Vita, opere e testimonianze iconografiche*, Cosenza, 1982.

FRANCISCO JAVIER
1506-1552. Jesuita. Apóstol de las Indias.

HISTORIA Y TRADICIÓN: Nació en el castillo de Javier, en Navarra. En 1525 fue enviado a estudiar a París obteniendo el grado de maestro cinco años más tarde; es entonces cuando entra en contacto con san Ignacio de Loyola. Junto a él y a otros compañeros pronuncia los votos en la iglesia de Montmartre el 15 de agosto de 1534, prometiendo imitar la vida de Jesucristo y peregrinar a Tierra Santa, y con este fin marchan a Venecia en 1537, pero la peregrinación es imposible debido a la guerra contra los turcos. Deciden entonces practicar las obras de misericordia que han prometido, y a san Francisco Javier le toca asistir a los enfermos en el Hospital de los Incurables, donde siente repugnancia de lo que ve, pero, decidido a vencerla y a no tenerla nunca más, se inclinó ante un enfermo y le sorbió la pus de una llaga. En Venecia recibió las órdenes sacerdotales junto a sus compañeros, y se dirigieron a Roma para ponerse a disposición del papa.

El papa Pablo III aprobó la formación de la Compañía de Jesús en 1540, y entonces comenzó la predicación de los jesuitas en Italia. La eficacia de esta nueva Orden llegó a oídos del rey de Portugal, Juan III, y solicitó del papa dos de sus miembros para enviarlos a las Indias en misión apostólica. A tal efecto fue designado Francisco Javier, que estaba tan ilusionado con la misión que soñó varias veces que llevaba un indio a cuestas, símbolo de los trabajos que le esperaban en aquellas tierras. En abril de 1541 inició el viaje hacia la India y en 1542 llegó al puerto de Goa. Con Goa como centro de operaciones, recorrió el sur de la India y las islas de Indonesia; intervino en la política local de los reyes de la zona y consiguió miles de conversiones.

Oyó hablar del Japón y quiso viajar hasta allí para continuar su misión evangelizadora. Se encontraba de nuevo en Goa preparando el viaje cuando, paseando por el colegio de San Pablo, se sintió tan lleno de gozo que exclamó: «"¡Basta ya, Señor, basta ya!", abriendo su sotana delante del pecho para dar un poco de aire a las llamas que abrasaban su corazón». En 1549 llegó a Japón, donde permaneció dos años fundando iglesias en el sur del país. Según la tradición, como no conocía estas tierras y para huir del peligro de los malhechores, se puso al servicio de un japonés que se dirigía a caballo a Meaco (Mikayo), y llevó corriendo parte del equipaje para no quedar retrasado.

En 1552, recién nombrado por san Ignacio Superior Provincial de la India Oriental, preparó un viaje a China, pero encontró la oposición del gobernador de Malaca. Entonces decidió hacerlo oculto y consiguió llegar hasta Sacián, una isla cercana a Cantón, pero allí enfermó y murió prácticamente solo. Su cuerpo se guarda en el colegio de San Pablo en Goa, salvo un brazo que se venera en Il Gesú, en Roma. Como san Ignacio, san Francisco Javier fue canonizado por Gregorio XV en 1622. En la bula de canonización se relatan algunos milagros ocurridos durante las travesías por mar, como el convertir el agua salada en dulce durante su malogrado viaje a China, o el más importante por haber quedado reflejado en su iconografía, cuando, para aplacar una tempestad, sumergió un crucifijo en el agua y lo perdió. Sin embargo, cuando llegaron a la costa y paseaba apesadumbrado por la pérdida, «un cangrejo salió de repente del mar y se paró a sus pies, llevándolo elevado con sus pinzas».

ATRIBUTOS: Crucifijo, báculo crucífero de misionero, cangrejo.

REPRESENTACIONES: Aunque no conservamos de san Francisco Javier ninguna *vera effigies*, su fisonomía se basa en la descripción que hiciera de él Manuel Teixeira: tenía «los ojos negros; la frente, larga; el cabello y barba negros [...]; iba casi siempre con los ojos puestos en el cielo, con cuya vista dicen que hallaba particular consuelo y alegría» (*Vida del Bienaventurado Padre Francisco Xavier*, 1580). Con esta misma actitud grabó Teodoro Galle una estampa de san Francisco Javier antes incluso de su beatificación de 1619. En la parte superior se encuentra la conocida frase javeriana SAT EST DOMINE SAT EST, es decir, «basta ya, Señor, basta ya». Idéntica actitud tiene en el retrato que abre una serie de 18 grabados realizados por Valérian Regnard poco después de su canonización, inspirándose en los cuadros que decoraban Il Gesú de Roma compuestos para tal ocasión. Otros grabados posteriores reproducen la misma tipología, lo que hace pensar en un modelo común hoy perdido, quizá la «vera efigie» que conservaba en su casa de Gandía san Francisco de Borja (Ferrari, 1954).

De 1619 son los 20 lienzos que ilustran su vida instalados en la iglesia de San Roque de Lisboa. Fueron pintados por André Reinoso y su taller, incidiendo especialmente en la época del apostolado del santo navarro en las Indias Orientales. Según Antonio Ponz, en la Casa Profesa de los jesuitas en Madrid, el antiguo Colegio Imperial, «en el claustro inferior del inmediato colegio está representada al óleo la vida de san Francisco Javier, que pintó en Nápoles Pablo de Matéis». El mismo Ponz advierte del peligro que corrían estas pinturas debido al abandono y decadencia en que se encontraba el edificio tras la expulsión de los jesuitas; estos lienzos andan hoy dispersos y muchos en paradero desconocido.

Uno de ellos, el que ilustra el episodio del cangrejo devolviéndole el crucifijo, ha sido localizado por María Teresa Terrón Reynolds (1994) en la iglesia de San Francisco Javier en Cáceres.

Las imágenes devocionales del santo son mucho más frecuentes, pudiendo ser representado bien en su faceta de peregrino, bien en la de evangelizador. Como peregrino lleva bordón, esclavina, venera y sombrero colgado a la espalda (Zurbarán [atrib.], Madrid, Museo Romántico); y como evangelizador viste sotana, sobrepelliz y estola. En las manos lleva normalmente un crucifijo y, en ocasiones, también el báculo crucífero propio de los misioneros, o un libro, en alusión a las obras que compuso en Goa para enseñar el Evangelio en aquellas tierras: el *Modo de rezar y salvar el alma* y la *Oración*, compuestos hacia 1548. Como evangelizador lo pintó Palomino (Madrid, Real Congregación de San Fermín de los Navarros) y lo tallaron Gregorio Fernández (Valladolid, iglesia de San Miguel) y Luis Salvador Carmona, en una bella imagen para la iglesia de San Fermín de Madrid que fue destruida en 1936. Suya también, aunque de menor calidad, es la imagen que se conserva en La Granja, en la iglesia de Nuestra Señora del Rosario. Pedro de Mena lo representa en la sillería del coro de la catedral de Málaga abriéndose la sotana para airear su corazón encendido por el amor divino, según una imagen bastante usual en su iconografía (Murillo, *San Francisco Javier en éxtasis*, Wadsworth Atheneum, Hartford, Conneticut).

En la pintura de tema, la representación más frecuente es la de san Francisco Javier bautizando a los indios, a menudo mientras levita, según se mencionaba en la bula de canonización (Herrera el Viejo, *Éxtasis de san Francisco Javier*, Sevilla, Universidad). Como taumaturgo, especialmente resucitando muertos, lo vemos en los lienzos de Poussin (*El milagro de san Francisco Javier*, 1640-1642, París, Museo del Louvre) y de Rubens (*Milagros de san Francisco Javier*, 1616-1618, Viena, Kunsthistorisches Museum), en el que también aparecen los falsos dioses hechos pedazos. Su muerte también se representa con frecuencia (Carlo Maratta 1674-1648, Roma, Il Gesú; Andreu Sala, 1687, catedral de Barcelona).

Rubens, *Milagros de san Francisco Javier,* 1616-1618, Viena, Kunsthistorisches Museum.

BIBLIOGRAFÍA:

ESCALADA, F., *Álbum histórico-artístico de San Francisco Javier*, Madrid, 1922.

GARCÍA GUTIÉRREZ, F., *San Francisco Javier en el arte de España y Japón*, Sevilla, Guadalquivir, 1998.

ITURRIAGA ELORZA, J., «Hechos prodigiosos atribuidos a San Francisco Javier en unos grabados del siglo XVII», *Príncipe de Viana* 203 (1994), pp. 467-511.

LAFUENTE FERRARI, E., *Retratos de San Francisco Javier*, Edición de las Obras Misionales Pontificias, 1954.

SERRAO, V., «Quadros de Vida de S. Francisco Xavier», *Oceanos* 12 (1992), pp. 56-69.

FROILÁN
832-905. Obispo.

HISTORIA Y TRADICIÓN: San Froilán, patrón de León, nació en una localidad cercana a Lugo, ciudad de la que también es patrón. Aunque recibió una educación esmerada, con dieciocho años se sintió atraído por la vida eremítica y por la predicación, y, como no se decidía por ninguna de las dos formas de vida, decidió someterse a la voluntad de Dios: cogió unas brasas encendidas y se las metió en la boca; al no quemarse, interpretó que debía seguir el camino de la vida apostólica. Así pues, se marchó de la casa de sus padres y, mientras se preparaba para la predicación en un lugar solitario, dos palomas, una blanca y otra roja, se introdujeron en su boca, y como una de ellas le causaba ardor y la otra alivio, supo que las palomas simbolizaban los dones del Espíritu Santo.

Estuvo un tiempo predicando, pero como seguía atrayéndole la vida eremítica decidió retirarse a un monte llamado Curcurrino, quizá Córcores, provincia de Orense, o Curueño, en León. Con él iba san Atilano, a quien san Froilán había aceptado como discípulo. Juan Diácono, que escribió la vida de san Froilán en el siglo X, no ubica los lugares que nombra, por lo que su situación actual todavía está sometida a discusión. Hacia el año 877 decidieron dejar las montañas y bajar hasta Viseo, en Portugal, recientemente reconquistada por Alfonso III el Magno, y allí fundó un monasterio que alcanzó tanta prosperidad y fama que el mismo rey le hizo llamar a la corte de Oviedo para encomendarle la fundación de nuevos monasterios, esta vez en tierras zamoranas. San Froilán fundó así el monasterio de Távara, famoso por haber vivido en él el pintor de *Beatos*.

En junio del año 900 san Froilán fue ordenado obispo de León, al tiempo que san Atilano lo era de Zamora. Ocupó el cargo hasta el día de su muerte, ocurrida según la tradición un 5 de octubre del año 905. Sus restos fueron sepultados en León, pero, para protegerlos de las incursiones de Almanzor, se trasladaron a un lugar llamado Valdecésar, la actual Valdorria, a finales del siglo X. De aquí pasaron al monasterio zamorano de Moreruela y de nuevo a León ya a finales del siglo XII.

ATRIBUTOS: Salvo los propios de su dignidad episcopal, es decir, capa mitra y báculo, no tiene atributos especiales.

REPRESENTACIONES: Las más importantes se encuentran en Lugo, lugar donde nació (Francisco de Moure, *San Froilán*, 1615-1620, Lugo, catedral), y en la catedral de León, sede de sus reliquias. Aquí le vemos en el parteluz de la fachada sur, y en el tímpano de una puerta colateral se ha representado el traslado de sus reliquias desde Moreruela. La serie más importante la constituye, sin embargo, el retablo que Nicolás Francés realizara en el siglo XV para el altar mayor, en cuyas tablas se narraban las historias de la Virgen, de Santiago, de san Alvito (tres escenas) y de San Froilán (cuatro escenas), pero fue desmontado en el siglo XVIII para colocar otro barroco y la mayoría se han perdido. En el montaje actual sólo vemos tres escenas referidas a la vida de san Froilán: el milagro de las brasas y el de las palomas, el encuentro con el rey Alfonso, y su consagración como obispo de León. En todos viste el santo la cogulla negra de los benedictinos, por lo que habría que suponer que recibió su primera educación en algún monasterio de la Orden.

BIBLIOGRAFÍA:
CANAL SÁNCHEZ-PAGÍN, J. M., «San Froilán obispo de León. Ensayo biográfico», *Hispania Sacra* 45 (1993), pp. 113-146.

FRUTOS
642-715. Ermitaño.

HISTORIA Y TRADICIÓN: Nacido en el seno de una rica familia de Segovia, de donde es patrón, cuando murieron sus padres decidió conjuntamente con sus hermanos, san Valentín y santa Engracia, vender sus bienes y propiedades para repartirlos entre los pobres y retirarse después a un lugar solitario para hacer vida eremítica. Se internaron los tres en la hoz del río Duratón y decidieron asentarse en aquel lugar. Santa Engracia eligió un sitio en la parte baja, san Valentín se construyó también su propia ermita en un lugar algo más elevado, y san Frutos subió a lo más alto de la montaña. Cuando los musulmanes invadieron la Península, los cristianos de la zona se refugiaron junto a san Frutos confiando en la aspereza del lugar, pero los musulmanes encontraron la forma de llegar hasta ellos y, cuando ya los amenazaban con sus armas, cerca del espolón que asoma a la hoz del Duratón, san Frutos dibujó con su cayado una línea en el suelo y al punto la tierra se abrió dejando a cristianos y musulmanes separados por un enorme precipicio. El lugar se conoce hoy como la «Cuchillada de San Frutos», donde un puente del siglo XVIII une de nuevo ambas partes.

Ya convivía con los musulmanes cuando oyó blasfemar a uno negando la Eucaristía, incluso afirmando que un asno se comería la Sagrada Forma si se la ofreciesen escondida entre la cebada. Para refutarle, san Frutos realizó la prueba y el asno se arrodilló ante la hostia consagrada. Cuando murió, a la edad de setenta y tres años, sus hermanos le enterraron en la misma ermita en la que había vivido, mientras que san Valentín y santa Engracia se retiraron a otra cerca de Caballar y allí fueron decapitados por los moros. Sus cabezas se conservan en el mismo lugar, pero sus cuerpos se trasladaron al Duratón, junto a san Frutos. En el siglo XI Alfonso VI de Castilla cedió el lugar a los monjes de Silos, quienes construyeron la iglesia y el monasterio actual. Las reliquias de los tres hermanos fueron llevadas a Segovia y depositadas en la antigua catedral de Santa María, pero el edificio quedó maltrecho por la guerra de las Comunidades en el siglo XVI y se decidió construir uno nuevo para albergarlas.

ATRIBUTOS: Cayado, libro.

REPRESENTACIONES: San Frutos suele aparecer como un anciano barbado y vestido como los ermitaños y anacoretas. Es evidente que su presencia es especialmente importante en la diócesis de Segovia, particularmente en su catedral. Su imagen preside la entrada del crucero por el lado norte (Felipe de Aragón, 1611) y está también junto a sus hermanos en el altar mayor, todas tallas barrocas de Adeba Pacheco. El resto de su iconografía se reduce a dos momentos importantes: el milagro de la cuchillada y el del asno arrodillado ante la hostia consagrada.

BIBLIOGRAFÍA:
CORÓN DE LAS HERAS, M. T., «San Frutos, patrón de la diócesis de Segovia, en la catedral», *Cuadernos de Arte e Iconografía* IV, 7 (1991), pp. 244-249.

GABRIEL ARCÁNGEL

HISTORIA Y TRADICIÓN: San Gabriel es uno de los tres arcángeles que se mencionan en la Biblia, junto a san Rafael y san Miguel. En el Antiguo Testamento es el ángel que se le aparece a Daniel para interpretarle la visión del carnero y el macho cabrío (Dn 8) y la profecía de las setenta semanas (Dn 9); la tradición asegura que la descripción que hace Daniel en la visión del hombre vestido de lino se refiere al mismo arcángel san Gabriel (Dn 10, 5-6). En el Nuevo Testamento es el encargado de anunciar a Zacarías el nacimiento de san Juan Bautista (Lc 1, 5-22) y quien se presenta ante la Virgen María para anunciarle el nacimiento de Jesús (Lc 1, 26-38).

Atributos: El ángel lleva el cetro en calidad de mensajero o el lirio como símbolo de pureza. A veces también sirve para identificarle una filacteria con las primeras palabras que le dirige a María: AVE GRATIA PLENA DOMINUS TECUM.

Simone Martini, *Anunciación,* 1333, Florencia, Uffizi.

Representaciones: Aunque le vemos junto a Zacarías en los ciclos dedicados a san Juan Bautista (Ghirlandaio, *Aparición del ángel a Zacarías,* Florencia, Santa María Novella, Capilla Tornabuoni), el episodio de la Anunciación a María es tan importante para el cristianismo que ni la tradición ni el arte le han encargado ningún otro asunto. En la Edad Media la escena se representa fielmente al texto y a la tradición, que cuenta que la Virgen se encuentra en su casa, leyendo sobre un atril a la luz de una vela las palabras del profeta Isaías: «He aquí que una doncella está encinta y va a dar a luz un hijo» (Is 7, 14); entonces es sorprendida por el ángel que, arrodillado frente a ella, le dice: «Alégrate, llena de Gracia, el Señor está contigo» (Fra Angélico, Madrid, Museo del Prado). A veces la Virgen muestra su sorpresa con las palmas abiertas, y otras se protege con el manto (Simone Martini, 1333, Florencia, Galería de los Ufizzi), pues, dice el evangelista, «ella se conturbó por estas palabras». Pero se decía que la Virgen no se asustó ni se alarmó por la visión del ángel, sino por el extraño contenido de sus palabras; y por eso critica Francisco Pacheco que Tiziano (Venecia, iglesia de San Salvador) represente a la Virgen haciendo «melindre de quererse cubrir con la toca».

En Pacheco encontramos la mejor descripción del tratamiento que el Barroco hace de la Anunciación, de la Anunciación triunfal en palabras de Mâle: «Ha de estar la santísima Señora de rodillas, que es lo más probable, con una manera de bufete y a un lado un candil de mesa [...]; el ángel no ha de venir cayendo o volando, y descubiertas las piernas, como hacen algunos, ha de estar vestido decentemente, con ambas rodillas en tierra con gran respeto y reverencia delante de su Reina y Señora [...]. En lo alto se suele pintar una gloria con el Padre Eterno y muchos serafines y ángeles y el Espíritu Santo en forma de paloma, echando de sí rayos resplandecientes de luz». De conocerla, Pacheco hubiera calificado de falta de decoro la *Anunciación* que Tintoretto pintó para la sala inferior de la Scuola Grande di San Rocco. San Gabriel, con los brazos desnudos, irrumpe desde el aire en la estancia donde se encuentra la Virgen acompañado de una multitud de angelitos. Junto a María, el tradicional atril con el libro (que está sobre sus rodillas) ha sido sustituido por una rueca y otros instrumentos de hilar. Sigue el Tintoretto la tradición de los apócrifos, que aseguraban que María estaba hilando la púrpura para el Templo cuando recibió la visita del ángel, como se lee en el *Protoevangelio de Santiago*.

BIBLIOGRAFÍA:

VAN DIJK, A., «The Angelic Salutation in Early Byzantine and Medieval Annunciation Imagery», *Art Bulletin* 81, 3 (1999), pp. 420-436.

GENARO
S. IV. Obispo y mártir.

HISTORIA Y TRADICIÓN: San Genaro, o Jenaro, era obispo de Benevento cuando se desencadenó la persecución de Diocleciano.

Junto a sus discípulos, Festo y Desiderio, se dirigió a Pozzuoli para dar aliento a los cristianos y entonces fue detenido. Le arrojaron a un horno, pero salió ileso de él; y cuando le expusieron a los leones en el anfiteatro, también éstos le respetaron. Finalmente murió decapitado.

Los cristianos recogieron muestras de su sangre y las guardaron en dos ampollas de cristal que hoy se veneran en la catedral de Nápoles, de donde es el patrón principal. Los fieles asisten al milagro de la licuefacción de la sangre el 19 de septiembre, festividad del santo. Su cuerpo fue enterrado en Pozzuoli, pero en el siglo v fue trasladado a las catacumbas de Nápoles. En el ix se llevaron sus reliquias a Benevento y en el xv, en 1497, se depositaron definitivamente en Nápoles. A su patronazgo y protección se debe el fin de la peste de 1526 y que la erupción del Vesubio de 1631 no afectase a la ciudad.

ATRIBUTOS: Dos ampollas o frasquitos con su sangre sobre un libro o encerradas en una custodia.

REPRESENTACIONES: Se le representa joven e imberbe, vestido de obispo, con el báculo y la mitra normalmente portada por ángeles. La primera imagen conocida de san Genaro, fechada hacia el siglo v, se encuentra en un fresco de las catacumbas de Nápoles: está representado entre dos orantes y con la inscripción SANCTO MARTYRI IANUARIO. Pero la verdadera eclosión de su iconografía se da durante el Barroco: le vemos con frecuencia ascendiendo a los cielos (Ribera, *San Genaro en Gloria*, ca. 1636, Salamanca, iglesia de las Agustinas de Monterrey; Andrea Vaccaro, *Apoteosis de san Genaro*, Madrid, Museo del Prado) o protegiendo a la ciudad de Nápoles, cuya bahía aparece siempre en la parte inferior de la composición (Lucas Jordán, *San Genaro libera a Nápoles de la peste*, 1660, Nápoles, iglesia de Santa María del Pianto; Onofrio Palumbo y Didier Barra, ca. 1652, *San Genaro intercede por Nápoles*, Nápoles, Archicofradía de la Trinità dei Pellegrini). En algunos casos el Vesubio llameante hace más explícito el patronazgo que san Genaro ejerce sobre la ciudad (Lucas Jordán, *San Genaro en Gloria*, ca. 1677-1680, catedral de Valladolid).

También se ha representado su martirio. Artemisa Gentileschi ilustró la escena de la exposición a los leones en el anfiteatro de Pozzuoli, en la que vemos cómo uno se acerca a lamerle los pies (1636, Nápoles, Museo Nacional de San Martino), y Mauricio Santafede nos muestra a un sayón que le ata las manos antes de su decapitación (Osuna, Patronato de Arte). El ciclo más importante se encuentra en la Capilla del Tesoro de la catedral de Nápoles. Los seis cuadros que decoran los altares laterales se encargaron a Domenichino, pero tras su muerte el trabajo fue concluido por Stanzione (*Curación de la endemoniada*, 1641) y por Ribera (*San Genaro saliendo ileso del horno*, 1646). Probablemente la fuente de inspiración sea la *Vita di San Gianuario vescovo di Benevento e principali progettore di Napoli* (Nápoles, 1579).

GIL
S. VIII. Ermitaño y benedictino.

HISTORIA Y TRADICIÓN: Según la *Leyenda Dorada*, san Gil nació en Atenas, pero, para huir de la fama que producían sus milagros, se embarcó hacia Arlés en un barco que él mismo había salvado de un naufragio con sus oraciones. En Arlés convivió durante un tiempo con el obispo Cesáreo y después con el ermitaño Veredonio en un desierto cercano. Como su fama no le abandonaba, decidió buscar un lugar todavía más apartado e inhóspito, y se internó en un bosque, quedándose a vivir en una cueva frecuentada por una cierva que le suministraba leche para vivir.

Un día los hijos del rey salieron de caza por el lugar y, viendo a la cierva, la siguieron hasta la cueva; el animal, asustado, fue a refugiarse entre los brazos de san Gil, quien resultó herido en una mano por una flecha que iba destinada a la cierva. Cuando los cazadores entraron en la cueva, se sorprendieron por la presencia de san Gil, y el mismo rey, que había acudido al lugar, aceptó sufragar la construcción de un monasterio en compensación por su herida. Siendo abad de este monasterio, el rey Carlos, Carlos Martel (o Carlomagno), acudió a él atraído por su fama de santidad, y le pidió que rezase por él para conseguir el perdón de un pecado tan grave que ni siquiera se atrevía a confesárselo. Mientras rezaba ante el altar, un ángel puso delante del santo una cédula en la que estaba escrito el pecado y en la que además se decía que quedaría perdonado si el rey estaba realmente arrepentido y prometía no volver a cometerlo; realizado el acto de contrición, el pecado quedó perdonado y la culpa desapareció del papel. La popularidad de san Gil durante la Edad Media se debe, pues, a ser el único santo que dispensaba de la confesión.

ATRIBUTOS: Cierva herida y flecha, normalmente clavada en su mano.

REPRESENTACIONES: San Gil viste la cogulla negra de los benedictinos y, como abad de un monasterio, lleva el báculo y el libro de la Regla. En la tabla de Jacomart, *Santiago y san Gil* (*ca.* 1440, Valencia, Museo de Bellas Artes) le reconocemos también porque a sus pies descansa la cierva y lleva en la mano la flecha que le hirió. Las escenas más representadas son la presentación del rey ante el santo, que se encuentra herido y protegiendo a la cierva, y la imposición de manos a Carlos Martel para perdonarle su pecado. Otras veces el ángel se aparece a san Gil durante la celebración de la misa (Maestro de San Gil, *San Gil y la cierva*, y la *Misa de san Gil*, Londres, National Gallery).

El hecho de que la intercesión de san Gil lograse la absolución de cualquier pecado sin necesidad de confesión, uno de los sacramentos más ensalzados por la Contrarreforma, fue la causa de su decadencia después del Concilio de Trento; Molano, sin embargo, sale en su defensa insistiendo en que fue por los méritos de san Gil que el rey Carlos consiguió el perdón y que, de cualquier forma, tenía el firme propósito de confesarse. La historia del santo según la relata Santiago de la Vorágine se halla labrada en las arquivoltas de una de las portadas laterales de la catedral de Chartres, y también en una de las portadas de la catedral de Vitoria. En el tímpano, en tres registros, se han representado hasta ocho escenas, pero falta una de las más populares, la misa de san Gil.

BIBLIOGRAFÍA:
HINKLE, W. M., «The iconography of the four panels by the Master of Saint Giles», *Journal of the Warburg and Courtauld Institutes* 28 (1965), pp. 110-144.
LUCÍA LAHOZ, M., «La portada de San Gil en la catedral de Vitoria», *Cuadernos de Arte e Iconografía* V, 10 (1992), pp. 235-248.

GREGORIO MAGNO
540-604. Papa y Padre de la Iglesia latina.

HISTORIA Y TRADICIÓN: San Gregorio nació en Roma. De familia patricia, en el 574 el emperador Justino II le nombra prefecto de la ciudad, pero al año siguiente toma el hábito benedictino, y unos años más tarde el papa Pelagio le nombra nuncio en Constantinopla, ciudad en la que estuvo seis años. De vuelta en Roma, el Tíber se desborda y provoca una oleada de peste, entre cuyas víctimas se encuentra el propio papa. San Gregorio es elegido nuevo pontífice por aclamación popular, pero el mismo día en que ha de ser consagrado, huye de la ciudad a escondidas y se refugia en una cueva durante tres días; aun así, en todo momento una columna de luz que desciende del cielo le sigue a todas partes, y es localizado por sus perseguidores y llevado de nuevo a Roma. El 3 de septiembre del año 590, reinando el emperador Mauricio, san Gregorio es consagrado como nuevo papa en la Ciudad Eterna y, vestido de pontifical, encabeza una procesión por las calles de la ciudad pidiendo a Dios que cese la peste; llegando a la altura del mausoleo de Adriano ve cómo un ángel, san Miguel, envaina su espada ensangrentada poniendo así fin a la epidemia.

Entre sus obras destacan los *Diálogos* y los *Comentarios al Libro de Job*, conocidos también como *Los Morales*; es artífice de importantes reformas en la liturgia y en el canto que desde entonces lleva su nombre; y a él se debe también la evangelización de Inglaterra, por lo que se le considera el Apóstol de Gran Bretaña. Después del Concilio de Trento se le consideró patrón de las cofradías dedicadas a aliviar los sufrimientos de las almas del Purgatorio; este patronazgo se basa en dos historias en las que el santo logró rescatar de la condena eterna a dos difuntos gracias a sus oraciones: uno de ellos es el emperador Trajano, salvado por haber sido un juez magnánimo y justo. El otro es un monje que, rompiendo el voto de pobreza, había retenido para sí tres monedas de oro, por lo cual san Gregorio lo excomulgó, y, cuando murió, se le negó la sepultura en sagrado; arrepentido, san Gregorio ordenó rezar por él durante treinta días y, al final, el difunto se le apareció para decirle que ya había sido rescatado de las penas del Purgatorio.

ATRIBUTOS: Como Padre de la Iglesia lleva pluma, libro y maqueta de iglesia. Pero el atributo que mejor le identifica es una paloma blanca volando cerca de su oído derecho, cuyo origen está en sus *Homilías a Ezequiel*: cuando confiesa que, si en un principio no entiende al profeta, lo entiende de repente cuando se halla ante sus fieles, porque «lo que os enseño lo aprendo entre vosotros. Os lo confesaré, hijos míos: la mayor parte de las veces oigo en mis oídos lo que os digo, en el mismo momento en que os lo digo [...], cuando lo entiendo es por el don de Dios, que me viene por medio de vosotros». Además, según testimonio de un diácono llamado Pedro, amigo y secretario del santo, cuando escribía vio muchas veces «al Espíritu Santo en forma de paloma situado sobre su cabeza, sugiriéndole lo que debía decir».

REPRESENTACIONES: San Gregorio viste hábitos pontificales, con tiara de tres coronas y cruz de triple travesaño. Se le representa normalmente imberbe, pero el arte postridentino lo prefiere barbado, y así, por ejemplo, en el fresco de Pinturicchio de Santa María del Popolo, en Roma, lo vemos con el rostro rasurado y la paloma suspendida sobre su oído derecho; sin embargo, Rubens (*Virgen con santos*, 1607, Grenoble, Museo de Pintura y Escultura) lo pinta sensiblemente más maduro y con barba. Siguiendo el testimonio de Pedro Diácono, ahora la paloma vuela sobre su cabeza.

Maestro I. A. M., s. XV, *Misa de san Gregorio,* París, Biblioteca Nacional.

Es frecuente la representación de san Gregorio en compañía de los otros tres Padres de la Iglesia (Antonio Vivarini, *Virgen entronizada con los santos Gregorio, Jerónimo, Ambrosio y Agustín*, 1446, Venecia, Galería de la Academia; Zurbarán, *Apotecsis de santo Tomás de Aquino*, 1631, Sevilla, Museo de Bellas Artes). La escena en la que le encontramos con más frecuencia es la conocida con el nombre de *Misa de san Gregorio*, cuya leyenda no sería anterior al siglo XIV, pues en la *Leyenda Dorada* nc se menciona. Aunque en la misma sí se cuenta la historia de una mujer que no creía que el pan que ella misma regalaba al santo, y que éste utilizaba en la misa, fuese el Cuerpo de Cristo; pero san Gregorio rezó ante el altar, y el pan consagrado que había sido objeto de burla por parte de la mujer «se había convertido y transformado en un trozo de carne del tamaño de un dedo».

La historia de la mujer incrédula aparece representada ya en una miniatura del siglo XII que se conserva en el Art Institute de Chicago, quizá perteneciente a una *Vida de san Gregorio* perdida, ilustrada en la abadía de Weingarten. La ilustración coincide con la llegada al monasterio de una reliquia de la Sangre de Cristo y con la polémica acerca de la presencia real o no de Cristo en la hostia consagrada, asunto que no quedará dogmáticamente resuelto hasta el IV Concilio de Letrán de 1215, en el que se formula el principio de la Transubstanciación. La *Misa de san Gregorio* queda así vinculada a la defensa del milagro eucarístico.

En el siglo XVII Andrea Sacchi pinta el *Milagro de san Gregorio*, en el que muestra a otro fiel incrédulo el paño sangrante que ha utilizado para limpiar el cáliz (Roma, Pinacoteca Vaticara). Pero la leyenda, que se hizo popular en el siglo XV y que se representará con profusión, cuenta que, estando san Gregorio en Roma, en la iglesia de la Santa Cruz en Jerusalén, mientras oficiaba la misa un Viernes Santo, uno de los asistentes dudó de la presencia de Cristo en la hostia consagrada; entonces se arrodilló el papa en oración ante el altar y se apareció Jesús rodeado de todos los instrumentos de la Pasión y mostrando sus heridas sangrantes, llenando con la del costado el cáliz que estaba sobre la mesa.

El papa hizo pintar la imagen de Jesús tal como la había visto, y se concedieron indulgencias a quien rezase delante de ella. Iconográficamente, esta misa de san Gregorio combina la representación del Varón de Dolores, la versión occidentalizada de la *Imago Pietatis* bizantina que presenta a Jesús de medio cuerpo, en el interior del sepulcro y con la cabeza inclinada y los ojos cerrados, con las *Arma Christi*, los instrumentos y los personajes relacionados con la Pasión reducidos a símbolos y expuestos a la contemplación de los fieles: la cruz, los clavos, las tenazas, el martillo, la columna, los azotes, la esponja de Stefanos, la bolsa de Judas, el gallo de la negación de Pedro, las escaleras del descendimiento, la cabeza de Judas, los dados de los soldados que se sortearon sus vestiduras, la lanza de Longinos, etc. Vemos la escena en una de las tablas del *Retablo del arzobispo don Sancho de Rojas* (Madrid, Museo del Prado), en la conocida xilografía de Durero de 1511 o en el magnífico relieve de la iglesia parroquial de Pisón de Castrejón, en Palencia.

Aunque el tema de la misa de san Gregorio como símbolo de la defensa del milagro de la Transubstanciación llegó a desaparecer, el arte postridentino siguió representando al papa Gregorio Magno rezando ante Jesucristo, pero ahora como defensa de la existencia del Purgatorio y en su calidad de protector de las asociaciones dedicadas al consuelo de los difuntos que esperaban su entrada definitiva en la Gloria en esta estación intermedia que negaban los protestantes (Vicente Salvador Gómez, *La Sangre del redentor y las almas*, Valencia, Museo de Bellas Artes). También se ha representado la procesión hacia el Castel Sant'Angelo, pero integrada en los ciclos dedicados al arcángel san Miguel (véase más abajo); y, con bastante menos frecuencia, la huida de san Gregorio en su intento de rechazar el pontificado (Francisco Pacheco, Madrid, colección particular).

BIBLIOGRAFÍA:

BASSEGODA I HUGAS, B., «San Gregorio Magno en meditación, por Francisco Pacheco», *D'art* 17-18 (1992), pp. 245-252.

CORTI, P., «La procesión de San Gregorio en la pintura española del siglo XV», *Cuadernos de Historia de España* 71 (1989), pp. 111-130.

GARCÍA MAHÍQUES, R., «La iconografía emblemática de la Sangre de Cristo», *Boletín del Museo e Instituto «Camón Aznar»* 68 (1997), pp. 63-106.

HEINLEN, M., «An Early Image of a Mass of St. Gregory and Devotion to the Holy Blood at Weingarten Abbey», *Gesta* 37 (1998), pp. 55-62.

IBÁÑEZ GARCÍA, M. A., «La misa de San Gregorio, aclaraciones sobre un tema iconográfico. Un ejemplo en Pisón de Castrejón, Palencia», *Norba-Arte* 11 (1991), pp. 7-17.

HERMENEGILDO
585. Mártir.

HISTORIA Y TRADICIÓN: San Hermenegildo era hijo del rey visigodo Leovigildo. Su padre le había asociado al trono y le había enviado como regente a la Bética; al parecer, entre las motivaciones del rey estaba el alejar de la corte a Ingunda, esposa de Hermenegildo y católica, y de los malos tratos de que era víctima por parte de Gosvinta, la propia mujer de Leovigildo y arriana como el resto de los godos. Al poco tiempo de instalarse en Sevilla, Hermenegildo se convirtió al catolicismo por influencia de su esposa y del arzobispo san Leandro. Después de recabar los apoyos que creía necesarios entre la Iglesia y la aristocracia local, en el 579 inició una rebelión contra su padre que terminó en un rotundo fracaso, ya que Leovigildo sitió y tomó Sevilla, y ordenó el encarcelamiento de su hijo.

Aunque no hay acuerdo sobre el lugar en el que murió, la tradición sevillana mantiene que fue encerrado en una de las torres de la muralla árabe de la ciudad, y allí el encargado de su custodia lo mató golpeándole con un hacha en medio de la cabeza. Otras fuentes (Juan de Biclaro, *Chronica*, 590) aseguran que Hermenegildo fue detenido en Córdoba, enviado al exilio en Valencia y posteriormente trasladado a Tarragona, donde murió asesinado por Sisberto, el godo que lo vigilaba. Fue considerado mártir por san Gregorio Magno, amigo de san Leandro, que narró su muerte en los *Diálogos*; pero su culto no se extendió al resto de España hasta 1586 por autorización del papa Sixto V.

Herrera el Mozo, *El triunfo de san Hermenegildo,* 1654, Madrid, Museo del Prado.

ATRIBUTOS: Corona, cetro, cadenas o grilletes, hacha y una cruz (Pedro Roldán, *San Hermenegildo*, 1674, Sevilla, parroquia de San Ildefonso).

REPRESENTACIONES: La iconografía de san Hermenegildo se inicia en el siglo XVI debido al impulso de Felipe II, interesado en vincular su imagen a la del primer rey católico de España; como muestra de esta devoción se hizo llevar para su colección de reliquias de El Escorial la cabeza de san Hermenegildo, que se conservaba en el monasterio de Sijena, Huesca. En 1638 Herrera el Viejo pintaba para el colegio de jesuitas sevillanos su *Apoteosis de san Hermenegildo*, en la que aparece el santo mártir con san Leandro y san Isidoro sometiendo a Leovigildo y a Recaredo (Sevilla, Museo de Bellas Artes). Alzándose sobre el anciano rey arriano le vemos también en *El triunfo de san Hermenegildo*, de Francisco de Herrera el Mozo (1654, Madrid, Prado), pintado para el convento de Carmelitas Descalzas de Madrid. La muerte del santo ha sido representada por Alonso Vázquez (1602, Sevilla, Museo de Bellas Artes).

BIBLIOGRAFÍA:
CORNEJO, F. J., «Felipe II, San Hermenegildo y la imagen de la "Sacra Monarquía"», *Boletín del Museo del Prado* 28, 36 (2000), pp. 25-37.
GARZÓN BLANCO, A., «La *Tragedia de San Hermenegildo* en el teatro y en el arte», *Estudios sobre literatura y arte. Dedicados al profesor Emilio Orozco Díaz*, vol. II, Granada, 1979, pp. 91-109.

HUGO DE LINCOLN
1135-1200. Cartujo y obispo.

HISTORIA Y TRADICIÓN: Llamado así porque promovió la construcción de la catedral de Lincoln, san Hugo nació en realidad en Avalon, Francia. Hacia 1151 tomó los hábitos de la cartuja de manos del VIII Padre General, don Basilio de Borgoña. Elevado al cargo de procurador de la Orden cuando sólo tenía dieciocho años, en 1175 fue llamado a Inglaterra por Enrique II para que se hiciese cargo de la cartuja de Withman, y en 1188 fue promovido al obispado de Lincoln. El mismo día en que se le hizo la propuesta, se fue a rezar y se le acercó un cisne, que desde ese momento simbolizaría las cualidades que el santo demostraría como obispo, especialmente la elegancia y el silencio. Fue canonizado en 1216 por el papa Honorio III.

ATRIBUTOS: Cisne a su lado y cáliz con el Niño Jesús dentro como símbolo de su amor al Santo Sacramento.

REPRESENTACIONES: Se reducen prácticamente a los programas iconográficos de la Orden de la Cartuja, por lo que, aunque puede aparecer con los atributos episcopales, es más frecuente verlo con el hábito blanco propio de la Orden. Zurbarán lo incluyó junto a otros santos cartujos en la Cartuja de la Defensión de Jerez de la Frontera (*ca.* 1637-1639, Cádiz, Museo Provincial de Bellas Artes). Para la Cartuja del Paular, Vicente Carducho pintó la *Aparición del padre Basilio de Borgoña a san Hugo de Lincoln* (1632, Madrid, Museo del Prado) para librarle de una tentación, y la *Aparición de un coro de ángeles a san Hugo de Lincoln*, ocurrida delante del altar cuando rezaba el día que fue propuesto para el obispado (1632, catedral de Córdoba).

IGNACIO DE LOYOLA
1491-1556. Fundador de la Compañía de Jesús.

HISTORIA Y TRADICIÓN: Nacido en el seno de una noble y rica familia guipuzcoana, en 1517 se puso al servicio de don Antonio Manrique de Lara, duque de Nájera y virrey de Navarra, recientemente incorporada al reino de Castilla por los Reyes Católicos. En 1521 los franceses sitiaron y tomaron Pamplona, a excepción de la fortaleza, e Ignacio, que se encontraba en ella, se opuso a cualquier acuerdo que llevara a la rendición y animó a sus defensores a seguir combatiendo. Sin embargo, el castillo cayó e Ignacio fue malherido en una pierna por una bala de artillería. Cortésmente, los franceses le trasladaron para su recuperación a su casa de Loyola, pero su salud empeoró hasta el punto de que, una noche, los médicos no le daban más que unas pocas horas de vida; aun así, a la mañana siguiente se comprobó que Ignacio había experimentado una notable mejoría. Se atribuye esta milagrosa curación a la intervención de san Pedro, a quien Ignacio había profesado siempre una especial devoción.

Recobrada la salud y el ánimo, pidió para entretenerse libros de caballerías, pero sólo había a su disposición vidas de Cristo y de los santos, probablemente la *Leyenda Dorada* de Santiago de la Vorágine. Comienza aquí su conversión, pues, junto a los pensamientos de gloria y fama que todavía albergaba el joven Ignacio, siente también fervientes deseos de imitar la vida de los santos, como dice en su *Autobiografía*, «le parecía hallar en sí facilidad de ponerlas en obra». Su renuncia a su vida pasada fue total cuando, una noche que no podía dormir, se le apareció la Virgen con el Niño Jesús en brazos. Esta visión purificó su corazón «y le abrasó tanto en el fuego del divino amor, que se le oía exclamar continuamente: "Señor, no os pido otra gracia que amaros, ni otro premio que amaros más"», recibiendo así el don de la castidad.

Ya completamente restablecido, a finales de febrero de 1522 se dirige a Barcelona con el firme propósito de embarcar hacia Jerusalén. De camino a Montserrat se encontró con un moro y discutieron acerca de la virginidad de María, pero san Ignacio no pudo deshacer las erróneas convicciones del sarraceno y pensó que había hecho mal en discutir tales cosas con un infiel; por ello le entraron ganas de ir tras él y darle de puñaladas, pero el moro se había adelantado por un camino distinto al que él llevaba. Decidió dejar libre a su montura de forma que, si iba por el camino del moro, le buscaría para matarlo, y si continuaba por el camino real en dirección a Montserrat, lo dejaría estar. Puesta en marcha la ordalía, quiso Dios conducir la mula de san Ignacio por el camino real.

Se detuvo en Montserrat, donde veló las armas toda la noche ante el altar de la Virgen, «adonde tenía determinado dejar sus vestidos y vestirse las armas de Cristo»; al día siguiente dio sus ropas a un pobre y se vistió de peregrino. Antes de llegar a Barcelona se desvió hacia Manresa, donde quería estar unos días en un hospital, pero su estancia allí duró once meses e hizo vida de penitencia en una gruta del lugar, dejándose crecer el pelo y las uñas de los pies y de las manos. Fruto de esta penitencia son los *Ejercicios Espirituales* que san Ignacio comienza a redactar.

En marzo de 1523 sale del puerto de Barcelona y desembarca en Italia, que está sufriendo una oleada de peste, por lo que Ignacio se encuentra las ciudades cerradas, obligado a dormir donde caía la noche, exhausto y hambriento. Sin embargo, a menudo recibió el consuelo de Cristo, y por su mediación, sin preocuparse por hacerse con una cédula de sanidad, fue admitido en Padua y en Venecia, donde dormía en la plaza de San Marcos hasta que un rico español se apiadó de él y lo acogió en su casa. En septiembre llega a Jerusalén y se dedica a visitar los santos lugares, pero los franciscanos le instan a marchar cuanto antes debido al peligro que corren los peregrinos cristianos en Tierra Santa. Sin hacer caso a las advertencias, se dirige solo al Monte de los Olivos porque quiere ver las huellas que Jesús dejó impresas en la roca después de su Ascensión, lo que provoca el enfado de los franciscanos, que envían a un monje para llevárselo por la fuerza.

Después de un accidentado viaje de regreso, en el que incluso fue tomado por espía por las tropas imperiales de Carlos V, llega a Barcelona a principios de 1524, donde asiste a clases de gramática, y dos años más tarde marcha a Alcalá a estudiar artes. Su indumentaria y su predicación provocan los recelos de las autoridades universitarias, que llegan incluso a encarcelarle. Lo mismo le sucede en Salamanca, donde pasó 22 días de cárcel en el convento de San Esteban. Allí recibió la visita de don Francisco de Mendoza, el que fuera elegido cardenal en 1545, e Ignacio le dijo que «no hay tantos grillos ni cadenas en Salamanca, que yo no desee más por amor de Dios».

Continuó sus estudios en París desde 1528 hasta 1535, fecha en la que obtuvo el grado de doctor. Compaginando sus estudios con la misión apostólica entre los estudiantes, se atrajo un reducido número de seguidores, entre los que estaba san Francisco Javier. Pero también se atrajo las iras del rector, Diego de Gobea, que amenazó con darle una «sala», es decir, con azotarle púbicamente. La lectura de sus *Ejercicios Espirituales* le convenció de lo sincero de su fe y, según la tradición, el mismo rector se disculpó en la sala donde se tendría que hacer la ejecución. El 15 de agosto de 1534, en la iglesia de Montmartre, san Ignacio y sus compañeros pronunciaron votos de pobreza, de castidad y de seguir e imitar el ejemplo de Jesucristo; también prometieron peregrinar a Jerusalén y, si no era posible hacerlo en un plazo determinado, se pondrían a disposición del papa.

San Ignacio sabía que un compañero de estudios era asiduo de una casa de citas y, no pudiendo detenerle con sus ruegos, decidió esperarle cerca del puente sobre el Sena por el que solía pasar. Cuando lo vio llegar, san Ignacio se sumergió en las aguas heladas del rio gritándole que de allí no se movería hasta que no reconsiderase su comportamiento, cosa que consiguió, pues el estudiante, arrepentido, volvió sobre sus pasos.

En 1537 es ordenado sacerdote junto con el resto de sus compañeros, y como el viaje a Tierra Santa era imposible por la guerra entre Venecia y los turcos, decidieron cumplir la segunda parte del voto. Como muchos le preguntaban quiénes eran, «san Ignacio les dijo que, habiéndose juntado para declarar la guerra a los herejes y a la disolución de las costumbres bajo la bandera de Jesucristo, no convenía a su compañía otro nombre que el de "Compañía de Jesús"». San Ignacio se dirigió a Roma con otros dos compañeros, pero se detuvo a rezar en el camino, en un lugar llamado La Storta, en un templo desierto. Estando en oración «vio como Dios Padre, volviéndose a su unigénito hijo que traía la cruz a cuestas, con grandísimo y entrañable amor le encomendaba a él y a sus compañeros, y los entregaba en su poderosa diestra para que en ella tuviesen todo su patrocinio y amparo. Y habiéndolos el benignísimo Jesús acogido, se volvió a Ignacio, así como estaba, con la cruz a cuestas, y con un blando y amoroso semblante le dice: *Ego vobis Romae propitius ero*. Yo os seré en Roma propicio y favorable».

El papa Pablo III aprueba verbalmente la formación de la Compañía de Jesús, que ha añadido a los tres votos tradicionales uno especial de obediencia al pontífice. La aprobación oficial de la Compañía se retrasará hasta septiembre de 1540 con la entrega a san Ignacio de la bula de confirmación, y san Francisco Javier marchó inmediatamente hacia la India en misión apostólica, no sin antes depositar su voto para la elección de General de la Orden, que evidentemente recayó en san Ignacio, elegido por unanimidad en 1541. A partir de entonces se ocupó de la redacción del *Diario espiritual* y de las *Constituciones* de la Orden, finalizadas éstas en 1550.

En este mismo año se inician también las recaídas del santo, enfermando con bastante frecuencia hasta el mismo día de su muerte, ocurrida el 31 de julio de 1556. La noche anterior, sintiéndose morir, san Ignacio envía al padre Polanco al papa para pedirle las bendiciones, pero éste, siguiendo el parecer de los médicos, cree que se trata sólo de una recaída más y retrasa el encargo para el día siguiente. Al amanecer lo encuentran ya agonizante, muriendo al poco, con 65 años de edad. Fue beatificado por Pablo V en 1609 y canonizado por Gregorio XV en 1622.

ATRIBUTOS: Viste normalmente sotana negra y manteo, en las manos lleva un ostensorio con el IHS, y como fundador lleva maqueta de iglesia y libro. También lleva un corazón flamígero, en alusión a la intensidad de su amor por Dios. Era frecuente el juego de palabras entre su nombre IGNATIUS, e IGNIS, fuego. Suele también acompañarse del lema de la Compañía: AD MAIOREM DEI GLORIAM, «A mayor gloria de Dios».

REPRESENTACIONES: Podríamos considerar al padre Pedro de Ribadeneira como el verdadero impulsor de la iconografía ignaciana. En primer lugar, porque se debe a su mano la biografía oficial del santo jesuita publicada en 1572, que le fue encargada por san Francisco de Borja en 1566, entonces prepósito general de la Orden, prohibiendo además que se propagase el texto conocido como *Autobiografía*, que no es sino la transcripción del relato de su vida que el propio san Ignacio hiciera al padre Luis Gonçalves da Cámara poco antes de morir. Esta prohibición ha mantenido inédita la *Autobiografía* hasta comienzos de este siglo, siendo, por tanto, la *Vida del Bienaventurado Padre San Ignacio de Loyola* de Ribadeneira la única fuente para fijar su iconografía.

A. Bloemaert, *Aparición de Cristo a san Ignacio,* 1671, Madrid, Biblicteca Nacional.

Además consta que, una vez muerto san Ignacio, se sacó de su rostro una mascarilla de cera y que se le hicieron retratos, pues en vida nunca lo consintió. El primero se debe a Jacopino del Conte (1510-1598), discípulo de Andrea del Sarto, retrato que a su vez habría servido de modelo para las efigies del santo pintadas por Rubens, Carracci, Pozzo y el Baciccia. Como a Ribadeneira, que había tratado y conocido a san Ignacio, le disgustaba este retrato, se trajo a Madrid en 1574 un vaciado de la mascarilla obtenido en Roma y le encargó a Alonso Sánchez Coello la realización del retrato que más se ajustaba a sus recuerdos, llegando incluso a supervisar durante varias horas diarias el trabajo del artista (Hornedo, 1956).

En palabras del propio Ribadeneira, san Ignacio «fue de estatura mediana, o, por mejor decir, algo pequeña, tenía el rostro autorizado, la frente, ancha y sin arrugas; los ojos hundidos, y encogidos los párpados por las muchas lágrimas que derramaba; las orejas medianas; la nariz, alta y combada; el color, vivo y templado, con la calva de muy venerable aspecto; el semblante del rostro, alegremente grave […]. Los retratos que andan suyos son sacados después de él muerto, entre los cuales el más propio es el que Alonso Sánchez, retratador excelente del Rey don Felipe segundo hizo en Madrid, año de 1585, estando yo presente, y supliendo lo que el santo muerto no podía decir». Del retrato de Coello, que no se conserva, se hicieron hasta 16 copias, lo que supone una buena prueba del dominio que ejerció en la iconografía ignaciana en España. Francisco Pacheco, que se valió de un vaciado de yeso para una pintura suya de san Ignacio para el colegio de San Hermenegildo de Sevilla, no oculta su deuda con Coello cuando dice que «lo colorido se le añade por el que pintó Alonso Sánchez, con que no se puede en ninguna manera errar».

Ribadeneira no sólo contribuyó en la fijación de la fisonomía de san Ignacio, sino que encargó la primera serie narrativa de su vida, antes incluso de ser beatificado, encargo que recibió Juan de Mesa para el Colegio Imperial de Madrid. Entre 1585 y 1600 debió concluir la serie compuesta por 16 escenas, perdidas a raíz de la expulsión de los jesuitas de España en 1767. La importancia de esta serie radica en que sirvió como modelo para una serie grabada, la *Vita Beati Patris Ignatii Loyolae,* compuesta por 14 estampas, publicada en Amberes en 1610 por la oficina de Baltasar Moretus con motivo de su beatificación, corriendo los grabados a cargo de Cornelio y Teodoro Galle, Adrián Collaert y Carlos de Mallery. Cada grabado está compuesto por una escena central y otras dos complementarias alusivas a un pasaje completo de la vida de san Ignacio.

Otra serie importante se grabó en Roma en 1609 por Jean Baptiste Barbé inspirándose en dibujos de Rubens. La serie está compuesta por 80 grabados, por lo que no hay un solo pasaje de la vida de san Ignacio que no haya tenido su representación. Estas dos series de grabados, la de Amberes y la de Roma, serán las fuentes de inspiración para los principales ciclos pictóricos tanto de Europa como del Nuevo Mundo. Así, el pintado por Vicente Salvador Gómez, discípulo de Espinosa, en la Casa Profesa de Valencia sigue fielmente la serie de Amberes (de 14 originales se han identificado 7; García Mahíques, 1996), mientras que el pintado por Sebastiano Conca, que se conserva en la Universidad Pontificia de Salamanca, el de Cristóbal de Villalpando para el Noviciado de San Francisco Javier de Tepozotlán (México) y los 23 tondos del santuario de Loyola, se inspiran en la serie romana de Barbé-Rubens (Rodríguez G. de Ceballos, 1971, 1994; Cendoya Echániz, Montero Estebas, 1993).

En este rápido repaso a las series no podemos dejar de citar la que pintó Atanasio Bocanegra entre 1663 y 1676 para el retablo de la iglesia de San Pablo de Granada, hoy de los Santos Justo y Pastor, compuesta de ocho lienzos que se conservan *in situ,* y la que realizó Valdés Leal para la Casa Profesa de Sevilla entre 1660 y 1664. En el Museo de Bellas Artes se conservan 12 cuadros, pero otros tres más se perdieron a raíz del expolio napoleónico durante la Guerra de Independencia.

La mayoría de estas series arrancan con la convalecencia de san Ignacio en Loyola y la aparición de san Pedro y, aunque siguen con el curso de los acontecimientos que hemos relatado más arriba, las escenas más importantes son el trance y las visiones ocurridas en Manresa, la visión de La Storta, la entrega de la bula de confirmación de la Compañía por el papa Pablo III, la redacción de las *Constituciones*, la despedida de san Francisco Javier y la muerte de san Ignacio. Otro episodio importante, no transmitido por la biografía de Ribadeneira pero fuertemente arraigado en la tradición, es el encuentro entre san Ignacio de Loyola y san Felipe Neri en las calles de Roma; pero el asunto no tiene otro fundamento que el haber sido ambos santos contemporáneos y haber sido canonizados al mismo tiempo.

También es frecuente representar a san Ignacio en la Gloria (A. Pozzo, 1691-1694, Roma, iglesia de San Ignacio; Ribera, 1643, Nápoles, Museo de Capodimonte) y oficiando misa con ornamentos sacerdotales, como en el conocido cuadro que Rubens pintó para los jesuitas de Amberes (1617, Viena, Kunsthistorisches Museum), uniendo la misa a un exorcismo practicado por el santo de Loyola, hecho que tampoco es narrado por Ribadeneira, pero que se repite con cierta frecuencia en su iconografía (Valdés Leal, 1660-1664, Sevilla, Museo de Bellas Artes).

Como no podía ser de otro modo, las imágenes devocionales del santo más importante de la Contrarreforma son muy numerosas, de manera que sólo citaremos las dos que se convirtieron en verdaderos modelos para la escultura ignaciana en España. En 1610, un año después de la beatificación del santo, Juan Martínez Montañés hizo una imagen de vestir (sólo cabeza y manos) para la Casa Profesa de Sevilla que se conserva en la actual iglesia de la Anunciación; según Pacheco, esta imagen «se aventaja a cuantas imágenes se han hecho deste glorioso Santo, porque parece realmente vivo». En sus mejillas quedan las huellas de las lágrimas que derramaba de continuo, según la descripción anterior de Ribadeneira. Esta imagen de san Ignacio será imitada por buena parte de la escuela de imaginería andaluza (García Gutiérrez, 1991).

Si Montañés es imitado en Andalucía, el maestro Gregorio Fernández lo es en Castilla. La primera escultura documentada la realizó en 1613 para la iglesia de los jesuitas de Valladolid, llamada de San Ignacio y hoy iglesia de San Miguel. Es posible que Gregorio Fernández se valiese de algunos de los vaciados del rostro del santo que circulaban por España. El artista lo completó acentuando el abombado de las sienes y ampliando la superficie craneal, y, al contrario que en el modelo de Montañés, no le añadió la barba y el bigote característicos. Los atributos con los que se le identifica son los arriba reseñados: el IHS flamígero, la maqueta de iglesia, en ocasiones sobre el libro de las *Constituciones*, y el corazón llameante, frecuente en la región vallisoletana, de donde quizá se exportó a otros lugares (Hornedo, 1956).

BIBLIOGRAFÍA:

CENDOYA ECHÁNIZ, I. y MONTERO ESTEBAS, P. M., «La influencia de la "Vita beati patris Ignatii..." grabada por Barbé en los ciclos iconográficos de San Ignacio», *Cuadernos de Arte e Iconografía* IV, 11 (1993), pp. 386-395.

GARCÍA GUTIÉRREZ, F., «San Ignacio de Loyola en la pintura y escultura de Andalucía», *Boletín de Bellas Artes* 19 (1991), pp. 49-84.

GARCÍA MAHÍQUES, R., «Jerónimo Jacinto de Espinosa y la iconografía de San Ignacio de Loyola en la Casa Profesa de Valencia», *Archivo Español de Arte* 271 (1995), pp. 271-283.

—, «Vicente Salvador Gómez y la iconografía de San Ignacio de Loyola en la Casa Profesa de Valencia», *Boletín del Museo e Instituto «Camón Aznar»* 63 (1996), pp. 57-78.

HORNEDO, R., «Tallas ignacianas de Gregorio Fernández y sus imitadores», *Razón y Fe* 153 (1956), pp. 305-330.

—, «La "Vera effigie" de San Ignacio», *Razón y Fe* 154 (1956), pp. 203-224.

RODRÍGUEZ G. DE CEBALLOS, A., «Aportación a la iconografía de San Ignacio», *Goya* 102 (1971), pp. 388-392.

—, «El ciclo de la vida de San Ignacio de Loyola pintado por Cristóbal de Villalpando en Tepozotlán. Precisiones iconográficas», *Ars Longa* 5 (1994), pp. 53-60.

RUBENS-BARBÉ, *Vida de San Ignacio de Loyola en imágenes*, estudio de Antonio Navas Gutiérrez, Universidad de Granada, 1992.

TACCHI VENTURI, S. *Ignazio di Loiola nell' arte dei secoli XVII e XVIII*, Roma, 1929.

ILDEFONSO
606-667. Arzobispo.

HISTORIA Y TRADICIÓN: Nació en Toledo, ciudad que lo tiene por patrón, en una familia noble visigoda. Su tío era Eugenio III, arzobispo de dicha ciudad, a quien encomendaron los padres de san Ildefonso la primera educación de su hijo. A los 10 años le enviaron a Sevilla para estudiar con san Isidoro, donde permaneció doce años, y al regresar a Toledo ingresó en el monasterio benedictino de Agali en contra de la voluntad de su padre, que incluso intentó sacarlo de allí a la fuerza. Fue ordenado diácono en el 632, y posteriormente elegido abad del monasterio sucediendo al anterior, llamado Adeodato; como abad del monasterio agaliense asistió a los concilios VIII y IX que se celebraron en Toledo en los años 653 y 655. Sucedió a su tío en la silla pontifical de Toledo quizás hacia el año 659, y desempeñó su cargo nueve años aproximadamente, hasta la fecha de su muerte, ocurrida un 23 de enero del año 667 ó 668.

Éstos son los datos fundamentales de la vida de san Ildefonso que pueden extraerse de su primera biografía, el *Elogium*, que san Julián añadió al *De Viris Illustribus*, obra del propio Ildefonso, continuadora de la que escribiera su maestro san Isidoro de Sevilla. Sin embargo, todas la hagiografías posteriores toman como fuente principal la *Vita Sancti Ildefonsi* escrita por Cixila, un obispo mozárabe que habría ocupado la sede metropolitana de Toledo a mediados del siglo VIII. Se narran aquí los dos milagros más importantes ocurridos en vida de san Ildefonso y los únicos recogidos en su iconografía: la aparición de santa Leocadia y la imposición de la casulla.

San Ildefonso iba con el rey Recesvinto y con todo el pueblo en procesión a la iglesia de Santa Leocadia, patrona de Toledo, a celebrar la fiesta, cuando, postrados en oración, vieron el sepulcro abierto y a santa Leocadia incorporada que, apartando el velo de su rostro, le dijo a san Ildefonso: «Ildefonso, por ti vive mi Señora». Antes de que santa Leocadia volviese a su sepulcro, y para que quedara memoria del milagro, empezó san Ildefonso a pedir a gritos que le prestasen algo con que cortar parte de su velo; pero era tal el alboroto producido por el milagro, que sólo el rey Recesvinto, que se encontraba a su lado, alcanzó a prestarle su propia daga. El cuchillo y el velo se guardaron inicialmente en la iglesia de Santa Leocadia, pero más tarde se trasladaron al sagrario de la propia catedral.

El segundo milagro, el de la imposición de la casulla, tiene relación con éste, pues tradicionalmente se interpretaban las palabras de santa Leocadia en agradecimiento por defender en sus escritos la virginidad de María. Así lo recoge Francisco de Pisa en su *Descripción de la imperial ciudad de Toledo y su historia* (Toledo, 1605): «Se halla escrito en buenos autores, cuando la santa virgen Leocadia dijo aquellas palabras [...] por las cuales parece que daba gracias, y alababa a san Ildefonso por haber vuelto por la honra de la sacratísima Virgen madre de Dios, defendiendo su perpetua virginidad contra los herejes». Efectivamente, su obra *De virginitate perpetuae beatae sanctae Mariae* alcanzó gran difusión en la Edad Media y fue de nuevo la base doctrinal durante los siglos XVI y XVII para refutar las opiniones de los reformados, que negaban la virginidad de María así como su inmaculada concepción y su posterior asunción a los cielos. Así pues, en el día de la Encarnación el santo, acompañado del clero, se dirigía a decir misa, pero cuando llegaron a la iglesia la encontraron abierta y con un resplandor tan grande que nadie se atrevió a entrar, salvo san Ildefonso, que encontró a la Virgen sentada en la silla arzobispal rodeada de ángeles. El santo se arrodilló y la Virgen le dijo: «Porque tú, Ildefonso, guardando virginidad con limpieza de corazón y ardor de la fe, defendiste la mía, serás hoy honrado con un don del tesoro celestial de mi Hijo, y por mi mano te adornaré de esta gloriosa vestidura para que uses de ella en mis festividades», y le impuso la casulla.

San Ildefonso fue enterrado en la iglesia de Santa Leocadia, pero tras la invasión árabe fue llevado a Zamora y depositado en la iglesia de San Pedro. Con el tiempo, se perdió la memoria del lugar exacto en que se encontraba. Entonces llegó un pastor venido de Toledo señalando el lugar y diciendo que había sido el propio santo quien le había conducido hasta allí. Nadie dio crédito a sus palabras hasta que más tarde, haciendo obras en la iglesia, apareció una tumba en el lugar señalado por el pastor. Recompuestos los trozos de la lápida se podía leer: «Patris Ildephonsi Archiprasulis Toletani», restableciéndose entonces su culto.

Murillo, *Imposición de la casulla a san Ildefonso,* 1660, Madrid, Museo del Prado.

ATRIBUTOS: Casulla, libro y, excepcionalmente, cuchillo y velo, en alusión a la aparición de santa Leocadia (Bigarny, *San Ildefonso*, 1539-1543, Toledo, catedral, sillería alta).

REPRESENTACIONES: Se representa casi siempre a san Ildefonso maduro e imberbe, ataviado con sus atributos arzobispales cuando aparece de forma aislada o en compañía de otros santos (El Greco, 1610-1614, El Escorial). Normalmente aparece con un libro, abierto o cerrado, excepción hecha del lienzo de El Greco (1603-1605, Illescas, Hospital de la Caridad) que muestra a san Ildefonso escribiendo, inspirándose ante una estatua de la Virgen. Probablemente el ciclo narrativo más extenso sobre su vida se encuentre en un frontal de piedra descubierto en 1989 en la iglesia de San Ildefonso de Zamora; éste, fechado hacia el último tercio del siglo XIII, presenta 15 escenas distribuidas en dos registros superpuestos a ambos lados del propio san Ildefonso, cuya imagen ocupa todo el espacio central. Otro ciclo importante lo tenemos en un manuscrito, también del siglo XIII, que se conserva en la Biblioteca Nacional y que ilustra la *Vida de san Ildefonso* con 14 miniaturas, como en el caso anterior, desde su ingreso en el monasterio de Agali hasta su entierro.

Dejando al margen estos ciclos, la iconografía de san Ildefonso la forman fundamentalmente dos escenas, la aparición de santa Leocadia y la imposición de la casulla. Más infrecuente es que aparezcan otras escenas, como el hallazgo de sus restos y los milagros obrados por sus reliquias en Zamora (Fernando Gallego, *Retablo de San Ildefonso*, s. XIV, catedral de Zamora), o predicando su doctrina (Felipe Bigarny, 1524-1527, *Retablo de San Ildefonso*, en la Capilla de la Descensión de la catedral de Toledo). La escena de la imposición de la casulla es sin duda alguna la más importante y la más representada; los ejemplos son innumerables, multiplicándose especialmente en los siglos XVI y XVII. El cabildo de Toledo adoptó la imagen como escudo y, como afirma López Torrijos (1988), apenas hay un artista español que no haya abordado alguna vez el tema. Su representación responde a un modelo básico: la Virgen está sentada en la cátedra arzobispal rodeada de un coro de ángeles y se dispone a colocar la casulla a san Ildefonso, que espera arrodillado humildemente.

Señala la misma autora las posibles variantes iconográficas que puede sufrir el tema, de las cuales la más interesante es la que recoge la presencia de una anciana con una vela encendida que le ha dado un ángel y que después de ocurrido el milagro se niega a devolver. El motivo fue difundido por José de Valdivieso en el *Auto famoso de la Descensión de Nuestra Señora, en la santa Yglesia de Toledo* de 1616, y por Lope de Vega en *El capellán de la Virgen*, basándose ambos autores en tradiciones de origen indeterminado. El personaje se incorporó a la iconografía de la imposición y, por ejemplo, vemos a la anciana a la derecha de la composición en el lienzo de Murillo *Imposición de la casulla a san Ildefonso* (1660, Madrid, Museo del Prado). La lucha contra la Reforma dio nuevos impulsos a san Ildefonso y a sus obras en defensa de la virginidad de María, y el tema de la imposición de la casulla se difundió al resto de Europa. Los dos ejemplos más importantes son las obras de Guido Reni para Santa María la Mayor de Roma, encargo del papa Pablo V, y el *Tríptico de San Ildefonso* de Rubens (1630-1631, Viena, Kunsthistorisches Museum). El Barroco elimina el ambiente cotidiano e íntimo en el que se había desarrollado la escena, y lo sustituye por un rompimiento de gloria del que hace descender a la Virgen, sobre nubes y rodeada de ángeles. El momento culminante de esta estética lo constituye el gran fresco que Lucas Jordán pintó en 1698 en el techo de la sacristía de la catedral de Toledo.

BIBLIOGRAFÍA:

LÓPEZ TORRIJOS, R., «Influencia del teatro en la iconografía de San Ildefonso», *Archivo Español de Arte* 51, 204 (1978), pp. 430-438.

—, «Iconografía de San Ildefonso desde sus orígenes hasta el siglo XVIII», *Cuadernos de Arte e Iconografía* I, 2 (1988), pp. 165-212.

RIVERA DE LAS HERAS, J. A., «El frontal pétreo de San Ildefonso. Zamora», *Anuario del Instituto de Estudios Zamoranos* (1991), pp. 477-492.

INÉS
S. IV. Virgen y mártir.

HISTORIA Y TRADICIÓN: Junto con santa Cecilia, santa Inés es una de las mártires romanas más veneradas por la Iglesia occidental. Su culto comenzó inmediatamente, alrededor de su sepultura de la Vía Nomentana, impulsado por Constantina, la hija del emperador, que hizo construir una pequeña basílica en el mismo lugar. San Dámaso (336-384) compuso un epigrama para su sepultura y san Ambrosio (340-397) relató su martirio en *De virginibus*; se admiraba de ella la firmeza de su fe y su entrega al martirio a pesar de su juventud, pues tenía trece años cuando murió. San Jerónimo dice de ella que «venció a su tierna edad y al tirano, y consagró con el martirio el título de la castidad». Aurelio Prudencio (343-405), que le dedica el himno XIV del *Liber Peristephanon*, la llama «brava niña e ínclita mártir», merecedora de la corona de la virginidad y de la muerte «libremente elegida».

De ella se enamoró el hijo de Sinfronio, el prefecto de Roma, y la pidió en matrimonio, pero santa Inés se considera ya esposa de Cristo y rechaza enérgica y ofendida la propuesta. También intentó el prefecto persuadir a santa Inés para que aceptase a su hijo, a veces llamado Procopio, pero sin resultado alguno. Entonces quiso obligarla a hacer sacrificios a Vesta y, ante su nueva negativa, ordenó que la llevasen desnuda al prostíbulo de la ciudad; sin embargo, su pelo creció hasta cubrir su cuerpo, y cuando llegaron al burdel, un ángel inundó de luz el lugar y vistió a santa Inés con una túnica blanca. Procopio quiso vengarse de la humillación llevando a unos amigos al prostíbulo, pero salieron confusos, pues el ángel lo había convertido en un lugar de purificación; y cuando entró él, se abalanzó sobre Inés, pero un rayo lo mató en el acto.

Enterado el prefecto, corrió al lugar y rogó a santa Inés que rezase por él y le devolviera la vida. Ocurrido el milagro quiso liberarla, pero cedió a las acusaciones de sus sacerdotes y entregó el caso a Asperio, o Aspasio, que ordenó que fuese arrojada a una hoguera; sin embargo, ante sus oraciones, las llamas se dividen en dos y abrasan a sus verdugos. Entonces Asperio ordena que le atraviesen la garganta con una espada y así muere, aunque en las fuentes antiguas (Ambrosio, Prudencio) santa Inés muere decapitada. Sepultada en la Vía Nomentana, su sepulcro se convirtió en un lugar de peregrinación para los cristianos; y allí, su hermana de leche, santa Emerenciana, encontró la muerte apedreada por los infieles. Ocho días después de la muerte de santa Inés, sus padres se encontraban rezando delante del sepulcro cuando vieron aparecer un coro de vírgenes ricamente vestidas y a su hija, en el centro, «abrazada a un cordero más blanco que la nieve, en aquella edad y figura que había pasado a la gloria», en palabras de Francisco Pacheco.

Vicente Masip, *Martirio de santa Inés,* 1560, Madrid, Museo del Prado.

ATRIBUTOS: Palma, corona, espada, fuego a sus pies y, el más característico, el cordero. Probablemente surgió este atributo como una traducción material de su propio nombre, pues Inés o Agnes, en griego significa casta, pura, y en latín, cordero. Interián de Ayala, olvidando la leyenda medieval de la visión de la santa con el cordero en su sepulcro, dice que el pintarla con el cordero «alude a su nombre, o más comúnmente a que fue una virgen purísima; a saber, del número de aquellas que siguen al cordero donde quiera que va; o acaso (a lo que más me inclino) hace alusión a ambas cosas».

Representaciones: En la basílica de Santa Inés de la Vía Nomentana la vemos en un mosaico del siglo VII, ricamente vestida, de pie, en medio de las llamas; en las manos lleva un libro y no el característico cordero, que se incorporará más tarde a su iconografía. En Roma existe otro centro de culto importante, la iglesia de Santa Inés in Agone, en la Plaza Navona, emplazamiento original del estadio de Domiciano, bajo cuyas arcadas sitúa la tradición el lupanar en el que fue expuesta la santa y el lugar de su martirio; allí, una escultura de Ercole Ferrara, de 1660, la muestra rezando en medio de la hoguera y, en un relieve, el mismo autor representó la lapidación de santa Emerenciana.

El suplicio del fuego y su muerte con la espada son las escenas más frecuentes. En el *Martirio de santa Inés* (Madrid, Museo del Prado), unas veces atribuido a Vicente Masip y otras a su hijo Juan de Juanes, se representa la muerte por degollación. Tintoretto pintó para la familia Contarini el *Milagro de santa Inés* (Venecia, Madonna dell'Orto) en el que aparece resucitando al hijo del prefecto Sinfronio. Francisco Pacheco, que pintó a santa Inés en varias ocasiones, realizó unos *Desposorios místicos de santa Inés* (1628, Sevilla, Museo de Bellas Artes); la escena, muy infrecuente en su iconografía, se basa en la enumeración que santa Inés hace a su pretendiente de los regalos recibidos por su esposo celestial: «A mí, dijo entrando en detalles, me ha colocado su anillo en mi mano derecha, me ha puesto en el cuello una sarta de piedras preciosas, me ha revestido con un manto tejido con hilos de oro».

ISABEL DE HUNGRÍA
1207-1231. Terciaria franciscana.

Historia y tradición: Hija de Andrés II de Hungría, cuando sólo tenía cuatro años fue llevada a la corte del duque de Turingia, con quien su familia la había prometido, y se casó con el duque en 1221, cuando ya había cumplido los catorce años. Durante la carestía que asoló Turingia en el año 1225, santa Isabel fundó un hospital cerca de su castillo de Marburg y todos los días bajaba a pie para atender con sus propias manos las necesidades de los enfermos y mendigos que llegaban en demanda de ayuda, desoyendo muchas veces las advertencias de sus criadas, que no podían soportar el hedor que despedían las heridas y las pústulas de muchos de ellos.

En 1227, con la muerte del conde en Calabria, no sólo quedó viuda la santa, sino que fue despojada de todos sus bienes y títulos por el príncipe Enrique, hermano del difunto y sucesor en el condado de Turingia. Tomó entonces el hábito de la Orden Tercera de San Francisco, organización de laicos que querían imitar la vida de su santo fundador y ejercer obras de caridad. Murió en 1231, a los veinticuatro años, siendo enterrada en el hospital que ella misma había fundado. Fue canonizada en 1235 por el papa Gregorio IX.

ATRIBUTOS: Una o tres coronas, para significar que su vida transcurrió en los tres estados de virtud: virgen, esposa y viuda (Van Eyck, *Virgen con un cartujo*, Nueva York, Colección Frick); y flores en el regazo, alusivas al milagro de la conversión del pan en rosas cuando el príncipe Enrique la sorprendió saliendo de la cocina del castillo.

REPRESENTACIONES: Santa Isabel viste el hábito franciscano con el cordón anudado en la cintura y normalmente cubre su cabeza con la toca blanca que usaban las viudas. Se la representa muy joven, acompañada de otros santos de la Orden (Ghirlandaio, *Coronación de la Virgen*, Cittá di Castello, Pinacoteca Comunale). Piero della Francesca la representó junto a san Francisco en el *Políptico de San Antonio* (Perugia, Galería Nacional de Umbría); debajo, en la predela, uno de los muchos milagros *post mortem* que se cuentan en la *Leyenda Dorada*: el de la resurrección de un niño caído en un pozo.

Murillo, *Santa Isabel curando a los tiñosos,* 1672, Sevilla, Hospital de la Caridad.

Formando parte del programa iconográfico de exaltación de la caridad, Murillo pintó en 1672 una santa Isabel para el Hospital de la Caridad de Sevilla que todavía puede contemplarse allí.

Acerca de este cuadro escribía Palomino: «Tiene allí otro de Santa Isabel Reina de Hungría, donde hay un pobrecillo tiñoso, que le están quitando el casquete de la cabeza, y él encogiéndose de hombros, y haciendo tal gesto con el dolor, que verdaderamente se echa de menos el chillido, porque todo lo demás se halla». Desde entonces nadie duda en titular el cuadro como *Santa Isabel de Hungría curando a los tiñosos*, pero Ceán Bermúdez, siempre mejor informado que Palomino, cuando describe el conjunto afirma que Murillo realizó «en lo baxo a S. Juan de Dios cargando con un pobre, y a Santa Isabel, Reyna de Portugal, curando pobres enfermos». Existe, pues, aún hoy, bastante confusión entre estos dos personajes cuyas biografías, muy similares, han proporcionado a ambas los mismos atributos.

ISABEL DE PORTUGAL
1271-1336. Clarisa.

HISTORIA Y TRADICIÓN: Hija del rey Pedro III de Aragón, era además sobrina nieta de santa Isabel de Hungría, por lo que fue bautizada con el nombre de Isabel precisamente en su honor. A los veintidós años se casó con el rey Dionisio de Portugal y quiso, como reina, imitar el género de vida de su predecesora en la santidad; decía que Dios la había hecho reina para darle más medios con que hacer limosna. Llevaba un día la reina escondido en su delantal una buena cantidad de dinero para repartir entre los pobres cuando se encontró de improviso con su marido; preguntada sobre lo que escondía, santa Isabel respondió que eran rosas, pero como no era tiempo de rosas por estar en invierno, el rey le pidió que se las mostrara. El rey Dionisio quedó admirado cuando vio que, efectivamente, eran rosas lo que su esposa llevaba en el delantal.

En 1325 murió el rey, y santa Isabel tomó el hábito de las clarisas. Fundó en Coimbra un convento dedicado a santa Clara y allí pasó en el retiro sus últimos días, sólo interrumpido por la amenaza de guerra entre su hijo Alfonso IV, rey de Portugal, y su nieto Alfonso XI de Castilla. Cuando se puso en camino para mediar en el conflicto, como ya había hecho anteriormente con su hijo y su marido, le sorprendió la muerte en el viaje, y su cuerpo fue transportando a Coimbra y sepultado en el convento de Santa Clara. León X permitió su culto en el arzobispado de Coimbra en 1516 y Pablo IV lo hizo extensivo a todo el reino de Portugal en 1612. Fue canonizada finalmente por el papa Urbano VIII en 1625.

ATRIBUTOS: Corona real y rosas en su delantal.

REPRESENTACIONES: En Coimbra, en el convento de Santa Clara la Nueva, se encuentra el sepulcro de santa Isabel, trasladado allí en el siglo XVII por ruina del primitivo monasterio fundado por la santa. Viste el hábito de las clarisas, negro o marrón oscuro, con cordón franciscano, toca y velo; y además una bolsa de peregrino y la concha de Santiago por la peregrinación que hizo a Compostela a la muerte de su marido para hacer donación de una corona. De todos los acontecimientos de su biografía el más representado es el del milagro de las rosas, el cual comparte con santa Isabel de Hungría y con santa Casilda, lo que hace que en muchas ocasiones no sea fácil precisar la identificación del personaje en las representaciones devocionales en las que sólo se nos muestra el atributo de las rosas. Así, la *Santa Isabel de Portugal* de Zurbarán (Madrid, Museo del Prado) ha sido identificada otras veces como una representación de santa Casilda o de santa Isabel de Hungría. La posible confusión con esta última sólo es posible, naturalmente, con las representaciones posteriores a la fecha de su canonización.

Entre 1630 y 1632 Rubens realizó el *Tríptico de san Ildefonso* (Viena, Kunsthistorisches Museum) por encargo de Isabel Clara Eugenia, la hija preferida de Felipe II y gobernadora en esos momentos de los Países Bajos. En los laterales aparecen retratados el archiduque Alberto de Austria, difunto marido de la infanta, junto a san Ildefonso, y ella misma, junto a «una» santa Isabel. Como homenaje póstumo a su marido parece lógico pensar que se trate de santa Isabel de Portugal, pues, si la presencia de san Ildefonso se explica porque fue cardenal y arzobispo de Toledo, la presencia de la santa portuguesa quedaría justificada porque, desde 1583 y hasta su traslado como gobernador de los Países Bajos en 1596, el archiduque desempeñaría el cargo de virrey de Portugal, reino que permanecerá unido a la corona española hasta 1640.

ISIDORO
560-636. Obispo y Doctor de la Iglesia.

Historia y tradición: Nacido en Cartagena, san Isidoro era hermano de san Fulgencio, obispo de Écija, de santa Florentina y de san Leandro; este último era el mayor de los hermanos, arzobispo de Sevilla, maestro y director de la educación de san Isidoro. En el año 601, san Isidoro sucedió a su hermano en la sede hispalense, y en el 619 presidió el II Concilio de Sevilla, donde refutó y condenó la herejía de los acéfalos, quienes negaban la divinidad de Jesús. En el 633 también preside el IV Concilio de Toledo, en el que, entre otras cosas, se unificaron los oficios eclesiásticos en España.

Hombre de vastísima cultura, abordó en sus obras todos los campos del saber, hasta el punto, se decía, de que quien hubiera llegado a estudiar sus libros a fondo, podía jactarse de conocer todas las obras, divinas y humanas. De sus obras de carácter enciclopédico destacan las *Etimologías;* destinadas al rey Sisebuto, quedaron inconclusas al sorprenderle la muerte el 4 de abril del año 636. Fue enterrado en la iglesia de las Santas Justa y Rufina, junto a sus hermanos Leandro y Florentina. En 1063 su cuerpo fue trasladado a León, enviado por el emir de Sevilla al-Mutadid al rey Fernando I, y guardado en un arca en la nueva basílica-panteón consagrada en su honor el 22 de diciembre, el mismo día de su llegada a la capital leonesa.

La biografía de san Isidoro no se vio libre de los clichés hagiográficos más comunes, como el milagro de las abejas que entran y salen de su boca cuando todavía se encontraba en la cuna, como anuncio de su futura elocuencia y sabiduría (Lucas de

Tuy, *Vita Sancti Isidori*, s. XIII), o las proverbiales apariciones a los ejércitos cristianos durante la Reconquista. De san Isidoro se cuenta que ayudó a Alfonso VI en la conquista de Toledo, a Alfonso IX en la de Mérida y a Fernando III el Santo en la de Sevilla. Más importante incluso que esta última es la aparición en 1147 a Alfonso VII durante el sitio de Baeza. Alfonso Martínez, Arcipreste de Talavera, lo cuenta así: «Estando durmiendo, le appareçio sanct Isidoro a cavallo vestido de pontifical, en la una mano una cruz y en la otra una espada desnuda [...]. Díxole que él sería en su ayuda porque Dios le tenía diputado por amparo de los Reyes de España» (*Vida de Sanct Isidoro*, s. XV).

ATRIBUTOS: Libro, como símbolo de todas sus obras.

REPRESENTACIONES: «Aunque no hay muchas pinturas e imágenes de tan gran santo [...], sin embargo, no quise pasarle enteramente en silencio, siquiera por el honor que de ello resulta a España». Palabras similares a estas de Interián de Ayala podríamos haber utilizado aquí, pues, si bien es cierto que su iconografía no es muy abundante, la indudable influencia que ha tenido el arzobispo de Sevilla en la cultura occidental y el haber sido objeto de los pinceles de Murillo son hechos que justificaban por sí mismos un poco de atención. En el lienzo que realizó para la catedral de Sevilla en 1655 se ve al santo obispo junto a dos de sus obras más valoradas, cuyos títulos se adivinan en los lomos: *Etymologie* y *De summo bono*, un compendio de cultura teológica. Figura también junto al resto de santos patronos de Sevilla en unos de los ocho tondos que Murillo pintó para la bóveda de la Sala Capitular en 1668.

Si en Sevilla tenemos al santo intelectual, en León encontramos al santo guerrero, representado tal como se le apareció a Alfonso VII en la toma de Baeza. Le vemos así en el *Pendón de Baeza* que se conserva en la colegiata de San Isidoro y que, según cuenta el Arcipreste de Talavera, llevaban consigo los reyes de Castilla cuando se enfrentaban a los moros. También en la colegiata aparece como protector de Castilla sobre el escudo real que remata la Puerta del Cordero.

ISIDRO LABRADOR

Historia y tradición: La base para todas las biografías que se han escrito del patrón de Madrid se encuentra en un manuscrito del siglo XIII que se conserva en el archivo arzobispal. Su autor es un tal Juan Diácono, a quien se viene identificando con Juan Gil de Zamora, maestro de Sancho IV (1284-1295) y autor de otras obras del mismo género. Aunque el texto es muy impreciso y apenas suministra fechas ni nombres, la devoción popular y la tradición han perfilado una biografía detallada del santo, en la que los milagros contados en el manuscrito medieval forman el núcleo más importante.

San Isidro habría nacido en Madrid, en una familia humilde, el 4 de abril de 1080 o 1082, festividad de San Isidoro, por lo que fue bautizado con el nombre del prelado de Sevilla. Ayudaba a sus padres en las labores del campo, pero, cuando murieron, marchó a Torrelaguna en busca de trabajo, y allí se puso al servicio de Juan o Iván de Vargas, y conoció a su futura esposa, María Toribia, conocida popularmente como santa María de la Cabeza, pues la reliquia de su cabeza se exponía en el altar mayor de la ermita de Santa María de Torrelaguna. De esta unión nació su único hijo, Juan, o Illán, protagonista también del milagro más conocido y más representado en la iconografía del santo: el matrimonio se encontraba en Madrid al cuidado de la hacienda de Juan de Vargas cuando, sin poder evitarlo, el niño se escurrió de los brazos de su madre y fue a caer al pozo de la casa; cuando san Isidro llegó de trabajar y se enteró de lo ocurrido, se puso a rezar junto al brocal e inmediatamente las aguas empezaron a subir y devolvieron a su hijo sano y salvo.

Los esposos quisieron dar gracias por este milagro llevando en adelante una vida virtuosa, pero el diablo disfrazado de campesino quiso infundir celos en san Isidro aprovechando que santa María de la Cabeza solía ir a una ermita de Caraquiz, para reponer el aceite de la lámpara de un altar consagrado a la Virgen. El diablo suscita el rumor de que en realidad iba a encontrarse con los pastores que acampaban a orillas del Jarama y, embargado por la duda, san Isidro fue a Caraquiz y se escondió cerca del río, detrás de unos arbustos, donde vio llegar a su mujer provista del aceite para la lámpara del altar. Como el Jarama iba muy crecido, la santa, después de rezar, se quitó el mantillo, lo echó sobre el agua y subida en él atravesó el río.

Otros dos hechos milagrosos vienen a completar lo esencial en la biografía de san Isidro. Sus compañeros de trabajo, envidiosos de las atenciones que Juan de Vargas le profesaba, le acusaron de holgazán y de descuidar el trabajo, pues, a pesar de levantarse temprano, perdía mucho tiempo rezando y visitando las iglesias de Madrid. Quiso el señor comprobar las acusaciones y, cuando llegó al campo, vio que dos ángeles, cada uno con una yunta de dos bueyes, ayudaban a san Isidro a labrar la tierra. Por último, un día que Juan de Vargas tenía sed, san Isidro hizo brotar para él un manantial de agua con un golpe de su aguijada. Cuando murió, según la tradición en 1172 con noventa años, fue enterrado en la iglesia de San Andrés, donde estuvo hasta que Carlos III ordenó su traslado a la iglesia del Real Colegio de los Jesuitas en 1769, hoy concatedral de San Isidro, donde permanece aún. San Isidro fue canonizado en 1622, y santa María de la Cabeza en 1697.

ATRIBUTOS: Los atributos más importantes de san Isidro son la aguijada y el arado. La aguijada es un palo largo rematado con una media luna de hierro que servía para desprender el barro que se pegaba al arado. En cuanto al arado, lo que lleva en la mano realmente es la reja, una pieza grande que tiene forma de punta de flecha. Ocasionalmente puede llevar una hoz o una gavilla de trigo, alusiones genéricas a su condición de labrador. A menudo lleva también un rosario, indicando con ello su devoción a la Virgen. Santa María de la Cabeza lleva una vela encendida y una jarra de aceite; a sus pies, la mantilla con la que cruzó el Jarama.

REPRESENTACIONES: Se le representa maduro, con barba y algo de melena. Va normalmente vestido con un sayo de mangas anchas hasta el codo y amplio de vuelos hasta el muslo, pero también viste calzones hasta media pierna. Las representaciones más antiguas que tenemos de san Isidro son las del arca sepulcral que se conserva en la catedral de la Almudena, donde aparecen representados los milagros que narra Juan Diácono, incluyendo el de dar trigo a las palomas de un saco que no disminuye de tamaño, y el dar de comer a unos mendigos invitados a su mesa de una olla que no se acaba; estos últimos, que muestran la caridad del santo, han sido representados muy ocasionalmente (Ramón Stolz, 1949, Capilla de San Isidro en el Real Cortijo de Aranjuez). El sepulcro de san Isidro también es conocido como Arca de Alfonso VIII por creer que fue donación de este rey en agradecimiento al santo por haberle ayudado en la batalla de las Navas de Tolosa en 1212; este asunto fue pintado por Palomino en 1696 en el oratorio del Ayuntamiento de Madrid. El arca de San Isidro contuvo el cuerpo del santo hasta que fue sustituida por otra de plata regalo de la cofradía de San Eloy con motivo de su beatificación en 1619.

Salvo estas excepciones, la iconografía de san Isidro insiste casi invariablemente en las escenas que hemos narrado más arriba, es decir, el milagro del pozo (Alonso Cano, 1646-1648, Madrid, Museo del Prado), el de hacer manar una fuente para saciar la sed de Juan de Vargas, el de los ángeles arando mientras él reza, y el paso de santa María de la Cabeza por el Jarama, conocido también como los celos de san Isidro. Estas dos últimas escenas fueron pintadas también por Palomino en el oratorio del Ayuntamiento de Madrid. El tema de la apoteosis, propio de la estética triunfalista del Barroco, alcanza también a san Isidro (Van Loo, 1729, Roma, iglesia de san Isidro). Para compensar y revitalizar el culto al santo después de la traslación definitiva de sus restos a la iglesia de San Isidro el Real, Zacarías González Velázquez pintó una *Apoteosis de san Isidro* en la capilla del palacio de los condes de Paredes (hoy Museo de San Isidro), en el lugar en el que la tradición sitúa su muerte, junto a la iglesia de San Andrés. Las representaciones más abundantes de san Isidro y de santa María de la Cabeza las constituyen, sin embargo, imágenes de devoción, juntos o separados, y es especialmente profusa en aleluyas y estampas sueltas. Su bajo coste facilitaba sin duda las devociones particulares hacia el santo labrador de Madrid.

Alonso Cano, *El milagro del pozo,* Madrid, Museo del Prado.

BIBLIOGRAFÍA:

CARRERA HONTANA, E., «Las pinturas murales de Zacarías González Velázquez en el Museo de San Isidro. Estudio estilístico, iconográfico e iconológico», *Estudios de Prehistoria y Arqueología Madrileñas* 9 (1994), pp. 135-146.

FERNÁNDEZ MONTES, M., «Isidro, el varón de Dios como modelo de sincretismo religioso en la Edad Media», *Revista de Dialectología y Tradiciones Populares* 54, 1 (1999), pp. 7-51.

—, «San Isidro, de labrador medieval a patrón renacentista y barroco de la Villa y Corte», *Revista de Dialectología y Tradiciones Populares* 56, 1 (2001), pp. 41-95.

ORIHUELA MAESO, M., «Iconografía de San Isidro y Santa María de la Cabeza», *Revista de la Biblioteca, Museo y Archivo del Ayuntamiento de Madrid* 6 (1980), pp. 25-45.

PUÑAL, T., SÁNCHEZ, J. M., *San Isidro de Madrid. Un trabajador universal*, Madrid, Ediciones La Librería, 2000.

VV.AA., *San Isidro labrador, patrono de la villa y corte*, Madrid, 1983.

JERÓNIMO

Ca. 347-420. Doctor y Padre de la Iglesia latina.

HISTORIA Y TRADICIÓN: Según la tradición más admitida, san Jerónimo nació en Estridón, en Dalmacia, la Bosnia actual. Siendo todavía muy joven, fue enviado a Roma para estudiar gramática, retórica y filosofía con Elio Donato; y después de recibir el bautismo se marcha a Tréveris, donde comienza el estudio de los autores cristianos y entra en contacto con un grupo de ascetas. Hacia el 375 se retira al desierto de Calcis, cerca de Antioquía, y hace vida de anacoreta durante unos tres años, entregado completamente a la lectura y al estudio. En el año 378 se encuentra de nuevo en Antioquía, donde es ordenado sacerdote por el obispo Paulino, y a finales de este mismo año viaja a Constantinopla para ponerse al servicio de san Gregorio Nacianceno y donde comienza la traducción al latín de las obras de los padres griegos.

En el año 382 vuelve a Roma, donde permanece hasta el 385 entregado a la revisión, utilizando antiguas versiones griegas, del texto latino del Nuevo Testamento por orden del papa san Dámaso, que le había nombrado su secretario. Entra en contacto con un grupo de matronas romanas, entre las que están santa Paula y su hija, santa Eustoquia, que le seguirán cuando san Jerónimo abandone definitivamente la Ciudad Eterna para instalarse en Belén, en un monasterio fundado por él, donde durante los quince años siguientes trabajará en la traducción al latín de los textos hebreos del Antiguo Testamento.

Aunque originalmente su trabajo fue recibido con recelo, fue poco a poco imponiéndose en las iglesias, y pronto la Biblia de San Jerónimo se hizo la más popular, la más utilizada, de ahí el nombre con el que se conoce, la *Vulgata*, que mereció ser consagrada por el Concilio de Trento como la versión oficial e indiscutible de la autoridad de la Iglesia católica. Sólo un episodio legendario, popularizado por la *Leyenda Dorada*, vino a sumarse a esta vida dedicada por completo al estudio: estando san Jerónimo un día en el monasterio de Belén, se le acercó un león cojeando que provocó el estupor y la huida de los monjes que le acompañaban. El león le mostró una espina clavada en una de sus patas y el santo se la sacó sin más. Desde entonces, el animal, agradecido, se quedó en el monasterio, ocupándose de escoltar al burro que traía la leña.

A<small>TRIBUTOS</small>: Como Doctor y Padre de la Iglesia lleva libro, pluma y maqueta de iglesia; como penitente se rodeada de los atributos usuales, como la calavera o las disciplinas; el capelo cardenalicio por haber sido secretario de san Dámaso; y el león, el que mejor le identifica.

R<small>EPRESENTACIONES</small>: Como Doctor y Padre de la Iglesia, san Jerónimo es uno de los santos más representados en el arte de Occidente. Desde el Renacimiento, los artistas vieron en él al erudito, al hombre de letras: en su estudio, rodeado de libros y ajeno al mundo, encarna el ideal del perfecto humanista; y así nos lo muestran Antonello de Messina (1474, Londres, National

Gallery), Ghirlandaio (1480, Florencia, iglesia de Ognissanti) y, sobre todo, Durero, en el genial grabado de 1514. En el Barroco el estudio se ha convertido en una celda austera, pero la concentración intelectual de san Jerónimo es más intensa (Caravaggio, 1606, Roma, Galería Borghese; Ribera, Toronto, Joey and Toby Tanenbaum; 1646, Praga, Galería Nacional).

Carpaccio, *San Jerónimo y el león,* 1502, Venecia, San Giorgo degli Schiavoni.

La adopción de la *Vulgata* como la versión oficial de la Iglesia católica en el Concilio de Trento frente a la libre interpretación defendida por los protestantes tuvo el efecto inmediato de encumbrar a su autor y comentarista, y es realmente a partir de entonces cuando se ensalza la figura de san Jerónimo. Su biografía es depurada y queda reducida a una vida entregada al estudio y a la Iglesia; ningún elemento fantástico es necesario para justificar su santidad, basta con su trabajo y sus obras, en consonancia, pues, con los nuevos valores de Trento. César Baronio, en sus *Annales Ecclesiastici*, considera la pintoresca historia del león como el producto de un alma simple que dio crédito a una leyenda que, de ser cierta, debió ocurrirle a un tal

Gerásimo que vivió en las riberas del Jordán, donde hay leones, pero no a san Jerónimo en Belén, donde no los hay. En consecuencia, el episodio del león, que antes solía representarse (Jorge Inglés, *ca.* 1490, Valladolid, Museo Nacional de Escultura; Carpaccio, 1502, Venecia, Scuola di San Giorgio degli Schiavoni), desaparece de su biografía y de su iconografía, pero se mantiene como atributo, pues «le está tan natural la insignia del león, que no se hallarían los ojos de los fieles verle sin ella, ni le conocerían por San Jerónimo» (fray José de Sigüenza, *Vida de San Gerónimo, Doctor de la Santa Iglesia*, Madrid, 1595). Pacheco y Ayala, siguiendo a Molano, ven en el león el símbolo de la vida inhóspita y solitaria en el desierto, de manera semejante a como el león representa a san Marcos porque comienza su evangelio con la predicación del Bautista.

Se critica también el anacronismo de vestirle como cardenal cuando el conjunto de las vestiduras no se adoptará hasta mucho más tarde: el capelo en 1254 en el Concilio de Lyon y la sotana roja en 1294 por decreto de Bonifacio VIII. Fray José de Sigüenza vuelve a justificar su uso por razones didácticas: para que los fieles «que solamente saben leer en las pinturas y no tienen noticias de más letras» reconozcan por el hábito el oficio y la dignidad de san Jerónimo. Como consecuencia de esta depuración la iconografía de san Jerónimo se limita ahora a los hechos históricos, como en el ciclo de 26 lienzos realizado por Juan de Espinel para el claustro del monasterio de Buenavista de Sevilla, y a expresar con imágenes el contenido de algunas de sus cartas.

Así, en una carta remitida a santa Eustoquia se encuentra la fuente de una de las imágenes más emblemáticas de su iconografía, la del *San Jerónimo penitente*, golpeándose el pecho con una piedra: «Mientras viví en aquella inmensa soledad, permanentemente abrasado por los rayos del sol [...]; mi piel, seca y renegrida como la de los etíopes, sin carne que cubrir se adhirió a mi esqueleto [...]. Recuerdo haber gritado durante días y noches, golpeando mi pecho sin descanso hasta que el Señor me concedía algo de tranquilidad». La escultura de Pietro Torrigiano del Museo de Bellas Artes de Sevilla es una fiel ilustración del texto. En esta misma carta el santo explica que muchas veces el pensamiento ponía delante de sí a unas doncellas danzantes que provocaban en él deseos impuros y los «incendios de la concupiscencia».

En otra carta dirigida también a santa Eustoquia cuenta que fue arrebatado en espíritu y llevado ante el tribunal de Dios por preferir la lectura de los clásicos: «Me preguntaron qué religión profesaba. Yo respondí que era cristiano, mas el Juez que allí presidía dijo: "Mientes, que eres ciceroniano, no cristiano, pues donde está tu tesoro allí está tu corazón"». Unos ángeles le azotaron hasta que prometió no leer más los libros de los gentiles. *Las tentaciones de san Jerónimo* y *San Jerónimo azotado por los ángeles* fueron pintados por Zurbarán en 1639 para la capilla de San Jerónimo del monasterio de Guadalupe; y los incluyó también Valdés Leal en el ciclo que realizó en 1657 para el convento de San Jerónimo de Sevilla, hoy en el Museo de Bellas Artes.

Es muy frecuente también encontrar a san Jerónimo en el desierto, durmiendo o entregado a su trabajo, cuando le sorprende el ángel anunciando el Juicio Final (Guercino, *ca.* 1620, París, Louvre; Ribera, 1626, Nápoles, Museo de Capodimonte; 1626, San Petersburgo, Museo del Ermitage). San Jerónimo menciona en varias ocasiones la inminente llegada del Juicio, por ejemplo, en una carta remitida desde el desierto a Heliodoro, monje, invitándole a unirse a él en el retiro: «¿Qué haces en la casa paterna, soldado comodón? [...] Escucha cómo resuena desde el cielo la trompeta, mira cómo entre nubes avanza nuestro caudillo armado para hacer la guerra al orbe de la tierra, y una espada de dos filos, que sale de la boca del rey, va segando cuanto encuentra delante». Sin embargo, la fuente está en una frase que se le atribuye: «Ya sea que beba, que coma o que duerma, siempre me parece oír la terrible trompeta resonando en mis oídos diciendo: "Levantaos, muertos, y venid al Juicio".»

El motivo, probablemente surgido en Italia en el siglo XV, lo vemos ya en un fresco de 1466 en el monasterio de San Benito, en Subiaco, en la capilla de San Gregorio. Aunque el ángel de la trompeta desapareció de la iconografía de san Jerónimo hasta el siglo XVII, la idea del santo como un testigo de excepción del Juicio Final subsistió hasta entonces, modificando las representaciones que lo mostraban en su estudio; y en ellas aparece ahora meditando sobre la muerte, señalando a una calavera que tiene sobre la mesa. El modelo fue creado por Durero con el *San Jerónimo* (1521, Lisboa, Museo de Arte Antiguo) realizado para el portugués Rodrigo de Almeida. Sus seguidores e imitadores añaden una referencia explícita: un libro abierto en el que se ve una miniatura del Juicio Final (Marinus van Reymerswaele, 1551, Madrid, Museo del Prado). El Barroco dará también mayor énfasis a un tema que anteriormente sólo se había representado de forma ocasional, *La última comunión de san Jerónimo* (Agostino Carracci, *ca.* 1591, Bolonia, Pinacoteca Nazionale; Domenichino, 1614, Roma, Pinacoteca Vaticana).

Marinus, *San Jerónimo,* 1551, Madrid, Museo del Prado.

BIBLIOGRAFÍA:

MATEO GÓMEZ, I., LÓPEZ-YARTO ELIZALDE, A. y PRADOS GARCÍA, J. M., «Iconografía de San Jerónimo en los monasterios españoles», en *El arte de la Orden jerónima, historia y mecenazgo*, Bilbao, Ediciones Encuentro, 1999, pp. 85-93.

Rice, E., *Saint Jerome in the Renaissance*, Baltimore y Londres, The Johns Hopkins University Press, 1985.
Russo, D., *Saint Jérôme en Italie. Étude d'iconographie et de spiritualité (XIIIe-XVIe siècles)*, París-Roma, Éditions La Découverte, 1987.

JORGE
S. IV. Mártir.

Historia y tradición: Resulta paradójico pensar que san Jorge, uno de los santos más antiguos y populares, y cuya devoción y culto se extiende de Oriente a Occidente, fuera eliminado de las festividades del calendario eclesiástico en el año 494 por decreto del papa Gelasio, al considerar apócrifas y extravagantes las actas en las que se narraban su vida y su martirio. Por la misma razón, el Breviario reformado de Pío V (1565-1572) omite cualquier referencia al santo, y el mismo Ribadeneira «había pensado dejar del todo la vida de San Jorge, y seguir en esto al Breviario Romano», aunque finalmente la incluye en su *Flos Sanctorum,* silenciando lo que no tiene «fundamento de verdad».

Sin embargo, nada ha impedido que la popularidad de san Jorge creciera paralela al desarrollo de las actividades militares de la Edad Media, especialmente de las cruzadas, la conquista de Tierra Santa, desde donde es posible que se importara el episodio más importante y más controvertido de su leyenda, la lucha contra el dragón, motivo por el que san Jorge es venerado especialmente por reyes y caballeros, que lo convirtieron en su patrono. El episodio abre su leyenda, anteponiéndose así al propio ciclo martirial: en la ciudad de Silca, Libia, había un dragón pestilente que vívía en un lago cercano. Los habitantes, para evitar que el pestífero animal se acercase a la ciudad, echaban dos ovejas al lago diariamente para que le sirviesen de alimento. Pero las ovejas escaseaban ya y les era difícil rehacer sus rebaños, por lo que decidieron enviar una sola oveja y una persona designada por sorteo. Un día le tocó en suerte a la hija del rey, y éste quiso comprar la vida de su única hija con oro y plata, pero el resto de los habitantes no aceptó.

Cuando la princesa se encaminaba entre sollozos hacia el lago, se encontró con san Jorge, tribuno de Capadocia, que se hallaba en el lugar. La doncella acababa de contarle el destino que la esperaba cuando el monstruo salió del lago, y entonces «Jorge, de un salto, se acomodó en su caballo, se santiguó, se encomendó a Dios, enristró su lanza, y, haciéndola vibrar en el aire y espoleando a su cabalgadura, dirigiose a la bestia a toda carrera, y cuando la tuvo a su alcance hundió en su cuerpo el arma y la hirió». Después ató a la bestia con el cinturón de la princesa y ésta lo llevó así, como si fuera un perrito faldero, hasta los muros de la ciudad. El rey y todos sus habitantes se convirtieron al cristianismo y san Jorge remató al dragón con su espada.

Más tarde, horrorizado por las persecuciones de que eran objeto los cristianos, renunció a su vida política y militar, y se puso a predicar después de haber repartido sus bienes entre los pobres. El gobernador Daciano le hizo detener y le sometió a diversos tormentos para que renegara de su fe, pero ninguno de ellos dio resultado: le ataron al potro y le desgarraron las carnes con garfios de hierro, le aplicaron ascuas en sus costados, le sacaron y le quemaron las entrañas, le dieron veneno, le ataron a una rueda llena de espadas de doble filo y, finalmente, quisieron freírle en una sartén llena de plomo derretido; por todas estas torturas a que fue sometido san Jorge lleva el apelativo de «megalomártir». Daciano, creyendo que san Jorge había accedido a convertirse y a adorar a los dioses, hizo reunir a mucha gente en el templo en el que tendría lugar la ceremonia, pero cuando san Jorge entró, se puso a rezar y, cuando acabó, una ráfaga de fuego que descendió del cielo lo redujo todo a cenizas. Hasta Alejandría, la esposa de Daciano, quiso hacerse cristiana ante la evidencia de este suceso, pero el gobernador hizo que la colgaran por el pelo de una viga y que la azotaran hasta matarla; luego, el propio san Jorge fue decapitado.

ATRIBUTOS: Dragón o serpiente a sus pies, lanza, espada, escudo o estandarte blanco con una cruz roja, enseña de los cruzados atribuida a san Jorge como patrono suyo.

Carpaccio, *San Jorge y el dragón,* 1502-1507, Venecia, San Giorgo degli Schiavoni.

REPRESENTACIONES: La imagen más antigua de san Jorge la encontramos en un icono procedente del monasterio de Santa Catalina del Sinaí, fechado en el siglo VI, en el que ya aparece el tipo iconográfico usual: joven, imberbe y ataviado con el atuendo militar romano cuando lo representa el arte bizantino (*Tríptico de Harvabille*, s. X, París, Louvre; *Tríptico de los Cuarenta Mártires*, s. X, San Petersburgo, Museo del Ermitage); o con armadura de época cuando lo hace el arte occidental (Donatello, 1415, Florencia, Museo del Bargello; Mantegna, 1467, Venecia, Galería de la Academia).

Aunque la figura pedestre es muy frecuente, el tema estrella de la iconografía georgina desde el siglo XII es el combate a caballo contra el dragón. El arte bizantino lo representa exclusivamente siguiendo el modelo del «ensartado», es decir, el caballo está saltando por encima del dragón y san Jorge lo ensarta con su lanza casi en vertical (Escuela de Novgorod, s. XV, Moscú, Galería Tretiakov). Occidente conoce además el modelo de la carga de choque, con la lanza horizontal, tal como se hacía en los torneos (Carpaccio, 1502-1507, Venecia, San Giorgio degli Schiavoni; 1516, Venecia, San Giorgio Maggiore), y utiliza también la espada para rematar al dragón (Rafael, 1505, París, Louvre; Rubens, 1606, Madrid, Museo del Prado).

A partir del siglo XVI el tema decae debido fundamentalmente a dos razones: en primer lugar, se reafirma el carácter puramente legendario de san Jorge y se le excluye del Breviario Romano de Pío V; y en segundo lugar, debido a la interpretación alegórica del episodio, que ve en la lucha contra el dragón la secular lucha contra el Mal y en la liberación de la princesa la defensa de la fe y de la Iglesia. Esta misma interpretación recibe la liberación de Andrómeda por el héroe Perseo, tema que acapararía la atención de los artistas a partir de ahora y que, posiblemente, terminó desplazando a la leyenda de san Jorge (Portús Pérez, 1989). Pero al mismo tiempo, esta misma interpretación alegórica de la leyenda permitió que no decayera su culto a pesar de la incredulidad de la Iglesia, que acepta su representación en el repertorio de imágenes sagradas «por su significación». Así, Francisco Pacheco recoge la interpretación expresada con anterioridad por Molano: «Todos los caballeros que llevan el nombre de cristianos deben dedicar su trabajo y su actividad para atraer a otros a la fe, contra la oposición de los herejes e infieles, y, en primer lugar, defender a la Iglesia, reina, virgen y esposa del cordero inmaculado, contra el diablo, dragón monstruoso y cruel».

Frente al absoluto predominio en la iconografía de san Jorge de la escena del dragón, resultan escasos los ejemplos en los que se ha representado el ciclo hagiográfico o martirial completo. Los más importantes están en el arte bizantino, en los iconos biográficos o iconos de la vida, en los que las escenas enmarcan el retrato del santo que ocupa la posición central (icono del s. XIII, Atenas, Museo Bizantino).

En el arte español san Jorge tiene una significación especial en el área catalano-aragonesa, concretamente el gótico de la zona es un periodo rico en iconografía georgina. Maestros de la talla de Bernat Martorell, Jaime Huguet, Pere Johan o Pere Nisart han abordado alguna vez el tema. Según la tradición, san Jorge se apareció varias veces durante la Reconquista luchando al lado de las tropas aragonesas: junto a Pedro I en la batalla de Alcoraz en el año 1096 facilitando la toma de Huesca; y junto a Jaime I en la conquista de Mallorca en 1229 y de Valencia en 1238. Por este motivo, san Jorge fue adoptado como patrono, a lo largo del siglo XV, por Mallorca, Cataluña y Aragón sucesivamente. La intervención del santo en la batalla de Alcoraz ha sido plasmada en un retablo de Jerónimo Martínez (1524-1525, Teruel, iglesia de El Salvador de la Merced), y la intervención junto a Jaime I en la toma de Valencia en el gran retablo atribuido a Marzal de Sax (1410-1420, Londres, Victoria and Albert Museum), en el que se ha representado además el ciclo martirial completo. Por último, una litografía de Antonio Pascual y Abad, impresa en Valencia en 1845, conmemora otra intervención milagrosa del santo: la defensa de Alcoy durante una incursión musulmana en 1275.

BIBLIOGRAFÍA:

CANTERA MONTENEGRO, J., «El dragón de la leyenda de San Jorge», *Archivo Español de Arte* 247 (1989), pp. 331-344.

CORTÉS ARRESE, M., «San Jorge o el caballero del dragón», *Historia 16* 154 (1989), pp. 89-94.

MONTANER FRUTOS, A., «Iconografía de San Jorge», *El señor San Jorge, patrón de Aragón*, Zaragoza, 1999.

PORTÚS PÉREZ, J., «Difusión y transformación de un tema clásico en el siglo de oro: la liberación de Andrómeda», *Cuadernos de Arte e Iconorafía* II, 4 (1989), pp. 84-92.

SAYRACH FATJÓ, N., *El patró Sant Jordi. Historia, llegenda, arte*, Barcelona, 1996.

JOSÉ
S. I. Esposo de la Virgen María.

HISTORIA Y TRADICIÓN: A pesar de su doble papel como esposo de María y «padre legal» de Jesús, las noticias que ofrecen los evangelios canónicos sobre san José son muy escasas. De él se nos dice que procedía de la casa de David (Mt 1, 20; Mc 1, 27), que era carpintero (Mt 13, 55; Mc 6, 3) y, por toda alabanza, que era hombre «justo» (Mt 1, 19). Desposado con María, pensó en repudiarla en secreto cuando advirtió que estaba embarazada, pero el ángel san Gabriel se le apareció en sueños y le sacó de su congoja (Mt 1, 18-25). Cuando nació Jesús, san José lo envolvió en pañales y lo depositó en un pesebre (Lc 2, 7) y, pasado el plazo establecido por la Ley, llevó al Niño al Templo para ser circuncidado y para consagrarle a Dios con los dones prescritos para los primogénitos (Lc 2, 21-24). Pasados unos dos años, un ángel le advierte en sueños de la matanza de los inocentes ordenada por Herodes, y escapa con María y con el Niño Jesús hacia Egipto (Mt 2, 13-15).

A su vuelta a Israel, san José es testigo de la sabiduría divina que va creciendo en el Niño, que ya contaba doce años, cuando le ve discutir con los doctores en el Templo (Lc 2, 41-52); pero debió morir poco después, pues ya no se encuentra junto a María en las bodas de Caná, primer episodio de la vida pública de Jesús (Jn 2, 1). La hagiografía relativa a san José recoge también la información que suministran los evangelios apócrifos y que tanta repercusión ha tenido en su iconografía, como el episodio de los desposorios: según el *Libro de la Natividad de María*, Dios elegiría esposo para la Virgen haciendo germinar una flor sobre la vara dejada en el Templo por uno de los varones de la casa de David que podía desposarla; además, en ella se posaría la paloma del Espíritu Santo, o saldría de ella, como ocurrió al recogerla san José, según cuentan el *Evangelio de Pseudo-Mateo* y *el Protoevangelio de Santiago*.

El rico anecdotario de la infancia de Jesús junto a sus padres, sus juegos o su aprendizaje en el taller está tomado también de los apócrifos. En la *Historia de José el carpintero* se nos dice que san José murió siendo un «venerable anciano de ciento once años». En este texto, fechado en el siglo IV o V, se basa el culto dedicado al santo como patrón de la buena muerte, pues Jesús promete a un san José ya agonizante que, a todos sus devotos, «cuando abandonen este mundo, yo haré que desaparezca el libro en que están escritos sus pecados y que no sufran tormento alguno».

ATRIBUTOS: Vara florida y útiles de carpintero.

REPRESENTACIONES: Hasta el siglo XVI san José aparece exclusivamente como un personaje secundario en las escenas de la vida de la Virgen y de la infancia de Jesús. En algunos momentos, incluso, puede desaparecer del escenario, como en la *Adoración de los Reyes Magos,* si se hace una interpretación fiel de las palabras de san Mateo: «Entraron en la casa, vieron al niño con María su madre y, postrándose, le adoraron» (Mt 2, 11); tal es el caso, por ejemplo, del fresco pintado por Giotto en la basílica inferior de Asís. Cuando aparece, su aspecto es el de un anciano decrépito y canoso, pues en todos los apócrifos se dice de él que era ya «viejo» cuando fue designado para tomar a la Virgen bajo su custodia.

Sin embargo, a partir del siglo XVI la figura de san José adquiere un nuevo protagonismo y se hace un espacio propio en la devoción popular y en la iconografía. Para Emile Mâle, el punto de partida de este impulso se encuentra en el libro del dominico Isolanus, *Suma de los dones de San José*, publicado en Pavía en 1522 y, sobre todo, en la devoción que le profesaba santa Teresa, que atribuía al santo la curación que tuvo de una grave enfermedad. En el capítulo 6 del *Libro de la Vida*, además, nos dice: «Querría yo persuadir a todos fuesen devotos de este glorioso santo, por la gran experiencia que tengo de los bienes que alcanza de Dios [...]. Que no sé cómo se puede pensar en la Reina de los ángeles, en el tiempo que tanto pasó con el Niño Jesús, que no den gracias a San José por lo bien que les ayudó en ellos». En estas palabras de santa Teresa se encuentra ya la nueva concepción que el arte y la cultura atribuyen a san José: el de un entrañable y afectivo padre de familia, protector de la Virgen y del Niño Jesús en sus primeros momentos de tribulación.

Era, por tanto, necesario figurarse a san José como un hombre joven, pues «mal se pudiera salvar la buena fama de la Virgen», dice Pacheco, «y un hombre de ochenta años no había de tener fuerzas para caminos y peregrinaciones y sustentar su familia con el trabajo de sus manos». En consecuencia, aconsejaba pintarlo «de poco más de treinta años»; e Interián de Ayala, en «edad perfecto y varonil, esto es, según me parece, de cerca de cuarenta años», pues es la edad en la que se alcanza la mayor perfección en las fuerzas del cuerpo y las virtudes del alma.

Así de rejuvenecido se le representa ahora en las escenas tradicionales (Murillo, *La huida a Egipto*, ca. 1647-1650, Detroit, The Detroit Institute of Arts) y en aquellas en las que por primera vez aparece solo o en compañía del Niño Jesús, cogido de la mano o sosteniéndolo en sus brazos, como es frecuente verle en el arte español (Alonso Cano, Granada, Museo de Bellas Artes; Francisco de Herrera el Viejo, Madrid, Museo Lázaro Galdiano, etc.), asumiendo así, de alguna manera, la función que antes ejercía la Virgen. Como dice Camón Aznar (1972), ahora sobre san José recae «todo el peso de la humanidad de Jesús» (Murillo, *Sagrada Familia del pajarito*, Madrid, Museo del Prado).

Murillo, *Sagrada Familia del pajarito,* Madrid, Museo del Prado.

Es frecuente ver también a la Sagrada Familia en el taller de Nazaret (Espinosa, *ca.* 1658, Valencia, Museo de Bellas Artes; Ribera, Roma, Sovrano Militare Ordine di Malta) y la propia muerte de san José. El tema, inspirado en la *Historia de José el carpintero*, representa al santo agonizante en la cama siendo asistido por Jesús y la Virgen, situados en su cabecera. En el lienzo de Ribalta (1605-1610, Valencia, iglesia de San Jaime en Algemesí) un ángel se le acerca llevando un lirio y una corona de rosas; constituyen el reconocimiento divino a su castidad y a sus desvelos, por eso Zurbarán representa a Jesús imponiendo a su «padre» una corona de rosas (Sevilla, Museo de Bellas Artes). Fruto de la devoción española es también el poema de José de Valdivielso *Vida, excelencias y muerte del gloriosísimo Patriarca y Esposo de Nuestra Señora San Joseph,* publicado en Toledo en 1604, cuya edición valenciana de 1774 iba acompañada de 25 grabados de Hipólito Ricarte sobre dibujos del artista valenciano José Camarón Boronat.

BIBLIOGRAFÍA:
BENITO DOMÉNECH, F., «Dibujos de José Camarón Boronat sobre la vida de San José», *Archivo Español de Arte* 60, 240 (1987), pp. 419-445.
CAMÓN AZNAR, J., «San José en el arte español», *Goya* 107 (1972), pp. 306-313.
CATÁLOGO, *San José en el arte español,* Madrid, 1972.

JUAN
S. I. Evangelista y Apóstol.

HISTORIA Y TRADICIÓN: San Juan es hijo de Zebedeo y de María Salomé. Con su hermano Santiago el Mayor y con Pedro forma parte de los tres discípulos escogidos por Jesús, y comparte con ellos algunos de los episodios más importantes del ciclo evangélico (véase «Santiago el Mayor»). Es también «el que Jesús amaba», y sentado junto a él en la mesa de la Última Cena, recostándose sobre su pecho, le pregunta, requerido por Pedro, quién es el que le va a traicionar (Jn 13, 23-25). Como muestra de ese amor, Jesús le encomendó el cuidado de su madre desde la cruz (Jn 19, 26-27), acogiéndola desde entonces en su casa, y cuando le tocó en suerte marchar a Éfeso en misión apostólica, la llevó consigo. Estuvo con ella todo el tiempo que duró la vida de la Virgen, según la tradición, veintitrés años desde la muerte de Jesús.

Después, fue denunciado y conducido a Roma ante el emperador Domiciano, quien ordenó que le quemasen vivo sumergiéndole en una tinaja llena de aceite hirviendo. Como salió ileso del suplicio, fue desterrado a la isla de Patmos, donde escribiría el libro del Apocalipsis que, según san Jerónimo, tiene tantos misterios como palabras. Nerva le levantó el destierro y volvió a Éfeso, cuya Iglesia gobernó hasta su muerte, ocurrida hacia el año 104, reinando el emperador Trajano.

Basándose en la *Asumptio Sancti Iohannis* del Pseudo-Melitón de Sardes, se cuenta que el apóstol, sin haber muerto, fue arrebatado a los cielos de una fosa que él se había hecho cavar. Se tumbó en ella y, cuando terminó de rezar, se inundó de luz la fosa, mientras descendía sobre el cuerpo una arena finísima que lo cubrió por entero. De todos los milagros que realizó en Éfeso, uno reviste especial importancia, porque de él tomará su atributo cuando se le representa en su faceta de apóstol: un día fue llevado por la muchedumbre al templo de Diana con la intención de obligarle a adorar a los dioses paganos, pero el apóstol demostró que su fe era la verdadera cuando, invocando el nombre de Cristo, el templo y la estatua de la diosa se desplomaron hechos pedazos.

A pesar de ello, Aristodemo, el sacerdote, no contento con esta demostración, desafía a san Juan a beber un veneno muy fuerte, e incluso para mostrarle la eficacia de la ponzoña hace que dos condenados a muerte la beban; éstos caen muertos repentinamente después de beber el veneno, pero san Juan coge la copa que le ofrece Aristodemo, se santigua y se la bebe sin que el brebaje le produzca el menor daño. Después, coloca su capa sobre los dos condenados muertos y resucitan al instante. Con san Juan bebiendo de la copa envenenada se cumpliría la promesa de Cristo de dejarle beber del cáliz de la Pasión que a él le estaba reservado (Mt 20, 22-23).

En Éfeso, hacia el final de la centuria, entre el 90 y el 100, escribió el cuarto evangelio; con él, dice san Agustín, «se eleva muy por encima de los otros tres». «Como un águila sobre las nubes [...] ha alcanzado el cielo límpido. Desde allí, con mirada sumamente penetrante y sostenida, vio la Palabra que existía en el principio» (*Concordancia de los evangelistas*, I, 4, 7; 6, 9), cuando dice al comienzo del evangelio: «Al principio era el Verbo, y el Verbo estaba en Dios, y el Verbo era Dios».

ATRIBUTOS: Libro y águila cuando se le representa como evangelista, y un cáliz con una serpiente o un pequeño dragón alusivo al veneno que contiene, cuando se le representa como apóstol.

Giotto, *San Juan Evangelista en Patmos,* Florencia, Santa Croce, Capilla Peruzzi.

REPRESENTACIONES: San Juan viste túnica azul o blanca, símbolo de su pureza y virginidad; y el manto rojo porque, aunque no murió víctima de ningún tormento, «no faltó el ánimo al martirio, sino el martirio al ánimo de san Juan», dice Ribadeneira. No rehuyó la tina de aceite hirviendo, ni el cáliz de la Pasión, y hubiera muerto al pie de la cruz de no ser confortado por Cristo. Normalmente se le representa muy joven porque, según la tradición, era mozo cuando fue llamado al apostolado y era el menor de ellos. En virtud de su perpetua virginidad se le representa joven, no sólo en los episodios evangélicos, sino también a veces en el resto de los episodios de su biografía, aunque la tradición le atribuye noventa años cuando fue desterrado a Patmos. Interián de Ayala, al contrario que Molano y Pacheco, recomendaba pintar al apóstol en estos pasos viejo y con barba, como también le vemos en ocasiones.

Acompañado o sustituido por su animal simbólico, el águila, forma parte del grupo del Tetramorfos, y junto a san Pedro y su hermano Santiago presencia algunos episodios importantes de la vida de Cristo, como la Transfiguración o la agonía en el Huerto de los Olivos. Se le ve también recostado sobre el regazo de Jesús en el mesa de la Última Cena, al pie de la cruz junto a la Virgen, y consolándola durante el descendimiento y el entierro de Cristo. Por su nombre, se le empareja con san Juan Bautista (Jan Van Eyck, *Políptico del Cordero místico*, Gante, iglesia de San Bavón; El Greco, *Los Santos Juanes*, Madrid, Museo del Prado).

De su leyenda propiamente dicha se representan el suplicio del aceite hirviendo, la bebida del veneno y la resurrección de Drusiana, una devota del santo que no vivió para ver su regreso del destierro y que iba a ser enterrada precisamente el día en que san Juan entraba en Éfeso. Vemos estas escenas en el *Retablo de los Santos Juanes*, del Museo Nacional de Arte de Cataluña, y en las tablas del Maestro de San Nicolás del Museo de Bellas Artes de Bilbao. Giotto le dedicó tres frescos en la Capilla Peruzzi de la iglesia de Santa Croce, en Florencia: *San Juan en la isla de Patmos*, *La resurrección de Drusiana* y la *Asunción de san Juan*.

Capítulo aparte merece la representación de san Juan en la isla de Patmos. Las distintas visiones que inspiraron el libro del Apocalipsis se materializan en el cielo mientras duerme, como en el caso del fresco de Giotto («caí en éxtasis el día del Señor, y oí detrás de mí una gran voz...», Ap 1, 10); o desfilan ante su mirada como un resumen del libro mientras lo escribe («Lo que veas escríbelo en un libro y envíalo a las Siete Iglesias», Ap 1, 11), como vemos en la tabla lateral de tríptico de *Los desposorios místicos de santa Catalina* de Hans Memling (1479, Brujas, Hospital de San Juan); posteriormente la visión se reduce a la Mujer apocalíptica perseguida por el dragón rojo de siete cabezas (Ap 12, 1-4). En esta visión tiene su origen la iconografía de la Inmaculada Concepción, como bien puso de manifiesto Velázquez cuando pintó, en dos lienzos independientes pero formando conjunto, la *Visión de san Juan en Patmos* y la *Inmaculada Concepción* (*ca.* 1618, Londres, National Gallery).

El resto de las visiones descritas en el Apocalipsis tienen también su propio desarrollo iconográfico. En este sentido, constituyen verdaderos monumentos para la historia del arte las ilustraciones de los distintos *Beatos*, y la serie de 15 xilografías grabadas por Durero entre 1497 y 1498. Pacheco critica al «gran Alberto Durero» por pintar mozo a san Juan, y alaba la serie de 24 grabados de Juan de Jáuregui porque lo representó anciano en el libro de Luis del Alcázar *Vestigatio Arcani sensu in Apocalypsi* (Amberes, 1614). Gregorio Fernández se inspiró en estas series para los dos relieves del retablo mayor de la iglesia de los Santos Juanes, en Paredes de Nava, Valladolid. Situados en el cuerpo superior, en la *Visión de los siete candelabros* y en la *Inmaculada apocalíptica* toma de los grabados de Jáuregui la composición de la escena, y de los de Durero la caracterización joven del santo.

JUAN BAUTISTA
S. I. El Precursor.

HISTORIA Y TRADICIÓN: No hay duda alguna de que san Juan Bautista goza de una consideración especial en la Iglesia, tanto católica como ortodoxa, pues no es sólo el último de los grandes profetas del pueblo de Israel, sino que ya desde su nacimiento el arcángel san Gabriel le otorgó el importante papel de preparar el camino de Jesucristo, de ir delante de él para que, en su advenimiento, encuentre «un pueblo bien dispuesto» (Lc 1, 17). Se le considera además el primer mártir del cristianismo, por encima incluso de san Esteban, a quien se le concede tradicionalmente el apelativo de protomártir. Por un privilegio especial, la Iglesia celebra los dos acontecimientos de la vida del Bautista narrados en los evangelios: su nacimiento, el 24 de junio, y su degollación, el 29 de agosto.

Las circunstancias de su nacimiento las encontramos únicamente en el Evangelio de San Lucas. Era hijo de Isabel, prima de la Virgen María, y de Zacarías, sacerdote del templo de Jerusalén, que, tocándole en suerte aquella semana ocuparse del incienso del altar, recibió la visita de san Gabriel para anunciarle el advenimiento de un hijo, de nombre Juan, santificado por el Espíritu Santo ya desde el vientre de su madre. Zacarías se muestra incrédulo a causa de la avanzada edad del matrimonio y, en castigo, el ángel le deja mudo hasta el día del nacimiento de san Juan. Cuando por fin llegó el momento, transcurridos ocho días desde el alumbramiento se dirigieron al Templo a circuncidarle y a imponerle un nombre; preguntado Zacarías, escribió sobre una tablilla «Juan es su nombre», e inmediatamente recuperó la voz y profetizó la llegada de Jesucristo.

San Juan creció oculto en el desierto, y, después de transcurridos unos treinta años, lo encontramos ya predicando y bautizando en las aguas del Jordán. Al ver acercarse hacia él a Jesús, exclama: «He aquí el Cordero de Dios, que quita el pecado del mundo» (Jn 1, 29). La predicación del Bautista coincide con el reinado de Herodes Antipas, tetrarca de Judea, y de Poncio Pilatos, gobernador romano en la provincia. El rey Herodes había ordenado su encarcelamiento a causa de su esposa Herodías, con quien había contraído matrimonio después de que ésta repudiara a Filipo, hermano del rey. Herodías aborrecía a Juan por la insistencia con que el profeta condenaba su unión: «No te está permitido tener la mujer de tu hermano» (Mc 6, 18). Herodías encontró la ocasión de vengarse durante el banquete que Herodes ofreció a las personalidades de Judea con motivo de su cumpleaños: su hija Salomé danzó para los comensales y tanto agradó al rey que le ofreció sin pensarlo cualquier don que le pidiese; después de consultar con su madre, pidió la cabeza del Bautista en una bandeja. El rey envió a un verdugo a la prisión, lo decapitó «y trajo su cabeza en una bandeja, y se la dio a la muchacha, y la muchacha se la dio a su madre. Al enterarse sus discípulos, vinieron a recoger el cadáver y le dieron sepultura» (Mc 6, 28-29).

ATRIBUTOS: Cordero y filacteria con la leyenda *Ecce Agnus Dei*, a veces el cordero va inscrito en un medallón y, como símbolo de Cristo, lleva nimbo crucífero y una bandera agarrada con una de sus patas delanteras; concha o cuenco de bautizar; libro, por ser profeta; cruz larga de caña o palos, por su conocimiento del martirio de Cristo; y tronco de árbol, por las palabras que dirige a los fariseos: «Ya está el hacha puesta a la raíz de los árboles; y todo árbol que no dé buen fruto será cortado y arrojado al fuego» (Mt 3, 10). Puede considerarse también como atributo distintivo su indumentaria: un vestido hecho con piel de camello ceñido con un cinturón de cuero (Mt 3, 4 y paralelos), y un manto rojo en recuerdo de su martirio.

Caravaggio, *La degollación de san Juan Bautista*, Malta, catedral de La Valetta.

REPRESENTACIONES: Tomando como base las palabras del Evangelio de San Lucas, «El niño crecía y su espíritu se fortalecía: vivió en el desierto hasta el día de su manifestación a Israel» (Lc 1, 80), se puede representar al Bautista en edad infantil, como un niño (Murillo, *San Juanito y el Cordero*, ca. 1660, Londres, National Gallery; *San Juan Bautista niño*, 1670, Kettering, Bougthon House), o como un adolescente (Ribera, *ca.* 1640, Madrid, Museo del Prado; Caravaggio, Roma, Galería Corsini). Especialmente este último tipo de representaciones, muy frecuentes en el Barroco, no eran del agrado del teólogo de Salamanca Interián de Ayala, que considera que los pintores se dedican «o a ostentar su pericia en el arte pintando desnudos los cuerpos, o a pintar según su capricho».

La iconografía del «san Juanito» fue una creación del Renacimiento, surgida como consecuencia de la relajación de las formas y contenidos religiosos que acompañaron al Humanismo, y que pretendía dotar de más humanidad a la figura de Jesucristo, dando un mayor papel afectivo al entorno y a los personajes con los que creció, como se ve, por ejemplo, en la revalorización de la figura de san José. Se nos presenta así a san Juanito jugando con el Niño Jesús, su primo, a quien habría encontrado en el desierto huyendo también de la matanza de los inocentes ordenada por Herodes (Leonardo, *La Virgen de las Rocas*, 1483-1485, París, Louvre; Rafael, *Madonna del Prado*, 1506, Viena Kunsthistorisches Museum; *La bella jardinera*, 1507, París, Louvre).

Francisco Pacheco, como censor eclesiástico, condenaba este tipo de imágenes porque carecían de fundamento evangélico, y así afirma, «pintarlo entretenido con Cristo, ambos niños, es simpleza y ignorancia». A pesar de su condena, la variada iconografía del san Juanito seguirá gozando de gran popularidad en España gracias a las emotivas composiciones de Murillo (*Los niños de la concha*, ca. 1670, Madrid, Museo del Prado). La fisonomía y el aspecto de san Juan Bautista como adulto se ajustan a la tipología del santo ermitaño, consumido por los rigores de la penitencia. Pacheco, dando por buena la reliquia de la cabeza del Bautista que se conserva en la iglesia de San Silvestre, en Roma, lo describe de la siguiente manera: «el rostro largo, bien proporcionado, flaco y penitente, por la gran abstinencia; el color, tostado y moreno, por los grandes soles e inclemencias de los tiempos [...]; el cabello y la barba no compuesto y crecido [...]; y, en suma, todo el semblante de hombre nobilísimo, pues descendía de tribu real y sacerdotal, como Cristo».

En multitud de ocasiones san Juan señala con el dedo al cielo (Leonardo, *San Juan Bautista*, ca. 1509, París, Louvre), a Cristo (Grünewald, *Crucifixión de Isenheim*, 1512-1516, Colmar, Museo de Unterlinden) o al cordero (Diego Siloé, *San Juan Bautista*, en la sillería de coro de San Benito, Valladolid, Museo Nacional de Escultura), actitud que se explica por los versículos del Evangelio de San Juan (1, 29-30). El cordero, tan característico de nuestras imágenes devocionales, está ausente en las representaciones de la Iglesia oriental, debido, como ya observara Molano, a las conclusiones expresadas en el canon 82 del Concilio Quinisexto celebrado en el año 692: «En algunas imágenes venerables se representa un cordero a quien el Precursor señala con su dedo [...] mostrándonos por anticipado al verdadero Cordero, Cristo Nuestro Señor [...]. Decretamos que el Cordero, Cristo nuestro Dios, que quita los pecados del mundo, sea de ahora en adelante representado también de forma humana en las imágenes, sustituyendo al antiguo cordero».

En los ciclos dedicados a su vida, muy numerosos, aunque se desarrollan todas las posibilidades narrativas que ofrecen los evangelios, se insiste especialmente en unas pocas escenas fundamentales: el anuncio a Zacarías, el nacimiento y la imposición de su nombre, el bautismo de Jesús, la danza de Salomé y la entrega de su cabeza (Giotto, Florencia, Santa Croce, Capilla Peruzzi; Ghirlandaio, Florencia, Santa María Novella, Capilla Tornabuoni). También se representa con frecuencia el tema de la visitación de la Virgen a Isabel, pues es éste el momento de la santificación del Bautista (Lc 1, 41). En otras series, menos fieles al ciclo evangélico, se introducen escenas poco usuales, como el *Encuentro de san Juan Niño con la Sagrada Familia en el desierto* perteneciente a la serie que realizaron los hermanos Lorenzo y Jacopo Salimbeni, en el siglo XV, para el oratorio de San Giovanni en Urbino; o el lienzo de Massimo Stanzione *San Juan Bautista niño se despide de sus padres,* perteneciente a una serie realizada hacia 1634 para el Palacio del Buen Retiro y hoy conservada en el Museo del Prado.

La exaltación que hace el Barroco del martirio convierte la escena de la degollación de san Juan Bautista en una de las más frecuentes de este periodo, a veces llevada a un realismo extremo, como en la famosa composición de Caravaggio *La degollación de san Juan Bautista* (Malta, catedral de La Valetta). Caravaggio también pintó al verdugo depositando la cabeza del Bautista en la bandeja (*Salomé con la cabeza de san Juan Bautista*, Londres, National Gallery; Madrid, Palacio Real). La representación de la cabeza del Bautista sobre una bandeja es también creación barroca (Núñez Delgado, 1591, Sevilla, Museo de Bellas Artes), mostrando por lo general en el rostro, como en el ejemplo mencionado, un patetismo que Interián de Ayala creía más propio de un Holofernes borracho que «de la santidad que tuvo en su muerte el gran Precursor». La serenidad y nobleza que vemos en la *Cabeza del Bautista* de Ribera (1646, Nápoles, Museo Cívico), está sin duda más acorde con el gusto de Ayala. Mattia Preti pintó el cuerpo decapitado, con el cuello aún sangrante, en *San Juan Bautista degollado* (Sevilla, Palacio Arzobispal). Por último, en la *Deésis*, tema inspirado en *La carta del Domingo*, apócrifo del siglo VI, aparece san Juan suplicando junto a la Virgen por la salvación del mundo el día del Juicio Final.

BIBLIOGRAFÍA:

ALCOY, R., «Flabelos para el Agnus Dei del Bautista en el siglo XIV», *Cuadernos de Arte e Iconografía* II, 3 (1989), pp. 47-52.

CAMPO Y FRANCÉS, A. y GONZÁLEZ REGLERO, J. J., «En torno al lenguaje del dedo índice en la iconografía del Bautista», *Cuadernos de Arte e Iconografía* IV, 7, pp. 223-234.

MASSÉRON, A., *Saint Jean-Baptiste dans l'Art*, París, Arthaud, 1957.

JUAN DE DIOS
1495-1550. Fundador de la Orden Hospitalaria.

HISTORIA Y TRADICIÓN: Aunque nació en la villa portuguesa de Montemayor, cerca de Évora, san Juan, con ocho años de edad, abandona la casa de sus padres y viene a España, donde sirve como pastor en Oropesa hasta los veintidós años. Se alista entonces en el ejército, en las tropas imperiales comandadas por el conde de Oropesa, con las que participa en la defensa de Viena contra el avance turco. De esta etapa de soldado, Francisco de Castro, autor de la primera biografía escrita sobre san Juan de Dios (*Historia de la vida y sanctas obras de Juan de Dios, y de la institución de su Orden, y principio de su hospital*, Granada, 1585), destaca un hecho que tendrá después cierta repercusión iconográfica: defendiendo Fuenterrabía del acoso francés, se ofreció para buscar provisiones a lomos de una yegua francesa, pero el animal, reconociendo su tierra, se lanzó al galope y tiró al suelo a san Juan; temeroso de caer en manos del enemigo, se hincó de rodillas pidiendo protección a la Virgen. El portugués Antonio de Govea añade en el episodio la aparición de la Virgen, que ayuda al santo ofreciéndole agua para reponer sus fuerzas (*Vida y milagros del bendito Padre Juan de Dios, fundador de la Orden de la Hospitalidad de los pobres enfermos*, Madrid, 1624).

El mismo título indica la diferencia entre las dos biografías, pues la segunda, escrita cuando el proceso de beatificación estaba en marcha, está repleta de todos los clichés hagiográficos habituales muy del gusto de la mentalidad contrarreformista y de la devoción popular, por lo que se convertirá en la principal fuente de inspiración para los artistas. De vuelta de una breve estancia en Marruecos, comienza a vender libros y estampas religiosas en Gibraltar. En Gaucín (Málaga) tiene lugar el fundamental encuentro con el Niño Jesús, que le indicará el rumbo de su destino cuando, mostrándole una granada abierta coronada por una cruz, le dice: «Juan de Dios, Granada será tu cruz».

Llega a la ciudad de la Alhambra en 1538 y abre una librería para continuar con su negocio, pero el 20 de enero de 1539 asiste al sermón que Juan de Ávila predica desde la ermita de San Sebastián. Sus palabras producen en él una profunda transformación; a gritos se arrepiente tumbado en un lodazal de los pecados de su vida pasada. Sus vecinos creen que se ha vuelto loco y le llevan al Hospital Real, donde permanece hasta mayo. «Como la principal cura que allí se hace a los tales [a los locos] sea con azotes, y metellos en ásperas prisiones y otras cosas semejantes para que con el dolor y el castigo pierdan la ferocidad y vuelvan en sí, atáronle pies y manos, y, desnudo, con un cordel doblado le dieron una buena vuelta de azotes». Cuando salió del hospital, fue en peregrinación a Guadalupe, y un día, mientras rezaba, se le apareció la Virgen, que le puso al Niño Jesús en los brazos y le dio unos pañales para envolverlo, «enseñándole con aquel favor a vestir niños desnudos y a pensar que cada cual era el mismo Dios hecho hombre».

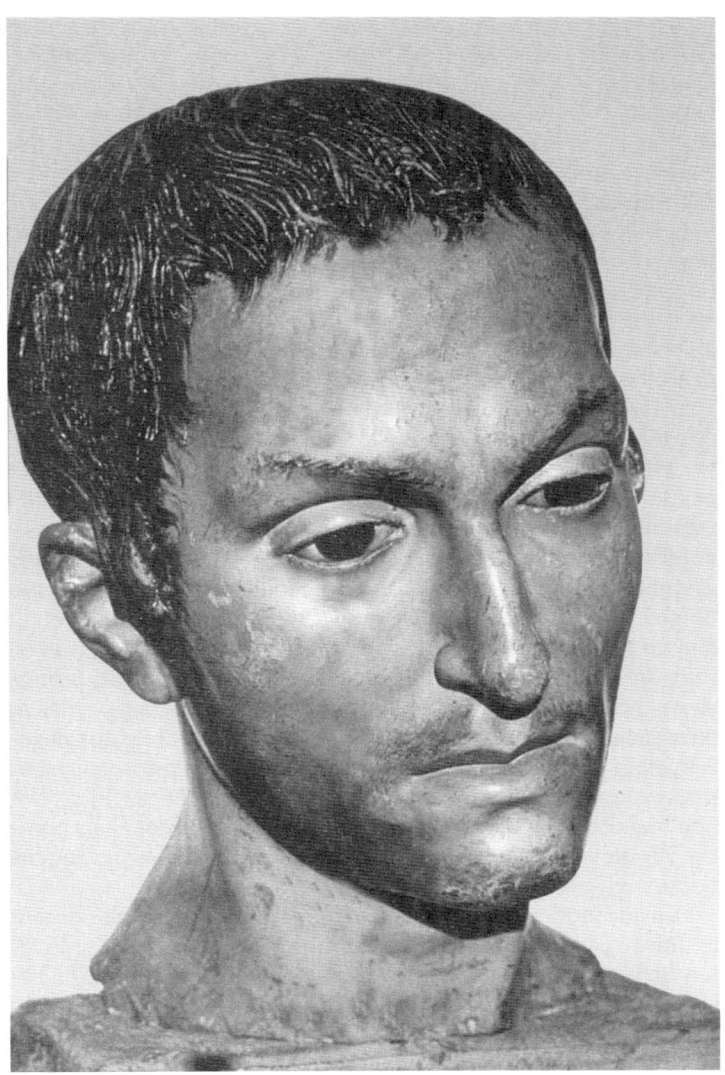

Alonso Cano, *Cabeza de san Juan de Dios,* Granada, Museo de Bellas Artes.

De vuelta en Granada entra en la iglesia de Nuestra Señora del Sagrario y se pone a rezar frente a un retablo con una representación del Calvario. Entonces le pareció que descendían del retablo la Virgen y san Juan Evangelista y, al tiempo que le ponían en la cabeza una corona de espinas, la Virgen le decía: «Por espinas y trabajos, Juan, quiere mi Hijo que alcancéis grandes merecimientos». Empezó a ganarse la vida vendiendo leña, pero, viendo los muchos pobres que había en la ciudad pasando hambre y frío, decidió ayudarles y abrió su primer hospital en la calle Lucena, en el barrio de La Pescadería. Admite a todos los pobres que llaman a su puerta, viviendo de la caridad que reclama a voces por las calles de Granada con una espuerta al hombro y dos ollas en las manos. Pronto este hospital se queda pequeño, y en 1547 consigue abrir otro en un convento de carmelitas abandonado, frente al monasterio de San Jerónimo.

Muchas son las anécdotas que amontonan sus biógrafos para exaltar la caridad y la humildad de san Juan de Dios durante esta última etapa de su vida, dedicada por entero a los pobres y enfermos de Granada. Así, en una ocasión, no sólo soportó con dignidad la bofetada que le dio un caballero por chocarse con él, sino que le dijo: «Yo soy el que erré, que bien la merezco: dadme otra». Durante el incendio del Hospital Real, ocurrido en julio de 1549, san Juan acudió enseguida a salvar a los enfermos y, sin pensar en las llamas, entró cuantas veces fue necesario para sacarlos a cuestas. Queda fija en la memoria de sus devotos esta imagen de san Juan de Dios con los enfermos a cuestas, pues era en él la forma habitual de socorrerlos. Dice Castro que «en viendo él pobre, sin esperar más ayuda, se lo echaba a cuestas y lo llevaba a su hospital con mucho trabajo, porque andaba flaco y enfermo».

La anécdota más importante tiene lugar precisamente durante una de estas ocasiones. El diablo con forma de cerdo se le interpuso en su camino y le hizo caer con el pobre que llevaba encima. Pidió ayuda a Dios y entonces dos ángeles le ayudaron a incorporarse. Que las obras de misericordia emprendidas por san Juan y que dieron origen a la Orden Hospitalaria, eran del agrado de Dios, lo confirma otro importante episodio, muy frecuente en su iconografía. Un día, según era su costumbre, estaba lavando los pies de un pobre y, cuando se disponía a besarlos, reparó en las señales de sus llagas; levantó la vista y vio a Jesucristo que le decía: «Juan, cuando lavas los pies de los pobres, a mí mismo me los lavas».

En 1550 cayó san Juan gravemente enfermo, pero todavía desde su celda del hospital seguía trabajando y procurando ayudar a todos; entonces, doña Ana de Osorio consigue hacerlo trasladar hasta su casa de García de Pisa. Estaba en la cama cuando se sintió morir. Cogió un crucifijo y se arrodilló en el suelo: «Jesús, Jesús, en tus manos me encomiendo». Quedó así, muerto de rodillas, «y quedara así hasta hoy con aquella forma si no fuera por la simpleza de los que estaban presentes». La Orden Hospitalaria de San Juan de Dios fue aprobada por Pío V en 1571, indicando además que debía regirse por la Regla de San Agustín. San Juan fue beatificado en 1630 y canonizado en 1690.

ATRIBUTOS: Granada con cruz, espuerta, crucifijo o cruz simple de palo, enfermo sobre sus espaldas y cayado.

REPRESENTACIONES: A san Juan de Dios se le efigia siempre joven y sin barba, escaso de pelo y normalmente flaco y demacrado, según la descripción que encontramos en la biografía de Castro: «Andaba siempre descalzo en la ciudad y en todos los caminos, y descaperuzado, y rapado a navaja barba y cabeza». Viste un hábito pardo oscuro, un sayo que le fue impuesto por el obispo de Tuy durante una visita que hizo a Granada. En la bula de confirmación de la Orden se les permite a los hospitalarios vestir también un escapulario por encima, y al sacerdote el mismo hábito pero mayor y más ancho. La fisonomía de san Juan se inspira en un retrato hecho por Alonso Sánchez Coello sobre un apunte suyo, realizado en vida del santo según declaró durante el proceso de canonización el hijo del pintor, Juan Sánchez Coello de Reinaldo. El retrato le fue encargado al pintor por el hospitalario Domingo Benedito para el hospital de Granada; y aunque el original no se conserva, en su lugar hay una copia del siglo XIX. Copia del original de Coello parece

Murillo, *San Juan de Dios llevando a un enfermo*, 1672, Sevilla, Hospital de la Caridad.

también el retrato de Pedro de Raxis el Viejo que se conserva en la Casa de los Pisas en Granada.

Entre las imágenes devocionales, llevando la cruz, hay que destacar la obra de José Risueño (1715, Granada, iglesia de San Matías) y la de Diego de Mora (1690, Granada, Hospital de San Juan de Dios). Zurbarán lo pintó además con la granada coronada por la cruz, el emblema de la Orden (*San Juan de Dios, fundador de la Orden Hospitalaria*, México, Instituto Nacional de Bellas Artes). Excepcionales son la cabeza que Alonso Cano realizó para una imagen de vestir (Granada, Museo de Bellas Artes) y la emotiva talla de Pedro de Mena para el coro de la catedral de Málaga. Aunque Mena escoge el episodio del incendio del Hospital Real, lo que subraya realmente es la caridad del santo, con la proverbial imagen del enfermo que lleva a cuestas y la espuerta de las limosnas a sus pies (Verdiguier, 1785-1786, Granada, catedral). Con esta imagen oficial de la caridad contribuyó la Orden Hospitalaria a la asamblea de los santos fundadores en Roma (Filippo della Valle, 1741-1745, Roma, basílica de San Pedro; Rusconi, 1730-1736, Roma, Hospital de San Giovanni Calibita).

Formando parte de un programa iconográfico más amplio destinado también a exaltar la caridad, Murillo pintó a *San Juan de Dios llevando a un enfermo* (1672, Sevilla, Hospital de la Caridad), en el que quizá plasmó el episodio de su caída provocada por el diablo en forma de cerdo. Otras escenas frecuentes en su iconografía son la aparición de la Virgen de Guadalupe (Conrado Giaquinto, Granada, Hospital de San Juan de Dios; Andrea Gennaroli, 1640, Roma, San Giovanni Calibita), la imposición de la corona de espinas (Francisco Camilo, 1650, Durham, Bowes Museum) y su muerte de rodillas, una imagen tan emblemática como la del enfermo a cuestas (Alonso Cano, 1653-1657, Granada, colección particular; José Risueño, Granada, Casa de los Pisas).

Existen también extensas series narrativas que ilustran la vida de san Juan de Dios. La cuarta edición de la biografía de Govea publicada en 1659 incluía 37 grabados de Pedro de Villafranca, Juan de Noort y Hernán Paneels. Estos mismos grabados fueron de nuevo utilizados en la biografía de Manuel Trinchería *Pasmosa vida, heroicas virtudes y singulares milagros de... San Juan de Dios*, publicada en Madrid en 1773. En esta serie se inspiró el pintor malagueño Bartolomé de Aparicio para el conjunto que decora la iglesia de San Juan de Dios en Antequera (Málaga); también la serie de doce composiciones del Hospital de Bujalance de Córdoba; las 19 pintadas en 1743 para el Hospital de Atlixco en México, y los 34 lienzos que Diego Sánchez Sarabia pintó para el claustro del Hospital de San Juan de Dios de Granada, de los que hoy subsisten 26. En estos ciclos, además de los episodios señalados mas arriba, se representa la aparición de la Virgen a san Juan caído de la yegua desbocada, el encuentro con el Niño Jesús en Gaucín, su asistencia al sermón de Juan de Ávila, los azotes propinados en el Hospital Real al ser tomado por loco, la bofetada, y la conversión de Antón Martín, que había acudido a Granada a pleitear con un deudor, pero desistió ante los ruegos del santo. Antón Martín quedará al cargo del hospital de Granada a la muerte de san Juan de Dios y fundará también el hospital de Madrid.

BIBLIOGRAFÍA:

CLAVIJO GARCÍA, A., «El programa iconográfico de la iglesia de San Juan de Dios de Antequera (Málaga)», *Cuadernos de Arte e Iconografía* II, 3 (1989), pp. 224-238.

GALLARDO DE ONDOVILLA, P., «Genealogía de la Orden Hospitalaria en un grabado de 1792», *Cuadernos de Arte de la Universidad de Granada* 17 (1985-1986), pp. 99-109.

GÓMEZ MORENO, M., *Primicias históricas de San Juan de Dios*, Madrid, 1950.

KUSCHE DE ZETTELMEYER, M., «La "Vera Effigies" de San Juan de Dios», *Imágenes de San Juan de Dios*, Granada, 1995, pp. 83-88.

LARIOS LARIOS, J. M., *El claustro del Hospital de San Juan de Dios en Granada*, Granada, Diputación Provincial, 1979.

—, «Biografía e iconografía: Fuentes literarias para la creación y evolución del tipo iconográfico de San Juan de Dios», *Imágenes de San Juan de Dios*, Granada, 1995, pp. 27-81.

JUAN DE MATA
†1213. Fundador de la Orden de la Santísima Trinidad.

HISTORIA Y TRADICIÓN: San Juan de Mata no ha sido canonizado oficialmente, pero su culto se difundió desde el siglo XVII con la inclusión de su nombre en el Breviario Romano y la extensión de su oficio a la Iglesia universal en 1694. La Iglesia de la Contrarreforma debió ver en este personaje del siglo XII un elemento más para contrarrestar las tesis protestantes acerca de la transubstanciación, ya que la Orden Trinitaria por él fundada tiene su punto de partida precisamente en la aparición de Cristo durante la celebración de la misa.

De origen francés, san Juan de Mata debió nacer en la segunda mitad del siglo XII, y hacia el año 1180 marchó a la Universidad de París, donde se doctoró en teología y recibió el sacerdocio. En su primera misa, celebrada el día de la festividad de Santa Inés de 1193, en el momento de la consagración se le apareció Jesús: vestía una túnica blanca con una cruz rojiazulada sobre el pecho y llevaba dos cautivos, uno moro y otro cristiano. Decide así fundar una Orden dedicada a la liberación de los cautivos y marcha al encuentro de san Félix de Valois, que ha tenido en su lugar de retiro la visión de un ciervo con una cruz roja y azul en su cornamenta. Ambos se dirigen entonces a Roma a pedir confirmación al papa Inocencio III, pero éste en principio no acoge la propuesta favorablemente, hasta que él mismo tiene la visión de Cristo con los cautivos durante una misa.

En 1198 el papa aprobó la formación de la Orden de la Santísima Trinidad y Redención de Cautivos, cuyas ordenanzas estaban basadas en el número 3: los conventos estarían formados por tres clérigos, tres laicos y el prior; y los bienes de la comunidad se destinarían, a partes iguales, a la redención de cautivos, al sustento de los hermanos y a las obras de caridad. Al año siguiente Juan de Mata parte para Marruecos a realizar su primera redención, llevando una carta del papa para el rey Miramamolín; prosiguió su labor por el norte de África, y ya a principios del siglo XIII fundaría conventos en España, pues la Reconquista daba a la Orden amplio campo de acción, aunque en directa competencia con la Orden fundada para el mismo fin por san Pedro Nolasco. San Juan de Mata murió en Roma, en el convento de Santo Tomás in Formis, según tradición, el 17 de diciembre de 1213.

ATRIBUTOS: Cruz griega roja y azul sobre el hábito, ciervo con la misma cruz entre su cornamenta, y cadenas, alusivas a su misión.

REPRESENTACIONES: El distintivo más característico de los trinitarios, el hábito blanco con la cruz rojiazul sobre el pecho, recibe desde el siglo XV una explicación simbólica también trinitaria. El travesaño es azul y representa al Hijo, tumbado, como en su nacimiento y su muerte; el rojo es el Espíritu Santo y corresponde al palo vertical de la cruz, porque procede del cielo; el blanco representa al Padre y corresponde al hábito, porque su omnipotencia lo abarca todo. La cruz griega inicial tenía los extremos abiertos, pero Juan Bautista de la Concepción, impulsor de la reforma de la Orden en 1599, adopta como emblema de la descalcez trinitaria la cruz con los brazos rectos, que es la que vemos preferentemente en la iconografía española de la Orden. Para el convento de trinitarios descalzos de Madrid, Vicente Carducho pintó en 1634 una serie de 12 lienzos sobre la vida de los santos fundadores, san Juan de Mata y san Félix de Valois. Antonio Ponz vio la serie completa en el citado convento, pero la Desamortización facilitó su dispersión; en la actualidad, la mayoría pertenece al Museo del Prado, aunque algunos los tiene depositados en otras instituciones. Carducho debió inspirarse en la serie de 25 grabados de Theodore van Thulden publicados en París en 1633, a partir de los lienzos que el mismo autor pintó para el convento parisino de San Mathurin (Carlos Varona, 1999).

También debió tenerlos en cuenta Juan Carreño de Miranda para la realización de la *Fundación de la Orden Trinitaria*, gran cuadro de altar pintado para los trinitarios de Pamplona en 1666 y hoy en el Louvre de París. Representa la visión de san Juan de Mata durante su primera misa, aunque aquí es un ángel quien presenta a los cautivos con los brazos en cruz, según otras tradiciones del acontecimiento. La Trinidad preside la escena sobre rom-

Juan Carreño de Miranda, *Fundación de la Orden Trinitaria,* 1666, París, Louvre.

pimiento de gloria y, al fondo, el encuentro entre san Juan de Mata y san Félix de Valois y la visión del ciervo. Aunque Carreño nos muestra un punto de vista lateral, como en el grabado número 7 de la serie de Thulden, la disposición de las figuras y el contraluz que utiliza para las del primer plano presentan enormes similitudes con la *Visión de Inocencio III* de la misma serie.

BIBLIOGRAFÍA:

BATICLE, J., «La fundación de la Orden Trinitaria, de Carreño de Miranda», *Goya* 71 (1964), pp. 140-153.

EXTREMADURA OLIVÁN, A., «Cruz y hábito como signo de la reforma trinitaria», *IV Congreso sobre Humanismo y Renacimiento. Seminario sobre iconología y simbolismo en el Siglo de Oro*, Jaén, 1995, pp. 183-191.

CARLOS VARONA, M. C., «Nuevas noticias sobre las pinturas de Vicente Carducho para el convento de trinitarios descalzos de Madrid», *Archivo Español de Arte* 288 (1999), pp. 505-520.

JUAN DE SAHAGÚN
1431-1479. Agustino.

HISTORIA Y TRADICIÓN: Nacido en Sahagún de Campos (León), sentía ya san Juan desde muy pequeño una clara inclinación por la piedad y la devoción, hasta el punto de que, subido en una piedra o en cualquier sitio elevado, exhortaba a los otros niños a no blasfemar, a no pecar y a obedecer en todo a sus mayores. Fue educado por los monjes benedictinos de Sahagún y después estudió teología; e hizo tantos progresos que atrajo la atención del obispo de Burgos, don Alonso de Cartagena, quien le ordenó sacerdote y le nombró canónigo de la catedral. En un principio vivía en el palacio episcopal y subsistía con las rentas que le cedió el abad de Sahagún, pero renunció a todo para ejercer de simple capellán en la iglesia de Santa Gadea, donde permanece un tiempo, tras lo cual decide ir a Salamanca para completar sus estudios. Alojándose cerca de la iglesia de San Sebastián, su sermón en honor del santo mártir impresionó tanto a los colegiales del Mayor de San Bartolomé que le rogaron que aceptase el cargo de capellán del mismo, desde donde podría continuar con mayor comodidad su carrera.

Después de cuatro años ejerciendo de capellán en el colegio Anaya se fue con el sacerdote Pedro Sánchez, viviendo como predicador y confesor oficial de Salamanca, que le pagaba treinta mil maravedíes al año. Tras salir de una grave enfermedad, durante la cual había hecho voto de abandonar el siglo si sanaba, tomó el hábito de los Ermitaños de San Agustín en junio de 1463, profesando en la misma Orden al año siguiente, después del noviciado. Oficiaba misa todos los días con tanto amor y ternura que, por las muchas horas que empleaba, no había quien le ayudase. Su superior le pidió que abreviara, pero san Juan le confesó que durante la Eucaristía se le aparecía Jesús hecho carne instruyéndole sobre lo que tenía que predicar. Cuentan sus biógrafos que, un día que estaba a punto de comulgar, se mantuvo estático durante bastante tiempo; mirando a la hostia que tenía en las manos, le dijo: «Señor, yo no te puedo recibir si no te vuelves a la primera especie eucarística».

Salamanca, que tiene por patrón a san Juan de Sahagún, recuerda todavía en sus calles los milagros del fraile agustino. Un día, un toro que pastaba cerca del río se vino para la ciudad; ya estaba cerca de la catedral, poniendo en peligro la vida de un niño que se encontraba jugando, cuando san Juan detuvo al animal al grito de «¡Tente necio!», que es como en la actualidad se llama la calle. La calle Pozo Amarillo recuerda otro milagro importante: un niño cayó en un pozo con el brocal amarillo que allí existía. Su madre, desesperada, pedía ayuda cuando acudió fray Juan, que alargó la correa de su hábito y el nivel del agua comenzó a subir hasta que el niño pudo salir agarrado a ella. Por último, la Plaza de los Bandos, cercana a la Plaza Mayor, recuerda otro de los hechos de la vida de san Juan de Sahagún que con mayor frecuencia se repiten en su iconografía, el de la pacificación de Salamanca, que se encontraba dividida entre dos bandos beligerantes, el de los Enríquez y el de los Manzanos. Dos hermanos de esta última familia habían dado muerte a otros dos hermanos de los Enríquez y después huyeron a Portugal;

pero María de Monroy, llamada la Brava, de los Enríquez, se disfraza de soldado y persigue a los asesinos de sus hijos hasta Portugal, donde los encuentra y los mata. Con sus cabezas clavadas en sendas picas, vuelve a Salamanca y las coloca como trofeo sobre la tumba de sus hijos. Durante casi un siglo la ciudad se dividió enfrentada a uno y otro lado de estas nobles familias sin que nadie pudiera evitarlo, salvo Juan de Sahagún, que con sus constantes prédicas y sermones consiguió que ambos bandos firmasen la paz en 1476.

El fervor y la sinceridad con que fray Juan sermoneaba a sus convecinos podía en otros casos poner en peligro su vida. El mismo duque de Alba, García de Toledo, quiso vengarse de las reprimendas que el santo le hizo acerca del trato abusivo que reservaba a sus vasallos y campesinos. San Juan volvía a Salamanca desde Alba de Tormes cuando el duque mandó tras él a dos jinetes para matarle; pero, cuando ya estaban cerca, los caballos se pararon en seco y se pusieron a temblar, y los jinetes suplicaron su perdón. Sin embargo, fray Juan no salió con vida del último atentado: según la tradición murió envenenado por una dama resentida, abandonada por su amante a causa de los sermones del santo. Sus restos fueron sepultados en el convento de San Agustín de Salamanca, pero en 1835 fueron trasladados a la catedral. San Juan de Sahagún fue beatificado en 1601 por Clemente VIII y canonizado en 1690 por Alejandro VIII junto a san Juan de Dios y san Pascual Bailón, aunque la bula fue expedida al año siguiente por Inocencio XII.

ATRIBUTOS: Cáliz con la Sagrada Forma, pozo con niño dentro, y la palma del martirio, pues así se le considera debido a su muerte por envenenamiento.

REPRESENTACIONES: Se le representa siempre con amplia tonsura, joven y sin barba. Viste el hábito negro de su Orden, con mangas anchas y ceñido con un cinturón. Lleva esclavina con capucha, y en ocasiones sobrepelliz sobre el hábito cuando se le representa como canónigo, como se le ve en las esculturas que se conservan en la catedral de Burgos. La imagen de tipo devocional es la más frecuente, a menudo asociado con otro santo agustino, santo Tomás de Villanueva. Los ejemplos son numerosos en tierras de León, Burgos, Ávila y Salamanca (García Abad, 1994), y el más importante es la escultura que preside el retablo mayor de su iglesia en Sahagún de Campos, pues se atribuye su autoría a Gregorio Fernández, que pudo realizarla durante el primer decenio del siglo XVII. El retablo es de 1804 y tiene en sus calles laterales seis lienzos con escenas de la vida del santo.

Ese mismo año fue vendido el primitivo retablo a la parroquia de Santo Tomás de Arenillas de Valderabuey, a pocos kilómetros al sur de Sahagún. Fue realizado en 1657 por Manuel Salcedo y Juan Bautista Pérez, que incluyeron a ambos lados de la hornacina central sendos relieves representando el ataque de los esbirros del duque de Alba y el milagro de las palomas. En la fachada de la iglesia de San Juan de Sahagún en Salamanca se han representado en relieve el milagro del pozo amarillo y la pacificación de los bandos en 1476, los dos temas que mejor caracterizan su iconografía. El segundo, el de la pacificación, fue realizado para un altar de la catedral de Málaga por Gutiérrez de León, un escultor malagueño de principios del XIX.

BIBLIOGRAFÍA:

GARCÍA ABAD, A., *San Juan de Sahagún, fenómeno social del siglo XV*, Madrid, Lancia, 1994.

CALLE CARABIAS, Q., «San Juan de Sahagún en la catedral de Málaga. Historia e iconografía», *Boletín de Arte* 19 (1998), pp. 115-124.

JUAN DE LA CRUZ
1542-1591. Carmelita Descalzo.

HISTORIA Y TRADICIÓN: Juan de Yepes nació en Fontiveros, Segovia, en el seno de una familia pobre, tan pobre que posiblemente su padre, don Gonzalo de Yepes, y su hermano Luis murieran de hambre. Su madre se trasladó a Medina del Campo y allí conoció a quien había de ser el bienhechor de su hijo Juan:

don Alonso Álvarez de Toledo, ya que por su mediación se emplea, cuando tenía doce años, en el Hospital de la Concepción, llamado también de las bubas, e incluso le costea los estudios para que se ordene sacerdote. Entonces san Juan sentía una especial devoción hacia la Virgen, por lo que eligió la Orden del Carmelo. Vistió el hábito en 1563 en el convento de Santa Ana de Medina y tomó el nombre de Juan de Santa María. Luego fue enviado a estudiar teología a Salamanca, donde estuvo hasta 1567.

A su vuelta al monasterio de Medina del Campo tenía veinticinco años y se consideraba indigno de recibir las órdenes sagradas del sacerdocio; hubiera querido quedarse en el estado de lego, pero sus superiores le obligaron a aceptar la dignidad sacerdotal. En la primera misa que dio recibió la gracia del lirio de la pureza de manos de la Virgen, y el cíngulo de la castidad que un ángel le ciñó en la cintura. Sin embargo, él quería una vida más retirada, por lo que decidió hacerse cartujo, pero entonces conoció a santa Teresa, que había iniciado la reforma de la Orden del Carmelo y supo atraérselo para su causa: «Padre mío, Dios le ha llamado a la Orden del Carmen, y así sólo debe pensar en santificarse en ella. Vuestra Reverencia ama el retiro, la oración y la vida austera; todo esto hallará en su estado, sólo con que viva según la perfección de la primitiva Regla de la Orden del Carmen».

Después de tomar el hábito de la Orden reformada en Valladolid, santa Teresa lo envió a fundar a Duruelo (Ávila) con un albañil para reparar una casa vieja que había recibido en donación. Fundado así el primer convento de carmelitas descalzos, dio en él su primera misa el 28 de noviembre de 1568 y prometió observar literalmente la antigua Regla de la Orden; adoptó entonces el nombre de Juan de la Cruz, más acorde con su carácter y con las continuas penitencias que se imponía. Santa Teresa no tarda en llevárselo a Ávila, como maestro de novicios y como confesor. Un día, estando en el locutorio del convento de la Encarnación, se encontraba dialogando con santa Teresa sobre la Trinidad cuando se pusieron a levitar ante la aparición del misterio.

Diego de Astor, *Milagro de Segovia,* 1618, Madrid, Biblioteca Nacional.

Parece que sus rigores no eran muy bien vistos por sus hermanos de la rama calzada de la Orden, que interpretaban sus excesos como un acto de rebelión contra sus superiores. Durante nueve meses, entre 1577 y 1578, lo mantuvieron secuestrado, cautivo en una prisión de Toledo de la que, según la tradición, escapó descolgándose por una cuerda. A partir de su liberación crece la consideración que por él tiene la Orden reformada y es destinado a Andalucía, donde permanece durante diez años desempeñando las funciones de prior en los conventos de Granada y de Jaén.

Hacia 1588 vuelve a Segovia, al convento de carmelitas donde tuvo lugar la famosa visión del crucificado que él mismo contó en 1591 a su hermano Francisco de Yepes: «Teníamos un crucifijo en el convento y [...] un día en oración delante de él me dijo: "Fray Juan, pídeme lo que quisieres, que yo te lo concederé por tu servicio". Yo le dije: "Señor, lo que quiero que me deis es trabajos que padecer por vos y que yo sea menospreciado y tenido en poco"». Parece que los ruegos de san Juan fueron atendidos, porque en el último año de su vida volvió a ser objeto de las persecuciones de sus hermanos de la Orden del Carmelo. Las amenazas de expulsión e incluso de excomunión dictadas por los superiores de la Orden provocaron en los conventos de carmelitas descalzos la destrucción sistemática de cartas y escritos del santo. Destinado al santuario de La Peñuela, en Jaén, contrajo una grave enfermedad y fue trasladado por orden del Provincial al convento de Úbeda, donde murió, el 14 de diciembre de 1591; y dos años más tarde su cuerpo fue trasladado al convento de carmelitas de Segovia. Beatificado en 1675 y finalmente canonizado en 1726, la poesía mística de san Juan de la Cruz es considerada como la cumbre de la lírica espiritual hispana. Entre sus obras destacan *Subida al Monte Carmelo*, *Noche oscura del alma*, *Cántico espiritual* y *Llama de amor viva*.

ATRIBUTOS: Paloma, pluma, libro y cruz.

REPRESENTACIONES: Además de por sus atributos, reconocemos a san Juan por la esclavina corta de color blanco con capuchón que lleva puesta. Su fisonomía suele adaptarse a las descripciones que de él dejaron sus biógrafos, especialmente Jerónimo de San José, que dice que tenía el rostro «más redondo que largo; calva venerable, con un poco de pelo delante». Otra fuente para fijar su fisonomía es el retrato, dos en realidad, que se le hiciera en Granada cuando aún vivía, captado sin su consentimiento mientras se encontraba en oración. Esta expresión de concentración espiritual es la que encontramos en los retratos conservados en los conventos carmelitas de Segovia, Granada, Úbeda o Alba de Tormes, sin que por el momento ninguno de ellos pueda ser tenido como el primer retrato, aquel que transmite la *vera effigies* tan buscada por sus devotos. Ya a principios del siglo XVII, durante los procesos abiertos para la beatificación de San Juan, Isabel de la Encarnación, que había conocido al santo en Granada, declaraba al respecto, que «es una desgracia que no se conozca el paradero de este retrato». Es muy posible que éste y otros retratos fuesen destruidos junto a las cartas del santo cuando sufrió la persecución de sus superiores durante 1591.

Estas circunstancias, y el retraso en subirle a los altares, han propiciado que lo mejor y más rico de su iconografía se encuentre en los grabados, los que acompañan las propias obras de San Juan y los que ilustran sus biografías. Para la primera edición de las obras de san Juan de la Cruz, impresas en Alcalá en 1618, Diego de Astor grabó la escena del milagro de Segovia: san Juan se encuentra arrodillado, rezando ante un cuadro de Cristo con la cruz a cuestas. En dos filacterias se desarrolla el famoso diálogo: «IOANNES, QUID VIS PRO LABORIBUS / DOMINE, PATI ET CONTEMNI PRO TE», es decir, *Juan, qué quieres por lo que por mí has hecho / Señor, padecer y ser menospreciado por vos*. En el suelo, además de las obras del santo, se encuentra el lirio de la pureza. Esta escena es la más frecuente en la iconografía sanjuanista, llevada también a la estampa por Anton Wiericx en 1624 y Pieter de Jode en 1628, aunque en este caso el cuadro ha sido sustituido por un crucifijo.

En cuanto a las series grabadas, la primera y más extensa es la realizada en Bruselas por Gaspar Bouttats con motivo de la beatificación del santo. Aparecida en 1678, ilustraba la obra de Gaspar de la Anunciación *Representación de la Vida del Bienaventurado P. F. Juan de la Cruz, Primer Carmelita Descalzo* con 78 láminas. Aunque basada en ésta, resulta más importante la serie de Matías de Arteaga por ser la fuente de inspiración directa de algunas series pictóricas. Sus 60 grabados aparecieron en el *Compendio de la vida del Beato Padre San Juan de la Cruz* de Jerónimo de San José, publicado en Sevilla en 1703 junto a las obras del santo. Son éstos los grabados utilizados en las distintas series sanjuanistas que se conservan en el convento de Carmelitas Descalzos de Cádiz, en el convento de San Cayetano de Córdoba, e incluso en la serie mexicana de Puebla. Normalmente se arranca con el ingreso de san Juan en el convento de Santa Ana de Medina, sigue con su primera misa en la que se le aparece la Virgen y, aunque no faltan las escenas en las que se defiende de las diversas tentaciones que sufrió, según sus biógrafos, esgrimiendo una cruz y flagelándose, adquiere especial relevancia el encuentro con santa Teresa y el origen de la reforma del Carmelo. En la iconografía que comparte con ella, la escena más frecuente es el milagro ocurrido en el locutorio del monasterio de la Encarnación de Ávila, cuando ambos levitaron hablando de la Trinidad (Lucas Jordán, Madrid, colección privada; José García Hidalgo, Segovia, convento de Carmelitas).

BIBLIOGRAFÍA:

ALBERT BERENGUER, I., «Cooperación a la iconografía de Juan de la Cruz», *Revista de Espiritualidad* 4-5 (1942), pp. 421-427.

COLLAR DE CÁCERES, F., «En torno a la iconografía de San Juan de la Cruz. A propósito de su capilla-mausoleo», *Boletín del Museo e Instituto «Camón Aznar»* 13 (1983), pp. 19-40.

DABRIO GONZÁLEZ, M. T., «Iconografía de San Juan de la Cruz», *Iconografía y arte carmelitanos* (1991), pp. 78-88.

LARIOS, J., «Los grabados de Arteaga, fuente de inspiración de las pinturas de la iglesia de San Cayetano sobre temas de la vida de San Juan de la Cruz», *Actas del I Congreso de la Historia de Andalucía (s. XVIII)*, t. I, pp. 181-184.

Montaner, E., «La configuración de una iconografía, las primeras imágenes de San Juan de la Cruz», *Melanges de la casa de Velázquez* 27, 2 (1991), pp. 155-167.

Moreno Cuadro, F., *San Juan de la Cruz en el grabado*, Bilbao, 1991.

—, *Grabados andaluces de San Juan de la Cruz. Bibilografía sanjuanista de los siglos XVII-XVIII*, Caja de Ahorros de Córdoba, 1991.

—, «Iconografía de San Juan de la Cruz en Nueva España», *Boletín del Museo e Instituto «Camón Aznar»* 48-49 (1992), pp. 205-216.

Valentín de San José, «Sobre el retrato de San Juan de la Cruz», *Revista de Espiritualidad* 4-5 (1942), pp. 411-420.

JUAN NEPOMUCENO
†1393. Mártir.

Historia y tradición: Juan de Nepomuk nació en Bohemia, en fecha todavía indeterminada, entre 1340 y 1345. En 1370 era notario de la curia arzobispal, y en 1379, después de ser ordenado sacerdote por el arzobispo Juan de Vlasim, ejerce como párroco de su capilla en la catedral de Praga. Hasta 1382 se ocupa de la parroquia de San Gal y de sus estudios, que inicia en la universidad de la misma ciudad, pero se traslada por orden del obispo a la Universidad de Padua, donde se doctora en Derecho eclesiástico. A su vuelta a Bohemia y después de desempeñar diversos cargos de importancia, el nuevo arzobispo, Juan de Jenstein, le nombra vicario general de la archidiócesis de Praga en 1389, cargo en el que estuvo hasta su muerte, ocurrida en marzo de 1393 en extrañas circunstancias.

Según la tradición, Juan Nepomuceno era confesor de la reina Sofía de Baviera, esposa del cruel rey Wenceslao IV, que acababa de suceder a su padre en el trono de Bohemia. Como muestra de la crueldad del rey, se cuenta el caso de un cocinero de palacio que fue asado vivo porque se le había quemado la comida. Debido a la influencia de su confesor, la reina rehusaba todo concurso carnal con su marido, lo que llevó a éste al borde de la locura; y desconfiando de la fidelidad de la reina Sofía, y enloquecido por los celos, hizo detener y torturar a san Juan

Nepomuceno para obligarle a revelar el contenido de las confesiones de su esposa. Sin embargo, no consigue del santo ni una sola palabra, por lo que es asesinado y arrojado por el Puente Carlos al Moldava. A los pocos días apareció su cuerpo flotando en el río y, sobre él, la luz de cinco estrellas. Debido a esta trágica muerte se considera a san Juan Nepomuceno mártir del secreto de la confesión.

Para la historiografía moderna, la causa de la ejecución del vicario general del arzobispo de Praga no sería otra que la tradicional lucha por el poder entre el nuevo rey Wenceslao y el consejo real heredado de su padre, Carlos IV, entre los que se encontraba el propio arzobispo Juan de Jenstein. Sea como fuere, fueron los jesuitas los que defendieron y promovieron el culto a san Juan Nepomuceno como mártir del sigilo de la confesión, en un contexto, el siglo XVIII, en el que se les acusaba de utilizar su papel de confesores para intrigar y controlar la voluntad de las cortes europeas y que, como es bien sabido, en España y en los países de la Corona acabaría con su expulsión decretada por Carlos III.

En 1731 lo eligieron patrono secundario de la Compañía de Jesús, en tanto que patrón de la buena fama y protector contra las calumnias (Stepánek, 1990). Jesuitas fueron también los autores de las biografías más importantes del santo, destacando la del checo Bohuslav Balbín aparecida en 1680, que puede considerarse como la fuente de las biografías escritas también en español. Gracias a ellos, su culto se extendió por Europa y el Nuevo Mundo, especialmente en México, donde san Juan Nepomuceno tiene una rica y variada iconografía. Fue canonizado por Benedicto XIII en 1729.

ATRIBUTOS: Cinco estrellas alrededor de la cabeza, cruz en la mano como símbolo de la firmeza de su fe, la palma del martirio y su lengua, aparecida incorrupta en su calavera durante el proceso de canonización.

REPRESENTACIONES: Normalmente san Juan Nepomuceno viste como canónigo, con túnica talar y alba, con una capa de armiño encima como vicario general de la archidiócesis de Praga, y se le efigia joven y con barba. El prototipo de imagen devocional fue creado por Matías Rauchmüller en 1681 para el Karlsbrücke de Praga, el Puente Carlos por el que fue arrojado al río; y como protector contra las inundaciones, es frecuente ver esculturas suyas en puentes de Centroeuropa. Sobre el modelo realizado en yeso se hizo en 1683 una escultura en bronce para el puente, mientras que el original se encuentra en la iglesia de San Juan de la Roca, también en Praga, ciudad de la que es patrón y donde se concentran las representaciones más importantes. Éstas insisten sobre todo en las circunstancias que rodearon su martirio, y se inspiran en la serie de 31 grabados, obra de Johann Andreas Pfeffel, que aparecieron en Augsburgo en la edición de la *Vida de San Juan Nepomuceno, canónigo de la sede metropolitana de San Vito, sacerdote y mártir* del jesuita Balbín en 1724..

En esta serie se basan los frescos de Lorenzo Reiner (1728, Praga, iglesia de San Juan), así como los 10 relieves de la iglesia de San Juan Nepomuceno de Munich y los de su tumba de la catedral de San Vito en Praga. También los retablos mexicanos de la catedral de San Cristóbal de las Casas y de la iglesia de Santa María Magdalena (San Martín Texmelucan) entre otros (Stépanek, 1990, 1992). En España se prefiere la figura devocional sobre la escena narrativa. Además de aparecer asociado a los jesuitas como co-patrón de la Orden, puede aparecer en contextos iconográficos marianos, por ser fiel devoto de la misma (Benito Silveira, *San Juan Nepomuceno*, 1758, Santiago de Compostela, iglesia de Santa María del Camino), o junto al Crucificado como mártir del secreto de confesión junto a otros sacerdotes (Duque Cornejo, *San Juan Nepomuceno*, Sevilla, iglesia del Sagrario).

BIBLIOGRAFÍA:

STEPÁNEK, P., «San Juan Nepomuceno en el arte español y novohispano», *Cuadernos de Arte e Iconografía* III, 6 (1990), pp. 11-53.

—, «San Juan Nepomuceno en el arte mexicano», *Cuadernos de Arte Colonial* 6 (1990), pp. 89-100.

—, «San Juan Nepomuceno en el arte mexicano. Continuación», *Cuadernos de Arte Colonial* 8 (1992), pp. 105-142.

JUDAS TADEO Y SIMÓN
S. I. Apóstoles.

Historia y tradición: Muy poca es la información que se posee de san Judas y de san Simón. Aparecen mencionados en la lista de los doce apóstoles (Mt 10, 3-4 y paralelos), y san Judas, en la última de las epístolas del Nuevo Testamento, dice ser «hermano de Santiago», por lo que la tradición hace de ambos hermanos de Santiago el Menor y parientes cercanos del propio Jesús (Mt 13, 55), llamados «hermanos suyos según la carne», como dice Eusebio en la *Historia Eclesiástica*. Después de Pentecostés, Judas Tadeo se encargó de la evangelización de Mesopotamia y Libia, y Simón, de la de Egipto; se encontraron después en Persia, donde demostraron sus poderes frente a Baradach, general de los ejércitos del rey persa en Babilonia, anunciándole su victoria frente a los indios, domando serpientes y haciendo hablar a un recién nacido para exculpar a un diácono falsamente acusado de ser su padre. Abandonaron Babilonia y se dirigieron a Samir, donde ambos apóstoles fueron martirizados por negarse a ofrecer sacrificios a los ídolos.

Atributos: Judas Tadeo lleva un libro y una alabarda, y Simón una sierra.

Representaciones: Presentes casi exclusivamente en apostolados, es san Judas quizás el único de los doce apóstoles que no tiene atributo fijo. La *Leyenda Dorada* no especifica el género de martirio que sufrieron ambos hermanos, y en el que podríamos considerar el último de los grandes repertorios hagiográficos, por tanto heredero de las tradiciones más aceptadas, el *Año Christiano* de Croiset, se afirma que «San Simón, según la tradición antigua, fue aserrado por el medio; y a San Judas le cortaron la cabeza. En virtud de la misma tradición se pinta a San Simón con una sierra, y a San Judas con una hacha en la mano». Efectivamente, la sierra es el atributo estable de san Simón (Durero, grabado de 1523; Ribera, Madrid, Museo del Prado), pero el hacha se asocia normalmente con san Matías (Ribera, Játiva,

Museo Municipal), el apóstol que sustituyó a Judas Iscariote en el número de los 12 (Hch 1, 26). El Greco ha puesto en las manos del *San Judas* de su Casa-Museo de Toledo una alabarda, similar a las que vemos en *El Expolio* (Toledo, catedral); y algo parecido debe llevar el *San Judas Tadeo* de Ribera (Madrid, Museo del Prado), aunque el excesivo tenebrismo de la imagen impide precisar el tipo de objeto, por lo que, pensando en una lanza, el cuadro ha sido identificado también como una representación de santo Tomás.

En la serie de estampas de Lucas Cranach *El martirio de los doce apóstoles*, fechada hacia 1512, san Judas es apaleado ante un grupo de sacerdotes; y en *Los doce apóstoles*, serie de finales del XVI grabada por Hans Sebald, en la estampa correspondiente a san Judas, el santo apoya una gran maza contra el suelo. Consciente de la confusión reinante, Interián de Ayala sólo admite como atributos para estos santos de tradición dudosa un libro, bien por haber dejado algo escrito, como es el caso de san Judas, bien por ser símbolo general de la doctrina que enseñaron. Los instrumentos de su martirio, incluida el hacha de san Matías, dice, «pertenecen al arbitrio del pintor».

JULIÁN DE CUENCA
1128-1208. Obispo.

HISTORIA Y TRADICIÓN: Oriundo de Burgos, el nacimiento de san Julián responde a los clichés hagiográficos habituales. Hijo de padres de mediana edad que habían perdido la esperanza de tener descendencia, ya en la misma pila bautismal se anunció la santidad del niño cuando un ángel, sobrevolando la pila y llevando en las manos atributos pontificales, dijo: «Hoy ha nacido un niño que en gracia no tiene par. Julián ha de ser su nombre». La mayor parte de su vida la pasó como estudiante y profesor en Palencia, concretamente desde 1142 hasta 1162, año en el que decide volver a Burgos y se ordena sacerdote. Predica por tierras burgalesas hasta que la fama de su nombre llega a Toledo, por lo que se le nombra, hacia 1192, arcediano de su catedral primada.

Cuenca había sido reconquistada por Alfonso VIII en 1177, y Juan Yáñez elegido su primer obispo a propuesta del rey. En 1195 la sede queda vacante y el mismo Alfonso VIII propone a san Julián para sustituir al obispo anterior. Recibida al año siguiente la confirmación del papa Celestino III, fue consagrado como obispo de Cuenca por el arzobispo de Toledo Martín de Pisuerga, y huyendo de toda pompa y ostentación, entró humildemente a pie en Cuenca junto a su criado, Lesmes. Decidido a dedicar las rentas de su obispado sólo a obras de caridad, tejía cestas de mimbre para sustentarse ambos con el producto de su venta. La santidad del nuevo obispo de Cuenca anunciada en la pila bautismal pudo por fin comprobarse cuando, con ocasión de una peste que asolaba la ciudad, sus habitantes quedaban curados del mal tocando las cestillas de san Julián. En otra ocasión, durante una hambruna provocada por las incursiones de los almohades, sus habitantes vieron con asombro cómo una recua de mulas cargadas con sacos de trigo se paraba delante de la casa del obispo sin que nadie la dirigiese, desapareciendo al punto de ser descargada. El pobre Lesmes murió poco después deslomado por el esfuerzo.

La tradición cuenta también que san Julián recibió la visita de Jesucristo agradeciéndole la caridad ejercida con sus pobres y prometiéndole la gloria eterna; y que resistió las tentaciones del diablo cuando encontró sobre su mesa una rica trucha en un día de ayuno, y el tradicional ofrecimiento de la doncella insinuante. Por todo ello fue premiado el día de su muerte. Cuando sintió que llegaba la hora, se vistió de obispo para recibir los últimos sacramentos y entonces vio que se le acercaba la Virgen seguida de un coro de vírgenes que cantaban *Ecce sacerdos magnus, qui in diebus suis placuit Deo*, es decir, «Ved aquí al gran sacerdote, que en sus días agradó al Señor»; María llevaba una palma que le entregó a san Julián diciéndole: «Toma, siervo de Dios, esta palma en señal de la pureza y la virginidad que siempre has guardado».

ATRIBUTOS: Cesto de mimbre y palma.

Tránsito de san Julián, grabado de 1769 sobre un dibujo de Antonio Palomino, Madrid, Biblioteca Nacional.

REPRESENTACIONES: La escena del Tránsito es sin duda la más frecuente en su iconografía, que se difunde a partir del siglo XVI, cuando se descubre su cuerpo incorrupto en la catedral a propósito de su primera traslación en 1518. La peste del XVII contribuye a extender su culto fuera de los límites de la diócesis de Cuenca, pues se le considera abogado contra la peste como a san Roque o a san Sebastián, además de proteger también contra el hambre y la esterilidad. Así, a Málaga y a Lorca, en Murcia, fueron enviados sendos cuadros con el tema del *Tránsito de san Julián* para erradicar la peste de 1637 y 1648 respectivamente; los lienzos son obra del discípulo de Orrente Cristóbal García Salmerón, a quien también se atribuye la serie de ocho composiciones que guarda la catedral de Cuenca. Se inicia ésta con el anuncio de la santidad de san Julián durante su bautizo para, a continuación, desarrollar los sucesos ocurridos durante su pontificado en Cuenca.

También han representado el *Tránsito de san Julián* Juan Rizi (Burgos, catedral), Andrés de Vargas (1655, Cuenca, catedral) y el mismo Goya (1790, Madrid, iglesia de Valdemoro). Es también el tema elegido para el relieve que preside su altar, situado en el centro de la girola de la catedral conquense, donde fue trasladada la urna con sus reliquias en 1760, una vez concluido el transparente realizado por Ventura Rodríguez. Antonio Palomino, célebre autor de *El Museo Pictórico*, dibujó tres escenas que fueron llevadas a la estampa por el grabador Gregorio de Fosman y Medina en 1690, e incluidas en la *Vida, virtudes y milagros de San Julián, segundo obispo de Cuenca*, del jesuita Bartolomé Alcázar (Madrid, 1692). La escena del Tránsito sigue la tipología al uso: san Julián, con atributos episcopales, espera arrodillado la palma que le entrega la Virgen; del ángulo superior derecho descienden los versos cantados por el coro de santas que la sigue, *Ecce sacerdos...*, etcétera.

BIBLIOGRAFÍA:
BENITO DOMENECH, F., «Una singular serie de cuadros sobre la vida de San Julián», *Archivo de Arte Valenciano* 50 (1979), pp. 70-75.
JIMÉNEZ MONTESERÍN, M., *Vere Pater Pauperum. El culto de San Julián en Cuenca*, Cuenca, Diputación Provincial, 1999.

Luz Lamarca, R., *San Julián en Goya y El Greco*, Cuenca, 1992.
Nalle, S. T., «Desde el olvido a la fama, el culto a San Julián en los siglos xvi y xvii», *Almud* 3 (1980), pp. 149-166.

JUSTA Y RUFINA
S. iii. Mártires.

Historia y tradición: En la orilla derecha del Guadalquivir, actual barrio de Triana, vivían las hermanas Justa y Rufina, donde tenían una tienda de cacharros de cerámica que vendían sólo para sobrevivir, pues, educadas en la fe cristiana, dedicaban gran parte de sus ingresos a obras de caridad. Un día que se encontraban en la tienda vieron venir hacia ellas una procesión de mujeres que portaban un ídolo, al que el *Breviario de Évora,* publicado en 1548 y que recoge la *Passio* del siglo vi, llama Salambó, y que se identifica con Venus cuando se le daba culto en memoria de la muerte de Adonis. El cortejo se detuvo delante de la tienda, quizá solicitando de las santas hermanas cacharros para plantar los «jardines de Adonis»; pero ellas no sólo rechazan dar sus vasijas para la fiesta, sino que cogen el ídolo y lo rompen contra el suelo. Fueron denunciadas al prefecto Diogeniano y encarceladas. Como no renunciaban a su fe, fueron torturadas: desgarraron su piel con garfios de hierro y luego fueron obligadas a seguir al prefecto por los montes de Sierra Morena con los pies descalzos. De nuevo fueron devueltas al calabozo, pero santa Justa murió extenuada por el esfuerzo, y su cuerpo fue arrojado a un pozo que había en la misma cárcel. Santa Rufina fue conducida al anfiteatro para ser devorada por un león, pero la fiera se le acercó moviendo la cola como un perrillo y le lamió los pies, por lo que finalmente fue decapitada e incinerada; sin embargo, el obispo de Sevilla, llamado Sabino, rescató los restos de las santas hermanas y los enterró en el cementerio de la ciudad.

Su culto debió empezar muy pronto, pues los Breviarios antiguos afirman que san Leandro fue enterrado en la iglesia que tenían en Sevilla, pero los primeros testimonios epigráficos no aparecen hasta mediados del siglo vii. El nombre de santa Justa es uno de los primeros que aparecen en el *Antifonario mozárabe* de León; y es tradición que, en 1063, el rey Fernando I envió una embajada al rey de Sevilla, al-Mutadid, encabezada por san Alvito, para pedirle los restos de santa Justa, pero en su lugar fueron las reliquias de san Isidoro a la capital leonesa, pues la santa debía quedarse para proteger la ciudad de Sevilla. Los presagios se cumplieron cuando, durante el terremoto que afectó a la ciudad en 1504, la Giralda se salvó gracias a la milagrosa intervención de las santas hermanas. Como patronas de los ceramistas, su culto se extiende también al resto de España.

Atributos: Vasijas de cerámica, palma, libro de los Evangelios, garfios de hierro, ídolo roto a sus pies, león y la Giralda.

Representaciones: La representación del ciclo martirial es la preferida por el arte gótico, destacando, como en otros santos, la firmeza de la fe cristiana frente a la idolatría. Por esta razón, el libro de los Evangelios es ahora su atributo más característico: lo llevan en la tabla central del retablo atribuido a Rafael de Vergós (*Retablo de las santas Justa y Rufina*, Barcelona, Museo Diocesano), en las esculturas de las jambas de la catedral de Sevilla (Lorenzo Mercadante, 1464-1467, Puerta del Bautismo) y figuraba como condición expresa en el contrato que Domingo Ram y Juan Rius firmaron en 1475 para la elaboración del retablo dedicado a las santas en su iglesia de Maluenda (Zaragoza): «Et la taula mediana del dito retavlo tenga dos imagines, la huna de Santa Justa a la parte derecha, la otra de Santa Rufina a la parte izquierda [...], con sus libros e palmas en las manos e otras senyales de martirio».

Sin embargo, en el resultado final las santas no llevan los símbolos de su fe, los libros, sino los de su martirio, los garfios y las palmas. En el retablo se desarrolla todo el ciclo en doce escenas, incluyendo las del rescate y enterramiento de sus restos por el obispo Sabino. En el siglo xvi se incorpora a la iconografía de las santas hermanas la faceta de protectoras de Sevilla, que se expresa con la presencia de la Giralda formando parte del paisaje (Esturmio, *Santas Justa y Rufina*, Sevilla, catedral, Capilla de los Evangelistas; anónimo, *Santas Justa y Rufina*, Francia, castillo de Courson). En el siglo XVII la Giralda se sitúa ya entre las dos santas, embajadoras celestiales de la ciudad hispalense (Miguel de Esquivel, 1620, Sevilla, catedral; Murillo, 1665, Sevilla, Museo de Bellas Artes; Duque Cornejo, 1728, Sevilla, catedral). Goya vuelve a situar la Giralda al fondo del paisaje en el cuadro de altar que pintó en 1817 para la catedral de Sevilla, e incluye prácticamente todos sus atributos, convirtiendo así el cuadro en un verdadero relato hagiográfico.

BIBLIOGRAFÍA:

MAÑAS BALLESTÍN, F., «El retablo de Santas Justa y Rufina, de Maluenda. Los pintores Juan Rius y Domingo Ram», *Archivo Español de Arte* 164 (1968), pp. 215-236.

JUSTO Y PASTOR
S. IV. Mártires.

HISTORIA Y TRADICIÓN: Las primeras noticias que tenemos de los Santos Niños de Complutum (Alcalá de Henares) proceden de un poema de Paulino de Nola (s. IV) escrito para consolar a unos amigos por la muerte de su hijo. En el poema no se indican los nombres de los niños, pero Aurelio Prudencio sí los menciona en el poema que dedica en el *Liber Peristephanon* a los mártires de Zaragoza: «Será la alegría de Compluto traer en su regazo la sangre de Justo y Pastor junto a él, dos bandejas y un regalo doble: los miembros de ambos». Justo tenía siete años y Pastor nueve cuando Daciano, prefecto en Hispania, se dispone a aplicar el edicto de persecución contra los cristianos promulgado por Diocleciano en el año 304. Los niños se presentaron voluntariamente ante el prefecto y sufrieron tortura por no renegar de su fe. En la prisión, un ángel les reconfortaba y les daba nuevas fuerzas con las que enfrentarse a sus torturadores. Finalmente fueron conducidos al *Campo Laudable*, en las afueras de la ciudad, y decapitados sobre una piedra que, según la tradición, conserva la huella de sus rodillas y la sangre vertida sobre ella.

En el mismo lugar del martirio se erigió una capilla, pero, al ser posteriormente destruida, se perdió la memoria del emplazamiento exacto de las reliquias hasta que, en el siglo v, le fueron reveladas en un sueño a Asturio, obispo de Toledo, que desde entonces se quedó a vivir en la ciudad y edificó una iglesia en honor de los Santos Niños. Esta última noticia, contada por san Ildefonso en el apéndice al *De Viris illustribus* de san Isidoro, revela un culto muy temprano a los niños mártires en Alcalá de Henares, desde donde se extendería primero a Toledo y luego al resto de la Península, hasta que ya en el siglo VII aparece en todos los calendarios mozárabes. Con la invasión árabe las reliquias se llevaron a Huesca, pero una parte fue a parar a Narbona. Volvieron a Alcalá en tiempos de Felipe II, gracias al empeño del cardenal Cisneros, que en 1497 había iniciado las obras de la catedral actual en el mismo lugar del hallazgo.

ATRIBUTOS: Palma, espada y libro.

REPRESENTACIONES: El ciclo martirial se suele representar en unas pocas escenas: se inicia con el prendimiento o el encuentro con Daciano, y sigue con la tortura, prisión y decapitación. En esta escena, siguiendo el relato hagiográfico, suele representarse a Jesús descendiendo del cielo para recoger las almas de los niños. José Juárez (México, Pinacoteca Virreinal) representa a los niños cogidos de la mano y, a ambos lados, dos escenas: los niños ante el procurador Daciano y la decapitación; encima, un rompimiento de gloria muestra al Agnus Dei, en realidad, un inocente corderillo que parece más apropiado para la edad de los mártires.

Sánchez Coello representó el martirio a las afueras de la ciudad; en él, uno de los niños se encuentra ya arrodillado sobre la piedra sagrada esperando ser decapitado (Madrid, monasterio de El Escorial). En la catedral complutense, dos relieves barrocos representando el martirio preceden a la cripta, el lugar donde se guarda la piedra con las huellas de las rodillas de los Santos Niños. El hallazgo de las reliquias por el obispo Asturio se encuentra representado en los frescos románicos de la iglesia de

San Justo de Segovia, según parece, el único caso conocido hasta el momento.

BIBLIOGRAFÍA:
FERNÁNDEZ SOMOZA, G., «Martirio e *inventio* de los Santos Niños de Compluto. Las pinturas murales de San Justo de Segovia», *Boletín del Museo e Instituto «Camón Aznar»* 80 (2000), pp. 123-139.

LEANDRO
†600. Obispo.

HISTORIA Y TRADICIÓN: A san Leandro, arzobispo de Sevilla, la Iglesia española le ha tributado desde siempre una especial devoción, pues a su influencia y predicación se debe la conversión al catolicismo de Recaredo y la victoria definitiva contra la herejía arriana que profesaba el reino visigodo de Toledo. El *apóstol de los visigodos*, como se le llamaba, había nacido en Cartagena; hijo del gobernador de la provincia, sus hagiógrafos elevan su ascendencia hasta el rey Teodorico. La invasión bizantina del Levante en el año 554 obliga a su familia a trasladarse a Sevilla, donde ingresa en un monasterio benedictino, pero hacia el 578 es elegido obispo de la ciudad por aclamación popular. Desde entonces pone todo su empeño en erradicar la herejía de Arrio y en defender la igualdad de sustancia entre el Padre y el Hijo.

Cuando el príncipe Hermenegildo, hijo del rey Leovigildo, llegó a Sevilla, abjuró del arrianismo por influencia de san Leandro y se bautizó en la fe católica. El rey, enfurecido, emprendió una feroz persecución contra los católicos, y san Leandro se fue a Constantinopla para recabar la ayuda del emperador Tiberio II; en la corte bizantina conoció a san Gregorio el Grande, entonces nuncio del papa Pelagio II. Cuando volvió sin resultado alguno, fue desterrado a Cartagena, pero años más tarde, el anciano rey, según cuentan sus biógrafos, arrepentido por haber ordenado la muerte de su propio hijo, Hermenegildo, mandó llamar a san Leandro a Toledo y le encargó la educación de Recaredo, su sucesor. Recaredo no tardó mucho en renegar del arrianismo, y en el 587, un año después de subir al trono, se convierte públicamente al catolicismo. En el 589, a instancias de san Leandro, convoca el III Concilio de Toledo, que supone la conversión al catolicismo de todo el pueblo visigodo. Al final de la sesión del 8 de mayo, san Leandro leyó su homilía, una de las pocas obras que se conservan de él. Asimismo nos ha llegado la *Instrucción de las vírgenes y desprecio del mundo,* que dedicó a su hermana, santa Florentina.

ATRIBUTOS: Letrero con la leyenda *Credite o gothi consubstantialem patri,* una exhortación para que los visigodos creyeran en el dogma católico de la consubstanciación.

REPRESENTACIONES: Las más conocidas son la que realizó Murillo, dos para la catedral de Sevilla (1655, sacristía; 1668, sala capitular) y una para el altar mayor de la iglesia de los Capuchinos de la ciudad (1665, Sevilla, Museo de Bellas Artes), haciendo pareja con una representación de las santas Justa y Rufina. La presencia de san Leandro en la iglesia de los Capuchinos se justifica porque en su emplazamiento estuvo la iglesia dedicada a las santas mártires que él mismo había fundado y en donde fue sepultado su cuerpo cuando murió, aunque posteriormente fue trasladado a la catedral. Para su capilla, Duque Cornejo realizó en 1733 la imagen que preside el retablo. La decoración de la capilla se completa con dos lienzos de J. Mausola, firmados en 1735: *San Leandro instruyendo a santa Florentina* y *San Leandro en el III Concilio de Toledo*; también le vemos en *La conversión de Recaredo,* de Antonio Muñoz Degrain (1888, Madrid, Palacio del Senado).

LEOCADIA
S. IV. Virgen y mártir.

HISTORIA Y TRADICIÓN: Cuando Daciano, nuevo pretor de España, llegó a Toledo, tuvo noticia de una joven cristiana de origen noble llamada Leocadia. La hizo llevar a su presencia y le preguntó cómo siendo de tan alto linaje se había dejado seducir y engañar por la «secta del crucificado»; y como santa Leocadia no cedía y se ratificaba en sus creencias, Daciano la mandó azotar y encarcelar. En la cárcel la santa rezaba pidiendo la muerte, que le fue otorgada mediante el milagro de la cruz, que narra así Francisco de Pisa en la *Historia de la gloriosa virgen y mártir Santa Leocadia, patrona de Toledo* (Toledo, 1605): «Y estando así orando puso su dedo pulgar en una durísima piedra del mismo muro, o pared de la cárcel, y con él dejó impresa en la concavidad de la piedra la señal de la cruz, con la misma facilidad que si fuera en manteca o en cera blanda (y hasta hoy día se ve y muestra la piedra con la misma señal, en memoria del milagro, en la capilla o iglesia dedicada a esta santa en el mismo lugar en que fue su cárcel) y acabada esta oración encomendó su espíritu al Señor». Fue enterrada en la Vega, donde posteriormente se edificó una iglesia en su honor.

Tres siglos más tarde, según relata Cixila, arzobispo mozárabe de la mitad del siglo VIII, en la *Vita Sancti Ildefonsi*, Leocadia se levantó de su tumba para darle las gracias a san Ildefonso por sus escritos en defensa de la virginidad de María: «Ildefonso, por ti vive mi Señora». Para guardar memoria del milagro, san Ildefonso cortó un trozo del velo de la santa utilizando la daga del rey Recesvinto, que también se encontraba presente. Con la invasión musulmana, sus restos fueron trasladados al norte y, en principio, parece que fueron depositados en Oviedo, donde Alfonso II habría edificado en su honor la Cámara Santa, también llamada de Santa Leocadia. A partir de aquí, la tradición sobre la suerte de las reliquias es bastante confusa; según el cronicón de Luitprando que cita Pedro de Rojas, conde de Mora (*Historia de la Imperial, Nobilísisma, Ínclita y Esclarecida ciudad de Toledo*, Toledo, 1653), el cuerpo fue cedido por el rey asturiano y llevado a Soissons por unos nobles franceses en pago por la ayuda militar prestada contra los musulmanes. Esta primera traslación explicaría el culto a santa Leocadia en esta localidad, y que incluso Gautier de Coinci, prior de Saint Médar de Soissons, escribiese en el siglo XIII un largo poema dedicado a la santa para celebrar la recuperación de sus reliquias a los cinco días de haber sido robadas.

Desde Soissons serían de nuevo llevadas a Flandes en el siglo XI y depositadas en el monasterio benedictino de San Gislen, en el antiguo condado de Henao. Es posible que la costumbre de desmembrar el cuerpo de los santos para repartirse sus reliquias explique estas contradicciones y resuelva a favor de las distintas tradiciones locales que aseguran poseer reliquias de santa Leocadia (Poyán Díaz, 1992). Sea como fuere, Felipe el Hermoso y Juana la Loca enviaron de San Gislen a Toledo, en 1500, uno de sus huesos en un relicario de plata con forma de barco que todavía se guarda en la catedral. Más tarde, el jesuita Miguel Hernández se interesó por las reliquias de santa Leocadia durante su estancia en Flandes, e inició las gestiones para su devolución y traslado definitivo a España. Así, por orden de Felipe II y con el apoyo de Alejandro Farnesio, gobernador en Flandes, le fue entregado el cuerpo de santa Leocadia en 1583, y Felipe II lo recibió en Toledo en abril de 1587, después de un largo viaje contado por el mismo Hernández en su *Vida, martirio y translación de la gloriosa virgen y mártir Santa Leocadia* (Toledo, 1591).

ATRIBUTOS: Cruz, en alusión al milagro de la cárcel.

REPRESENTACIONES: Las imágenes más antiguas que se conservan de santa Leocadia se encuentran en una miniatura de la Biblia de Sancho el Fuerte de Navarra, de finales del siglo XII, y en un fresco de la mezquita del Cristo de la Luz, del siglo XIII. Sin embargo, es a partir de la recepción de sus reliquias cuando realmente la iconografía dedicada a santa Leocadia adquiere relevancia, especialmente en la propia catedral de Toledo, donde Felipe Bigarny la incluyó entre los santos toledanos en la sillería alta del coro; la representa besando la cruz, como afirma la tradición que hizo antes de morir. Eugenio Cajés (1615, Capilla del Sagrario) y Salvador Maella (claustro, segunda mitad del s. XVIII) ilustraron el encuentro de santa Leocadia con Daciano, la flagelación y su muerte, cada uno de ellos en apenas dos composiciones.

El ciclo más extenso es el que labró en 1592 el platero Francisco Merino en el arca que guarda las reliquias, el cual se compone de 10 relieves situados en los laterales del arca. En un lado se narran en cinco escenas la vida y el martirio de la santa, incluyendo la aparición a san Ildefonso. En el otro, también en cinco escenas, se cuenta la suerte de sus reliquias, desde el enterramiento hasta su entrada triunfal en Toledo en 1587. Mención aparte merece la escena de la aparición a san Ildefonso, pues constituye un capítulo importante de la iconografía alfonsina; aparece siempre en los ciclos dedicados al prelado de Toledo, y también en escenas aisladas (Pantoja de la Cruz, 1603, catedral de Córdoba; Pedro Orrente, 1617, catedral de Toledo). En este caso, santa Leocadia desempeña un papel secundario, pues lo que se quiere expresar en realidad es la gratitud hacia san Ildefonso por defender la virginidad de María.

BIBLIOGRAFÍA:

POYÁN DÍAZ, D., «Transfiguración literaria de unas reliquias de Toledo a Soissons», *Revista de Filología Francesa* 1 (1992), pp. 15-27.

LÓPEZ TORRIJOS, R., «La iconografía de Santa Leocadia de Toledo», *Anales Toledanos* XXI (1985), pp. 7-45.

LEÓN MAGNO
390-461. Papa.

HISTORIA Y TRADICIÓN: Cuando todavía era diácono, el papa Celestino nombró a León su secretario, y como tal participó activamente en las conclusiones del Concilio de Éfeso que condenaba la herejía de Nestorio. Al servicio de Sixto III viajó como legado a las Galias para mediar en el conflicto suscitado entre los generales Aecio y Albino, y a la muerte del papa le sucedió en el pontificado en el año 440. Tuvo que sofocar el rebrote de viejas herejías como el maniqueísmo, el pelagianismo o el priscilianismo en España; y además organizó en el año 451 el Concilio de Calcedonia para condenar el monofisismo de Eutiques. Por todo esto la tradición concede al papa León el epíteto de

Magno, porque fue «azote de los herejes, padre de los pobres, luz del mundo cristiano... y libertador de Roma».

Efectivamente, en dos ocasiones evitó que la Ciudad Eterna fuera devastada: en el año 455 consiguió la promesa del rey vándalo Genserico de que no reduciría a cenizas la ciudad: se limitaría al pillaje de sus tesoros y respetaría la vida de sus habitantes. Pero el verdadero milagro ocurrió tres años antes, en el 452, cuando Atila, el rey de los hunos, el «azote de Dios», se encontraba acampado en las riberas del Mincio, en las cercanías de Mantua, después de haber entrado a sangre y fuego en Aquileia, Pavía y Milán. El papa León, al frente de una legación, se dirigió al campamento de Atila y convenció al rey bárbaro para que ordenara la retirada de su ejército. Tan extraño comportamiento del rey huno lo atribuye la tradición a la intervención divina en forma de un venerable sacerdote o de un soldado terrible, sólo visible a Atila, y que le amenazaba de muerte con su espada desnuda «si no cumplía todo lo que aquel otro le pedía» (Paulo Diácono, *Historia Romana*, s. VIII). Pero en otro texto que ya citaba Juan Interián de Ayala, el *Liber de vita Christi ac de vitis summorum pontificum omnium* de Bartolomeo Platina, de 1479, se afirmaba que «obedeció Atila los preceptos del buen pontífice, por cuanto, mientras estaba hablando San León, le pareció ver sobre su cabeza dos varones con sus espadas desenvainadas amenazándole de muerte si no obedecía. Se juzgó que eran los apóstoles San Pedro y San Pablo».

REPRESENTACIONES: Rafael representó *El encuentro de Atila con León Magno* en 1514, en la *Estancia de Heliodoro*, en el Palacio del Vaticano. La decoración de la *Estancia* le fue encargada a Rafael por Julio II en un momento en que españoles y franceses se disputaban el dominio de Italia poniendo en peligro las posesiones de los Estados Pontificios. La decoración, que comenzó en 1511, debía incluir diferentes episodios que demostraban que la Iglesia y su patrimonio gozaban de protección divina; y así, junto al episodio citado, figuraban *La expulsión de Heliodoro* y *La liberación de san Pedro*. Tomando como fuente el texto de Platina, Rafael pintó a los apóstoles Pedro y Pablo atemorizando desde el aire al ejército de Atila. También Alessandro Algardi eligió el histórico encuentro entre el papa y Atila como tema del relieve que decora el altar situado sobre los restos del pontífice (*San León deteniendo a Atila*, 1646-1653, Roma, basílica de San Pedro del Vaticano).

BIBLIOGRAFÍA:

TALAVERA ESTESO, F. J., «La entrevista del papa León y Atila en la tradición de los textos y en la representación de Rafael», *Boletín de Arte* 21 (2000), pp. 11-22.

LIBRADA
S. III. Virgen y mártir.

HISTORIA Y TRADICIÓN: Según la tradición más difundida, santa Librada era hija de Calsia y de Catelio, un noble pagano, acaso un reyezuelo de Balcagia, supuestamente la Bayona gallega. Estando ausente su marido, la reina Calsia dio a luz en un sólo parto a nueve hermanas gemelas, cuyos nombres son: Genivera, Liberata, Victoria, Eumelia, Germana, Gema, Marcia, Basilia y Quiteria. La reina, asustada y horrorizada, y para que el marido no creyera que sus hijas habían sido fruto de infidelidad, ordenó a la comadrona, la única testigo del parto múltiple, que matase a las niñas arrojándolas a un pozo profundo. Sin embargo, la comadrona las llevó a un barrio cristiano de la ciudad y las repartió entre distintas familias; así crecieron educadas en la fe cristiana, cuando comenzaron las persecuciones en la región.

Las nueve hermanas se reunieron ante las puertas de la ciudad y, consultándose y animándose mutuamente, juzgaron que ésa era la ocasión adecuada para agradecer a Jesucristo su milagroso origen, y decidieron presentarse voluntariamente ante su padre. Éste, después de conocer su verdadera identidad, les prometió felices matrimonios y riquezas si abandonaban el cristianismo, pero como las nueve hermanas persistían en su fe, las amenazó con torturarlas. Y al ver que esto tampoco las amedrentaba, las despidió hasta el día siguiente con amenaza de pena capital si no honraban a los dioses romanos. Las hermanas quisieron evitar a su padre el horroroso crimen de matar a sus propias hijas y se marcharon de la ciudad, pero fueron encontradas y decapitadas.

Éste es, en síntesis, el relato que aparece en el *Leccionario del siglo XII*, el documento de santa Librada más antiguo de Sigüenza tomado del Breviario del obispo seguntino don Rodrigo (1192-1231), atribuido a don Bernardo de Agén, primer obispo de Sigüenza tras su reconquista en 1124. Ésta es también la fuente en la que se basan los agustinos Pedro Centeno y Juan Fernández de Rojas, autores de las vidas de los santos españoles que aparecen en la obra de Jean Croiset, *Año Christiano*; pero, antes de iniciar su relato, comentan: «son tantas las disputas que han hecho los críticos sobre los hechos de Santa Librada, las dudas que han esparcido sobre los acontecimientos de su vida, y las opiniones en que la crítica se ha dividido, que apenas se pueden decir cosas de esta ilustre santa sin exponerse a la mordacidad de la censura».

Efectivamente, a la leyenda de santa Librada se han sumado tradiciones nacidas en Centroeuropa durante el siglo XV. A esta zona llevarían los peregrinos imágenes del Cristo en majestad de la catedral de San Martín de Lucca, en Italia. La imagen de un varón vestido con una falda hasta los pies hubo de resultar tan inconcebible que, en un proceso ya señalado por Mâle, cuando de una representación iconográfica se ha perdido su significado o no se entiende el sentido, surge de forma espontánea y popular una leyenda que pretende darle explicación, naciendo así la leyenda de Wilgeforte, literalmente «virgen fuerte». Wilgeforte era una bella muchacha hija de un rey pagano de Portugal, quien quería casarla con el rey de Sicilia. Ella no quería porque, declarándose cristiana, deseaba mantenerse virgen; pero ante la insistencia del padre, Wilgeforte deseó convertirse en un ser repulsivo a los ojos de los hombres, consiguiendo que le creciera una espesa barba en el rostro. Su padre, sintiéndose avergonzado y engañado, ordenó crucificarla para que tuviera la misma muerte que aquel a quien ella había consagrado su vida y su virtud. En Francia puede adoptar el nombre de «Débarras», que significa «haber sido liberada».

Manuel Salvador Carmona, *Santa Librada,* Madrid, Biblioteca Nacional.

El origen de la asimilación de esta leyenda a la hagiografía de santa Librada se encuentra en el falso *Cronicón de Flavio Dexter*, escrito en 1563 por el padre Jerónimo Román de la Higuera con el seudónimo de Arcipreste Julián; contemporáneo de san Jerónimo, Flavio Dexter escribió crónicas hoy perdidas sobre la Península Ibérica. Román de la Higuera fingió haber encontrado el *Cronicón*, aceptando y confundiendo en un solo relato ambas tradiciones. Hoy tiende a identificarse la santa Librada de Sigüenza con la que se venera en la villa francesa de Sainte Livrade sur Lot, que fue muerta atravesándole el corazón con una espada. Bernardo de Agén, el primer obispo de Sigüenza, procedía de la antigua Aquitania, de una localidad cercana a Sainte Livrade, por lo que es posible que trajese a Sigüenza las reliquias de la santa iniciando así su culto en la ciudad seguntina (Martínez Gómez-Gordo, 1996). Debido a la amalgama de su leyenda, santa Librada es abogada de los partos difíciles; se la invoca además contra la esterilidad y contra los dolores del corazón.

ATRIBUTOS: Corona, palma, cruz, espada y libro.

REPRESENTACIONES: En la catedral de Sigüenza se halla su capilla, construida a instancias del obispo Fadrique de Portugal, que ocupó la sede seguntina en 1512, por creer a la santa compatriota suya. La capilla es plateresca y se debe su traza a Alonso de Covarrubias: en la calle central se abren dos grandes nichos; en el superior se halla la arqueta de plata con las reliquias y, en el inferior, un retablo, obra de Juan de Pereda; a ambos lados, en hornacinas, se sitúan las esculturas de las ocho hermanas de santa Librada, aunque los nombres de Marcia, Eumelia y Gema han sido cambiados por los de Margarita, Euphemia y Marina. El retablo (1525-1526) consta de seis tablas, de las que cinco se refieren a santa Librada: en el centro, en la imagen de devoción, la santa aparece sentada llevando una palma y un libro sobre sus rodillas; en un pequeño friso por encima de su cabeza aparecen simulados en relieve cuatro trabajos de Hércules.

Don Fadrique, que fue nombrado en 1525 virrey y capitán general de Cataluña, la Cerdaña y el Rosellón, quiso así afirmar el poder de su soberano, Carlos V, al ponerlo bajo una doble protección, mítica y religiosa, pues si santa Librada hacía referencia a la fidelidad de Sigüenza en los difíciles momentos de las revueltas de las Comunidades, la asociación con Hércules evocaba los orígenes y la fortaleza de la monarquía española (Gélis, 1996). Las cuatro tablas de los laterales narran la vida de la santa según la versión del *Breviario de Don Rodrigo*: a la izquierda, las nueve hermanas resuelven entregarse y se presentan voluntariamente ante su padre; a la derecha, el martirio por decapitación de santa Librada y sus hermanas.

A partir del siglo XVII se prodiga, con la asociación a Wilgeforte, la representación de santa Librada crucificada, aunque sin barba. El Museo Diocesano de Sigüenza guarda una santa Librada crucificada procedente de la ermita de La Guardera, hoy en ruinas. La misma imagen preside la hornacina de entrada y el retablo mayor del santuario de Santa Librada en Bayona la Real, en Pontevedra; y también en Pontevedra hay otra imagen en el retablo mayor del monasterio de Agustinas Vistalegre, en la localidad de Vilagarcía de Arousa. El promotor fue el fundador del monasterio, don Fernando de Andrade y Sotomayor, que había sido obispo de Sigüenza entre 1640 y 1645. Las imágenes de santa Librada más famosas y apreciadas se deben al escultor Luis Salvador Carmona; una se conserva en el Museo Nacional de Escultura de Valladolid y la otra en la iglesia de San Miguel de Madrid.

BIBLIOGRAFÍA:

GÉLIS, J., «Le culte de Santa Librada à Sigüenza. Patronage urbain et emblématique impériale», *Revista de dialectología y tradiciones populares* 51, 1 (1996), pp. 221-239.

MARTÍNEZ GÓMEZ-GORDO, J. A., «Santa Librada, virgen y mártir. Revisión de su hagiografía, iconografía y culto», *Anales Seguntinos* 12 (1996), pp. 7-89.

LORENZO
†258. Diácono y mártir.

HISTORIA Y TRADICIÓN: San Lorenzo era natural de Hispania, del Reino de Aragón, pero fue llevado a Roma por el papa san Sixto, que le ordenó diácono y le puso al frente de los otros que tenía a su servicio. Por aquel entonces gobernaba en Roma el emperador Decio, que había subido al trono después de asesinar a su antecesor, Filipo el Árabe; y Filipo hijo, al enterarse de la noticia, entregó a la Iglesia los bienes de su padre y huyó de Roma. Decio buscaba esos tesoros e hizo detener a san Sixto, y cuando le conducían a la prisión, san Lorenzo seguía exclamando: «¡Padre! ¿Adónde vas sin tu hijo? ¿Adónde vas, sacerdote santo, sin tu diácono?»; a lo que san Sixto respondió: «¡Deja de derramar sentido llanto por mi partida! Me adelanto a ti, hermano; tú también me seguirás dentro de tres días».

Le hizo depositario de los bienes de la Iglesia y le encargó que los repartiera entre los pobres. Y así lo hizo, pero creyendo que él los tenía o sabía donde se encontraban, fue detenido y conducido ante el emperador. «Lo que sabes que es del César, al César dáselo; sin duda es justo lo que pido. Si no me equivoco, tu Dios no acuña dinero alguno». Como san Lorenzo no contestaba nada, Decio encargó al prefecto Valeriano que se ocupase del diácono; Valeriano lo encarceló y lo puso bajo la vigilancia de Hipólito.

En la cárcel había un hombre llamado Lucilo que, de tanto llorar, se había quedado ciego; san Lorenzo le bautizó y se curó. Hipólito, que había presenciado el milagro, también se hizo bautizar junto con toda su familia. De nuevo fue san Lorenzo conducido ante Valeriano para ser interrogado sobre el paradero de los tesoros, y acordaron que se los traería al cabo de tres días. En ese tiempo san Lorenzo se dedicó a reunir una multitud de pobres, ciegos, cojos y enfermos de toda clase que presentó al emperador cuando el plazo había ya concluido: «Ahí tienes, pues, las monedas de oro que hace muy poco te prometí, monedas que ni las ruinas pueden sepultar entre sus cenizas ni robarlas un ladrón. Aquí tienes los tesoros. Míralos bien; son auténticos, eternos y tan extraordinarios que jamás disminuyen; al contrario, aumentan».

Tiziano, *Martirio de san Lorenzo,* 1548-1559, Venecia, iglesia de los Jesuitas.

Enfurecido, Valeriano ordenó que lo torturaran. Le azotaron con garfios de hierro, con látigos que tenían plomadas en sus extremos, le aplicaron también placas incandescentes a sus costados, y le ataron al potro o catasta para que le descoyuntaran los miembros; aunque un ángel le consolaba y le limpiaba las heridas. Román, o Romano, uno de los soldados que le torturaban, presenció el prodigio y le pidió que le bautizaran. Por último, prepararon una gran parrilla y tendieron a san Lorenzo sobre ella. Hacían presión con horcas de hierro sobre su cuerpo para que estuviese en contacto permanente con el fuego. Haciendo mofa del suplicio al que era sometido, san Lorenzo se dirigió al emperador diciéndole: «Da la vuelta a esta parte del cuerpo [...] y comprueba qué ha hecho tu ardiente Vulcano». Así lo ordenó el prefecto, y san Lorenzo concluyó: «Ya está hecho, ¡devóralo y comprueba si está mejor crudo o pasado!». Su cuerpo fue recogido y enterrado por san Hipólito.

ATRIBUTOS: Parrilla, bolsa, libro y palma.

REPRESENTACIONES: Se le representa siempre joven, imberbe y con una amplia tonsura clerical. Como diácono viste alba y dalmática roja dada su condición de mártir, con lo que muy a menudo se le asocia con san Esteban o con san Vicente, mártires y diáconos como él. En las biografías medievales del santo difundidas en España a partir del poema de Gonzalo de Berceo (*Martyrio de San Lorenzo*, s. XIII), san Vicente y san Lorenzo incluso son primos, fueron educados por san Valero y llevados a Roma, donde los conoció san Sixto, que quiso quedarse con los dos, pero, después de discutir, sólo se quedó con san Lorenzo. Estos episodios de la juventud del santo son frecuentes en la iconografía de san Valero o de san Vicente, pero rara vez aparecen en los ciclos dedicados a san Lorenzo (relieves del busto-relicario, s. XVI, Huesca, iglesia de San Lorenzo).

Fra Angélico asoció a san Lorenzo con san Esteban en la serie de frescos que decoran la Capilla Nicolina, en el Vaticano, pintados entre 1447 y 1451. Pintó seis escenas relativas a la vida de san Esteban y cinco referidas a la de san Lorenzo. Los episodios escogidos por Fra Angélico constituyen el núcleo fundamental de la iconografía laurentina: *San Sixto otorgando el diaconato a san Lorenzo*, *San Sixto entregando los tesoros de la iglesia a san Lorenzo*, *San Lorenzo distribuyendo limosnas*, *San Lorenzo ante el tribunal del emperador Decio* y el *Martirio de San Lorenzo*. Fra Angélico relegó a un segundo plano otros episodios importantes que en series más extensas se individualizan, como el bautismo de san Hipólito o la conversión de san Román.

También es frecuente representar el encuentro entre san Lorenzo y san Sixto cuando va camino del martirio, la curación del ciego Lucilo y la presentación de los pobres al emperador. Estas escenas están, por ejemplo, en la serie de 12 cuadros pintados por el valenciano Antonio Bisquert en 1633 para la iglesia de San Lorenzo de Huesca, ciudad que reclama haber sido la cuna del santo. En esta serie encontramos además una novedad iconográfica interesante: en la escena del reparto de los bienes de la Iglesia a los pobres, san Lorenzo no reparte monedas, como es lo usual, sino los objetos sagrados, entre ellos, el cáliz de la Última Cena; según la tradición, se lo dio a un español y es el que en la actualidad se guarda en la catedral de Valencia.

Sin duda alguna, la escena del martirio es la que mejor caracteriza la iconografía de san Lorenzo y la más ampliamente representada. Citemos tan sólo el ejemplo que más lecturas iconográficas ha suscitado; se trata del *Martirio de san Lorenzo*, de Tiziano (1548-1559, Venecia, iglesia de los Jesuitas). Tiziano pudo inspirarse en la fuente principal, la *Passio* de Aurelio Prudencio contenida en el *Liber Peristephanon* o *Libro de las Coronas*, publicada en italiano por primera vez por Aldo Manuzio en Venecia en 1501. La escena ocurre de noche, a la luz de las brasas y de las antorchas, pero san Lorenzo alza su rostro y su brazo hacia un haz de luz que desciende del cielo abierto. «Ésta es la luz que desde lejos percibieron los hermanos recién purificados, a los que el bautismo, poco antes dispensado, había capacitado para recibir a Cristo». Tiziano habría captado entonces el momento del tránsito, la muerte de san Lorenzo, en el que su cuerpo está iluminado, pero del resto de los personajes apenas vemos nada, porque, siguiendo con el poema de Prudencio: «la ceguera de los impíos, envuelta en negro velo, ve su cara cubierta por el poso de la noche, no ve en ella claridad». A la izquierda de la composición se encuentra una divinidad femenina, que Panofsky (1969) identificó con Vesta basándose también en los versos de Prudencio; iluminada también por el rayo celeste y por una antorcha, simbolizaría el tránsito del paganismo al cristiniasmo: «Decayó desde aquel día el culto a los dioses vergonzantes; el pueblo, más escaso en sus santuarios, corre al altar de Cristo [...]. Aquella muerte del santo mártir fue en verdad la muerte de los templos, entonces notó Vesta que sin castigo eran abandonados los lares de Palas».

Tiziano realizó una segunda versión encargada por Felipe II para El Escorial (1564-1567, San Lorenzo de El Escorial). La victoria de San Quintín tuvo lugar el 10 de agosto de 1577, día de San Lorenzo, por lo que todo el monasterio, incluida su planta, está dedicado al santo. Pero ni la construcción del monasterio, ni la serie de 12 cuadros pintados por Bartolomé Carducho para el claustro consiguieron dar un nuevo impulso a la iconografía laurentina, que en España irá decayendo a lo largo del siglo XVII (Bango Torviso, 1985).

BIBLIOGRAFÍA:

BANGO TORVISO, I., «Iconografía de San Lorenzo en España hasta el siglo XVI. De la realidad histórica a la ilustración de una leyenda hagiográfica», *El Escorial en la Biblioteca Nacional. IV Centenario del monasterio de El Escorial*, Madrid, 1985, pp. 369-419.

FONTANA CALVO, C., «Iconografía laurentina en la sacristía de la iglesia de San Lorenzo de Huesca», *Boletín del Museo e Instituto «Camón Aznar»* 47 (1992), pp. 119-159.

GASTON, F. W., «Vesta and the *Martyrdom of St. Lawrence* in the sixteenth century», *Journal of the Warburg and Courtauld Institutes* 37 (1974), pp. 358-362.

LUCAS
S. I. Evangelista.

HISTORIA Y TRADICIÓN: Nacido en Antioquía, san Lucas es el autor del tercero de los evangelios canónicos, escrito en griego hacia el año 60, y de los *Hechos de los Apóstoles*, compuesto en el 63. Entre las fuentes utilizadas por el evangelista se señalan los evangelios de Marcos y de Mateo, y la tradición oral transmitida por los apóstoles (Lc 1, 1-2). Para la tradición, además, recibió información de primera mano de la Virgen María, con quien mantenía una estrecha relación: «María, por su parte, guardaba todas estas cosas y las meditaba en su corazón» (Lc 2, 19). A él le contó entonces acontecimientos que no contó a nadie y que sólo leemos en su evangelio, como el nacimiento del Bautista, la Anunciación o el nacimiento de Jesús.

Por todo esto, el evangelio de san Lucas ha disfrutado siempre de una consideración especial dentro de la Iglesia, consideración y prestigio que ya destacaba Pablo en la segunda carta escrita a los corintios (2 Co 8, 18). Designado como compañero suyo, san Lucas acompañó a san Pablo en sus viajes apostólicos por Macedonia, Filipos, Jerusalén, Cesarea y Roma, compartiendo incluso con él la prisión que sufrió en estas dos últimas ciudades (Flm, 23-24). Como san Pablo le llama «médico querido» (Col 4, 14), la tradición no duda de que fue médico de profesión. Después de la muerte de san Pablo en Roma, san Lucas volvió a Grecia, donde estuvo predicando hasta su muerte, ocurrida en Acaya, según unos, martirizado colgado de un olivo; según otros, de muerte natural, a la edad de ochenta y cuatro años.

ATRIBUTOS: El más característico es el buey, o el toro, cuyo simbolismo explicaba así Guillermo Durando (*Rationale Divinorum Officiorum, ca.* 1286): «Lucas es el toro, porque inicia su libro hablando del sacerdote Zacarías y ha tratado más ampliamente que los otros la Pasión. Porque el toro es el animal más apropiado para los sacrificios de los sacerdotes [...]. El toro es la figura de Cristo que fue inmolado por nosotros». Lleva además uno o dos libros en relación a sus obras y, desde el siglo XV, un icono de la Virgen.

REPRESENTACIONES: La iconografía de san Lucas se centra en las tres facetas que tradicionalmente se vienen destacando de su personalidad, es decir, como evangelista, como médico y como pintor. Como evangelista forma parte del conocido grupo del Tetramorfos, y aparece sentado y escribiendo o sustituido por el animal que lo representa. Su representación como médico no es demasiado frecuente, a pesar de los testimonios evangélicos citados y a pesar de que Santiago de la Vorágine incida especialmente en este aspecto. La xilografía de 1494 que acompaña al texto representa, en una de las dos partes en que se divide, a san Lucas como médico, sosteniendo con una mano el tarro de orina y con la otra un instrumento, que bien puede ser el cálamo del escritor o el punzón del médico; cubre su cabeza con el característico bonete de los doctores. Aunque este modelo iconográfico no ha tenido prácticamente ninguna repercusión, puede decirse que cuando no se representa a san Lucas como evangelista, se le representa con la indumentaria propia de los médicos; y si no, nos lo encontramos pintando a la Virgen, en su tercera y última faceta, que lo destaca como pintor (Jan Gossaert, *ca.* 1515, Praga, Narodní Gallery; Roger Van Der Weyden, *ca.* 1440, San Petersburgo, Ermitage; *ca.* 1450, Munich, Alte Pinakothek).

Este aspecto, que no se menciona en la *Leyenda Dorada*, no falta en ninguno de los repertorios hagiográficos posteriores, ni en ninguno de los tratados de arte a los que se alude como argumento y justificación de la pintura sagrada. Es difícil precisar el origen de esta tradición, que asegura que san Lucas pintó varios iconos de la Virgen, entre ellos los que se conservan en tres importantes iglesias de Roma: Santa María la Mayor, Santa María del Popolo y Santa María de Araceli. La noticia más antigua al respecto parece ser la transmitida por Teodoro Lector en la *Historia eclesiástica*, del siglo VI, afirmando que Eudoxia, la esposa de Teodosio II (408-450), envió desde Jerusalén a Pulqueria, hermana del emperador, «una imagen de la Madre de Dios pintada por el apóstol Lucas».

Es interesante señalar que el reinado de Teodosio coincide con la difusión de la herejía nestoriana, que negaba la maternidad divina de María, y su condena en el Concilio de Éfeso (431). Sea como fuere, la atribución de estas imágenes al evangelista bastaba para creer que estaban dotadas de un poder taumatúrgico especial; se creía, por ejemplo, que la imagen de Santa María la Mayor era la que llevaba san Gregorio Magno en procesión cuando el arcángel san Miguel dio por concluida la epidemia de peste sobre el Castel Sant'Angelo. La *Leyenda Dorada* recoge la tradición de una forma escueta: «de ella se dice que fue realizada por San Lucas, que además de médico era pintor, y que guarda un fiel parecido con el rostro físico de Nuestra Señora».

Antonio Palomino, que aumenta considerablemente el catálogo de las obras realizadas por el evangelista, no tiene ningún reparo en afirmar que esa imagen es la misma Virgen de Guadalupe que se guarda en el monasterio extremeño, donada por el papa a san Leandro, arzobispo de Sevilla. Se representa por tanto a san Lucas sentado en un taburete y realizando el retrato de la Virgen, que está sentada enfrente sosteniendo al Niño Jesús. La presencia del Niño Jesús se explica, matiza Francisco Pacheco, no porque san Lucas «retratase a Cristo en aquella edad de la infancia, teniéndolo presente como tuvo a la Virgen; sino a semejanza de la Madre, y por información de ella».

Esta faceta de pintor convierte al evangelista en el «patrón divino de los pintores», cuyas academias y cofradías ponen bajo su protección. El icono de la Virgen se incorpora como atributo de san Lucas ya en el siglo XV (Michele Giambono, *ca.* 1450, *Coronación de la Virgen*, Venecia, Galería de la Academia) y se generaliza en el XVII. También lo utiliza El Greco (*San Lucas*, *ca.* 1605, Toledo, Catedral), pero, curiosamente, coloca el retrato de la Virgen a modo de ilustración en una de las páginas de su evangelio. San Lucas sostiene el libro abierto frente al espectador con la mano izquierda, y con la derecha señala el texto con el cálamo del escritor todavía manchado de tinta, el verdadero instrumento con el que ha «retratado» a la Virgen.

BIBLIOGRAFÍA:

HERNÁNDEZ DÍAZ, J., «El Evangelista San Lucas, historiador, médico y pintor. Iconografía y arte», *Boletín de Bellas Artes* 12 (1984), pp. 89-130.

LÓPEZ CAMPUZANO, J., «Iconografía de los santos sanadores (I): San Lucas», *Anales de Historia del Arte* 5 (1995), pp. 259-269.

LUCÍA
S. IV. Virgen y mártir.

Historia y tradición: Lucía pertenecía a una rica familia de Siracusa. Aunque era cristiana, su madre, Eutiquia, decidió entregarla en matrimonio a un joven pagano; pero Lucía había consagrado su virginidad a Dios y rezaba para que su madre retrasara y olvidase el compromiso de su boda. Entonces Eutiquia enfermó y fue en peregrinación junto a Lucía a Catania para rezar por su curación a santa Águeda. Visitando la tumba de la santa mártir, Lucía se quedó dormida y soñó que santa Águeda se le aparecía para concederle la curación de su madre. Cuando se despertó, le contó a su madre la visión y la convenció para repartir sus bienes entre los pobres, incluida la dote destinada a su ya malogrado proyecto de matrimonio.

Cuando el novio se enteró de lo que estaba ocurriendo, denunció a Lucía ante el prefecto de la ciudad, Pascasio, quien la llamó a su presencia para obligarla a adorar a los dioses paganos. Ante la negativa de santa Lucía, Pascasio la amenazó con prostituirla en un lupanar y otra clase de tormentos, pero nadie pudo moverla del sitio en el que se encontraba, ni mil hombres, ni mil parejas de bueyes tirando de la yunta a la que ataron a la santa. Amontonaron leña a su alrededor para quemarla allí mismo, pero el fuego no le hacía ningún daño, así que terminaron atravesándole una espada en la garganta. Antes de morir, todavía tuvo tiempo para recibir la última comunión. A causa de su nombre es invocada contra las enfermedades de los ojos.

Atributos: Corona, palma, espada y ojos sobre un plato. Acerca de estos ojos, hasta el siglo XVI se admitía que ella misma se los había sacado y se los había enviado a su prometido para alejarlo de ella; pero posteriormente se niega esta justificación y se explica el atributo por una confusión con otra santa del mismo nombre. Interián de Ayala cita el caso de una monja de la Orden de Santo Domingo que envió sus propios ojos a un pretendiente; y el hecho habría servido para que éste, el pretendiente, cerrase sus ojos a la vanidad y los abriese a la verdad. De esta ma-

Maestro de Estimariú, *Leyenda de santa Lucía,* Madrid, Museo del Prado.

nera el atributo más característico de santa Lucía se explica como un símbolo de concentración espiritual, de fe interior, y no como el recuerdo de un episodio real de su vida. Ésta es la tradición que recoge ya Pedro de Ribadeneira: «Tienen a esta preciosa virgen por abogada de la vista, y comúnmente la pintan con sus ojos en un plato que tiene en sus manos. La causa de pintarla así la historia no la dice [...]. Y así debemos tenerla gran devoción, no solamente para que nos guarde, por medio de sus oraciones, la vista corporal, sino mucho más para que alcancemos la espiritual y eterna».

REPRESENTACIONES: En las imágenes devocionales aparece entonces con el atributo de los ojos, como en el conocido cuadro de Zurbarán (*Santa Lucía*, Chartres, Museo de Bellas Artes), pero en las escenas de carácter narrativo las representaciones se limitan a lo transmitido por la *Leyenda Dorada*, como se ve en la tabla del Maestro de Estimariú, *La leyenda de santa Lucía* (s. XIV, Madrid, Museo del Prado). Las más usuales son el reparto de los bienes a los pobres (Aniello Falcone, *Limosna de santa Lucía*, Nápoles, Museo de Capodimonte), su conducción al martirio, más concretamente la imposibilidad de moverla (Andrea Vaccaro, *Santa Lucía arrastrada por toros*, Madrid, Academia de Bellas Artes de San Fernando) y su entierro (Caravaggio, *Los funerales de santa Lucía*, 1608, Siracusa, iglesia de Santa Lucía).

LUIS BERTRÁN
1526-1581. Dominico.

HISTORIA Y TRADICIÓN: En contra de la voluntad de su padre, san Luis Bertrán ingresa en 1544 en el convento que los dominicos tenían en Valencia, ciudad en la que había nacido el 1 de enero de 1526, y tres años más tarde es ordenado sacerdote. Un día, cuando volvía del convento de Santa Ana de Albaida, de donde era vicario, le salió al paso un noble amenazándole con una pistola, ya que estaba enfurecido porque creía que los sermones del santo contra el vicio y la lujuria se dirigían expresamente contra él; cuando hizo ademán de dispararle, san Luis hizo la señal de la cruz y la pistola se convirtió en un crucifijo.

En 1549, cuando sólo tenía veintitrés años, fue elegido maestro de novicios, cargo en el que se mantuvo hasta su marcha a las Indias, en 1562. Estuvo predicando y evangelizando por tierras de la actual Colombia siete años, durante los cuales protagonizó san Luis Bertrán algunos de sus milagros más populares: así, por ejemplo, en una ocasión, no sabiendo los indígenas lo que era la cruz, se puso junto a un árbol invocando a Cristo, y cuando se apartó, todos pudieron ver la imagen de una cruz grabada en él. En otra ocasión, para defender a los indios de las extorsiones a que eran sometidos por los colonos, invitó a su mesa a algunos de los más importantes y, cogiendo un pan, lo estrujó con una mano; asombrados, los presentes vieron la sangre que salía del pan y escuchaban al tiempo el terrible reproche del santo: «Esta sangre es el sudor de los pobres, ved y considerad bien de qué formáis vuestro alimento». Además, por dos veces intentaron envenenarle sin resultado alguno.

Durante su estancia en Colombia desempeñó el cargo de prior en el convento de Santa Fe de Bogotá, y a su vuelta a España, en 1569, siguió siendo prior, primero en el convento de San Onofre y posteriormente en el de Santo Domingo de Valencia, donde murió el 9 de octubre de 1581. Fue beatificado por Pablo V en 1608 y canonizado por Clemente X en 1671.

ATRIBUTOS: Copa con serpiente o dragón, crucifijo, pistola con cruz y letrero con la leyenda *Domine hic non parcas ut in eternum parcas*, palabras de san Agustín que pronunciaba con frecuencia, especialmente un año antes de su muerte: «Abrasad, Señor, aquí; cortad aquí, no perdonéis aquí, para que me perdonéis para siempre».

REPRESENTACIONES: La fisonomía de san Luis Bertrán se basa en la *vera effigies* obtenida por un pintor tras su muerte, según refiere Vicente Saborit en la *Historia de la vida, virtudes y milagros del beato Luis Bertrán* (Valencia, 1651), «pintada con un crucifijo en las manos, que es la postura en que murió, los ojos inclinados, con un letrero que sale de su boca», que es el que hemos transcrito más arriba. De esta forma lo pintaron Ribalta y Sariñena en dos lienzos que se conservan en el museo del colegio del Patriarca, en Valencia.

Entre 1650 y 1655 Jerónimo Jacinto de Espinosa pintó la que puede considerarse como la serie más importante sobre la vida de san Luis Bertrán. Fue realizada para el convento de Santo Domingo de Valencia con motivo de una milagrosa curación del propio artista durante la epidemia de peste que asoló la ciudad en 1647. Espinosa, aquejado de la enfermedad, prometió al santo pintarle el cuadro de altar en su capilla del convento si sanaba. El lienzo objeto del voto, *La muerte de san Luis Bertrán*, se acompañaba de cuatro milagros (hoy en el Museo de Valencia): *La pistola convertida en crucifijo*, *Fuego de Albaida*, *La cruz en el árbol* y *La conversión de una mujer en Indias*.

El milagro del fuego en el convento de Albaida lo cuenta el que fuera uno de sus novicios y primer biógrafo, Vicente Antist, en la *Verdadera relación de la vida y muerte del Padre Fray Luis Bertrán* (Valencia, 1582): una noche asomaban llamas por las ventanas de las habitaciones de los novicios y, pensando que el convento se quemaba, los vecinos corrieron alarmados al lugar, pero, cuando llegaron, vieron que sólo se trataba de san Luis y de sus novicios que se encontraban en oración. Un recuerdo de este acontecimiento aparece en el paisaje de fondo del *San Luis Bertrán* de Zurbarán (Sevilla, Museo de Bellas Artes).

BIBLIOGRAFÍA:

LLUCH GARIN, L. B., «Monumentos luisianos en el centanario de San Luis Bertrán», *Archivo de Arte Valenciano* 63 (1982), pp. 75-84.

MATEU IBARS, M. D., «Nuestra Señora del Rosario, Santo Domingo de Guzmán y San Luis Bertrán», *Archivo de Arte Valenciano* 62 (1981), pp. 58-61.

Simone Martini, *San Luis de Tolosa,* 1317, Nápoles, Museo de Capodimonte.

LUIS DE TOLOSA
1274-1297. Franciscano y obispo.

Historia y tradición: Casi podría decirse que Luis de Anjou estaba llamado a la santidad, pues su padre, Carlos II, rey de Nápoles y Sicilia, era sobrino de san Luis, rey de Francia, y su madre, María de Hungría, era sobrina de santa Isabel. Tan alta cuna habría de acarrearle problemas al joven Luis, pues su familia se vio envuelta en las luchas que la casa de Anjou mantenía con Pedro III de Aragón por la posesión de Sicilia. La revuelta antiangevina de 1282 obligó a su familia a replegarse hasta Nápoles; y desde ahí resistían a las tropas de Pedro el Grande, coronado rey de Sicilia en ese mismo año, cuando en 1284 su padre, entonces príncipe Carlos de Salerno, fue hecho prisionero.

Después de más de tres años de cautiverio, el sucesor en el trono de Aragón, Alfonso III el Liberal, consintió liberar a Carlos en 1288 a cambio de que éste aceptase enviar como rehenes a Barcelona a sus tres hijos; san Luis, el mayor, tenía entonces catorce años. Durante los siete años que estuvo encerrado como rehén, san Luis entró en contacto con la Orden franciscana y se dedicó al estudio de la Teología; y después de su liberación, en 1296 tomó el hábito de San Francisco y renunció a todos sus derechos sobre la corona de Nápoles en favor de su hermano Roberto. A principios del año siguiente fue consagrado obispo de Toulouse por el papa Bonifacio VIII, pero murió unos meses más tarde, a la edad de veintitrés años; su cuerpo fue enterrado en la iglesia franciscana de Les Cordeliers de Marsella. Canonizado por Juan XXII en 1317, su culto se extendió rápidamente por Italia y Francia. En 1443 Alfonso V el Magnánimo tomó Marsella y se trajo a Valencia el cuerpo de san Luis de Tolosa, extendiendo así también su culto por la Corona de Aragón y el resto de España.

Atributos: Corona real en el suelo y libro.

Representaciones: Se le representa siempre muy joven, imberbe, con atributos episcopales (Giovanni Bellini, *Los santos Cristóbal, Jerónimo y san Luis de Tolosa*, 1513, Venecia, iglesia de San Juan Crisóstomo; Tintoretto, *San Luis, san Jorge y la princesa*, 1552, Venecia, Galería de la Academia). A menudo viste el hábito franciscano debajo de la capa pluvial, que se decora con la flor de lis alusiva a la casa de Anjou a la que pertenecía (Giambono, *Santiago con santos*, ca. 1450, Venecia, Galería de la Academia; Cima da Conegliano, *La Virgen del naranjo entre san Jerónimo y san Luis de Tolosa*, 1496-1498, Venecia, Galería de la Academia).

Entronizado, y con la corona real en el suelo, le vemos en la tabla del Maestro de San Ildefonso que se conserva en el Museo Nacional de Escultura de Valladolid. El modelo se inspira claramente en la tabla que pintó Simone Martini en 1317 por encargo del rey de Nápoles y hermano del santo, Roberto de Anjou (Nápoles, Museo de Capodimonte). Representa el momento de la renuncia de san Luis a la corona en favor de su hermano, que se encuentra empequeñecido y arrodillado a sus pies, dispuesto a recibir la corona del reino. Encargado para celebrar la canonización de san Luis, el retablo incluye seis escenas de su vida en la predela. Otro ciclo importante es el realizado al fresco por Ambrogio Lorenzetti en 1331 para los franciscanos de Siena.

LUIS GONZAGA
1568-1591. Jesuita.

HISTORIA Y TRADICIÓN: Era hijo de Fernando I, marqués de Castiglione, heredero de la casa de Mantua. Inició su carrera política en la corte del gran duque de Toscana y posteriormente en la de Mantua, pero el joven Luis, más inclinado por la piedad y la devoción, quería abandonar el mundo y abrazar una Orden religiosa. Estando en Madrid al servicio de Felipe II, entró en la iglesia del Colegio Imperial de los Jesuitas y, orando delante del altar de Nuestra Señora del Buen Consejo, oyó que la Virgen le instaba a tomar el hábito de la Compañía. Su padre se opuso abiertamente a los propósitos de Luis, hasta que un día le sorprendió cubierto de sangre, flagelándose y llorando delante de un crucifijo. Renunció al marquesado en favor de su hermano

Rodolfo y en 1585 entró como novicio en la Compañía de Jesús. Murió unos años más tarde sin haber sido ordenado sacerdote, contagiado de peste por los enfermos a los que asistía. Tenía veintitrés años de edad cuando murió, abrazado al crucifijo que llevaba siempre consigo. Fue beatificado en 1621 por Gregorio XV y canonizado en 1726 por Benedicto XIII.

ATRIBUTOS: Crucifijo.

REPRESENTACIONES: San Luis viste sotana y sobrepelliz, y se le representa siempre joven e imberbe, mirando fijamente al crucifijo que sostiene en las manos (Badajoz, iglesia de Santa María la Real). Fue canonizado junto a san Estanislao de Kostka, con quien a menudo se le asocia en los programas iconográficos jesuitas (Duque Cornejo, Sevilla, iglesia de San Luis de los Franceses; Luis Salvador Carmona, Guipúzcoa, santuario de Loyola).

MARCOS
S. I. Evangelista.

HISTORIA Y TRADICIÓN: Marcos es el autor del segundo de los evangelios canónicos, pero el primero en poner por escrito las enseñanzas de Jesús. Su composición se ha fechado entre los años 65 y 75, según la tradición, a petición de los seguidores y discípulos de san Pedro, entre los que se encontraba el propio evangelista. Fue enviado por san Pedro como obispo a Alejandría y, nada más poner los pies en la ciudad, los zapatos que llevaba se le rompieron. Se los dio a un zapatero que encontró en la calle llamado Aniano, que se hirió en una mano al intentar arreglarlos, pero el santo se la curó con su saliva. Admirado por el prodigio, el zapatero se convirtió al cristianismo y además fue nombrado obispo. Pero un día que estaba celebrando misa en una iglesia recién construida, los idólatras se apoderaron de él y lo arrastraron por las calles de Alejandría con una cuerda atada al cuello. Después de torturarlo de esta manera, lo encerraron en un calabozo, donde recibió la visita de Jesús, que le dijo: «La paz sea contigo, evangelista mío. He venido para llevarte conmigo». Así pues, murió cuando volvieron a arrastrarle al día siguiente; después intentaron quemar su cuerpo, pero se desencadenó una tormenta y dejaron el cadáver abandonado, momento que aprovecharon los cristianos para recogerlo y sepultarlo en la iglesia.

En el siglo IX unos comerciantes venecianos sobornaron a los sacerdotes encargados de la custodia de sus reliquias y consiguieron llevárselas a Venecia. Con el tiempo se perdió la memoria del lugar en el que fue inicialmente sepultado, lo que produjo la desesperación general de los venecianos. Para recuperar el cuerpo de su santo patrón, organizaron rogativas y procesiones hasta que, milagrosamente, las mismas piedras de la iglesia se retiraron y lo pusieron al descubierto. Desde entonces, san Marcos protege a todos aquellos que hacen voto de peregrinar a Venecia para venerar sus reliquias; como el caso del sarraceno que estaba a punto de ahogarse debido al naufragio del mercante en el que también viajaban unos venecianos. San Marcos lo sacó del agua y lo colocó en la lancha en que éstos se encontraban. También protegió a un esclavo que peregrinó a Venecia sin el permiso de su amo. Ninguna de las torturas a las que quiso someterle a su vuelta surtió efecto alguno, y ante la evidencia, el amo pidió perdón al esclavo y juntos volvieron a Venecia para visitar el sepulcro del santo.

ATRIBUTOS: Libro y león. La relación de san Marcos con el león hay que buscarla en la cita de Isaías que coloca al frente de su evangelio: «Voz del que clama en el desierto», proclamando un «bautismo de conversión para perdón de los pecados» (Mc 1, 4). Los bestiarios medievales, basados con mayor o menor fidelidad en el *Fisiólogo* griego (s. III-V), entendían que el rugido del león, que hacía volver a la vida a su cachorro muerto, era, como la voz del Bautista, «la virtud de Dios; merced a ella, resucitó Cristo, arrancado del infierno». El león simboliza la Resurrección, pues la muerte propiciatoria de Cristo y su posterior resurrección es el tema central del evangelio de san Marcos.

Carpaccio, *León de san Marcos,* 1516, Venecia, Palacio Ducal.

Representaciones: Como sucede con los otros evangelistas, las representaciones más frecuentes nos lo presentan escribiendo el evangelio acompañado por su animal simbólico, pero en ocasiones, especialmente en el arte románico, es sustituido por éste. El león alado de san Marcos es omnipresente en Venecia; en su pata derecha sostiene un libro abierto en el que se lee el saludo que Cristo le dirigió cuando se encontraba en el calabozo de Alejandría: «Pax tibi Marce, Evangelista meus». Carpaccio lo pintó con la mitad del cuerpo en la tierra y la otra mitad en el mar (*León de San Marcos*, 1516, Venecia, Palacio Ducal), simbolizando la paz y la protección que Venecia garantizaba en sus dominios.

La Scuola di San Marco reunía un importante conjunto de lienzos sobre la vida del santo. En la Sala dell'Albergo se encontraban la *Predicación de san Marcos en Alejandría*, de Gentile y Giovanni Bellini (1504-1506, Milán, Pinacoteca Brera), el *Martirio de san Marcos*, de Giovanni Bellini y Vittore Belliniano (1515-1526, Venecia, Galería de la Academia), *San Marcos cura a Aniano* y el *Bautismo de san Marcos*, de Giovanni Mansueti (1525, Milán, Pinacoteca Brera). La detención del santo y la visita de Cristo en el calabozo se ven en otro enorme lienzo de Mansueti, *Episodios de la vida de san Marcos* (1525-1527, Venecia, Galería de la Academia). Completaban la decoración de esta sala la *Tormenta en el mar*, de Palma el Viejo, y la *Presentación del anillo de san Marcos,* de Paris Bordone (1534, Venecia, Galería de la Academia). Los cuadros relatan un milagro ocurrido a un pescador una noche de febrero de 1341, según el cual, un ejército de diablos tomó su barco cuando se dirigía a Venecia amenazando con invadir la ciudad; entonces se aparecieron san Nicolás, san Jorge y san Marcos, y enviaron el barco al fondo del mar. Como prueba de lo ocurrido, san Marcos le dio al pescador su anillo, que a su vez debía entregar al dogo. Más conocidos son los cuatro lienzos que pintó Tintoretto para la sala capitular entre 1562 y 1566; son *El hallazgo del cuerpo de san Marcos* (Milán, Pinacoteca Brera), *La sustracción del cuerpo de san Marcos*, *El milagro del esclavo* y la *Salvación del sarraceno durante una tempestad* (Venecia, Galería de la Academia).

MARGARITA
S. III. Virgen y mártir.

HISTORIA Y TRADICIÓN: Nacida en Antioquía, quedó huérfana de madre desde muy niña y fue educada por una nodriza que la instruyó en la fe cristiana; pero cuando su padre se enteró, se enfureció tanto que la echó de casa. Un día, mientras apacentaba el ganado de su nodriza, el prefecto Olibrio se enamoró de ella y la requirió en matrimonio, aunque Margarita le rechazó porque afirmaba que se había consagrado ya a Dios; por ello Olibrio la hace detener y torturar: primero la azotaron y luego desgarraron sus carnes con garfios de hierro. Conducida de nuevo a su prisión, Margarita pidió a Dios que le mostrase al enemigo contra el que luchaba; entonces se apareció un terrible dragón que hizo ademán de tragársela, pero Margarita hizo la señal de la cruz y el dragón desapareció. El diablo volvió a tentarla bajo el aspecto de un hombre, pero también fue vencido por santa Margarita.

Después de someterla a diferentes torturas, fue decapitada, pero antes la santa rogó a Dios que facilitase el parto a todas aquellas mujeres embarazadas que en el momento de dar a luz invocasen su nombre. Este patronazgo sobre los nacimientos tiene, sin embargo, un origen distinto en la tradición popular,

Tiziano, *Santa Margarita,* 1565, Madrid, Museo del Prado.

que Santiago de la Vorágine rechaza explícitamente: según otras versiones de la leyenda, el dragón que se le aparece en la prisión consiguió engullir a la santa, pero ésta hizo la señal de la cruz en el momento en que pasaba por su garganta, de manera que, cuando llegó al estómago, el dragón reventó y Margarita pudo salir ilesa de su vientre. Este «renacimiento» sería el motivo de su patronazgo sobre las parturientas.

Atributos: Dragón y cruz.

Representaciones: Como protectora de los nacimientos, la vemos figurada en forma de una pequeña talla de madera sobre la cabecera de la cama de *El matrimonio Arnolfini* de Jan van Eyck (1434, Londres, National Gallery). Zurbarán también la representó en un lienzo (*ca.* 1635-1640, Londres, National Gallery). La santa va vestida como una pastora, tiene a sus pies el dragón y sostiene un gancho largo en la mano derecha, posiblemente uno de los instrumentos de su martirio. Zurbarán se inspiró en un grabado de Hans Springinklee perteneciente al *Hortulus Animae*, del que copió el dragón, pero trocó la cruz que sostiene la santa en el grabado por el citado instrumento.

Tiziano pintó para Felipe II dos versiones distintas de *Santa Margarita* (1552, Madrid, monasterio de El Escorial; 1565, Madrid, Museo del Prado). En los dos lienzos la santa está saliendo del vientre del dragón gracias a la posesión de una pequeña cruz de madera que sostiene en la mano izquierda. También en ambos casos la escena ocurre en el exterior y no en el interior de la celda; y en la versión del Prado, Tiziano ha colocado una calavera en la esquina inferior derecha y una ciudad en llamas al fondo. Según Panofsky, esta peculiar iconografía se debe a la confusión e identificación de la leyenda de santa Margarita con la de santa Marta, la hermana de Lázaro y de María Magdalena, que también se enfrentó a un dragón que atemorizaba a las gentes del valle del Ródano; devoraba a los hombres, y sus excrementos estaban tan calientes «que quemaban como el fuego y reducían a cenizas cualquier cosa que fuera alcanzada por ellos». Santa Marta se enfrentó a él asperjándole con agua bendita y mostrándole la cruz; amansó a la fiera, la ató con el cíngulo de su túnica y se la llevó a las gentes del lugar para que la mataran. Desde entonces la zona se llama Tarascón, pues con el nombre de tarasca se conocía a la fiera vencida.

Las dos leyendas debieron fusionarse antes de 1300, y santa Margarita, más popular y venerada que santa Marta, asumió la leyenda de la tarasca. Tiziano aceptó esta transferencia al situar la escena en el exterior y al darle a santa Margarita como atributo la pequeña cruz de madera. Además, no cabe ninguna duda sobre la identificación de la santa, pues el mismo Tiziano remite una carta a Felipe II el 11 de octubre de 1552 diciéndole que le ha enviado «una representación de Santa Margarita» (Panofsky, 1969).

Admitiendo esta transferencia, debemos señalar como errónea la identificación del cuadro *Santa Margarita resucita a un muchacho* que se conserva en el Museo del Prado. En el catálogo del museo la obra se atribuye a Giovanni Serodine (n.º 246), y la misma obra, con el mismo título, se expuso como perteneciente a Caravaggio en la exposición *Pintura napolitana, de Caravaggio a Giordano* (Madrid, 1985). En la leyenda de santa Margarita no hay ningún episodio que se ajuste a lo representado en el cuadro, pero sí en la de santa Marta: la resurrección del joven que se ahogó en el Ródano cuando ella se encontraba predicando en Aviñón. Unos pescadores le llevaron el cuerpo y santa Marta, después de rezar, «tomó con una de sus manos otra de las del difunto y lo alzó del suelo resucitado».

BIBLIOGRAFÍA:

ALCOY, R., «El "Descensus ad inferos" de Santa Margarita», *D'art* 12 (1986), pp. 127-157.

MARÍA DE CERVELLÓ
1230-1290. Fundadora de la rama femenina de la Orden de la Merced. Llamada también María del Socorro.

HISTORIA Y TRADICIÓN: Vistiendo el hábito de beata, ingresa con dieciocho años en la Orden de la Merced y, tras la muerte de sus padres y después de emplear la fortuna de la familia en obras de caridad, fundó la rama femenina de dicha Orden en 1265. Dispensadas del cuarto voto de la Orden, tenían como función principal el estudio, la meditación y la oración. En palabras de Tirso de Molina, «eran de tanta más utilidad las casi continuas súplicas que al cielo hacía, patrocinando a los cautivos, cuanto son más eficaces para con Dios las oraciones que la plata». También se dedicaban a la enseñanza de las damas nobles y al gobierno de hospicios y asilos.

La tradición la relaciona fundamentalmente con el mundo del mar, y la mayoría de sus milagros hacen referencia a la salvación de marineros y navíos en peligro. Así, en una ocasión, un barco de mercedarios que se dirigía a la redención de cautivos estaba a punto de naufragar durante una tormenta; entonces se apareció la santa andando sobre el mar y calmó la tempestad para que el barco pudiera continuar su camino. Cuando murió, fue sepultada en la iglesia de Nuestra Señora de la Merced en Barcelona, y fue canonizada en 1692 por Inocencio XII.

ATRIBUTOS: Hábito mercedario, azucenas en la mano derecha alusivas a su castidad, y un barco de vela en la mano izquierda, señal de la protección que dispensa a los navegantes.

REPRESENTACIONES: Son muy escasas las representaciones relativas a hechos de su vida (Vergara, *Santa María de Cervelló salva un navío*, siglo XVIII, Valencia, monasterio de Santa María del Puig) y son más frecuentes las imágenes devocionales y aquellas que la representan en compañía de otros santos mercedarios, como en la *Alegoría de la rama femenina de la Orden de la Merced* de José Risueño (1710, Granada, Museo de Bellas Artes). Jerónimo Jacinto de Espinosa, sin embargo, la retrató junto a santa Teresa de Jesús (*La Sagrada Familia rodeada de santos*, 1650, Valencia, Museo de Bellas Artes).

MARÍA EGIPCÍACA
S. III. Penitente.

Historia y tradición: La leyenda de santa María Egipcíaca, de origen oriental, se transmitió a Occidente en el siglo VII en dos traducciones latinas distintas, una de Pablo Diácono y otra de Anastasio el Bibliotecario. Ambas debieron servir como modelo para la *Vita eremitica* de María Magdalena, del siglo XI, con la que comparten muchos puntos en común. La leyenda cuenta que un abad llamado Zósimo se dirigió en una ocasión al Jordán buscando un anacoreta y se encontró con santa María Egipcíaca, desnuda, ennegrecida por el sol y desgastada por los numerosos años de penitencia. Para satisfacer la curiosidad del abad, la santa le contó su historia: había nacido en Egipto y, desde los diecisiete años, se había dedicado a la prostitución durante mucho tiempo en Alejandría, hasta que oyó hablar de la Santa Cruz de Jerusalén. Consiguió que unos marineros aceptasen llevarla a cambio de entregarles su propio cuerpo como pago por el pasaje.

Ya en Jerusalén, una fuerza invisible la impedía entrar en la iglesia; entonces, arrepintiéndose de su vida, se puso a rezar a una escultura de la Virgen que se encontraba en el nártex, prometiéndole permanecer casta hasta el final de sus días, y consiguió por fin acceder al interior. Con tres monedas que le dieron de limosna compró tres panes y se retiró al Jordán, en cuyo desierto se mantuvo durante cuarenta y siete años. Terminada la narración, Zósimo volvió al año siguiente el día de Jueves Santo, según le había prometido, para administrarle la comunión, pero la encontró muerta. Una inscripción en la arena junto a la cabeza de la santa le indicaba que debía enterrarla, cosa que hizo con la ayuda de un león.

Atributos: Tres panes.

Representaciones: A santa María Egipcíaca normalmente se la representa anciana, medio desnuda y acompañada de su atributo característico, los tres panes que la alimentaron durante su retiro en el desierto. Ribera, sin embargo, reduce los tres panes a uno solo y coloca junto a la santa la calavera, atributo común de todos los penitentes (Madrid, Museo del Prado; 1641, Montpellier, Musée Fabre). Es posible también representarla joven, por lo que entonces podríamos confundirla con María Magdalena, pues desde el siglo XI se detectan contaminaciones figurativas en la iconografía de ambas santas. Así, a santa María Egipcíaca la vemos también con el pelo largo cubriendo su desnudez y elevándose al cielo mientras reza encerrada en una mandorla de ángeles, como ocurre, por ejemplo, en un relieve en madera atribuido a la escuela de Francesco Rustici que se conserva en una colección privada de Florencia.

Vestida con sus mejores galas, como solemos ver a la Magdalena, leyendo junto a un río, la pintó Tintoretto, precisamente haciendo pareja con la santa bíblica (*Santa María Egipcíaca leyendo*, 1583-1587, Venecia, Scuola Grande di San Rocco, sala inferior). Entre los ciclos, cabe citar la serie de capiteles románicos del Museo de los Agustinos en Toulouse, las vidrieras de la catedral francesa de Bourges, de 1215, las de Auxerre, de 1230, y el pintado por Cristoforo de Bolonia, en el siglo XIV, en las paredes de San Giacomo Maggiore, en Bolonia.

MARÍA MAGDALENA
S. I. Penitente.

HISTORIA Y TRADICIÓN: María Magdalena es una de las pocas mujeres que aparecen con nombre propio en el Evangelio desempeñando un papel fundamental en el ciclo de la Pasión de Jesús, mucho más importante incluso que el de la propia Virgen María. Además, la transformación que experimenta, de cortesana a penitente, hacía de ella un personaje muy atractivo para la devoción popular, pues demostraba que aun después de una vida en el pecado era posible el perdón de Dios. Por todo ello María Magdalena es una de las santas de mayor culto en el cristianismo.

En la construcción de su personaje desde san Gregorio Magno, se identifican como referidas a la misma persona las distintas noticias suministradas por los evangelios. Así, María Magdalena es la mujer de la que Cristo había expulsado siete demonios (Lc 8, 2), quien acompaña a la Virgen al pie de la cruz de Jesús (Mt 27, 55; Jn 19, 25), participando en su posterior deposición y entierro (Mt 27, 61; Mc 15, 47); la que a la mañana siguiente se acerca al sepulcro con los aromas para embalsamarle y lo encontró vacío (Jn 20, 1; Mc 16, 1-8; Mt 28, 1-8); y, finalmente, a quien primero se le apareció Jesús resucitado (Mc 16, 9-10; Jn 20, 11-18). También se identifica a Magdalena con María de Betania, hermana de Marta y de Lázaro (Lc 10, 38-42; Jn 11, 1-2; 12, 1-3), y con la mujer pecadora que se arroja llorando a los pies de Jesús cuando se encontraba comiendo en casa de Simón el fariseo (Lc 7, 36-50).

A este ciclo evangélico hay que añadir la leyenda provenzal surgida en el siglo XI en la abadía de Vézelay, que poseía las reliquias de la santa traídas por un monje desde Oriente en el siglo VIII. En tiempos del abad Godofredo (1037-1052) se escribieron dos versiones distintas de la traslación de las reliquias, la *Narratio prior translationis* y la *Narratio posterior*, así como una *Vita apostólica* y los *Miracula* de la santa. Estos textos, junto a otros documentos, fueron recogidos en un *Dossier Vézelain*, en el siglo XII, para revitalizar el culto a María Magdalena en la abadía frente a la competencia surgida en otros dos lugares de la zona: Sainte Baume, en cuya gruta situaba la penitencia de la santa la *Vita eremitica*, del XI; y Saint Maximin, en donde se afirmaba poseer el verdadero cuerpo de la Magdalena, además de un tarro con tierra del Calvario empapada con la sangre de Jesús que ella misma había recogido.

Sea como fuere, la cuantiosa producción hagiográfica dedicada a María Magdalena queda compendiada y sintetizada en los distintos repertorios que sobre la vida de los santos se escribieron en el siglo XIII, incluida la que Santiago de la Vorágine escribe en la *Leyenda Dorada*, que deriva directamente del influjo de Vezélay.

En resumen, pues, María Magdalena era hermana de Marta y de Lázaro, y a la muerte de sus padres dividieron el rico patrimonio familiar entre los tres: a María le tocó el castillo de

Magdala, de ahí su nombre; a Marta, las posesiones de Betania, y a Lázaro, las de Jerusalén. María, aprovechando su belleza y su riqueza, se entregó a una vida de placeres y deleites hasta que oyó hablar de Jesús. Su predicación la hizo ver «aquel profundo abismo de vicios en que estaba anegada», según relata el padre Ribadeneira.

Cuando se entera de que Jesús está en casa de Simón el fariseo, se dirige hasta allí llevando perfumes en un frasco de alabastro y se abalanza a sus pies; «Allí comenzó a derribar lágrimas y tan copiosas que bastaron para lavar los pies del Señor y luego los limpió con los cabellos de su cabeza, y no contenta con esto, comenzó a besarlos y a ungirlos con preciosos ungüentos, de modo que todas las cosas que le habían sido instrumentos de pecado hizo remedio contra el pecado». A partir de entonces Magdalena se convierte en una firme devota de Jesús y le sigue en todo momento, participando en los episodios evangélicos citados anteriormente.

Después de Pentecostés y del martirio de san Esteban, Magdalena fue desterrada junto a sus hermanos, Marta y Lázaro, con Marcela, su criada, y con Maximino, uno de los setenta y dos discípulos de Jesús. Fueron introducidos en un barco sin velas ni timón para que naufragaran, pero milagrosamente el barco les llevó hasta Marsella, donde desembarcaron, y María Magdalena empezó a evangelizar a la gente que se acercaba al vecino templo de Diana. El mismo gobernador y su esposa se convirtieron cuando Magdalena logró con sus oraciones que la pareja tuviera descendencia.

Elegidos san Lázaro como obispo de Marsella y san Maximino como obispo de Aix, Magdalena se retiró a un desierto cerca de Marsella, y estuvo treinta años en una gruta alimentándose de hierbas y raíces. Sus ropas se gastaron, pero sus cabellos crecieron hasta cubrir su desnudez, y siete veces al día los ángeles la subían al cielo para asistir a los oficios divinos junto a los bienaventurados. Pasado ese tiempo, fue llevada por los ángeles hasta el oratorio del obispo Maximino, de cuyas manos recibió la Sagrada Eucaristía antes de morir.

Ribera, *Magdalena penitente,* 1641, Madrid, Museo del Prado.

ATRIBUTOS: El más característico es el tarro de perfumes, que la acompaña siempre; pero cuando se la representa en penitencia, lleva también una calavera, las disciplinas, un libro y un crucifijo.

REPRESENTACIONES: En la iconografía de María Magdalena distinguimos también entre aquellas escenas que pertenecen al ciclo evangélico de las que ilustran la leyenda provenzal. Con respecto al ciclo evangélico, uno de los episodios más representados es la cena en casa del fariseo Simón, pues simboliza la penitencia y el perdón divino debido al primer acto de contrición: «Quedan perdonados sus muchos pecados porque ha mostrado mucho amor» (Lc 7, 47). Poussin eligió este episodio como ilustración de la *Penitencia*, perteneciente a la serie de los siete sacramentos (1644-1648, Edimburgo, Galería Nacional de Escocia).

La escena puede confundirse con la unción de Betania (Jn 12, 1-11), representada con menos frecuencia. En este caso el episodio se interpreta como una premonición de la muerte de Cristo, pues cuando Magdalena es reprendida por haber derramado el nardo sobre sus pies, habiéndolo podido vender para repartir lo obtenido entre los pobres, Jesús sale en su defensa diciendo: «Déjala que lo guarde para el día de mi sepultura. Porque pobres siempre tendréis entre vosotros, pero a mí no siempre me tendréis» (Jn 12, 7-8); de aquí derivaría el tipo iconográfico de la Magdalena portadora de ungüentos, *Mirrofora*, pues, si los Reyes Magos llevaban la mirra como homenaje al nuevo rey de la humanidad, la Magdalena se sirve del perfume para consagrar al nuevo rey de Jerusalén, prefigurando la muerte del hombre y la Resurrección de Cristo (Mosco, 1986). Así la vemos en uno de los frescos pintados por Piero della Francesca en la catedral de Arezzo en 1460. Su aspecto es el usual en su iconografía: el cabello rubio y suelto, y el atuendo lujoso y elegante.

El episodio siguiente, *Cristo en casa de Marta y María* (Tintoretto, 1567, Munich, Alte Pinakothek; Velázquez, 1618, Londres, National Gallery), resalta el valor de la palabra y la meditación, encarnada por María Magdalena que escucha atentamente las enseñanzas de Jesús, sobre la vida activa que representa Marta, atareada con los quehaceres de la casa: «Marta, Marta, te preocupas y te agitas por muchas cosas; y hay necesidad de unas pocas, o mejor, de una sola. María ha elegido la parte buena, que no le será quitada» (Lc 10, 41-42).

Su importante intervención en el ciclo de la Pasión se inicia al pie de la cruz, mostrando su dolor por la muerte de Jesús con los brazos levantados (Masaccio, *Crucifixión*, 1426, Nápoles, Museo de Capodimonte; Grünewald, *Altar de Isenheim*, Colmar, Museo de Unterlinden); o, más comúnmente, abrazándose a la cruz (Bernardo Daddi, *La Magdalena al pie de la cruz*, s. XIV, Florencia, Galería de la Academia; Ribera, *Calvario*, 1618, Osuna, Patronato de Arte); sigue en el descendimiento y la lamentación sobre el cuerpo de Cristo, en cuyas escenas se sitúa siempre besando los pies de Jesús, como vemos en el *Descendimiento* y en la *Lamentación sobre Cristo muerto* de Fra Angélico (Florencia, Museo de San Marcos), y adivinamos también, casi sumida en la penumbra, en *La Piedad* de Ribera (1637, Nápoles, Certosa di San Martino).

Está también presente junto a las mujeres que se acercan al sepulcro con los ungüentos y lo encuentran vacío. Este tema, que simbolizaba la Resurrección de Cristo, perderá importancia a partir del siglo XV, cuando el arte prefiera ya representar al propio Jesús saliendo triunfante de su sepultura. Sin embargo, la aparición a María Magdalena según el Evangelio de San Juan, conocida como *Noli me tangere*, será uno de los temas más representados, pues venía a confirmar el cambio de naturaleza operado en Jesús tras su resurrección. Cuando María reconoce a Jesús, intenta abalanzarse a sus pies, pero Jesús la detiene diciéndole «no me toques, que todavía no he subido al Padre» (Jn 20, 17), entendiendo que ya no es posible el trato familiar de que era objeto antes de su muerte.

Recogemos la interpretación que, en este sentido, hace Jean Croiset en *Año Christiano*: «Queriendo abalanzarse a sus pies para abrazarlos, el Señor se lo estorbó, para darla a entender, como dice San León, que ya era tiempo de que, elevándose por los sentidos corporales, la mirase con los ojos de la fe, considerándole como si ya estuviese sentado en el Cielo, a la diestra de Dios Padre». Desde el siglo XI a Jesús se le representa en esta escena con la azada y el sombrero de jardinero, porque cuando Magdalena lo vio por primera vez pensó que era «el encargado del huerto» (Jn 20, 15).

Lleva la azada en el fresco de Puccio di Simone realizado hacia 1340 para la iglesia de la Trinidad, en Florencia; y también en el de Fra Angélico para el convento de San Marcos. Aunque en una de las representaciones más conocidas de este tema, el lienzo de Corregio, la azada se encuentra al lado de Jesús (*Noli me tangere*, 1520, Madrid, Museo del Prado), Francisco Pacheco recomendaba pintarlo «en figura de hortelano», y así es como solemos encontrarlo. En Francia se cultivó una importante variante iconográfica, pues aunque Magdalena no toca a Cristo, éste pone la mano sobre su frente (Le Sueur, *Cristo tocando a la Magdalena en la frente*, París, Louvre; Laurent de la Hire, *Aparición de Cristo a la Magdalena*, Grenoble, Museo de Bellas Artes). El motivo pretendería dar relevancia a la piel de la frente que, como reliquia, se conservaba en la basílica de Saint Maximin.

Las representaciones correspondientes al ciclo provenzal se inician con el milagroso viaje a Marsella, siguen con la predicación y el milagro del gobernador, tomados de la *Vita apostolica*, y concluyen con las escenas de la *Vita eremitica*, es decir, la penitencia en la gruta de Sainte Baume, la traslación y su muerte. El ciclo provenzal nunca se presenta solo, sino que acompaña a las escenas evangélicas para configurar la biografía de María Magdalena; así, en el *Tríptico de la Magdalena* (*ca.* 1280, Florencia, Galería de la Academia) se han representado ocho escenas, de las que cinco pertenecen a la leyenda provenzal.

En el ciclo evangélico suele incluirse la resurrección de Lázaro, como vemos también en la importante serie realizada al fresco en la iglesia inferior de San Francisco, en Asís. Fue encargada por el obispo Teobaldo Pontano (1314-1329) para la Capilla de Santa María Magdalena, y de los ocho frescos, dispuestos en cuatro muros, cinco corresponden al ciclo provenzal. Sin embargo, de las cinco escenas que pintó Giovanni da Milano (*Escenas de la vida de la Magdalena*, 1365, Florencia, Santa Croce, Capilla Rinuccini), sólo una pertenece a la leyenda provenzal: el nacimiento del hijo del gobernador de Marsella.

De todo este ciclo dos episodios adquirieron pronto independencia y entidad propia: la Magdalena en penitencia y su traslación a los cielos. La importancia de la traslación de la Magdalena se debe al valor otorgado por la Contrarreforma al sacramento de la comunión, pues en la leyenda se afirmaba que, además de asistir a los oficios, Magdalena recibía el alimento divino siete veces al día para que pudiera subsistir en el paraje inhóspito de Sainte Baume. Aunque una de las más bellas representaciones de este tema es el lienzo de Ribera, *La traslación de la Magdalena* (1636, Madrid, Academia de Bellas Artes de San Fernando), más acorde con el espíritu de la Contrarreforma es el lienzo de Sebastiano Conca, *La comunión de la Magdalena* (1733, Florencia, Museo del Palazzo Vecchio); en él vemos a un ángel dándole la Sagrada Forma a la santa, que se encuentra arrodillada.

Más variedad iconográfica presenta el tema de la *Magdalena penitente*. La encontramos orante, con el cuerpo cubierto completamente con su pelo (Donatello, 1453-1455, Florencia, Museo de la Opera del Duomo), arrepintiéndose de sus pecados ante un crucifijo (Pedro de Mena, 1664, Madrid, Museo del Prado), o más frecuentemente, rezando en la gruta de la que habla la tradición (Ribera, *Magdalena penitente*, 1641, Madrid, Museo del Prado). A su vez, en las representaciones de la penitencia, Françoise Bardon (1968) distingue dos tipologías distintas: una abierta, dinámica y patética, más cercana al éxtasis (Vouet, Gentileschi, Franceschini, etc.), y otra cerrada, estática y contenida, a la que pertenecería el lienzo de Ribera citado antes.

Del tipo contenido, clásico en palabras de Bardon, surge el tema de la *Magdalena en meditación*, en el que la santa siente, como afirma Mâle (1985), «toda la grandeza de sus pecados». Siempre con el rostro compungido por la pena, la vemos en el lienzo de Artemisa Gentileschi (1617-1620, Florencia, Palacio Pitti); y con las manos cruzadas sobre la calavera, en otro lienzo de Ribera (Madrid, Museo del Prado). Las distintas versiones que del tema pintó Georges de la Tour parecen seguir al pie de la letra las recomendaciones que hacían los jesuitas para meditar sobre la muerte y sobre la fugacidad de las cosas mundanas: sumida en la oscuridad, ilumina la estancia sólo con una vela; toca siempre una calavera, y a veces contempla su rostro en un espejo, típico emblema de la vanidad (*Magdalena Fabius*, Washington, National Gallery; *Magdalena Wrightsman*, Nueva York, Metropolitan Museum).

Otro tema importante en la iconografía de María Magdalena es precisamente el de la conversión, o el abandono de la vanidad, tema que nacería a partir de dos lienzos de Caravaggio (*La conversión de la Magdalena*, ca. 1598, Detroit, Institute of Arts; *La Magdalena arrepentida*, 1596-1597, Roma, Galería Doria Pamphili) y que tendrá imitadores, por ejemplo, en Rubens (*La Magdalena renuncia a la vanidad*, Florencia, Galería Corsini).

Bibliografía:

Bardon, F., «Le théme de la Madeleine pénitente au XVIIeme siécle en France», *Journal of the Warburg and Courtauld Institutes* 31 (1968), pp. 274-306.

Martín González, J. J., «El tema iconográfico de "La Traslación de la Magdalena"», *Boletín del Seminario de Estudios de Arte y Arqueología de Valladolid* 19 (1952-1953), pp. 135-139.

Mel Edmunds, M., «La Sainte-Baume and the iconography of Mary Magdalene», *Gazette des Beaux-Arts* 114 (1989), pp. 11-28.

Mosco, M., *La Maddalena, tra sacro e profano*, Milán, Mondadori, 1986.

Sánchez Ortega, M. H., «Iconografía de María Magdalena y otras santas arrepentidas», *Pecadoras de verano, arrepentidas de invierno*, Madrid, Alianza, 1995, pp. 43-66.

MARTÍN
315-397. Obispo de Tours.

Historia y tradición: San Martín nació en Panonia, pero se crió en la ciudad italiana de Pavía, donde su padre ejercía el cargo de tribuno. Al licenciarse su padre, una ley le obligaba a ocupar su puesto en la milicia, cosa que hizo cuando sólo tenía quince años. Es en esta etapa de soldado cuando se produce el episodio más relevante en su iconografía, que la tradición fija en el año 337: estaba un día en Amiens cuando vio a las puertas de la ciudad a un mendigo casi desnudo pidiendo limosna; como nadie le socorría, san Martín pensó que Dios se lo había reservado para que ejerciera con él la caridad, de manera que desenvainó la espada, cortó su propia capa y entregó al mendigo la mitad. Esa misma noche se le apareció Cristo vistiendo la media capa de san Martín y diciéndole a los ángeles que le rodeaban: «Martín, siendo catecúmeno, me ha cubierto con este vestido»; así pues, se bautizó y se fue a Poitiers después de abandonar el ejército.

Su obispo, san Hilario, quiso nombrarle diácono, pero Martín sólo aceptó el cargo de exorcista, y volvió a Panonia, donde estuvo combatiendo el arrianismo. Camino de Milán, el diablo salió a su encuentro preguntándole por el camino que llevaba. «Hacia donde el Señor quiera llevarme», contestó san Martín; a lo que el diablo replicó: «Vayas por donde vayas, el diablo sembrará de obstáculos tu camino». Efectivamente, a partir de este momento la biografía de san Martín está repleta de curaciones, exorcismos y otras pruebas a las que el diablo le somete y de las que el santo sale siempre con éxito.

De vuelta en Poitiers fundó el monasterio de Ligugé y vivió allí con otros monjes hasta que en el año 370, o en el 371, fue nombrado obispo de Tours por aclamación popular. Un día que iba a celebrar misa advirtió que le seguía un mendigo. Ordenó al diácono que le acompañaba que le comprase ropas, pero ante la tardanza en obedecerle, él mismo le dio la túnica que llevaba y se puso la raída y de mala calidad que trajo su ayudante después. De tal guisa salió a oficiar la misa, y cuando levantó los brazos en el momento de la consagración, unos ángeles descendieron para cubrirlos con brazaletes de oro, mientras que un globo de fuego, símbolo de la caridad, flotaba sobre la cabeza de san Martín.

En el año 397 se trasladó a Candes (Turena); donde murió. Antes de expirar, vio que se le acercaba el diablo, pero el santo le increpó: «¿Qué haces tú aquí, cruelísima bestia? No pierdas el tiempo buscando cargos contra mí porque no los hallarás. Ahora mismo mi alma entrará en el seno de Abraham». Ese mismo año su cuerpo fue trasladado a Tours, donde quedaron instaladas sus reliquias hasta que en el siglo XVI las quemaron los hugonotes. El culto a san Martín se extendió rápidamente desde Tours, pues incluso antes de su muerte, un discípulo suyo, Sulpicio Severo (360-420), comenzó a escribir la *Vita Sancti Martini*, fuente principal para el conocimiento de su vida; y además, al año siguiente de su muerte, se celebró el aniversario del traslado de su cuerpo a Tours. Esa fecha, el 11 de noviembre, ha quedado como la principal festividad dedicada al santo.

Simone Martini, *San Martín comparte su capa con el mendigo*, 1320-1326, San Francisco de Asís, iglesia inferior, Capilla de San Martín.

Para la difusión de su culto en España es importante la obra de Gregorio de Tours, *De miraculis sancti Martini*, en donde se cuenta la conversión del rey suevo de Galicia, Cararicus, gracias a la curación de su hijo. Como agradecimiento, el rey mandó construir una iglesia en su honor para albergar unas reliquias enviadas desde Tours (García Rodríguez, 1966). Entre sus patronazgos se cuenta la protección a soldados y caballeros por su pasado militar; a sastres y mendigos por la donación de la capa; y a la monarquía francesa bajo merovingios y carolingios. La Capilla Palatina de Aquisgrán fue construida por Carlomagno para albergar, entre otras reliquias, la capa de san Martín; es por eso que se llamó «capilla» al espacio que la guardaba, y «capellanes» a las personas que la custodiaban.

REPRESENTACIONES: Como ya se apuntaba más arriba, el episodio más representado de la vida de san Martín es la partición de la capa con el pobre. San Martín aparece muy joven, a lomos de un caballo, viste la armadura del soldado y con la espada se dispone a partir la capa para darle la mitad al mendigo, que se presenta andando a su lado. El mendigo puede llevar nimbo, recordando su identificación con Cristo (Gonzalo Peris, *ca.* 1449, Valencia, Museo de Bellas Artes), o no llevarlo, resaltando así la caridad de san Martín (El Greco, *ca.* 1597-1599, Washington, National Gallery).

Juan Interián de Ayala criticaba el que se pintase al santo a caballo, a pesar «de que Sulpicio en su vida no hace ninguna mención, no obstante de haber procurado investigar diligentemente todas las cosas de San Martín». De hecho, no es infrecuente encontrar representaciones románicas de la escena más fieles a la *Vita* de Sulpicio Severo, en las que vemos a san Martín a pie, como ocurre en un capitel de Saint Benoit-sur-Loire o en un relieve de la catedral de Parma. Otras escenas frecuentes son el sueño en el que se le aparece Jesús vistiendo la media capa; la misa del santo, también conocida como «segunda caridad de san Martín», en la que normalmente se representa el momento en que los ángeles cubren sus brazos con los brazaletes de oro; y su muerte, sólo reconocible de la de otros santos por el diablo que viene a molestarle en el último momento.

Reconocemos estas escenas en el *Frontal de Chía* (s. XIII, Barcelona, Museo Nacional de Arte de Cataluña), que completa la serie con una cuarta escena de curación y con la imagen central presidida por san Martín sedente con atributos episcopales. El *Frontal de Puigbó* (s. XII, Vic, Museo Episcopal) también incluye cuatro escenas, aunque en este caso lo preside Cristo encerrado en su mandorla. Simone Martini desarrolló la biografía de san Martín en 10 episodios en la capilla dedicada al santo en la iglesia inferior de San Francisco de Asís entre 1320 y 1326.

Finalmente, en el programa relivario que decora el retablo mayor de San Martiño Pinario (Benito Silveira y José Gambino, s. XVIII, Santiago de Compostela, monasterio de San Martiño Pinario), figura el milagro del pino, elegido por su relación con el nombre del monasterio. Junto a un templo pagano existía un pino gigantesco consagrado al diablo. Ante la insistencia de Martín en cortarlo, los paganos aceptaron hacerlo sólo si el santo se ponía del lado del que habría de caer. Después de dar el último hachazo, san Martín hizo la señal de la cruz y el pino que se abalanzaba sobre él se enderezó y cayó del lado contrario.

BIBLIOGRAFÍA:

GÓMEZ GÓMEZ, A. y ASIAÍN YÁRNOZ, M. A., «*Caritas et diabolus* en la iconografía de San Martín, el caso de Martín de Unx (Navarra)», *Príncipe de Viana* 205 (1995), pp. 1-26.

MATEO
S. I. Evangelista y Apóstol.

HISTORIA Y TRADICIÓN: Desde Papías, obispo de Hierápolis entre los años 110 y 120, se supone que Mateo, uno de los discípulos de Jesús, es el autor del primero de los evangelios sinópticos, a quien se identifica además con el publicano Leví (Lc 5, 27-28; Mt 9, 9). También según la tradición más difundida, habría escrito el evangelio entre el año 60 y el 70, en hebreo o arameo, destinado a los judíos convertidos al cristianismo con el fin de ofrecerles un texto que sustituyera a la antigua ley, pues el tema central de su evangelio es Jesús, al que presenta como culminación de las profecías formuladas en el Antiguo Testamento.

Después de la Ascensión de Jesús a los cielos, los apóstoles se dispersaron para predicar la Buena Nueva. Mateo, que se encontraba en Etiopía, logró muchas conversiones al expulsar a los dragones que habían introducido dos magos para atemorizar a la gente, y al conseguir la resurrección del hijo del rey Egido, que también se bautizó con todo su pueblo. La princesa Efigenia fue consagrada a Dios, y fundó y presidió una comunidad de vírgenes. Muerto Egido, subió Hitarco al trono y, enamorado de la princesa Efigenia, ofreció a san Mateo la mitad del reino a cambio de que mediara por él ante la princesa y le aceptara por esposo. San Mateo le pide al rey que vaya a la iglesia y escuche su sermón sobre el matrimonio; y ya en la iglesia, Mateo reprende duramente al rey por desear a una virgen que ha sido consagrada a Dios. Enfurecido, Hitarco abandona la iglesia y envía a un sicario que mata a san Mateo cuando aún se encontraba celebrando la misa.

ATRIBUTOS: Como evangelista lleva filacteria o libro; y un ángel, la figura humana, simbolizando el nacimiento de Jesús, porque así comienza su evangelio. Como apóstol puede llevar la bolsa del dinero en recuerdo de su profesión como recaudador de impuestos, o la espada de su martirio.

REPRESENTACIONES: Figura casi siempre como evangelista, escribiendo el evangelio en compañía del ángel o bien simbólicamente sustituido por éste. Con el resto de las formas simbólicas de los evangelistas constituye el Tetramorfos que rodea la mandorla mística, y en los apostolados, además del evangelio, suele llevar la bolsa con las monedas (Camillo Rusconi, *San Mateo*, 1703-1718, Roma, San Juan de Letrán). Andrea di Cione, Orcagna, desarrolló en cuatro escenas las posibilidades de representación que ofrecía la vida de san Mateo tomando como fuente la *Leyenda Dorada* (*Retablo de San Mateo*, ha. 1367, Florencia, Uffizi). Se ha representado el enfrentamiento con los magos y los dragones, la curación del hijo del rey Egido, la vocación y el martirio.

Caravaggio, *Vocación de san Mateo* (detalle), 1600, Roma, San Luis de los Franceses, Capilla Contarelli.

La vocación de san Mateo es uno de los episodios más representados: «Cuando se iba de allí, al pasar vio Jesús a un hombre llamado Mateo, sentado en el despacho de impuestos, y le dice: "Sígueme". Él se levantó y le siguió» (Mt 9, 9). Para explicar la prontitud con la que san Mateo acudió a la llamada de Cristo, Santiago de la Vorágine cita a san Jerónimo: «En el caso del Salvador, la majestad de la divinidad que se ocultaba bajo su naturaleza humana reflejábase de tal manera en su semblante, y producía tales destellos, que sólo con mirar a alguien podía, si así lo deseaba, atraerlo de un modo irresistible». Así, el texto del evangelista se ilustra representando a san Mateo saliendo del despacho de los impuestos, como se ve en el citado retablo de Orcagna, o en la versión de Carpaccio en San Giorgio degli Schiavoni de Venecia; o bien se representa a san Mateo sentado todavía en la mesa de los impuestos obedeciendo absorto la llamada de Cristo (Jan van Hamessen, Munich, Alte Pinakothek).

Caravaggio, en *La vocación de san Mateo* (*ca*. 1600, Roma, iglesia de San Luis de los Franceses, Capilla Contarelli), al parecer no siguió ninguna de las dos tradiciones posibles. Desde que Bellori identificase al santo en el hombre barbado que vemos sentado en el centro de la mesa (*Vite de Pittori, Scultori et Architetti*, Roma, 1672), la crítica moderna no había cuestionado dicha identificación hasta hace poco. Sin embargo, una observación detenida de las manos que hay en el extremo de la mesa prueba que el personaje barbado está pagando al joven que tiene a su derecha, que permanece ajeno a todo contando el dinero; él es, por tanto, el recaudador de impuestos, el verdadero Mateo. Además, recuérdese el comentario de san Jerónimo, con el anciano que está a su lado es el único que no mira a Jesús, por lo que todavía no ha sentido el magnetismo de su llamada, que se producirá en un instante posterior al captado por Caravaggio.

Parecidas dificultades de lectura ha suscitado el *Martirio de san Mateo* con el que Caravaggio completaba el encargo para la misma Capilla Contarelli. La tradición italiana precedente era fiel al texto de la *Leyenda Dorada*: «cuando aún estaba ante el altar orando con sus brazos extendidos hacia el cielo, un sicario enviado por el rey se acercó a él, le clavó una espada por la espalda, lo mató y lo convirtió en mártir». Tampoco Caravaggio fue en esta ocasión fiel a la tradición. De nuevo Bellori identificó al asesino con el personaje desnudo que vemos con la espada en la mano en el centro de la composición, aunque confiesa: «la oscuridad del color y de la capilla hacen poco visibles estos cuadros».

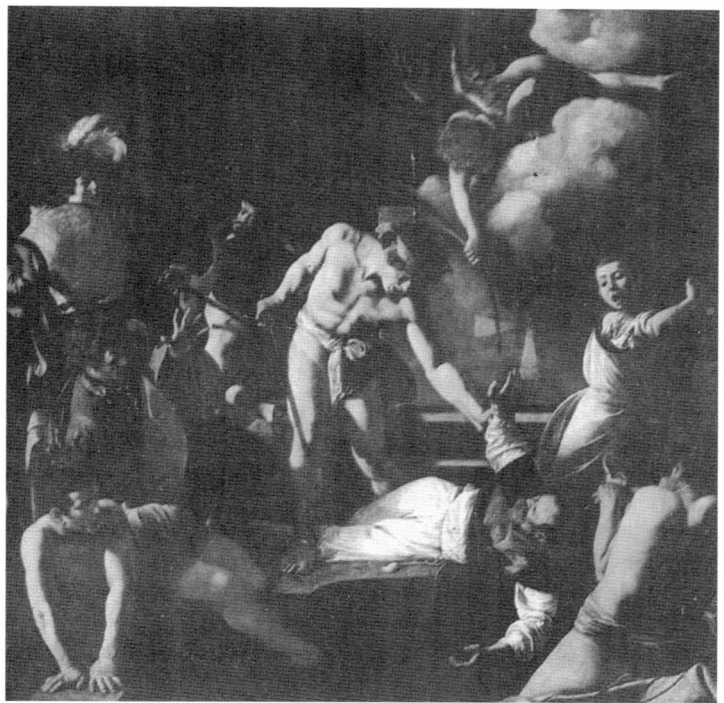

Caravaggio, *Martirio de san Mateo,* 1600, Roma, San Luis de los Franceses, Capilla Contarelli.

Puttfarken (1998), después de preguntarse qué hace un asesino desnudo con una espada en una iglesia, ofrece una explicación convincente que merece la pena sintetizar aquí: tanto este personaje como los otros desnudos que se aprecian en primer plano son catecúmenos que esperaban ser bautizados o acababan de serlo; el bautismo se ha hecho por el rito de la inmersión, de ahí la diferencia de niveles que vemos también en el primer plano. Detrás del supuesto asesino vemos a un grupo de caballeros que se aleja tranquilamente de la escena; uno de ellos está enfundando su espada, que, sin duda, ha utilizado, pues éste es el grupo de soldados que ha enviado el rey para matar al santo. El personaje desnudo del centro de la composición no está matando a san Mateo, sino extrayendo horrorizado la espada de su cuerpo. En esta ocasión, Caravaggio ha preferido pintar, no el asesinato mismo, sino el momento posterior, es decir, la concesión de la palma del martirio.

BIBLIOGRAFÍA:
HASS, A., «Caravaggio's *Calling of St. Matthew* reconsidered», *Journal of the Warburg and Courtauld Institutes* 51 (1988), pp. 245-250.
PUTTFARKEN, T., «Caravaggio's "Story of St. Matthew": a challenge to the conventions of painting», *Art History* 21, 2 (1998), pp. 163-181.

MAURICIO
S. III. Mártir.

HISTORIA Y TRADICIÓN: El martirio de san Mauricio y de los soldados cristianos de la Legión Tebana por negarse a combatir a los cristianos de la Galia durante las campañas de Maximiano a finales del siglo III, se nos ha transmitido a través de la *Passio Acaunensium martiryum*. Su autor, Eucher, o Euquerio, obispo de Lyon entre 443-449, se basó en el testimonio oral del obispo Teodoro de Octodurum, quien descubrió las reliquias a finales del siglo IV. En ese mismo lugar se edificó el monasterio de Saint Maurice d'Agaune (Suiza), y un autor anónimo, monje de este monasterio, escribió, quizá en el VII o el VIII, la *Passio Mauritii* interpolando la ya escrita por Eucher. Aunque en el siglo XI se escribieron otros relatos, siempre se ha conservado como núcleo la narración de Eucher, que es la que a su vez utilizó Santiago de la Vorágine.

Natural de la ciudad egipcia de Tebas, san Mauricio acudió a Roma al frente de su legión respondiendo al reclutamiento decretado por Maximino para perseguir a los enemigos del Imperio. Cuando el ejército pasó los Alpes, Maximino ordenó en Octoduno ofrecer sacrificios a los dioses antes de continuar; entonces la Legión Tebana se separó del resto y acampó en Agauno, e hicieron saber al emperador que eran cristianos y que, por tanto, no iban a participar de los ritos. El emperador ordenó entonces diezmar a la legión tebana en dos ocasiones antes de proceder a su exterminio definitivo. La tradición sitúa estos hechos el 22 de septiembre del año 287 en el valle del Alto Ródano, en la localidad actual de Martigny.

REPRESENTACIONES: Por su origen africano y por la similitud de su nombre con la palabra mauro, es decir, «moro», se le representa generalmente como un hombre de color negro ataviado con una armadura medieval (Grünewald, *Encuentro de san Erasmo y san Mauricio*, Munich, Alte Pinakothek). El Greco pintó *El martirio de san Mauricio y la Legión Tebana* para Felipe II entre 1580 y 1582 basándose, para la composición de los generales que conversan en el primer plano, en un grabado de Guillaume Du Choul contenido en un tratado de disciplina militar, el *Discours sur la castramentation et discipline militaire des anciens romains* (Lyon, 1555). Es bien sabido que el rey rechazó la obra, relegándola a otras dependencias menores del monasterio de El Escorial, y que en su lugar, en uno de los altares de la basílica, colocó otra versión del pintor italiano Rómulo Cincinnato.

El hecho de que en esta versión la escena del martirio se haya llevado al primer plano, ha hecho pensar que fuera precisamente la peculiar composición de El Greco el motivo principal del disgusto real, pues en el lienzo del cretense dicha escena aparece en un segundo plano, restándole así importancia. Desde este punto de vista tendrían sentido las palabras de fray José de Sigüenza, testigo del rechazo, cuando escribe que «los santos se han de pintar de manera que no quiten las ganas de rezar en ellos, antes pongan devoción». John Bury (1987) apunta otro posible motivo, el haber incluido los retratos de destacados miembros del propio ejército filipense: Manuel Filiberto, duque de Saboya, gran maestre de la Orden de San Mauricio, y Alejandro Farnesio, duque de Parma, situados detrás de san Mauricio, en el primer plano; y de Juan de Austria, muerto en 1578 y, por tanto, colocado en la escena del martirio.

BIBLIOGRAFÍA:

BURY, J., «El "Martirio de San Mauricio y la Legión Tebea", obra de El Greco», *Reales Sitios* 91 (1987), pp. 21-36.

SÁNCHEZ LEÓN, J. C., «Las bagaudas y la circulación de Orosio en la Edad Media. El ciclo hagiográfico de la legión tebana», *Hispania Antiqua* 13 (1986-1989), pp. 189-197.

MIGUEL ARCÁNGEL

HISTORIA Y TRADICIÓN: Miguel, cuyo nombre en hebreo significa «Quién como Dios», es el ángel protector del pueblo de Israel (Dn 10, 21; Ex 23, 20-23), el que se enfrenta a Satán, el acusador (Za 3, 2; Judas, 9), y el que finalmente le expulsa del cielo junto a sus ángeles en una singular batalla cuando amenazaba al retoño de la Mujer apocalíptica (Ap 12, 1-10). Encarna por tanto el Bien en la lucha contra el Mal, y como capitán de las milicias celestiales protege a la Iglesia contra sus enemigos. El día del Juicio Final los muertos responderán a su llamada y resucitarán: «En aquel tiempo surgirá Miguel, el gran Príncipe que defiende a los hijos de tu pueblo. Será aquel un tiempo de angustia como no habrá habido hasta entonces otro desde que existen las naciones. En aquel tiempo se salvará tu pueblo: todos los que se encuentren inscritos en el Libro» (Dn 12, 1).

San Miguel, balanza en mano, disputará con el diablo el destino de cada alma: «y los muertos fueron juzgados según lo escrito en los libros, conforme a sus obras […] y el que no se halló inscrito en el libro de la vida fue arrojado al lago de fuego» (Ap 20, 11, 15). Tan importantes funciones explican la enorme difusión que alcanzó el culto a san Miguel, a quien ya en el siglo IV se le dedican santuarios en Egipto y en Constantinopla. En el siglo V llega a Italia, concretamente al monte Gárgano, en Apulia, donde la tradición sitúa la aparición del arcángel en el año 492: un pastor al que se le había extraviado un buey, lo halló en la cima del monte y quiso matarlo disparándole un flecha, pero ésta cambió su rumbo y fue a clavarse en el mismo arquero. San Miguel se apareció al obispo de la región para decirle que había decidido «morar en este lugar de la tierra y ampararlo con mi protección».

Otras apariciones motivarán también la construcción de importantes santuarios, todos situados en lugares elevados, hecho que hay que relacionar con su función de psicopompo, es decir, de conductor de almas, que también se le atribuye. A principios del siglo VIII san Miguel se le aparece al obispo de Abranches, en el norte de Francia, y le ordena construir un santuario a seis millas de la ciudad. Un toro le señalará el lugar exacto donde debe edificarse; el lugar, situado en un monte rodeado de agua, no es otro que el Mont Saint Michel. También se le apareció al papa Gregorio Magno en lo alto del mausoleo de Adriano, en Roma, enfundando una espada ensangrentada, indicando así que daba por terminada la peste que asolaba la ciudad. El lugar se llama desde entonces Castel Sant'Angelo.

ATRIBUTOS: Espada, recta o flamígera, balanza, palo largo rematado con una cruz, demonio a sus pies, armadura y escudo, a veces con las palabras *Quis ut Deus* (Valdés Leal, 1654-1656, Madrid, Museo del Prado), «que no significa otra cosa, sino el nombre del mismo arcángel» (Interián de Ayala, 1730).

REPRESENTACIONES: A san Miguel se le representa alado, joven e imberbe, vistiendo ropas de alto dignatario o la armadura que le es propia como jefe de las milicias celestiales. En el arte bizantino suele llevar una esfera rematada con una cruz como símbolo de la protección que ejerce sobre el mundo cristiano (*Arcángel san Miguel*, placa de marfil, *ca.* 520, Londres, Museo Británico; *Arcángel san Miguel*, esmalte, s. XI, Venecia, tesoro de San Marcos). La imagen más frecuente en la iconografía de san Miguel es su lucha contra el diablo, a quien se representa

Anónimo español, *San Miguel de Zafra,* Madrid, Museo del Prado.

como un dragón o una serpiente según el texto del *Apocalipsis*. Esta imagen admite dos variantes: o bien el arcángel alancea al dragón con su báculo crucífero, como vemos en el relieve románico de la iglesia de San Miguel de Estella, en Navarra; o le amenaza espada en alto con la mano derecha, mientras que con la izquierda sujeta el escudo y el báculo, como se ve en la magnífica tabla anónima procedente de Zafra que se conserva en el Museo del Prado, o en el *Retablo de San Miguel* de Juan de Flandes (1505, Salamanca, Museo Diocesano).

Otra imagen frecuente nos lo presenta pesando las almas el día del Juicio Final, aunque realmente no estaría ponderando almas distintas, sino pesando los méritos de cada hombre en un juicio personal, por eso aparece siempre el diablo intentando que la balanza se incline de su lado. La iconografía del Juicio Final debió quedar fijada hacia el siglo XI, y muy pronto se incluyó en ella a san Miguel con la balanza, símbolo universal de equidad y justicia, utilizada como tal con anterioridad en Egipto, Grecia y Roma. También en el Antiguo Testamento se encuentran pasajes en los que la balanza aparece como el instrumento del que se servirá Dios para someternos a su juicio: «¿He caminado junto a la mentira? ¿He apretado mi paso hacia la falsedad? ¡Péseme él en balanza de justicia, conozca Dios mi integridad!» (Jb 31, 5-6).

Fue así como la tradición puso en manos de san Miguel la balanza, asociando su significado con la misión otorgada al ángel de protector del pueblo elegido. Una de las primeras imágenes en las que aparece san Miguel pesando las almas es en la ilustración que corresponde al infierno del *Beato de Silos*, en realidad perteneciente a un antifonario silense encuadernado junto a él (1091-1109, Londres, British Library). Se generaliza durante el Románico, que hizo del Juicio Final el tema más importante de su iconografía (tímpano occidental de San Lázaro de Autun, Francia, s. XII; tímpano sur de Santa María de Sangüesa, s. XII, Navarra). El Gótico añade a estas escenas las apariciones del arcángel ligadas a sus lugares de culto, como vemos en el *Retablo de San Miguel* del Maestro de Arguis (Madrid, Museo del Prado); o en el de Jaime Huguet (*ca.* 1455-1460,

Barcelona, Museo Nacional de Arte de Cataluña), que incluye el milagro de la mujer embarazada sumergida bajo las aguas del Mont Saint Michel, pero que pudo dar a luz y amamantar a su hijo gracias a la protección del arcángel.

Bibliografía:
Martens, M., Vanrie, A. y Waha, M., *Saint Michel et sa symbolique*, Bruselas, Editions d'Art Luicien De Meyer, 1979.
Yarza Luances, J., «San Miguel y la balanza. Notas iconográficas acerca de la psicostasis y el pesaje de las acciones morales», *Boletín del Museo e Instituto «Camón Aznar»* 6-7 (1981), pp. 5-36.

MILLÁN DE LA COGOLLA
Ca. 474-574. Ermitaño y confesor.

Historia y tradición: La *Vita Sancti Aemiliani* fue escrita en el año 636 por san Braulio, obispo de Zaragoza, y la escribió a petición de su hermano Juan, que había recogido los testimonios de personas cercanas a san Millán, y de Fronimiano, abad del monasterio de San Millán, a quien le envía el manuscrito una vez redactado y una carta explicándole las circunstancias de su composición. Partiendo de la *Vita* de san Braulio, Gonzalo de Berceo compuso hacia 1230 las 489 coplas de que consta la *Estoria de Sennor sant Millán*.

En ambos casos la biografía de nuestro santo comienza cuando tenía veinte años y se encontraba pastando sus ovejas. A pesar de que llevaba su cítara para ahuyentar el sueño, por voluntad divina se quedó dormido y un ángel le inspiró el deseo de cambiar su vida de pastor por la de ermitaño. Teniendo noticia de la existencia de otro santo eremita, san Felices, se dirigió hacia Bilibio, en donde se encontraba, para ponerse a su servicio y ser su discípulo; completada su formación se fue al monte Dircetio, cerca de la villa de Berceo, y allí, en una cueva, hizo vida de ermitaño cerca de cuarenta años. Su fama llegó hasta los oídos de Didimio, obispo de Tarazona, quien convenció al ermitaño para que se ordenara sacerdote y aceptase el cargo de presbítero en la iglesia de Berceo. Sin embargo, su liberalidad en el reparto de limosnas a los necesitados provocó las protestas de los clérigos ante el obispo, y san Millán, liberado del cargo, pasó sus últimos años en la cueva en la que había vivido como ermitaño, «en lo que ahora se llama su oratorio» dice la *Vita*, lo que hoy es San Millán de Suso.

En una segunda parte sus hagiógrafos relatan los milagros que hizo san Millán. El exorcismo de la casa de Honorio se cuenta entre los más populares: un demonio se había apoltronado en la casa del citado senador emponzoñando su comida y haciendo toda suerte de diabluras. San Millán se puso a rociar la casa con agua bendita mientras el demonio intentaba evitarlo insultando al santo y tirándole piedras (*Vita*, XVI; *Estoria*, 181-198). Otros milagros importantes son: la protección divina en torno a su lecho, ocurrida cuando unos diablos se le acercaron con antorchas con intención de quemarle la cama, pero el fuego se apagaba con su contacto (*Vita*, XVII) o se volvía para quemar a los propios demonios *(Estoria*, 215-222); el robo de su caballo por dos ladrones que quedaron tuertos (*Vita*, XXIII; *Estoria*, 271-278); y la predicción de la destrucción de Cantabria por el rey Leovigildo, que le fue revelada poco antes de morir (*Vita*, XXV; *Estoria*, 281-293).

Podría decirse que el culto a san Millán comenzó en el mismo momento de su muerte. Partiendo de los datos de la *Vita* de san Braulio, es posible deducir la existencia de una comunidad de eremitas organizada en Suso en torno a la personalidad de san Millán, por ejemplo, en la mención a las «vírgenes consagradas» que cuidaban del santo siendo ya octogenario (*Vita*, XXII). Esta comunidad es la que encarga años después a san Braulio que escriba la vida de su santo fundador «para ser leída en la misa de su celebración», misa que le ha encargado a san Eugenio, futuro obispo de Toledo, según escribe él mismo en la carta que envía a Froniminiano, abad del monasterio.

La *Vita* contribuyó a difundir el culto a san Millán de la Cogolla, pero mantuvo su carácter local hasta la Reconquista

(García Rodríguez, 1966). La devoción hacia san Millán de la monarquía navarra, reino en el que quedó englobada La Rioja desde 923, le dará el impulso definitivo, enriqueciendo su hagiografía con las consabidas apariciones del santo local en el proceso militar protegiendo a los ejércitos cristianos. La más importante tuvo lugar en el 939, en la batalla de Simancas frente a Abderramán III, en la que el rey de León, Ramiro II, reunió para la ocasión a las huestes del conde Fernán González y a las del rey de Navarra García Sánchez. Aun así, la inferioridad de los cristianos era tal que ambos ejércitos se encomendaron a sus santos patronos antes de la batalla: los castellanos a Santiago y los navarros a san Millán. Durante el combate, cuando ya se dudaba de la victoria, vieron a dos caballeros bajando del cielo a lomos de sendos caballos blancos: eran Santiago y san Millán, que sembraban con su espada el terror en las filas de los musulmanes (*Estoria*, 437-439, 447). Gracias a esta intervención, los castellanos ofrecieron votos a san Millán, que es desde entonces, con el apóstol, patrón de España.

En el año 1030 el rey don Sancho el Mayor regaló una urna de plata para albergar los restos del santo, y asiste a la solemne traslación de su cuerpo al altar mayor de la basílica de Suso, hecho que supone la canonización oficial de san Millán (Peña, 1978). Por último, según la *Crónica Najarense* (1152-1160), cuando García III de Nájera, hijo de Sancho el Mayor, conquistó Calahorra en 1045, construyó como exvoto la iglesia de Santa María la Real y quiso enriquecerla con las reliquias de san Millán. En 1053, acompañado por los obispos de Pamplona, Calahorra y Álava, sacó de Suso el arca que contenía las reliquias, pero, cuando llegaron al valle de abajo la comitiva quedó inmovilizada sin poder avanzar más, por lo que decidieron construir allí otro monasterio, el de San Millán de Yuso, y fabricar una nueva arqueta que contuviera definitivamente los restos del santo.

ATRIBUTOS: Cayado, cítara y espada.

Exorcismo de la casa del senador Honorio, s. XI, Arqueta de San Millán, La Rioja, San Millán de la Cogolla.

REPRESENTACIONES: A san Millán se le representa anciano, vistiendo la cogulla benedictina desde que el monasterio adoptó en el siglo XI la Regla de San Benito. Cuando en el año 1053 se trasladaron sus reliquias a la nueva arqueta en el monasterio de Yuso, para evitar la decadencia económica del monasterio de Suso y desviar en lo posible a los peregrinos que se dirigían a Santiago de Compostela hacia la primitiva tumba de san Millán, se construyó, a finales del XII, un oratorio y un cenotafio recordando el lugar en el que permaneció hasta 1030. Acompañando a la estatua yacente del santo se encuentran una serie de personajes, a algunos de los cuales la tradición identifica con aquellos cuyos testimonios permitieron a san Braulio escribir la vida de san Millán: son el abad Citonato, los presbíteros Sofronio y Geroncio, y la mujer Potamia. A los pies de la estatua se han representado dos milagros *ad sepulcrum*: dos ciegos que recobran la vista (*Vita*, XXVII; *Estoria*, 323-330) y la resurrección de la niña depositada junto a su oratorio (*Vita*, XXXI; *Estoria*, 342-361); pero la obra más importante es el arca-relicario de oro y piedras preciosas del monasterio de San Millán de Yuso.

En el año 1067 el abad Blas encargó a los eborarios Engelram, Rodolfo y Simeón la realización de una serie de placas de marfil para el arca sobre la vida del santo según la *Vita* escrita por san Braulio. En veintitrés placas, diecinueve de ellas divididas en dos registros, los eborarios ilustraron prácticamente la totalidad del texto de san Braulio, pues de los 31 capítulos de que consta sólo prescindieron de cuatro. En diciembre de 1809, durante la invasión napoleónica, el monasterio fue saqueado y, del arca, los franceses se llevaron las joyas y las planchas de oro que lo recubrían, dejando sólo los marfiles. Los monjes volvieron al monasterio en 1813, pero ya algunas placas de marfil habían sido destruidas, y otras, fruto del pillaje, han ido apareciendo diseminadas por museos de todo el mundo.

De las veintitrés placas originales se conservan dieciséis, pero se conoce el contenido de las que faltan, así como la disposición de todo el conjunto en el arca, gracias a la minuciosa descripción que hizo fray Prudencio de Sandoval cuando visitó el monasterio a principios del XVII en la *Primera parte de las fundaciones de los monasterios del glorioso Padre San Benito* (Madrid, 1601). El arca era rectangular con cubierta a doble vertiente: 22 placas se distribuían a lo largo de los dos laterales, 11 en cada lado, cinco en la caja y seis en la cubierta. Los frentes, o lados cortos del arca, estaban presididos por un Pantocrátor en un lado y por la muerte de san Millán en el otro.

Hoy no se descarta como posible fuente de inspiración de estos marfiles las miniaturas mozárabes que debieron ilustrar la *Vita* de san Braulio, como demuestra el paralelismo iconográfico de la escena del robo del caballo con la ilustración del mismo episodio que se encuentra en un ejemplar manuscrito del siglo X de la Biblioteca de El Escorial. Como tampoco parece descartable que Gonzalo de Berceo se sirviera de las escenas de los marfiles para dar mayor colorido a sus coplas (De las Heras y Núñez, 1990). En el texto de Berceo se inspiran las dos *Tablas de San Millán* que conserva el Museo de La Rioja, en Logroño; las cuales, en origen puertas de un tríptico gótico, contienen dieciséis escenas de la vida de san Millán, cuatro por cada cara, dispuestas en dos registros en su mitad inferior, pues la mitad superior se ha reservado para ilustrar la vida de la Virgen. Analizando la indumentaria de los personajes, Sánchez Trujillano (1985) fecha la ejecución de las tablas en los últimos años del siglo XIV.

De creación mucho más tardía, concretamente del siglo XVII, es la imagen de san Millán como protector de los navarros. En 1609 el padre Yepes, en su *Crónica General de San Benito,* destacaba por encima de ninguna otra la aparición de san Millán en la batalla de Simancas como origen de los tributos o votos que se le debían al monasterio, y motivo también por el que Fernán González lo adoptó como patrono de Castilla. Posiblemente ésta es la aparición que ilustran Bartolomé Román (atrib. *ca.* 1644, iglesia del monasterio de San Millán de Yuso, trascoro) y Juan Rizi (1653, iglesia del monasterio de San Millán de Yuso, altar mayor). Como co-patrón de Castilla le vemos a menudo junto a Santiago Matamoros, a lomos de su caballo blanco, venciendo también a los moros caídos a sus pies, como en el retablo mayor de San Martiño Pinario, del siglo XVIII, en Santiago de Compostela.

BIBLIOGRAFÍA:
DE LAS HERAS Y NÚÑEZ, M.ª A., «Las tablas de San Millán de la Cogolla», *Segundo Coloquio Sobre la Historia de La Rioja* III, 1985, pp. 57-71.
—, «La literatura emilianense y el arte medieval riojano», *Lecturas de Historia del Arte* 2 (1990), pp. 222-226.
DUTTON, B., «Vida de San Millán de la Cogolla», *Gonzalo de Berceo, Obra completa*, Madrid, Espasa Calpe, pp. 117-249.
GONZÁLEZ DE ZÁRATE, J. M., «La visión emblemática de San Millán en la pintura de Juan de Ricci», *Berceo* 108-109 (1985), pp. 121-133.
HARRIS, J. A., «Culto y narrativa en los marfiles de San Millán de la Cogolla», *Boletín del Museo Arqueológico Nacional* IX (1991), pp. 68-85.
MONREAL JIMENO, A., «San Millán de Suso. Aportaciones sobre las primeras etapas del cenobio emilianense», *Príncipe de Viana* 183 (1998), pp. 71-93.
ORTIZ GARCÍA, P., «San Braulio, la "Vida de San Millán" y la Hispania visigoda del siglo VII», *Hispania Sacra* 45 (1993), pp. 459-486.
PEÑA, J., *Los marfiles de San Millán*, Logroño, Ed. Ochoa, 1978.
SAENZ RODRÍGUEZ, M., «El cenotafio de San Millán de la Cogolla en el monasterio de Suso», *Berceo* 133 (1997), pp. 51-84.
SÁNCHEZ TRUJILLANO, M. T., «Estudio ambiental de las tablas de San Millán, indumentaria», *Segundo Coloquio sobre la Historia de La Rioja* III, 1985, pp. 73-85.
SILVA Y VERÁSTEGUI, S., «Miniaturas inéditas de la "Vida de San Millán de la Cogolla" en un códice del siglo X», *Berceo* 124 (1993), pp. 61-66.

NARCISO
S. IV. Obispo y mártir.

HISTORIA Y TRADICIÓN: La tradición referida a san Narciso, patrón de Gerona, proviene de las *Actas de la conversión y del martirio de Santa Afra*, un texto que suele fecharse entre los siglos IV-V. Huyendo de la persecución promulgada por Diocleciano, san Narciso, obispo, y su diácono Félix llegan a la ciudad de Augusta (Augsburgo) y solicitan refugio en casa de Afra, una prostituta que cree que vienen reclamando sus servicios. Pronto se da cuenta de la condición de cristianos de sus huéspedes y, admirada por sus oraciones, pregunta si también ella, a pesar de su condición, puede recibir el bautismo. Después de adoctrinarla en la nueva fe y de aceptar su arrepentimiento, san Narciso bautiza a Afra y a sus tres sirvientas. Entonces llegan los perseguidores llamando a su puerta y Afra tiene que esconderlos entre haces de lino.

Para mayor seguridad se trasladan a casa de su madre, Hilaria, que también es bautizada por san Narciso. Cuando se encuentran rezando, aparece el diablo en la habitación acusando a san Narciso de robarle las almas de esas cinco mujeres. Consigue echarlo, pero el diablo insiste a la mañana siguiente; entonces le ordena marchar a los Alpes julianos para matar a un dragón que emponzoñaba las aguas de un río para que nadie pudiera beberlas. Tras pasar nueve meses más en Augusta, san Narciso llega a Gerona para continuar su misión pastoral. Y llevaba en la ciudad tres años cuando, celebrando una misa, irrumpieron de pronto tres asesinos que le infrigieron profundas heridas en la garganta, en el hombro y en un pie.

La tradición local ha enriquecido estos episodios con otros relativos a la protección que san Narciso ejerce sobre Gerona, fundamentalmente el milagro de las moscas, prodigio que consta haberse producido en más de una ocasión. La primera vez fue en 1285, durante el asedio establecido por las tropas francesas enviadas por Felipe III el Atrevido en respuesta a la incorporación de Sicilia a la Corona de Aragón. Como la iglesia de San Félix estaba fuera de las murallas, los franceses entraron en ella para saquearla y profanarla, pero del sepulcro de san Narciso, que se encontraba allí, salieron infinidad de moscas venenosas de color azul y verde, y mataron a cuantos hombres y caballos picaron; además, se metían por la nariz y las orejas infundiendo el pánico entre los franceses, que tuvieron que levantar el sitio y huir. El mismo fenómeno se volvió a repetir durante el asedio francés de 1653. Estos acontecimientos avivaron la devoción a san Narciso, a quien se hace voto de agradecimiento por todas las victorias militares que desde entonces han conseguido los gerundenses. En 1689 el culto a san Narciso se hacía oficalmente extensivo al resto de España.

Atributos: Moscas, dragón y palma.

Representaciones: San Narciso aparece normalmente joven e imberbe, viste como obispo y, en Augsburgo, donde también se le venera, suele ir acompañado del dragón de los Alpes julianos (Ulrico Apt, Munich, Alte Pinakothek). Hasta el siglo XVI la iconografía relativa a san Narciso se limita a representar básicamente los episodios narrados en la Pasión de santa Afra. En la tapa de un sepulcro gótico que se conserva en el museo diocesano de Gerona se han representado dos escenas; y 10 son las que adornan el sepulcro, también gótico, que albergó las reliquias del santo hasta el siglo XVIII (Gerona, iglesia de San Félix).

El milagro de las moscas aparece ya en el siglo XVI, en el retablo del Maestro de San Narciso que se conserva en la catedral de Valencia. Sin embargo, será en la centuria siguiente, con la repetición del prodigio, cuando el episodio de las moscas adquiera verdadero protagonismo en la iconografía de san Narciso. El punto de partida se sitúa en 1675, con la llegada a la iglesia de San Félix de un lienzo anónimo donado por el obispo de Tortosa, José Fageda. Inspirándose en él, se publicó un grabado en la portada de la *Satisfación a las dificultades que se oponen a la extensión del rito y rezo concedida a San Narciso, obispo y mártir*, publicado en Gerona en 1691 celebrando la extensión del culto a san Narciso al resto de España; y también un cuadro anónimo del siglo XVIII situado en la capilla que el santo tiene en la catedral. Esta renovada devoción al santo patrono de Gerona culminó con la construcción de una nueva capilla en la iglesia de San Félix diseñada por Ventura Rodríguez y decorada con dos grandiosos frescos, *El martirio de san Narciso* y *San Narciso en gloria*, pintados por Manuel Tramulles y su taller en 1790.

BIBLIOGRAFÍA:
PRATS, LL., «La iconografia de Sant Narcís en el barroc», *Revista de Girona* 148 (1991), pp. 32-39.
MERCADER Y BOHIGAS, J., *Vida e historia de San Narciso*, Gerona, Ariel, 1954.

NICOLÁS DE BARI
Ca. 280-345. Obispo.

HISTORIA Y TRADICIÓN: Poco se sabe sobre la vida de san Nicolás. Nacido en Patrás de Lycia, hacia el 314 ocupó el obispado de Mira hasta su muerte, según la tradición, el 6 de diciembre del año 345. Las biografías más antiguas datan del siglo IX, por tanto, posteriores en más de quinientos años a los hechos que pretenden narrar, lo que ha hecho pensar en una más que probable confusión con otro santo homónimo que vivió en el siglo VI, Nicolás Sionita, obispo de Pinara, también de Lycia. Enriquecida así la vida de san Nicolás con numerosos hechos legendarios, se hace necesario conocerlos para la «recta inteligencia de las imágenes de tan insigne prelado, por fundarse muchas de ellas, y también sus adornos, en algunos de sus ilustres hechos», en palabras de Interián de Ayala.

Ya desde su nacimiento san Nicolás mostró evidentes signos de santidad, pues nada más nacer se sostenía de pie en la cubeta en la que lo lavaban; y los miércoles y los viernes sólo aceptaba mamar del pecho de su madre una vez. Su caridad quedó también patente con el episodio, importantísimo para su iconografía, de las tres doncellas salvadas de la prostitución: un vecino suyo caído en desgracia pretendía empujar a tan deshonrosa profesión a sus tres hijas para remediar su pobreza; y san Nicolás, enterado del caso, durante tres noches consecutivas arrojó por la ventana de su vecino sendas bolsas llenas de monedas de oro que sirvieron para sufragar la dote con que casar a las doncellas.

Una vez elegido obispo de Mira, san Nicolás realizó algunos milagros importantes, como el salvamento de un navío durante una tormenta, por lo que se le considera patrón de los marineros; o el de tres soldados cuando estaban a punto de ser decapitados por el verdugo, acusados falsamente por un cónsul a quien habían sobornado. El mismo santo detuvo el golpe mortal y reprendió duramente al cónsul. Por este hecho se considera también a san Nicolás patrón de los abogados. Tuvo una nueva oportunidad de salir en defensa de tres inocentes, pues los tres soldados pertenecían a un ejército comandado por tres generales que, después de ser recibidos con honores en Roma, fueron acusados de lesa majestad y encarcelados por el prefecto; san Nicolás se apareció en sueños al prefecto y al emperador Constantino y logró su absolución.

Entre los milagros póstumos merecen destacarse los siguientes: en una ocasión un hombre recibió de un judío un préstamo jurando sobre el altar de San Nicolás que lo devolvería en cuanto pudiera; pero cuando el judío le reclamó la devolución, el hombre afirmaba que ya se lo había entregado. Llevado el caso ante el juez, el deudor escondió el dinero en su bastón y se lo entregó al judío para que se lo sostuviera mientras él juraba que ya le había devuelto, y con intereses, el dinero prestado. Recuperado su bastón y consumado el engaño, cuando regresaba a su casa sintió sueño y se tumbó en el camino a descansar, con tan mala fortuna que un carro le pasó por encima y lo mató, rompiendo también el bastón que contenía el dinero. Cuando el judío acudió al lugar del accidente, se negó a recoger su dinero si no se lo devolvía el mismo difunto, vuelto a la vida por san Nicolás. Ocurrido el milagro, el judío se convirtió.

Otro judío, confiado en el poder del santo, tenía una imagen suya en su casa para que la protegiera de los ladrones. Como una noche su casa fue asaltada, el judío la emprendió a golpes con la imagen de san Nicolás. El mismo santo se apareció malherido a los ladrones reprendiéndoles porque él había recibido el castigo que estaba destinado a ellos; asustados, los ladrones devolvieron todo al judío y éste se convirtió. Por último, el día de la festividad de San Nicolás resucitó a un niño que había sido estrangulado por el diablo disfrazado de mendigo; y devolvió a casa de sus padres a otro niño, llamado Adeodato, que vivía como un esclavo en tierra de moros. El niño apareció de pronto en la capilla en la que sus padres honraban a san Nicolás, llevando en las manos la jarra de agua y la palangana con las que el rey moro debía lavarse las manos.

El culto a san Nicolás debió empezar en Oriente en fechas muy tempranas, pues ya en el siglo VII tenía un santuario en Constantinopla. El Imperio bizantino extendió su culto por Occidente, cuando Constantino IX Monómaco (1042-1054) ordenó la construcción en Bari, en el sur de Italia, de una iglesia dedicada al santo. Pero el culto a san Nicolás en Italia y en toda Europa adquirió su impulso definitivo con el traslado de sus reliquias de Mira a Bari el 9 de mayo de 1087. Marineros y comerciantes griegos llevaron su culto también a Rusia, que tiene a san Nicolás por patrón.

ATRIBUTOS: Libro y tres bolas de oro en alusión a las tres bolsas del episodio de las doncellas.

REPRESENTACIONES: Se representa a san Nicolás maduro, con barba cana y ataviado con la indumentaria episcopal. En el arte italiano su atributo principal son las tres esferas doradas (Agnolo Gaddi, *ca.* 1395, Munich, Alte Pinakothek). A veces puede acompañarle como atributo el niño Adeodato (Pacecco de Rosa, Milán, iglesia de San Nicolás). Las escenas que se representan coinciden con los episodios relatados más arriba.

Uno de los ciclos más completos se encuentra en la Capilla del Sacramento en la iglesia inferior de San Francisco, en Asís; pintado por un seguidor de Giotto a principios del siglo XIV, incluía 12 frescos sobre la vida de san Nicolás, de los cuales se han perdido cinco. Se conservan, en tres frescos, el episodio completo de *Los tres soldados* y *Los tres generales salvados por san Nicolás*; en dos, la *Historia del niño Adeodato*; y en un fresco cada una, la escena del *Judío azotando la imagen de san Nicolás* y *Las tres doncellas salvadas de la prostitución*.

Para el altar de San Prócolo de Florencia, Ambrogio Lorenzetti pintó cuatro escenas (*ca.* 1327-1332, Florencia, Uffizi): *El salvamento de las tres doncellas*, *La consagración de san Nico-*

lás, *La resurrección del niño muerto por el diablo* y el *Milagro de los barcos de trigo*. Este milagro ocurrió cuando el santo pidió a los capitanes de unas naves que llevaban trigo al emperador, que le dieran un poco para remediar el hambre que asolaba su obispado; pero los capitanes se mostraron reacios a acceder a su petición, pues el trigo se pesó cuando embarcaron en Alejandría y tenían que entregar la misma cantidad. Accedieron por fin, y cuando llegaron a su destino, la cantidad de trigo entregada al emperador era la misma que la embarcada en Alejandría. Lorenzetti muestra a unos ángeles derramando trigo sobre los barcos para compensar la cantidad entregada a san Nicolás.

El episodio de *El judío y el cristiano deudor* se halla representado en el ciclo atribuido a Gaddi en la Capilla Castellani, en Santa Croce, Florencia. *El nacimiento* y *San Nicolás salvando a un barco de una tormenta* los encontramos entre las escenas que Gentile da Fabriano pintó en la predela del *Altar Quaratesi* (1427, Roma, Pinacoteca Vaticana). Encontramos también una escena poco usual, san Nicolás resucitando a tres niños descuartizados y puestos en un saladero. Esta escena sólo aparece en la biografía del santo con posterioridad al siglo XIII y no fue recogida por Santiago de la Vorágine. Según Mâle (1986) el episodio había surgido a partir de las representaciones de los tres soldados liberados por san Nicolás, donde la proporción jerárquica propia de la plástica medieval haría irreconocibles a los tres soldados en las figuras excesivamente pequeñas con respecto al tamaño del santo, por lo que en Occidente surgió la leyenda del posadero que servía carne humana a los viajeros: san Nicolás, de viaje por su diócesis y ya sentado a la mesa, supo que se le servía la carne de los niños; se levantó, fue a la bodega y los resucitó. Fra Angélico, en la predela del *Tríptico de Perugia* (1437, Roma, Pinacoteca Vaticana) pintó en tres tablas siete escenas de la vida de san Nicolás. Además de algunas ya descritas, encontramos aquí a *San Nicolás escuchando un sermón* y *La muerte de san Nicolás*.

BIBLIOGRAFÍA:

CLARE, E. G., *St. Nicholas, his legends and iconography*, Florencia, 1985.

NICOLÁS DE TOLENTINO
1249-1305. Agustino.

Historia y tradición: Nacido en Castel Sant'Angelo, en la Marca de Ancona, su nombre se lo debe a san Nicolás de Bari, a quien sus padres rogaban para que les concediese un hijo: «si nos das un varón, lo haremos religioso; si nos das una hija, será monja». Así, sintiéndose desde muy niño atraído por los clérigos de la Orden de San Agustín, tomó sus hábitos como novicio en 1260 en el convento de San Ginés, y nueve años más tarde fue ordenado sacerdote. Su habilidad oratoria le obligó a viajar constantemente en misión apostólica hasta 1275, fecha en la que fija su residencia definitiva en Tolentino, de donde toma el sobrenombre.

Durante su estancia en Valmanente di Pesaro tuvo lugar uno de los episodios más populares de su biografía: una noche se le apareció el alma de un pariente suyo implorándole que celebrase al día siguiente una misa de difuntos. San Nicolás se excusó, pues no era momento para celebrarla, pero entonces el fantasma le enseñó otras muchas almas que sufrían en el Purgatorio; el santo, emocionado por sus ruegos, celebró al día siguiente la misa de difuntos y al cabo de siete días volvió la aparición para agradecérselo. Por este motivo a san Nicolás de Tolentino se le considera patrón y abogado de las almas del Purgatorio.

En Tolentino, el rigor de sus penitencias más de una vez le puso en trance de perder la vida; y se cuenta que la propia Virgen le salvó de una grave enfermedad dándole un pan con sus propias manos. En otra ocasión su acostumbrada abstinencia le hizo de nuevo caer enfermo y, no pudiendo los que le rodeaban convencerle para que tomara algo de alimento para mitigarla, recurrieron al voto de obediencia para obligarle a comer y le pusieron delante una perdiz que ya estaba guisada. Dispuesto a obedecer, apenas hubo bendecido el plato cuando la perdiz resucitó restituida en todas sus partes y huyó volando del lugar.

Antes de morir, veía en sueños una estrella que surgía de Castel Sant'Angelo e iba a posarse sobre el oratorio de San Agustín de Tolentino; y luego le seguía cuando iba a rezar allí.

Agonizante ya sobre la cama, consolado por el canto de los ángeles que le rodeaban, san Nicolás repetía sin cesar: «Deseo ser desatado y estar con Cristo». Nicolás de Tolentino murió en 1305 y ya en 1325 el papa Juan XXII inició el proceso de canonización; con ese motivo se escribió en 1326 la primera biografía, obra de Pedro de Monterrubiano, *Historia Beati Nicolai de Tolentino ordinis fratrum heremitarum Sancti Augustini*. Sin embargo, fue Eugenio IV quien lo canonizó en 1446.

ATRIBUTOS: Estrella sobre el pecho o cercana a su cabeza, el lirio de la pureza, el libro, símbolo de su predicación, el crucifijo, alusivo a sus penitencias, y una perdiz viva sobre un plato.

REPRESENTACIONES: San Nicolás de Tolentino viste el hábito negro de los agustinos ceñido a la cintura con el característico cinturón de cuero de la Orden. Se le suele efigiar joven e imberbe, como ya se le ve en la primera representación del Maestro de Tolentino, del siglo XIV, realizada en la capilla en la que se guardan sus restos, en su basílica de Tolentino. Algo más maduro y con la estrella en el pecho lo pintó Bicci di Lorenzo (Empoli, Museo de la Colegiata). Procedente del *Retablo de San Agustín*, de Piero della Francesca, se conserva en el Museo Poldi Pezzoli de Milán la tabla de *San Nicolás de Tolentino*, en la cual sostiene con una mano el libro cerrado y con la otra señala la estrella que brilla junto a su cabeza.

Procedente del colegio de Doña María de Aragón de Madrid, donde lo vio Ponz, se conserva hoy en el Museo del Prado el lienzo de *San Nicolás de Tolentino* pintado en 1601 por Pantoja de la Cruz. En él, el santo sostiene con su mano izquierda el plato con la perdiz resucitada, mientras que orienta su rostro compungido hacia el crucifijo que sostiene con la otra. El hábito, que está plagado de estrellas, inspiró a Interián de Ayala una explicación menos episódica de su atributo más característico: «Dicen comúnmente ser la causa de esto, el que dicho santo con sus fervorosas súplicas y oraciones libertó a muchas almas del Purgatorio». Precisamente, en la iglesia del convento de Agustinas Descalzas de Santa Isabel vio también Antonio Ponz un lienzo de Mateo Cerezo en el que se representaba a san Nicolás de Tolentino «sacando las ánimas del Purgatorio». Entre los ciclos, hay que destacar la serie de trece escenas pintadas al fresco en la iglesia de San Nicolás de Tolentino. Siete se refieren a hechos de su vida y las otras seis a sus milagros, como la resurrección de una niña de doce años, Filippa di Fermo.

ONOFRE
S. IV. Ermitaño.

HISTORIA Y TRADICIÓN: La vida de san Onofre fue escrita por un tal Pafnucio reproduciendo los tópicos propios de las hagiografías de los ermitaños, especialmente de santa María Egipcíaca, pues como en este caso, la historia de la vida de san Onofre se inicia con el relato que el santo cuenta a Pafnucio, quien se lo encontró en el desierto de Egipto cubierto totalmente de pelo y vestido sólo con las hojas de una palmera. Superado el susto inicial, Pafnucio escucha la historia del santo ermitaño, sus penalidades en el desierto después de haber abandonado un monasterio de la Tebaida, y cómo se alimentó exclusivamente de los dátiles de una palmera, que también le suministró las hojas para cubrir su desnudez. Sin embargo, los domingos un ángel le traía el Cuerpo y la Sangre de Cristo; así, durante sesenta años. Como ocurriera en la vida de san Pablo Ermitaño, san Onofre murió después de acabar su relato, y Pafnucio lo envolvió en un sudario y lo enterró con ayuda de dos leones.

ATRIBUTOS: Vestido de hojas de palma, calavera, corona y cetro aludiendo a un supuesto origen real del santo; cuervo con pan en el pico y ostensorio, pues se le invocaba contra la muerte sin confesión.

REPRESENTACIONES: Normalmente se le representa tal como recomendaba Interián de Ayala, «casi desnudo de todo el cuerpo, a excepción de lo que pide la decencia que se cubra, y además cerdoso por todas partes y con una barba tan larga que le llegue hasta las rodillas». Con casi todos sus atributos le vemos en el famoso lienzo de Francisco Collantes (Madrid, Museo del Prado). Jordán nos lo presenta en oración (1650, Nápoles, iglesia de San Francisco de Paula), como en las distintas ocasiones en las que lo pintó Ribera (1637, San Petersburgo, Ermitage; Ginebra, colección particular; 1639, El Escorial, monasterio de San Lorenzo).

Entre los ciclos hay que destacar la predela de Pere Serra de la catedral de Barcelona, que desarrolla la vida del santo en nueve escenas: abandono del monasterio por inspiración divina, encuentro con un ermitaño, el ermitaño le instruye, san Onofre arrodillado junto a la palmera y recibiendo el pan de manos del ángel, encuentro con Pafnucio, relato que le hace de su historia, una visión, muerte de san Onofre y entierro con la ayuda de los leones.

PABLO
S. I. Apóstol.

HISTORIA Y TRADICIÓN: Aunque realmente san Pablo no figura entre los 12 discípulos escogidos por Jesús, la Iglesia le considera uno de sus principales baluartes, porque a él se debe la extensión y universalización del cristianismo. Fue llamado al apostolado para predicar y defender el Evangelio entre los no judíos (Hch 26, 17-18), por lo que tradicionalmente se le otorga el título de Apóstol de los Gentiles.

San Pablo era natural de Tarso, en Cilicia. Pertenecía a la rigurosa secta de los fariseos y en su juventud se dedicó a perseguir y encarcelar a los nazarenos; incluso presenció la lapidación de san Esteban mientras guardaba las capas de sus verdugos (Hch 7, 58, 60; 22, 20). Pero cuando se dirigía hacia Damasco, una intensa luz lo derribó a tierra y lo dejó ciego; entonces oyó una voz que le decía «"Saulo, Saulo, por qué me persigues". Él respondió: "Quién eres, Señor". Y él: "Yo soy Jesús, a quien tú persigues".» (Hch 9, 4-5). Una vez convertido y bautizado cambió su nombre por el de Pablo o Paulo (Hch 13, 9; 17, 33). «Cambió el nombre de la soberbia por el de la humildad», dice san Agustín, «Pablo, en efecto, significa pequeño».

Caravaggio, *Conversión de san Pablo,* 1601, Roma, Santa María del Popolo, Capilla Cesari.

Fue presentado por Bernabé a los apóstoles, pero éstos, todavía recelosos de su pasado, lo enviaron de vuelta a Tarso. Después de pasar un año con Bernabé en Antioquía, fue enviado a su primer viaje apostólico, entre el año 45 y 49, a Chipre y Asia Menor; y de vuelta en Antioquía se enfrentó a aquellos que pretendían anteponer la observancia de la Ley a la creencia en Jesús, decidiendo ir a Jerusalén para dirimir la cuestión junto a los apóstoles. En este importante Concilio de Jerusalén, celebrado hacia el año 50, con la defensa de Pablo y el apoyo de Pedro se acuerda que sólo la fe en Cristo es necesaria para obtener la salvación.

Entre los años 51 y 53 san Pablo realiza junto a Silas un segundo viaje para comunicar a las Iglesias ya fundadas lo acordado en Jerusalén. Este segundo viaje le lleva a Macedonia, y en Filipos, donde fueron apresados, Pablo esgrime por primera vez sus derechos como ciudadano romano. Después de separarse de Silas se dirige hacia Atenas y predica en el Areópago (Hch 17, 22-32); luego pasó a Corinto, donde estuvo más de un año predicando a gentiles y a judíos, pero éstos, que quisieron procesarle, le llevaron ante Junio Galión, hermano de Séneca, a la sazón procónsul de Acaya, quien, sin embargo, no quiso tomar partido por considerar que se trataba de una cuestión religiosa entre judíos. En Corinto, ante la intransigencia de sus compatriotas, san Pablo decidió dirigirse sólo a los gentiles: «Caiga vuestra sangre sobre vuestras cabezas; limpio soy yo de ella. Desde ahora me dirigiré a los gentiles» (Hch 18, 6).

Hacia el año 53 inicia su tercer viaje apostólico, de nuevo visitando y confirmando las Iglesias fundadas en Galacia y Frigia durante el segundo viaje. En el año 54 llegó a Éfeso, donde permaneció unos tres años, hasta que la revuelta iniciada por el platero Demetrio le obligó a abandonar la ciudad, ya que se quejaban de que la predicación de Pablo perjudicaba a la diosa Ártemis y a las estatuillas que ellos fabricaban. Después de pasar un tiempo en Grecia decidió volver a Jerusalén a pesar de las advertencias de que allí no sería una persona bien recibida. Efectivamente, en la Ciudad Santa le acusaron de predicar contra la Ley de Moisés y le sacaron a golpes del templo; pero para evitar ser linchado por la turba, se entregó a los soldados romanos que habían acudido alertados por el tumulto.

Cuando el tribuno ordenó azotarle para averiguar la causa del desorden, Pablo hizo valer su condición de ciudadano romano y fue enviado a Cesarea, ante Félix, el procurador. Pero éste aplazó la resolución de su caso y, esperando que Pablo le sobornara, le retuvo preso durante dos años (Hch 24, 25-27). La situación de san Pablo no cambió mucho con la llegada de Porcio Festo, el nuevo procurador, por lo que decidió apelar al emperador e ir a Roma para que se viera su causa. Llegó a Roma hacia el año 61, después de un accidentado viaje por mar en el que incluso una tormenta hizo naufragar su barco frente a las costas de Malta, y permaneció en la capital del imperio dos años en arresto domiciliario (Hch 28, 16), al cabo de los cuales posiblemente fue absuelto por Afranio Burro, el pretor que tenía que resolver su causa en nombre de Nerón.

Fue entonces, entre los años 63 y 64, cuando realizó su viaje a España, como tenía proyectado hacer según refiere él mismo en su carta a los romanos (Rm 15, 24). Este viaje, fuertemente arraigado en la tradición española, parece quedar confirmado por san Clemente cuando, en su primera carta a los corintios, asegura que san Pablo había «llegado hasta los límites de Occidente». Volvió después a Éfeso y a Macedonia; en Creta dejó a Tito al cargo de la Iglesia y partió para Nicópolis, en Épiro, pero arrestado, fue llevado de nuevo a Roma, donde murió decapitado hacia el año 67. Antes de morir, envió a Timoteo su última carta: «A punto estoy de derramarme en libación, siendo ya inminente el tiempo de mi partida. He combatido el buen combate, he terminado mi carrera, he guardado la fe. Ya me está preparada la corona de la justicia» (2 Tm 4, 7-8).

ATRIBUTOS: La espada de su martirio y el libro, símbolo de la predicación evangélica y de sus cartas recogidas en el Nuevo Testamento.

REPRESENTACIONES: En la iconografía medieval, a san Pablo se le reconoce por su calvicie y por su barba negra puntiaguda; lleva la espada del martirio en la mano derecha y viste túnica verde y manto rojo conforme al retrato atribuido a san Lucas que se venera en el Vaticano. Desde el Concilio de Trento, san Pablo rejuvenece en sus representaciones, luciendo abundante cabello y una barba oscura muy poblada; y el instrumento de su martirio es ahora un montante, o un mandoble, una gran espada que puede superar su estatura (Andrés de Ocampo, 1606, Sevilla, iglesia de San Martín; El Greco, *ca.* 1610, Toledo, Casa-Museo de El Greco; Ribera, Vitoria, Museo de Bellas Artes). Andrea Gilio atribuye a la espada un doble significado: con la espada material defendió la perfidia judaica, pero convertido al cristianismo «defiende la ley evangélica con la espada espiritual, que es el verbo divino» (*Dialogo nel quale si ragiona degli errori e degli abusi de' pittori circa l'istorie*, 1564).

En las imágenes devocionales suele ir en compañía de san Pedro, con quien se le asocia, pues no sólo murieron ambos en Roma, según la tradición, el mismo día y a la misma hora, sino porque sobre ellos sustenta la Iglesia los pilares de su fe. San Dionisio los llamó «columnas del mundo». Como indica el mismo san Pablo, «el que obró en Pedro para el apostolado de la circuncisión, obró también en mí para el de los gentiles» (Gal 1, 8). Es por eso por lo que, a pesar de no figurar entre los doce apóstoles, el arte lo incluye en los apostolados, no sustituyendo a Judas, sino a san Matías.

Entre las escenas de su vida, la más importante es la de la conversión, cuyo relato podemos encontrar en los Hechos de los Apóstoles, con algunas contradicciones, hasta tres veces (Hch 9, 1-9; 22, 5-11; 26, 12-18). En las representaciones, san Pablo, a veces vestido como un soldado romano, aparece caído del caballo, sorprendido por la intensa luz y las palabras de reproche que le dirige Jesús desde el cielo (Murillo, Madrid, Museo del Prado). A Jesús se le incluye en la escena, aunque de los textos sólo se deduce que san Pablo, cegado por la luz, únicamente oía su voz. Pero su presencia queda justificada por el testimonio del propio santo en su carta a los corintios (1 Co 15, 8) y en el relato que hace del suceso ante el rey Agripa y su esposa Berenice: «Yo soy Jesús, a quien tú persigues. Pero levántate y ponte en pie, pues para esto me he dejado ver de ti» (Hch 26, 15-16).

Aunque existían precedentes en la pintura del norte de Italia (Parmigianino, *ca.* 1530, Viena, Kunsthistorishes Museum), Caravaggio no sólo se atrevió a prescindir de la figura de Jesús simbolizando su presencia con la luz, sino que, además, ofrece al espectador un plano tan cercano a la escena que le deja incapaz de localizar su origen (*Conversión de san Pablo*, 1601, Roma, iglesia de Santa María del Popolo, Capilla Cesari). El espectador, como los que acompañaban al santo, nada ve y nada oye, salvo la luz (Hch 22, 9); por eso a Bellori el lienzo de Caravaggio le parecía «totalmente carente de acción» (*Vite de Pittori, Scultori et Architetti*, Roma, 1672).

De su vida anterior a la conversión, el episodio más frecuente es el de la lapidación de san Esteban; y de sus viajes apostólicos, además de los referidos ya en su biografía, se representan el castigo del mago Elimas (Hch 13, 6-12), su estancia en Lystra, donde se le quiere venerar como un dios (Hch 14, 8-17), su paso por Filipos, donde es azotado, encarcelado y milagrosamente liberado por un terremoto (Hch 16, 12-26), y la resurrección de Eutico en Tróade (Hch 20, 8-12). También se le ve despidiéndose de san Pedro el día de su martirio (Agustín Navarro, 1785, Madrid, Academia de Bellas Artes de San Fernando), y en su decapitación (Tintoretto, Venecia, iglesia de la Madonna dell' Orto), o más frecuentemente su cabeza separada ya del tronco (Alonso Villabrille, 1707, Valladolid, Museo Nacional de Escultura). Valdés Leal, en el lienzo de los Carmelitas Calzados de Córdoba, representa las tres fuentes que, según la tradición, causó la cabeza del santo al rebotar otras tantas veces contra el suelo.

Las escenas de la vida de san Pablo se combinan formando ciclos, bien para ilustrar los Hechos de los Apóstoles, como la conocida serie de 10 cartones de Rafael para la tapicería del Vaticano (Londres, Victoria and Albert Museum), bien para ilustrar su propia biografía, incluyendo en este caso los episodios legendarios de su martirio, como en el retablo mayor de la iglesia de San Pablo, en Zaragoza, realizado por Damián Forment entre 1511 y 1517. Entre las ocho escenas que lo componen, el escultor incluye una muy poco frecuente, san Pablo rezando entre las fieras del circo. La fuente es, posiblemente, una metáfora: «El Señor me asistió y me dio fuerzas para que por mí fuese cumplida la predicación y todos los gentiles la oigan. Así fui librado de la boca del león. El Señor me librará de todo mal y me guardará para su reino celestial» (2 Tm 4, 17-18).

BIBLIOGRAFÍA:
SANZ PASTOR, C., *San Pablo en el arte. XIX centenario de su venida a España*, Madrid, 1964.

PABLO ERMITAÑO
S. III. Primer ermitaño.

HISTORIA Y TRADICIÓN: Nacido en Tebas de Egipto, san Pablo se retiró al desierto para huir de las persecuciones de Decio. Al pie de una montaña encontró una cueva y, cerca de ella, una palma a cuyos pies brotaba una fuente; con las hojas de la palmera se hizo una túnica para cubrirse y con sus dátiles se alimentó hasta cumplir los cincuenta y tres años de edad. A partir de entonces, como al profeta Elías, quiso Dios que un cuervo le trajese todos los días media hogaza de pan con que alimentarse.

Había pasado noventa años en la soledad de aquel desierto cuando, por voluntad divina, le fue revelada en sueños su existencia a San Antonio Abad, quien al punto quiso conocerlo. A la mañana siguiente salió en su busca y supo dónde se encontraba gracias a las indicaciones que le dieron un centauro, un sátiro y un lobo. En principio, san Pablo no quiso abrirle la puerta, pero ante la insistencia de san Antonio le abrió y estuvieron hablando todo el día. A la hora de la comida, el cuervo que habitualmente traía medio pan a san Pablo trajo una hogaza entera. Cuando san Antonio volvía a su retiro, vio que unos ángeles se llevaban el alma de san Pablo; regresó y lo encontró muerto, pero como si todavía estuviese rezando, arrodillado y con las manos levantadas al cielo. Dos leones acudieron en su ayuda para enterrarlo cavando la fosa con sus garras.

ATRIBUTOS: Cuervo con pan, calavera y la túnica de hojas de palma.

REPRESENTACIONES: Dado que, según la tradición, murió con ciento trece años de edad, se le representa anciano y decrépito, con el pelo y la barba blancos. Normalmente le vemos en peni-

Velázquez, *San Antonio Abad y san Pablo Ermitaño,* Madrid, Museo del Prado.

tencia a la entrada de su cueva (Ribera, 1640, Madrid, Museo del Prado; París, Museo del Louvre), o en amigable charla durante la visita de san Antonio Abad. Entonces se elige el momento en el que el cuervo acude con la doble ración de pan para la comida (Grünewald, 1512-1516, *Altar de Isenheim*, Colmar, Museo Unterlinden). En el lienzo de Velázquez (*San Antonio Abad y san Pablo Ermitaño*, Madrid, Museo del Prado) vemos representada además toda la escena de la visita, incluyendo el entierro del santo ermitaño con la ayuda de los leones, que se aprecia en la esquina inferior izquierda.

PANTALEÓN
S. IV. Mártir.

HISTORIA Y TRADICIÓN: Pantaleón era de Nicomedia, la residencia habitual de Diocleciano y de Galerio Maximiano. Hijo del pagano Eustorgio y de la cristiana Eubula, recibió de su madre las primeras enseñanzas en la fe de Cristo, pero su temprana muerte hizo que Pantaleón completara su educación en las costumbres de su padre. Estudió medicina, y con tanta destreza destacaba en su ejercicio que Diocleciano, a veces Maximiano, le nombró su médico ordinario. Pero un día el presbítero Hermolao notó en aquel joven la mano de Dios, oculta por las tradiciones paganas que sólo observaba por costumbre; y después de conversar con él y de convertirlo para el cristianismo, san Pantaleón se convenció de que la medicina de Jesús era mejor que la suya cuando, invocando su nombre, resucitó a un niño que había muerto a causa de la mordedura de una serpiente. En su palabra, la víbora, que todavía seguía junto al cadáver, murió al mismo tiempo que resucitaba el muchacho.

Realizó otras curaciones milagrosas hasta que, movidos por la envidia, sus colegas médicos le denunciaron ante el emperador. Fue decapitado después de sufrir todos los tormentos reservados a los cristianos. San Pantaleón es uno de los catorce santos sanadores, patrón de los médicos, como los santos Cosme y Damián, y como tal su culto está muy extendido. Se le ve-

Veronés, *San Pantaleón cura a un muchacho,* 1587, Venecia, iglesia de San Pantaleón.

neraba ya en el siglo IV en Constantinopla, adonde habían sido llevadas sus reliquias; y en España es posible que su culto comenzase en el siglo VII, aunque su nombre no figura en los calendarios y libros litúrgicos hasta el X.

ATRIBUTOS: Ampolla de cristal con su sangre, clavos, en alusión a uno de sus tormentos, y frasco de medicina.

REPRESENTACIONES: Como ocurre con otros santos, a menudo los atributos de san Pantaleón se deben no tanto a su hagiografía como a los cultos locales vinculados a la posesión de sus reliquias. Así, la ampolla de la sangre, atributo que comparte con san Genaro (Ribera, *San Pantaleón*, Nápoles, colección particular), es más frecuente en Italia, Alemania y España porque conservan en un frasco la sangre de san Pantaleón; la cual, dicen, se mantiene coagulada durante todo el año, pero licúa el 27 de julio, festividad del santo.

En España, un poco de esta sangre se conserva en Madrid, en el convento de monjas agustinas de la Encarnación. En la iglesia de San Pantaleón de Venecia, Veronés pintó en 1587 la resurrección del niño muerto por la serpiente; y en el techo, en un extraordinario trampantojo, Gianantonio Fumiani su martirio y glorificación, realizado en tela entre 1680 y 1704.

PASCUAL BAILÓN
1540-1592. Franciscano.

HISTORIA Y TRADICIÓN: San Pascual nació en la localidad zaragozana de Torrehermosa un 16 de mayo, fiesta de la Pascua de Pentecostés, por lo que sus padres le llamaron Pascual. Desde los siete hasta los diecisiete años de edad desempeñó el oficio de pastor, y durante ese tiempo pudo instruirse en las primeras letras preguntando a los viajeros con los que se encontraba. De profundas creencias religiosas, quiso servir a Dios imitando la vida de los penitentes en sus largas horas de soledad como pastor, por lo que ayunaba y caminaba descalzo en cualquier época del año.

Pero un día se le aparecieron san Francisco y santa Clara diciéndole que habría de servir a Dios como religioso de los franciscanos; entonces dejó su hogar y se marchó al reino de Valencia, a Monforte, decidido a presentarse en el convento de Nuestra Señora de Loreto recientemente fundado por san Pedro de Alcántara. Pero el tímido y joven Pascual no se atrevió a solicitar su ingreso en la comunidad y siguió ejerciendo de pastor durante cuatro años más. Durante este tiempo se acercaba a la puerta de la iglesia para rezar y también para confesarse y recibir los sacramentos, y cuando no podía acercarse hasta la iglesia, se arrodillaba allí donde le sorprendían las campanadas que anunciaban el oficio y miraba con devoción al cielo; entonces, una intensa luz se abría paso entre las nubes y se le manifestaba el sacramento de la Eucaristía.

En 1564 ingresó por fin en la Orden de Franciscanos Descalzos y, tras el año de noviciado, hizo profesión de fraile lego en 1565 para poder desempeñar los oficios más ínfimos y penosos. Así, se empleó como portero, hortelano, cocinero y limosnero, destacando enseguida en humildad, obediencia y en las numerosas penitencias que se imponía. En 1576 fue enviado por el ministro provincial franciscano a París para entregar unos documentos de importancia al general de la Orden, fray Cristóbal de Cheffontaines. El viaje era arriesgado porque tenía que atravesar tierras dominadas por protestantes. Tres episodios ocurridos durante este viaje merecen destacarse: como san Pascual buscaba la palma del martirio, no tenía ningún reparo en atravesar pueblos donde sabía que vivían hugonotes. En todos ellos la gente le perseguía tirándole piedras al grito de «al papista, al papista»; y en uno le alcanzaron en el hombro izquierdo de tal manera que la señal y el dolor producidos por la pedrada le durarían varios años.

En otro sitio se vio rodeado de herejes que le gritaron «¡Papista!, en el pan que vosotros llamáis consagrado, ¿está Dios?». Y el santo respondió: «Sí que verdadera y realmente está Dios, como en los cielos, en el Santísimo Sacramento del Altar». Como era lego, los herejes creían vencerlo rápidamente con argumentos, pero, no pudiendo, recurrieron de nuevo a las piedras.

Por último, un día vio venir hacia él a un caballero con la lanza en ristre; colocándosela sobre el pecho le preguntó airado: «¿Dónde está Dios?». San Pascual, sin pensarlo mucho, le respondió: «En el cielo». Como el caballero se marchó sin decir palabra, el santo pensó que si hubiese contestado que Dios también estaba en la Eucaristía habría conseguido la palma del martirio que tanto deseaba.

De nuevo en España, se encuentra desde 1588 en el convento de Nuestra Señora del Rosario de Villarreal (Castellón), en el que siguió ejerciendo los oficios propios de lego hasta su muerte, ocurrida en la Pascua de 1592. Para satisfacer la devoción que tenían las gentes del lugar hacia el santo, los frailes expusieron el cuerpo de san Pascual en su féretro durante tres días, durante los cuales pudieron ver cómo, aun muerto, abría los ojos cuando el sacerdote elevaba la hostia y el cáliz durante la misa. Fue canonizado por el papa Alejandro VIII en 1690, aunque la bula correspondiente fue expedida por Inocencio XII en 1691. Además, por la defensa y la devoción de san Pascual Bailón hacia el Cristo Sacramentado, según hemos visto en las anécdotas de su biografía, fue declarado patrono de todas las asociaciones eucarísticas por el papa León XIII en 1897.

ATRIBUTOS: Los más importantes son el cáliz y el ostensorio que casi siempre le muestra un coro de ángeles. Además, como fraile lego lleva azada, llaves y limosnas, y, en recuerdo de su oficio de pastor, suelen acompañarle también unas ovejas, un cayado y un sombrero. Por último, como franciscano alcantarino, lleva el rosario atado al cordón.

REPRESENTACIONES: San Pascual llegó a vivir cincuenta y dos años, pero se le representa siempre con la edad en la que ejercía de pastorcillo y aparece como un joven, en ocasiones como un adolescente, como en la talla de Pedro de Mena de la catedral de Málaga, en la que, debido a su condición de lego, sostiene la custodia con la mano izquierda. Aunque la escultura de Luis Salvador Carmona también se inspira en ésta y lleva la custodia en la mano (Madrid, iglesia de San Miguel), lo más frecuente es que aparezca con los brazos extendidos, arrodillado o de pie, pero siempre adorando la Sagrada Forma que se le manifiesta a su derecha (Ignacio de Vergara, catedral de Cádiz; Roque López, 1804, Albacete, convento de San Jaime de Almansa).

Por tanto, el episodio que mejor caracteriza la iconografía de san Pacual Bailón es en el que se le aparece el Sacramento Eucarístico mientras rezaba junto al convento de Nuestra Señora de Loreto; y aunque todavía era pastor, aparece ya vestido con el hábito de los franciscanos descalzos. Así le vemos en los lienzos de Carducho, Mengs, Espinosa, Lucas Jordán o Vicente López. Giambattista Tiépolo pintó también esta escena para la iglesia de San Pascual de Aranjuez en 1769, pero la tela fue cortada en dos pedazos, que hoy se conservan en el Museo del Prado; sin embargo, podemos apreciar todavía el conjunto de la obra gracias al grabado que de la misma realizó su hijo Domenico.

El museo madrileño también conserva dos lienzos atribuidos a Juan García de Miranda; uno de ellos, inventariado con el título de *Un santo pastor arrodillado ante un ángel*, es uno de los pocos ejemplos en los que san Pascual aparece en esta escena vestido de pastor y no de religioso alcantarino. La representación de otras escenas de su vida son ya menos frecuentes: la aparición de san Francisco y santa Clara aparece en la portada de la bula de canonización de 1592, y también en el conjunto de pinturas que fray Domingo Teixidor realizó en 1683 en la capilla dedicada al santo en Villarreal. También se había ilustrado en esta serie, entre otros episodios, el viaje a Francia y cuando, estando expuesto en el féretro, abrió los ojos en presencia de la Eucaristía. El conjunto fue destruido en 1936 y, en la actualidad, lo ha sustituido un nuevo ciclo realizado por el escultor Vicente Llorens Poy.

BIBLIOGRAFÍA:

JIMÉNEZ PRIEGO, T., «Juan García de Miranda, pinturas religiosas en conjuntos madrileños II», *Espacio, Tiempo y Forma, Serie VII, Historia del Arte* 8 (1995), pp. 191-220.

DE SALES FERRI CHULIO, A., *Iconografía popular de San Pascual Bailón*, Villarreal, 1992.

Rincón García, W., «Iconografía de San Pascual Baylón», *San Pascual Bailón y su época (1540-1592)*, Castellón, Fundación Caixa Castelló, 1993, pp. 62-86.

PEDRO
S. I. Apóstol.

Historia y tradición: San Pedro es el «Príncipe de los Apóstoles». Su nombre encabeza la lista de los doce discípulos de Jesús y fue explícitamente elegido por él para una triple misión: relevarle en el cuidado de su rebaño (Jn 21, 15-18), mantener viva la fe (Lc 22, 32) y edificar sobre él los muros de la futura Iglesia de Cristo. Por eso cambió su nombre primitivo, el de Simón, por Cefás, palabra aramea que significa lo mismo que su equivalente en latín, «piedra». Y le prometió entregarle las llaves del Reino de los Cielos (Mt 16, 18-19).

Todo esto justifica la supremacía de Pedro y de la Iglesia de Roma, cuya jerarquía la hace descender directamente del pescador de Galilea. Las importantes intervenciones de Pedro en el Evangelio le confirman en ese papel: fue el primero de los llamados por Jesús, cuando se encontraba pescando junto a su hermano Andrés, con la promesa de hacerle «pescador de hombres», y desde entonces forma parte de los tres discípulos más allegados a Jesús, junto a los hijos del Zebedeo, Santiago y Juan; fue el primero en reconocer su mesianidad (Mt 16, 16) y el primero a quien Jesús lavó los pies antes de la Última Cena (Jn 13, 6-10).

Desde el momento en que se le concedió la supremacía sobre el resto de los apóstoles se erigió en su portavoz (Mt 19, 27-30; Jn 6, 67-70), aun a riesgo de recibir de Jesús una dura reprimenda porque no entiende el destino que le está reservado al Mesías (Mt 16, 21-23); llega incluso a sacar su espada la noche del prendimiento y le corta la oreja a Malco, siervo del Sumo Sacerdote (Jn 18, 10), por lo que es nuevamente reprendido por su ignorancia (Mt 26, 52-54). Se considera a San Pedro el primer penitente porque «rompió a llorar amargamente» (Lc 22, 62) después de haber negado a Jesús hasta tres veces antes del canto del gallo, tal como

Él le había predicho. «Llora amargamente», dice San Agustín, «y lava con las lágrimas de la piedad la suciedad de la negación».

Pero cuando se produce la Resurrección y se encuentra el sepulcro vacío, es el único que da crédito al testimonio de las Marías y corre hacia el lugar (Lc 24, 8-12), siendo el primero en entrar en el sepulcro (Jn 20, 3-10). Obedece así el mandato directo del ángel (Mc 16, 7) para, tras comprobar la veracidad de la Resurrección de Jesús (Lc 24, 34), dirigirse al monte de Galilea y recibir las últimas instrucciones. Después de producida la Ascensión, Pedro hace efectiva su supremacía sobre los demás proponiendo la sustitución de Judas en el colegio apostólico y, sobre todo, con el primer sermón formulado después de Pentecostés (Hch 2, 14-36) y el apoyo prestado a Pablo en el Concilio de Jerusalén, en el que se eximía a los gentiles del cumplimiento de la Ley de Moisés (Hch 15, 6-11). Con ello colocaba la primera piedra de la Iglesia cristiana.

El resto de las intervenciones de san Pedro en el Evangelio no son tan dogmáticas ni tan importantes para la Iglesia, pero por su carácter anecdótico fueron más atractivas para el arte. Se trata de san Pedro y Jesús caminando sobre las aguas (Mt 14, 22-33), el tributo de la moneda (Mt 17, 24-27), la curación del tullido a la puerta del templo (Hch 3, 1-10), la muerte de Ananías y de su esposa Safira (Hch 5, 1-11), san Pedro curando enfermos con su sombra (Hch 5, 12-16), el enfrentamiento con Simón el Mago (Hch 8, 9-25), la resurreción de Tabita (Hch 9, 36-42) y su liberación de la cárcel por un ángel cuando fue objeto de la persecución de Herodes Agripa (Hch 12, 3-19).

La tradición posterior enriqueció la biografía de san Pedro con dos episodios singulares: el «Quo vadis Domine» y su propio martirio. Se cuenta que, una vez vencido, Simón el Mago se había trasladado a Roma y hecho amigo de Nerón; allí san Pedro fue encerrado en la Cárcel Mamertina junto a san Pablo, compañero del apóstol en aquellos días. Pero los carceleros fueron convertidos y bautizados por san Pedro y dejaron marchar a los prisioneros; entonces sus amigos le rogaron que escapase de Roma. San Pedro obedeció y salió de noche por una de las puertas de la muralla, pero entonces vio a Jesucristo que se disponía a entrar en la ciudad y le preguntó: «¿Adónde vas Señor?»; «Voy a Roma», le contestó Jesús, «a ser crucificado de nuevo». Como Jesús no podía ser crucificado por segunda vez, san Pedro entendió que se refería a él, al sufrimiento que habría de padecer Jesús por el martirio del primer apóstol. Entonces volvió a Roma y fue crucificado, pero cabeza abajo, porque se creía indigno de ser crucificado de la misma manera en que lo fue su maestro.

La tradición más antigua afirmaba que san Pedro había sido crucificado en el circo de Nerón y que fue sepultado muy cerca del obelisco que adornaba la espina y que hoy se encuentra frente a la basílica de San Pedro del Vaticano, construida precisamente sobre la tumba del apóstol. Pero en las *Mirabilia urbis Romae* (s. XII) se dice que fue crucificado en las cercanías de un monumento funerario, similar a la pirámide de Cayo Cestio, llamado «meta Romuli»: surgió así la teoría de que san Pedro había sido crucificado entre dos metas de una naumaquia: la «meta Romuli» y el «obeliscus Neronis», construcciones que vemos a menudo como escenario de su crucifixión. En el siglo XV se pensaba que una de estas metas estaba situada frente al Vaticano, en la colina del Janículo, concretamente en el «Monte de Oro». En ese lugar fue crucificado san Pedro y allí construirá más tarde Bramante su famoso templete de San Pietro in Montorio.

ATRIBUTOS: Dos llaves, una de oro y otra de plata: por la primera se entiende la potestad de la absolución, por la segunda la de la excomunión. Libro, gallo, cadenas y cruz de triple travesaño cuando se le representa como pontífice.

REPRESENTACIONES: A san Pedro se le efigia de edad madura, con el pelo y la barba canos. Viste túnica azul y manto ocre o naranja, salvo cuando se le representa como el primer papa, en cuyo caso va adornado con la indumentaria propia de los pontífices (Pedro Roldán, 1698, Sevilla, Hospital de los Venerables). Una de las escenas más comúnmente representadas es la de su crucifixión cabeza abajo; y junto a esta escena se muestra también la degollación de san Pablo. La misma tradición que los hizo coincidir en Roma los martirizó el mismo día. San Agustín solía decir en sus sermones que, si Pedro fue el primero de los apóstoles, Pablo fue el último. «Cristo, el primero y el último, unió las pasiones del primero y el último en el mismo día».

Así, vemos los dos martirios a ambos lados del Cristo en majestad en el *Tríptico Stefaneschi* de Giotto (Roma, Pinacoteca Vaticana). Los dos edificios piramidales que enmarcan la escena en la *Crucifixión de san Pedro* señalan las dos metas entre las que se produjo el martirio. También las vemos en la predela del *Retablo de Pisa*, pintado por Masaccio en 1426 (Berlín, Staatliche Museen). Miguel Ángel (*ca.* 1550, Vaticano, Capilla Paolina) eligió como tema la elevación de la cruz y situó el escenario en el Monte de Oro, en el Janículo.

Miguel Ángel, *Crucifixión de san Pedro, ca.* 1550, Roma, Vaticano, Capilla Paolina.

A semejanza de Jesús, existe una polémica postridentina sobre si fue clavado a la cruz cuando se encontraba ya vertical, o bien fue clavado a ella cuando aún se encontraba en el suelo. En la iconografía de la crucifixión de san Pedro encontramos también la elevación de la cruz (Caravaggio, 1601, Roma, Santa María del Popolo, Capilla Cerasi) y la elevación del propio apóstol (Guido Reni, 1604, Roma, Pinacoteca Vaticana). Otras escenas representadas con frecuencia son *Las negaciones* (Rembrandt, 1660, Amsterdam, Rijksmuseum), *La entrega de las llaves* (Perugino, 1481, Roma, Vaticano, Capilla Sixtina), *Quo Vadis Domine* (Aníbal Carracci, *ca.* 1602, Londres, National Gallery), *La liberación de san Pedro* (Rafael, 1513-1514, Roma, Vaticano, Estancia de Heliodoro; Ribera, 1639, Madrid, Museo del Prado), y *San Pedro en penitencia* o *Las lágrimas de san Pedro* (El Greco, Toledo, Hospital Tavera; Murillo, Bilbao, Museo de Bellas Artes).

Este último es tema muy querido por la piedad postridentina, pues exaltaba el sacramento de la confesión en la persona del primer apóstol, cuando la Reforma protestante negaba el valor del arrepentimiento para alcanzar el perdón y cuestionaba la primacía de la Iglesia de San Pedro. A veces el arrepentimiento de san Pedro se hace delante de Cristo flagelado y atado a la columna (Luis de Morales, *ca.* 1570, Madrid, catedral de la Almudena; Zurbarán, Sevilla, Palacio Arzobispal); así, dice Pérez Sánchez (2000), la imagen «adquiere más fuerza, y su cobardía y debilidad se acentúan al confrontarlo con la serena mansedumbre de Cristo».

Entre las series de la vida de san Pedro hay que destacar las 13 escenas distribuidas en los diez frescos que se conservan (exceptuados los dos referidos a Adán y Eva) en la Capilla Brancacci (Masaccio, Filippino Lippi, Masolino, 1424-1485, Florencia, Santa María del Carmine). En ellas se incluyó la historia de la cátedra de san Pedro según se relata en la *Leyenda Dorada*. Estando en Antioquía, san Pedro fue encarcelado por Teófilo, el gobernador. Estaba a punto de desfallecer en la cárcel cuando recibió la visita de san Pablo, quien le dijo que Teófilo le liberaría si conseguía resucitar a su hijo muerto hace tiempo;

ocurrido el milagro, Antioquía entera quiso honrar al apóstol y le construyeron una cátedra elevada para que todo el mundo pudiera verle y oírle. Ocupó la sede de Antioquía siete años, al

Masaccio, *San Pedro en su cátedra,* 1427-1427, Florencia, Santa María del Carmine, Capilla Brancacci.

cabo de los cuales marchó a Roma para ocupar su sede durante veinticinco años.

El día de su llegada a la Ciudad Eterna, el 18 de enero, la Iglesia occidental celebra la fiesta de la Cátedra de San Pedro. Los tres personajes que vemos arrodillados frente al apóstol en el fresco de la Capilla Brancacci deben simbolizar las tres asambleas que lo aclamaron, representadas en el mismo orden en que las enumera Santiago de la Vorágine: la de los fieles militantes (con hábito regular y tonsura), la de los infieles y pecadores (un laico), y la de los fieles triunfantes (un sacerdote). Así, san Pedro asume desde su cátedra una triple función: ser príncipe de todos los reyes, pastor de todos los sacerdotes y clérigos, y maestro de todos los cristianos.

BIBLIOGRAFÍA:

HUSKINSON, J. M., «The crucifixion of St. Peter: A fifteenth-century topographical problem», *Journal of the Warburg and Courtauld Institutes* 32 (1969), pp. 135-161.

PÉREZ SÁNCHEZ, A. E., «Las lágrimas de San Pedro. Iconografía de San Pedro penitente en la pintura española», *Las lágrimas de San Pedro en la pintura española del Siglo de Oro*, Bilbao, 2000, pp. 13-32.

PEDRO ARMENGOL
1238-1304. Mercedario.

HISTORIA Y TRADICIÓN: La tradición ennoblece su origen haciéndole hijo de Alberto Armengol, señor de Montblanc; y este elevado origen pudo ser la causa de que tuviera un carácter altivo y soberbio. Así, durante una partida de caza con el valido del rey Jaime I, Pedro Armengol mató la pieza perseguida, un jabalí, desairando al privado del rey, que, envidioso, le trata con desprecio; Pedro perdió los estribos y la emprendió contra el séquito del rey, llegando incluso a matar a dos de ellos.

Vivió un tiempo como bandido en los bosques de Cataluña hasta que el mismo rey Jaime encargó a Alberto Armengol que acabase con la vileza de su hijo Pedro. Arrepentido, pues, de su vida anterior, Pedro Armengol ingresa en la Orden de la Merced en 1258, y realiza misiones de redención en Granada, Murcia y Argel. Allí, después de gastar todo el dinero que llevaba en la liberación de 137 cristianos, en cumplimiento del cuarto voto se entregó a sí mismo como cautivo a cambio de otros dieciocho jóvenes: «Diera por cada uno de ellos el mercader piadoso muchas veces la vida. Siendo, pues, dieciocho, ¿cuántas diera?». El acuerdo era padecer los sufrimientos y vejaciones en lugar de los dieciocho jóvenes durante un plazo determinado, el estimado necesario para que llegara su propio rescate, y que, si éste no llegaba, pudieran hacer con su vida lo que les pareciese.

Pasado el plazo, los infieles no esperaron ni un sólo día más. Se llevaron a Pedro Armengol al campo y allí lo colgaron por el cuello en un árbol. Sin embargo, la Virgen lo sostuvo por los pies y lo mantuvo con vida los tres días que se retrasó su rescate. De regreso a Barcelona, fue recibido ya como un santo, pero Pedro Armengol quiso retirarse al monasterio de Montblanc, llamado desde entonces Santa María de los Prados, donde vivió hasta el día de su muerte. Fue canonizado en 1667 por Inocencio IX.

ATRIBUTOS: Cuerda y cuello torcido en recuerdo de su martirio, y un crucifijo debido a su devoción por la Pasión de Cristo y al sobrenombre con que se le conocía: «la locura de la cruz».

REPRESENTACIONES: La escena más frecuente es la de su martirio, colgado de un árbol y sostenido por la Virgen (Vicente Carducho, Madrid, iglesia de San Jerónimo). Normalmente aparece también el fraile mercedario encargado de su rescate, fray Guillermo Florentino, sorprendido por encontrar todavía al santo con vida. Puede aparecer también en compañía de otros mártires mercedarios, san Ramón Nonato, san Serapio y san Pedro Pascual (José Risueño, *Alegoría de los mártires mercedarios*, 1710, Granada, Museo de Bellas Artes; Palomino, *San Serapio, san Pedro Armengol y san Ramón Nonato*, 1716, Madrid, Museo Lázaro Galdiano).

PEDRO DE ALCÁNTARA
1499-1562. Franciscano.

Historia y tradición: Nacido en la villa de Alcántara, cuando tenía diez años fue enviado por sus padres a estudiar a la Universidad de Salamanca. En 1515 estaba de nuevo en Alcántara y decide entonces tomar el hábito de San Francisco. Poco después de su profesión le enviaron al convento de Belvís de Monroy (Cáceres), en el que comienza a hacer la vida de penitencia y mortificación que tanto impresionó a santa Teresa, según relata ella misma en el capítulo 27 del *Libro de la Vida*: comía poco y dos veces al día azotaba su cuerpo con unas disciplinas de hierro; siempre miraba al suelo, de tal manera que a los monjes de su monasterio sólo los conocía por la voz; jamás se cubría la cabeza, por respeto, decía, a la presencia de Dios que está en todas partes. En cualquier época del año iba descalzo y vestido sólo con el hábito y el mantillo; y, vencer al sueño era, según santa Teresa, el mayor trabajo de penitencia que había tenido que hacer. Para conseguirlo estaba siempre de pie o sentado, y cuando le sorprendía, arrimaba la cabeza a un maderillo que tenía hincado en la pared.

En 1524 fue ordenado sacerdote y permaneció en el convento de San Gabriel de Badajoz hasta finales de 1532. Ese año fue designado guardián de San Onofre de Lapa (Badajoz), y allí escribe el *Tratado de la oración y de la contemplación*. Desde entonces creció la fama de san Pedro de Alcántara, y el mismo rey de Portugal, Juan III, le reclamó en la corte. El viaje que el santo realizó en 1537 fue el inicio de una relación con la familia real portuguesa que mantuvo hasta su muerte y que le llevaría a Portugal en tres ocasiones más, en conexión con la fundación de la provincia reformada de la Arrabida en 1542. La reforma, que pretendía rescatar el primitivo espíritu de pobreza de la Orden franciscana, fue aprobada por el papa Julio III en 1554, iniciando entonces la fundación de conventos reformados también en España.

En 1560, san Pedro de Alcántara se encontraba en Ávila y conoce a santa Teresa de Jesús cuando ésta trataba de llevar a cabo también la reforma del Carmelo. San Pedro la animó a seguir adelante y, durante los contactos que mantuvieron, santa Teresa se confesó y comulgó con él, y fue testigo de algunos milagros que han quedado reflejados en la iconografía de ambos. Así, estando en una ocasión comulgando, santa Teresa abrió los ojos y vio a san Francisco y a san Antonio de Padua asistiendo a san Pedro hasta que acabó la misa. En otra ocasión santa Teresa invitó a san Pedro a comer en el convento de la Encarnación, pero éste no comió más que una escudilla de potaje. Santa Teresa le rogó que comiese algo más y, como el santo se negaba, se apareció Jesús y le dio de comer y beber sentándose a su lado. En 1562, estando enfermo, se hizo llevar al convento de Arenas, en Ávila, y allí murió. Ese mismo día se apareció a santa Teresa, que estaba en oración, diciéndole: «¡Oh, dichosa, oh, dulce penitencia que me ha merecido tanta gloria!». Fue beatificado en 1622 por Gregorio XV, y en 1669 fue canonizado por Clemente IX.

Atributos: Disciplinas, calavera y cruz alusivas a sus penitencias y oraciones; libro, pluma y paloma por su condición de escritor.

Representaciones: San Pedro viste el hábito franciscano y lleva además como distintivo de la reforma alcantarina el rosario anudado en el cordón. Se le representa siempre calvo, imberbe y con la piel arrugada de las muchas penitencias que se imponía. Pedro de Mena, que efigió al santo en varias ocasiones (1673, Córdoba, iglesia de San Francisco; Granada, iglesia de San Antón, etc.), parece seguir la descripción que de él hiciera santa Teresa, aunque sus tallas no están exentas de una cierta idealización: «Era muy viejo cuando le vine a conocer, y tan extrema su flaqueza, que no parecía hecho sino de raíces de árboles»; sus modelos son más jóvenes que los de su maestro, Alonso Cano, quien sí parece representar al santo con los sesenta y un años que tenía cuando conoció a santa Teresa (1656, Granada, Museo de Bellas Artes)

La mayor parte de la iconografía de san Pedro de Alcántara la forman imágenes devocionales como éstas, en las que se destaca sobre todo su condición de escritor (Giambattista Tiépolo, 1769,

Palacio de Aranjuez), aunque también es frecuente encontrarlo en oración o en éxtasis (Lucas Jordán, 1692, Pinacoteca de Bari). Mención aparte merece la serie de representaciones en las que aparece con santa Teresa en los episodios relatados más arriba. La relación espiritual de san Pedro de Alcántara con la santa más venerada de nuestro Barroco ha hecho que estos momentos se prefieran y representen por encima de cualquier otro pormenor de su vida. Así, le vemos dando la comunión en presencia de san Antonio de Padua y de san Francisco de Asís (Claudio Coello, Madrid, Museo Lázaro Galdiano; anónimo italiano del siglo XVII, Madrid, Museo del Prado); confesando a santa Teresa, como en el conocido grupo escultórico de Santo Domingo el Real de Toledo; y apareciéndose a la santa en el momento de su muerte (Pedro de Villafranca, 1669, grabado; Claudio Coello, Jerez de la Frontera, colección particular).

BIBLIOGRAFÍA:

ANDRÉS ORDAX, S., «La "verdadera efigie" de San Pedro de Alcántara», *Miscelánea cacereña, Primera serie* (1980), pp. 9-24.

—, «Iconografía Teresiano-Alcantarina», *Boletín del Seminario de Estudios de Arte y Arqueología* 48 (1982), pp. 301-326.

CASTRO, M., «San Pedro de Alcántara en el arte», *Archivo Iberoamericano* 12 (1962), pp. 563-715.

CATÁLOGO, *San Pedro de Alcántara y su tiempo. Exposición iconográfica*, Cáceres, 1990.

PARDO CANALIS, E., «Iconografía teresiana», *Goya* 53 (1963), pp. 298-307.

PEDRO MÁRTIR
1205-1252. Dominico.

HISTORIA Y TRADICIÓN: San Pedro recibe el apelativo de mártir porque, como aquellos mártires de las grandes persecuciones del cristianismo, dio su vida a los herejes defendiendo la fe católica. Nació en Verona, en el seno de una familia que profesaba la herejía cátara, «pero como la divina providencia le destinaba para azote de ellos, le preservó de la infección en medio del contagio». Estudió en la Universidad de Bolonia y, cuando sólo tenía quince años, tomó los hábitos de la Orden de Predicadores de Santo Domingo. Buen orador, dedicó desde ese momento todo su celo a combatir la herejía de los patarinos, quienes, entre otras cosas, negaban la resurrección de la carne, la presencia de Cristo en la Eucaristía y denostaban la cruz.

En 1232 el papa Gregorio IX le nombró Inquisidor General para toda Italia, cargo en el que fue confirmado por Inocencio IV. En 1244 llega a Florencia, donde predica a diario en la plaza de Santa Maria Novella y funda la Compañía Mayor de la Virgen, luego llamada Compañía del Bigallo, para defender a los asistentes a sus discursos de los ataques de los herejes. De Florencia pasó a Milán, y cuando se dirigía desde allí al convento de Como, de donde era prior, en el camino fue asaltado y asesinado por dos herejes. Fray Domingo le acompañaba cuando los asesinos se abalanzaron sobre él y, aunque echó a correr, fue atravesado por una flecha. A san Pedro, su asesino, llamado Carín, le asestó varios golpes de alfanje en la cabeza y lo abandonó pensando que ya estaba muerto; pero a san Pedro aún le quedaban fuerzas para incorporarse y rezar el Credo mientras lo escribía en el suelo utilizando su propia sangre. Carín dio media vuelta y le clavó su daga en el pecho hasta la empuñadura. Su cuerpo fue llevado a la iglesia de San Eustorgio de Milán, titular del convento de Predicadores. Fue canonizado en 1253 por el papa Inocencio IV.

ATRIBUTOS: Alfanje o machete clavado en la cabeza, puñal en el pecho, libro y palma con tres coronas, símbolos del martirio, la predicación y la castidad.

REPRESENTACIONES: Puesto que murió con cuarenta y seis años de edad, en las representaciones se le efigia joven, normalmente sin barba. Le vemos con el machete en la cabeza y el puñal clavado en el pecho por delante (Lorenzo Lotto, *Virgen con Niño, san Juan y san Pedro Mártir*, 1503, Nápoles, Museo de Capodimonte) o por la espalda (Pedro Berruguete,

Pedro Berruguete, *Asesinato de san Pedro Mártir,* Madrid, Museo del Prado.

San Pedro Mártir, ca. 1495, Madrid, Museo del Prado; Fra Angélico, *Retablo de Annalena*, ca. 1443, Florencia, Museo de San Marcos). El machete de la cabeza puede ser también un hacha (Luis de Morales, *San Pedro Mártir con el Credo*, Oviedo, colección particular), o simplemente desaparecer dejando sólo la herida sangrante, como vemos a menudo en la pintura italiana. Así es como lo pinta siempre Fra Angélico, y como se le ve en *La Virgen del Rosario* de Caravaggio (Viena, Kunsthistorisches Museum), representado como un hombre maduro y barbado.

Entre las escenas, la más frecuente es la de su asesinato. Tiziano la pintó para los dominicos de Santi Giovanni e Paolo, en Venecia, hoy sustituida por una copia. De esta escena podemos encontrar dos versiones: o bien su muerte se produjo cuando escribía el Credo en el suelo (Pedro Berruguete, ca. 1495, Madrid, Museo del Prado), o bien mientras se encontraba rezando arrodillado (Espinosa, Madrid, Museo del Prado). Podría decirse que ésta es la única escena constante en los ciclos que se le dedican, la mayoría inspirados en la *Leyenda Dorada*.

De su vida se ha representado la discusión que mantuvo con su tío hereje cuando sólo tenía siete años (Palomino, 1697-1700, Valencia, iglesia de San Nicolás), su investidura como dominico (Andrea Bonaiuti, 1366-1368, Florencia, Santa María Novella, Capilla Española), y varios milagros, entre ellos, cuando hizo aparecer una nube para convertir a un hereje que se quejaba de que tuviesen que escucharle bajo el fuego abrasador del sol. Este milagro fue representado por Palomino en la iglesia de San Nicolás de Valencia, y parece ser también la escena que pintó Berruguete, como los anteriores ejemplos citados, para la iglesia de Santo Tomás de Ávila y que hoy se expone en el Prado con el título de *Sermón de san Pedro Mártir*.

En *El sepulcro de san Pedro Mártir*, también en el Prado, Berruguete pintó uno de los momentos en los que las lámparas situadas encima de su sepulcro se encendían solas, «sin ayuda ni industria de nadie», como dice Santiago de la Vorágine. Este milagro resultaba muy «adecuado para proclamar la santidad de quien tanto se había distinguido en llevar la lumbre y la claridad de la fe a las almas»; metáforas muy recurrentes en la Orden de Predicadores desde los sueños premonitorios que tuviera la madre de santo Domingo de Guzmán, su fundador. Santo Tomás de Aquino, otro dominico, vuelve a recurrir a este simbolismo cuando, refiriéndose a san Pedro Mártir, dice que fue «lámpara del pueblo y de la fe», y «luz amable para las almas».

PEDRO NOLASCO
† 1256. Fundador de la Orden de Nuestra Señora de la Merced.

HISTORIA Y TRADICIÓN: San Pedro Nolasco nació en Santas Puellas, en la diócesis de Narbona. Al poco de nacer, cuando todavía estaba en la cuna, un enjambre de abejas fabricó en la palma de su mano una colmena, y el legado apostólico que en ese momento se hospedaba en la casa de los Nolasco profetizó: «Por este niño, cuando no lo sea, han de vivir muchos en la cristiandad y morirán por él no pocos». Al morir sus padres, se crió y creció en la casa de su tía, condesa de Tolosa y vizcondesa de Narbona, pero como su tío, el conde de Tolosa, simpatizaba con la herejía albingense que por entonces se extendía por la región, el joven Pedro Nolasco resolvió dejar patria y familia, y embarcar rumbo a Barcelona.

En Montserrat, donde se detuvo para rezar, tuvo la primera visión de la Jerusalén Celeste y una voz que le decía: «Pedro, la casa de mi Padre está llena de Hospicios». Interpretó la visión como un deseo de Dios de crear una Orden para la redención de cautivos cristianos, pues «sólo los fieles oprimidos de la tiránica impiedad mahometana parece que están más desamparados de remedio. A estos infelices se les defraudan los socorros de la doctrina de Domingo, del cuidadoso amparo de Francisco, de la imitación de los anacoretas, de la compasión de los cristianos, cuanto más distantes de ellos, más sepultados en su olvido».

En esta misión puso hacienda y empeño cuando, a los veintiocho años, tuvo otra visión: una oliva cargada de frutos que unos leñadores se empeñaban en derribar mientras él la defendía. La misma Virgen se le apareció posteriormente para aclararle el enigma: la oliva frondosa es la Iglesia; los leñadores, los sarracenos que intentan derribarla; y él, Pedro Nolasco, debe defendarla rescantando a los cautivos cristianos caídos en sus manos. Inmediatamente fue a ver a Jaime I, rey de Aragón, y a su confesor, san Raimundo de Peñafort, quienes le manifestaron que también la Virgen se les había aparecido a ellos por el mismo motivo. De esta manera, el 10 de agosto de 1218 se fundó la Orden de Nuestra Señora de la Merced: adoptó el hábito blanco, símbolo de la virginidad y la pureza de María; el escudo de Aragón, por la protección y patrocinio ofrecido por el rey; y la cruz blanca de la catedral de Barcelona, lugar donde se constituyó formalmente la Orden.

La Orden fue confirmada en 1229 por Gregorio IX, y a los tres votos tradicionales se añadió un cuarto, distintivo y característico de los mercedarios: la obligación de entregarse como cautivos en caso necesario. En una ocasión estaba rezando en Gerona ante la tumba de san Narciso cuando tuvo la segunda visión de la Jerusalén Celeste. La Orden, como otras del momento, acompañaba a los reyes cristianos durante la fase de Reconquista, y así san Pedro Nolasco acompañó a Jaime I en la toma de Mallorca y en la de Valencia, cuya conquista le había sido anunciada previamente al santo por la Virgen. También acompañó a Fernando III el Santo en la conquista de Córdoba y Sevilla; de esta manera la Orden conseguía rentas y tierras que destinaba a la construcción de monasterios mercedarios.

En la conquista de Valencia sucedió uno de los acontecimientos más importantes para la Orden: la invención o hallazgo de la Virgen del Puig. Según la leyenda, una imagen de la Virgen con el Niño había sido realizada por unos ángeles en un trozo de la cubierta de su sepulcro en Jerusalén. Traída a España, hubo que esconder la imagen ante la invasión musulmana, y sobre el lugar en que fue sepultada se situaban siete estrellas cada noche. Conquistada Valencia, Jesús se apareció a san Pedro Nolasco indicándole el lugar donde se ocultaba la imagen; cavando en él, la hallaron debajo de una campana.

Otro suceso importante explica la gran devoción que tiene la Orden mercedaria hacia la Virgen: una noche que los monjes se retrasaban para cantar el oficio, la misma Virgen y un coro de ángeles se encargaron de cantarlo sustituyendo a los somnolientos monjes. También gozó el santo de las atenciones del apóstol Pedro, cuyo nombre lleva por haber nacido en el día de su festividad. San Pedro Nolasco estaba entristecido porque sus obligaciones le impedían ir a Roma a visitar la tumba del apóstol, cuando se le apareció éste en la forma de su martirio, crucificado cabeza abajo, diciéndole: «He aquí que vengo a ti, ya que tú no puedes venir a mí». Refiere la tradición otro milagro importante antes de su muerte: estaba en Argel cuando, molestos por sus prédicas, los musulmanes le echaron al mar en una barcaza maltrecha, sin vela ni timón. Encomendándose a la Virgen, pudo regresar usando su capa a modo de vela. San Pedro Nolasco murió en 1256, y fue canonizado por Urbano VIII el 30 de septiembre de 1628.

ATRIBUTOS: Habito mercedario, rama de oliva en la mano, libro de la Regla, báculo de doble travesaño propio de los fundadores, a veces maqueta de iglesia por el mismo motivo, y cadenas y grilletes alusivos a la misión redentora de la Orden.

Zurbarán, *Aparición de san Pedro a san Pedro Nolasco,* Madrid, Museo del Prado.

REPRESENTACIONES: El ciclo más extenso dedicado a relatar la vida de san Pedro Nolasco es la serie de 25 grabados realizados por Mateo Greuter y su hijo Juan Federico según dibujos del pintor zaragozano José Martínez. La serie se realizó expresamente para ser incluida entre la documentación que impulsaría la canonización del santo por «vía de culto inmemorial», para lo cual era necesario hacer especial hincapié en las imágenes con que era venerado. Las estampas empezaron a grabarse un año antes de que concluyeran los trabajos del proceso de canonización, es decir, en 1627, y se incluyeron una vez terminadas en el cuadernillo octavo del total de diez que compone toda la documentación (Delgado Varela, 1956).

Sin embargo, los grabados no se encuentran en el citado cuadernillo, ya que posiblemente fueron separados del mismo en 1628 y ofrecidos a Zurbarán por la Merced Calzada de Sevilla, que le encargó, según el contrato firmado en agosto de ese mismo año, 22 cuadros que ilustrasen la vida de san Pedro Nolasco. Zurbarán utilizó los grabados para inspirarse en sus propias composiciones, pero las estampas no fueron devueltas ya al manuscrito del proceso de canonización (Sebastián, 1975) y, hasta la fecha, sólo han sido localizados ocho de los 25 grabados que describe el cuadernillo. Parece que tampoco Zurbarán llegó a realizar los 22 cuadros comprometidos, quedando finalmente la serie de la Merded Calzada de Sevilla en diez lienzos: *Nacimiento de san Pedro Nolasco*, *Salida hacia Barcelona*, *Aparición de la Virgen en el coro de la catedral de Barcelona*, *Entrega de la Virgen del Puig a Jaime I*, *Aparición de san Pedro crucificado*, *Visión de la Jerusalén Celeste*, *La rendición de Sevilla*, *San Fernando entrega la Virgen de la Merced a san Pedro Nolasco*, *Milagro de la barca* y *Muerte de san Pedro Nolasco*. Una memoria anónima de 1732 atribuye algunos de estos lienzos a Francisco Reyna, un discípulo de Zurbarán.

De la vida de san Pedro Nolasco también son frecuentes las siguientes escenas: *Visión de la oliva* (Carducho, Madrid, Academia de Bellas Artes de San Fernando), *Aparición de la Virgen de la Merced* (Pedro de la Cuadra, 1599, Valladolid, Museo Nacional de Escultura; Murillo, 1645-1650, Sevilla, Museo de Bellas Artes), y otras relativas a la liberación de cautivos, siendo quizá la más famosa la de Francisco Pacheco, *San Pedro Nolasco embarcándose para redimir cautivos* (1601, Sevilla, Museo de Bellas Artes). Excepcionales podrían considerarse *San Pedro Nolasco golpeado por musulmanes*, perteneciente a la serie que José Risueño pintó para el convento mercedario de Granada (hoy en el Museo de Bellas Artes), y la *Predicción de la conquista de Valencia* pintada por Jerónimo Jacinto de Espinosa para el convento de la Merced de Valencia.

BIBLIOGRAFÍA:

DELGADO VARELA, J. M., «Sobre la canonización de San Pedro Nolasco», *Estudios* 35-36 (1956), pp. 265-295.

GARCÍA GUTIÉRREZ, P. F., «Iconografía mercedaria. Nolasco y su obra», *Estudios*, 1985.

SEBASTIÁN, S., «Zurbarán se inspiró en los grabados del aragonés Jusepe Martínez», *Goya* 128 (1978), pp. 82-84.

PEDRO PASCUAL
† 1330. Obispo y mercedario.

HISTORIA Y TRADICIÓN: Natural de Valencia, recibió el hábito mercedario de manos de san Pedro Nolasco hacia el año 1250, cuando tenía treinta años de edad, y en 1296 es nombrado obispo de Jaén por el papa Bonifacio VIII. Al año siguiente fue apresado por los moros y llevado a Granada, donde vivió cautivo hasta el día de su muerte; sin embargo, nadie le sustituyó en la silla episcopal jienense, de manera que los escritores de aquel tiempo se refieren a ella diciendo «la Iglesia de Jaén, sede vacante». La Orden mercedaria, a la que pertenecía, trataba de liberarle, pero el santo empleaba todo el dinero que le enviaban en la redención de otros cautivos cristianos.

Para fortalecer la fe de los cristianos de Granada escribió una *Biblia pequeña o breve*, y como refutación del islam, *Contra mahometanos*. Se cuenta que el Niño Jesús se le apareció en la celda al menos en dos ocasiones: una para agradecerle su empeño en la liberación de los cautivos, y otra para ayudarle en la celebración de una misa. Además, aunque el calabozo era muy oscuro, un ángel lo iluminaba día y noche; este prodigio provocó el respeto y la admiración de todos, incluso del príncipe moro, que le puso en libertad con la condición de no predicar contra Mahoma. Pero el santo no hizo caso de la advertencia y continuó predicando, logrando la conversión de muchos infieles. El populacho, enfurecido, lo denunció. Fue apresado y decapitado, ya anciano, con setenta o setenta y tres años. Sus restos permanecieron ocultos hasta que en 1574 salieron a la luz con ocasión de la construcción del convento de Carmelitas Descalzas de Baeza, ciudad donde se guardan sus reliquias.

ATRIBUTOS: Hábito mercedario, mitra y báculo de obispo; libro, paloma, cimitarra o cuchillo en el cuello y la palma del martirio.

REPRESENTACIONES: José Vergara realizó a mediados del siglo XVIII cuatro lienzos para el monasterio del Puig con cuatro escenas de la vida de san Pedro Pascual, que son las que con mayor frecuencia se repiten en su iconografía: *San Pedro Pascual y el ángel*, iluminándole para que pueda escribir, *Misa de san Pedro Pascual*, *La delación* o la denuncia ante el rey moro, y el *Martirio de san Pedro Pascual*. También es frecuente verle escribir ante una aparición de la Inmaculada Concepción (Zurbarán, 1630, Sevilla, Museo de Bellas Artes; anónimo del siglo XVII en el convento de la Merced de Palma de Mallorca), pues, antes de ser nombrado obispo de Jaén, el papa Nicolás IV le nombró legado suyo y le envió a París a predicar. Allí defendió tan ardientemente y con tanta convicción el sagrado dogma que, estando en oración la noche siguiente, «se le apareció la santísima Virgen rodeada de una luz resplandeciente, acompañada de inmensa multitud de espíritus celestiales, y habiéndole manifestado cuán grato le había sido su fervoroso celo, le puso en la cabeza con sus propias manos una corona de gloria». Esta escena es la que representa el grabado de Salazar realizado en 1672.

BIBLIOGRAFÍA:

MATEU IBARS, M. D., «San Pedro Pascual en el arte», *Homenaje de las entidades culturales de Valencia a San Pedro Pascual en el III centanario de su canonización*, Valencia, 1973, pp. 61-109.

PEDRO REGALADO
1390-1456. Franciscano.

HISTORIA Y TRADICIÓN: Nacido en Valladolid, de donde es patrón, a los trece años tomó el hábito franciscano en el convento de San Francisco de la misma ciudad. Cuando tenía quince años llegó al convento fray Pedro de Villacreces para solicitar permiso del general de la Orden para fundar monasterios en los que se observara fielmente la primitiva Regla de San Francisco. El permiso le fue concedido con la condición de que los nuevos centros se fundasen como eremitorios en lugares apartados. El Regalado quedó tan impresionado con el venerable anciano que no dudó en acompañarle.

Fundaron un primer convento en La Aguilera (Burgos) después de obtener la licencia del obispo de Osma, a quien pertenecía el territorio. Decididos a no vivir más que de las limosnas, correspondió a san Pedro Regalado salir a pedirla de puerta en puerta, y como era mucho el camino que tenía que recorrer y el peso que soportar, un devoto le regaló un burro con que transportar las limosnas. Un día, no pudiendo vadear el río Riaza porque bajaba crecido, echó su manto al agua y sobre él lo pasó acompañado de su burro.

Hacia 1414 fundaron otro convento en El Abrojo, cerca del Duero y a pocos kilómetros de Valladolid. Aquí se repite en varias ocasiones el paso milagroso sobre el río, cuando sus obligaciones le sorprendían al otro lado del Duero y debía acudir rápidamente al coro alertado por la campana. Villacreces murió en 1422 y san Pedro Regalado fue elegido prior de ambos conventos, lo que le obligaba a ir constantemente de uno a otro. Un día que se dirigía al de Aguilera con otro fraile, fueron sorprendidos por un toro que se había escapado de una corrida que se celebraba en Valladolid; san Pedro esperó pacientemente la embestida del animal, y cuando éste llegó, dobló sus patas delanteras para inclinarse y reverenciar al santo.

También en esta etapa sucede el milagro más importante de la hagiografía del Regalado, el de su traslación. Sucedió que un día, mientras rezaba en El Abrojo, sintió deseos de venerar la imagen de la Virgen que se encontraba en La Aguilera. Entonces acudieron unos ángeles que al momento le llevaron al convento burgalés y luego le trajeron de vuelta sin que nadie advirtiese su ausencia durante el intervalo; este prodigio se repitió después con frecuencia, especialmente los viernes, para que san Pedro pudiera celebrar capítulo puntualmente en ambos conventos. Debido a la cercanía entre El Abrojo, y la corte vallisoletana, san Pedro Regalado era visitado asiduamente incluso por los personajes de la Corte, por lo que decidió residir en La Aguilera, donde permaneció hasta su muerte.

El obispo de Palencia, don Pedro de Castilla, ofició la extremaunción del santo, durante la cual su sobrino, que estaba presente, se vio libre de la joroba que lo aquejaba. De los milagros *post mortem*, dos merecen destacarse por su frecuencia en la iconografía del santo. En el primero se destaca su virtud caritativa, que, por otra parte, sus hagiógrafos subrayaron ya trasladando a la biografía del Regalado el milagro de la conversión del pan en rosas, acontecimiento que comparte con otros santos y que define especialmente la iconografía de san Diego de Alcalá.

El suceso en cuestión sucede cuando un mendigo, que se había quedado sin limosna por haber llegado tarde a la portería del convento, se encuentra lamentándose ante la sepultura del santo: «Piadosísimo padre, si tú vivieras, no me hubieran despedido sin limosna. En vos hallé siempre el alivio; faltó vuestra vida, y se acabó mi socorro». Entonces se abrió la sepultura y san Pedro Regalado se incorporó para darle un trozo de pan al mendigo. El segundo milagro tiene por protagonista a la misma reina Isabel la Católica, que, después de conquistar Granada, quiso reverenciar al santo en La Aguilera, para lo cual hizo que desenterrasen el cuerpo. Teniéndolo ya a la vista, quiso tener una reliquia y ordenó que le cortasen una mano; al hacerlo, su sangre corrió tan fresca que fueron necesarias muchas toallas para detenerla. A pesar de estas tempranas muestras de devoción, san Pedro Regalado no fue beatificado hasta 1683, y su canonización se retrasó hasta 1746.

Atributos: El más característico es el grupo de ángeles que le llevan en volandas en alusión al episodio de la traslación. Además, por su continuo peregrinar entre los dos eremitorios, san Pedro Regalado lleva con bastante frecuencia un sombrero de ala ancha y un bastón; y el libro que le acompaña en ocasiones hace referencia a la observancia de la primitiva Regla franciscana.

Representaciones: Las primeras imágenes conocidas de san Pedro Regalado se encuentran en el sepulcro de alabastro que mandó hacer Isabel la Católica cuando visitó el convento de La Aguilera hacia 1493. Aunque no en su disposición original, se conservan cuatro relieves figurados y la estatua yacente, que apenas se aparta de los rígidos cánones de la escultura funeraria medieval. El desarrollo de su iconografía se produjo a partir de los procesos de beatificación y canonización, y se concentra básicamente en las provincias de Valladolid y de Burgos.

Como ya apuntábamos más arriba, la imagen que mejor identifica al Regalado es la de su traslación. Un grabado con este tema ilustraba la *Vida y milagros del santo Fray Pedro Regalado* de Francisco de Ocampo publicada en Milán en 1634; y de nuevo un año después de su beatificación, en 1684, en la *Historia de las heroicas virtudes. Aclamación de los estupendos milagros... de San Pedro Regalado* de Manuel de Monzaval. Siguiendo la tipología de estas estampas pueden encontrarse esculturas de devoción en toda la diócesis de Valladolid (Ordax, 1991).

Con motivo de su beatificación también se grabó en Roma una estampa que contenía catorce escenas firmadas por Nicolás Billy. El ciclo más extenso, sin embargo, lo constituyen los 22 lienzos pintados por Diego Frutos entre 1730 y 1737 para el convento de San Francisco de Valladolid que hoy se conservan en el Museo Nacional de Escultura. Al mismo Frutos se atribuyen los ciclos de El Abrojo, con 20 escenas (también en el Museo Nacional de Escultura), y de La Aguilera, con 15. Estos grandes ciclos, y otros menores que se conservan en las distintas dependencias del convento de La Aguilera, coinciden en resaltar las escenas relatadas anteriormente. Algunas especialmente significativas pueden encontrarse también de forma aislada, como *San Pedro socorriendo a un pobre desde el sepulcro*, atribuida al pintor italiano Plácido Constanzi, que se encuentra en la catedral de Valladolid.

BIBLIOGRAFÍA:

ANDRÉS ORDAX, S., *Iconografía de San Pedro Regalado*, Junta de Castilla y León, 1991.

REDONDO CANTERA, M. J. y ZAPARAÍN YÁÑEZ, M. J., «San Pedro Regalado, formación y desarrollo de una iconografía religiosa en el Barroco», *Cuadernos de Arte e Iconografía* IV, 8 (1991), pp. 73-81.

RAFAEL ARCÁNGEL

HISTORIA Y TRADICIÓN: Protagonista del Libro de Tobías, el arcángel san Rafael es el encargado de conducir al joven Tobías a la tierra de Media, es decir, a Mesopotamia, para recuperar un depósito y casarlo con Sarra, cuyos siete pretendientes anteriores habían sido asesinados por el demonio Asmodeo. Por el camino, pararon junto al Tigris y un gran pez salió del río con intención de devorar al muchacho; pero consiguió atraparlo y, antes de comérselo, por consejo del arcángel se guardó la hiel, el corazón y el hígado, y quemando estos últimos, consiguió espantar al demonio que asediaba a Sarra y se casó con ella. De vuelta a su casa, aplicó la hiel sobre los ojos de su padre, Tobit, que estaba ciego, y se curó al instante.

Por todo esto se considera a san Rafael como un ángel médico y sanador, motivo por el que Córdoba lo adoptó como patrón después de la peste de 1649. Pero sobre todo se le ofrece culto como santo protector de los viajeros y comerciantes: «sano ha partido nuestro hijo y sano volverá a nosotros […]; porque un ángel bueno le acompañará, le dará un viaje fácil y le devolverá sano» (Tb 5, 21-22). Es, pues, protector de los niños y de los viajeros adolescentes, hijos de comerciantes que se iniciaban así en el negocio familiar. Cuando el culto al santo ángel de la guarda se extendió a principios del XVI, inmediatamente se le identificó con el arcángel Rafael.

ATRIBUTOS: Niño (Tobías) y pez. Lleva también un incensario porque se le identifica con el ángel de Apocalipsis 8, 3.

REPRESENTACIONES: En la iconografía de San Rafael hay que distinguir las imágenes que ilustran distintos pasajes del Libro de Tobías (Andrea Vaccaro, 1640, Barcelona, Museo Nacional de Arte de Cataluña) de aquellas en las que se le representa de forma aislada, bien en calidad de sanador, bien como protector de los viajeros o ángel custodio. En un lienzo de Valdés Leal (*ca.* 1654, Córdoba, colección particular) le vemos como protector de Córdoba, llevando en una mano el pez, símbolo de su poder curativo.

El mismo sentido tendría *La Virgen del Pez*, de Rafael (*ca.* 1513, Madrid, Prado), donde aparece el ángel con Tobías. Se supone que el lienzo fue un exvoto de un personaje de importancia en agradecimiento por una curación o una advocación de la Virgen como remedio de todas las enfermedades. En un cuadro de Tiziano (Venecia, Galería de la Academia) le vemos llevando de la mano a un Tobías niño mientras le señala el camino con el brazo derecho extendido. El niño lleva todavía el pez, pero pronto desaparece este atributo y aparece un niño cualquiera, siguiendo los pasos del santo ángel de la guarda hacia la salvación; y así aparece en un cuadro de Murillo en la catedral de Sevilla, pintado en 1665 para los capuchinos de la ciudad, en el cual el ángel extiende un brazo hacia un haz de luz que procede del cielo. La protección contra los males del mundo es más explícita en un lienzo de Matia Preti que guarda la misma catedral. El ángel pide protección al cielo mientras señala los monstruos que le salen al paso en el camino.

RAIMUNDO DE FITERO
†1163. Fundador de la Orden de Calatrava.

HISTORIA Y TRADICIÓN: Poco se sabe a ciencia cierta sobre la vida de san Raimundo Sierra antes de ser elegido abad del monasterio de Niencebas en 1141. Su mismo lugar de nacimiento se lo disputan Saint Gaudens de Cominges, en Francia, y Tarazona, ciudad en la que fue canónigo, primer cargo importante que habría desempeñado tras su primera formación. Sin embargo, pronto abandona Tarazona y, después de algún tiempo haciendo vida eremítica, tomó los hábitos en el monasterio cisterciense de Scala Dei, en Gascuña, según la historiografía francesa; o en Yerga, según los historiadores españoles. Pero el monasterio fue también pronto abandonado por los monjes que bajaron al valle de Niencebas buscando un clima más benigno.

En 1141 muere el abad Durando y san Raimundo es elegido nuevo abad del monasterio. Tras unos años de permanencia en Niencebas, se traslada a Fitero en 1152. En 1157 se encontraba en Toledo, junto a uno de sus monjes, Diego Velázquez, cuando se enteró de que los templarios renunciaban a defender Calatrava por encontrarse en inferioridad de condiciones frente a la amenaza almohade, e hicieron entrega de ella a Sancho III el Deseado, rey de Castilla, a la sazón también en Toledo. Sin embargo, el propio rey se muestra incapaz de defender la plaza de Calatrava, pues aún está manteniendo un conflicto con su hermano, Fernando II de León, descontento con la división del reino que hiciera su padre, Alfonso VII el Emperador. De manera que hace publicar un edicto en el que cede Calatrava, con todos sus términos, castillos y fortalezas a cualquier persona que estuviese dispuesta a defenderla.

Animado por Diego Velázquez, san Raimundo aceptó hacerse cargo de ella. Previa consulta al rey Sancho de Navarra en Almazán, el rey de Castilla entregó Calatrava al abad de Fitero el mes de enero de 1158. Así, «empuñó el bastón general, se armó de todas armas con valeroso denuedo, púsose cota, morrión, y demás fornituras militares y, animando a los cabos y a los soldados de su ejército [...] dio principio a la persecución de los enemigos, los atacó en sus mismas trincheras, los derrotó, los venció, y los arrojó de sus más inexpugnables fortalezas». San Raimundo redactó una Regla para los monjes y soldados de la Orden que fue aprobada por el papa Alejandro III en 1164, un año después de la muerte del propio Raimundo, ocurrida en la localidad de Ciruelos, a donde según parece se había retirado a descansar.

ATRIBUTOS: Hábito blanco del Císter, báculo abacial, libro, cruz de Calatrava (cruz griega roja flordelisada, prolongando los extremos de las hojas hasta el centro de la cruz) en el hábito o en un estandarte. Cuando se le representa como caballero lleva además lanza o espada y un casco con penacho de plumas.

REPRESENTACIONES: La iconografía de san Raimundo es bastante tardía, pues hasta principios del siglo XVIII no se autorizó su culto. Se le representa como canónigo (Diego Gutiérrez, 1780, catedral de Tarazona), como abad de Fitero y fundador de la Orden de Calatrava (José Serrano, 1730-1732, monasterio de Fitero), y, por supuesto, como soldado de Cristo al servicio de la fe, al estilo de san Millán, Santiago, o san Isidoro, a los que la tradición atribuye también un papel importante en la Reconquista.

Puede aparecer de pie, espada en mano y enarbolando el estandarte de la Orden (José Benito Churriguera, 1720-1723, Madrid, convento de Calatravas; Gregorio Carnicero, Salamanca, colegio de Calatrava), o a caballo (Jacinto Meléndez, 1730, Calahorra, iglesia de San Andrés). Se ha representado también la entrevista que mantuvieron en Toledo san Raimundo y el rey Sancho III de Castilla, en la que el abad de Fitero se ofrecía a defender Calatrava (Manuel López de Ayala, *Origen de la Orden de Calatrava*, 1890, Madrid, convento de Calatravas).

BIBLIOGRAFÍA:

FERNÁNDEZ GARCÍA, R., «Iconografía de San Raimundo de Fitero», *Príncipe de Viana* 199 (1993), pp. 293-354.

MARÍN, H., «San Raimundo de Fitero, abad y fundador de la Orden de Calatrava», *Cistercium* 89 (1963), pp. 259-274.

RAIMUNDO DE PEÑAFORT

1175-1275. Dominico y cofundador de la Orden de Nuestra Señora de la Merced.

HISTORIA Y TRADICIÓN: Nació en Barcelona, o en Villafranca del Penedés. Estudió derecho en la Universidad de Bolonia con tanto provecho que «en breves días les leyó públicamente cátedra, sin gajes ni estipendio». En 1219 se encuentra de nuevo en Barcelona, donde ha sido nombrado canónigo de la catedral por el obispo Berenguer de Palou, responsable también de que Raimundo de Peñafort vistiera el hábito dominico en 1222. Previamente, el 2 de agosto de 1218, siendo confesor de Jaime I y de san Pedro Nolasco, se le apareció la Virgen instándole a crear una Orden que se dedicara a liberar a los cautivos cristianos; y como tuvo la misma visión que el rey y san Pedro Nolasco, es considerado cofundador de la Orden, aunque su ingreso definitivo fue en la Orden de Santo Domingo.

Acompañó al rey en la conquista de Mallorca en 1229, y allí, como se hiciera caso omiso a sus reproches sobre unos amores ilícitos que el monarca mantenía, pidió licencia para volver a Barcelona. El rey se la negó, de manera que, «indignado con la pertinacia del rey aragonés en sus amores, surcó su piélago, bajel la capa, vela el escapulario y árbol mayor el báculo bendito»; es decir, salió de la isla de modo similar a como salió san Pedro Nolasco de Argel, montado sobre su propia capa.

Juan de Villa, cardenal legado de Gregorio IX, le nombró su consejero, y en calidad de tal intervino en el acta de separación del rey Jaime de Aragón de la infanta doña Leonor de Castilla por ser parientes en grado prohibido. Posteriormente el mismo papa le llamó a su lado nombrándole confesor, capellán y penitenciario. Cinco años estuvo san Raimundo en la curia romana realizando, entre otras cosas, la recopilación de las *Decretales*, base de la legislación eclesiástica. Estando en Roma rechazó la silla episcopal de Tarragona, pero tuvo que aceptar el cargo de maestro general de la Orden de Predicadores en 1238; sin embargo, sólo se mantuvo dos años en el cargo, consiguiendo retirarse de la vida pública los casi treinta y cinco años que le quedaban de vida. Fue canonizado por Clemente VIII en 1601.

Atributos: Hábito dominico, libro, mitra en el suelo, llaves alusivas a sus cargos en la curia romana, y cadenas y grilletes en su condición de cofundador de la Orden de la Merced.

Representaciones: Lo más normal es encontrarlo como imagen devocional acompañado de otros santos de la Orden dominica (Fra Angélico, 1436, Florencia, convento de San Marcos) o de la Orden mercedaria (Martín González, *Aparición de la Virgen de la Merced a san Pedro Nolasco, San Raimundo de Peñafort y Jaime I*, s. XVII, San Pedro de Soria; José Risueño, *Aparición de la Virgen a san Pedro Nolasco*, Granada, Museo de Bellas Artes). La serie más extensa la forman los 18 grabados realizados por el flamenco Jan van Halbeeck en 1612. La mayoría de ellos presenta una escena principal en primer plano y otra secundaria al fondo. La serie se grabó durante la Tregua de los Doce Años (1609-1621), en un contexto en el que lo español estaba de moda a causa de las guerras de religión.

Bibliografía:
Piquer y Jover, J. J., *La vida i els miracles de Sant Ramand de Penyafort segons un grabador flamenc. Contribucio a la iconografía raimondina*, Barcelona, 1980.

RAMÓN NONATO
1200-1240. Mercedario.

Historia y tradición: Nacido en la localidad de Solsona, el apelativo de «nonato» se debe a que su madre murió antes de que él naciese y hubo de ser extraído mediante una cesárea. Un día, mientras apacentaba el ganado cerca de la ermita de San Nicolás, en Portell, se le apareció la Virgen de la Merced instándole a entrar en su Orden, fundada por san Pedro Nolasco para la redención de cautivos cristianos. Con este menester se dirige en 1230 a Argel, pero su excesivo celo en la predicación hace que sea azotado y encarcelado; mas incluso dentro de la prisión el santo seguía predicando, por lo que los musulmanes, para que callara, le horadaron los labios y le pusieron un candado en la boca.

Tras su liberación fue nombrado cardenal por el papa Gregorio IX. En una ocasión se encontró con un mendigo en Barcelona y, sin dudarlo, se quitó la capa de cardenal y, arropándole con ella, se lo llevó a su hospicio. El mendigo no era otro que Cristo, y en recompensa por su caridad esa misma noche se la aparecieron dos doncellas, una con una corona de rosas, símbolo del goce y de la felicidad, y la otra con una corona de espinas, símbolo del sufrimiento. Se las ofrecieron a san Ramón para que escogiera una de ellas, y eligió el sufrimiento: «Corónense, divinas mensajeras, en el mundo de las flores, que duran lo que duran sus efímeros deleites, los que profesan vanidades [...], que yo, a mi Divino Redentor, desnudo y coronado de marinos juncos, sobre el trono de un madero, monarca de dolores, pienso seguir todo lo que mi vida y fuerzas alcanzaren».

El papa le llamó a Roma y, camino de la Ciudad Eterna, se sintió gravemente enfermo y murió, pero antes tuvo la dicha de que el mismo Jesús se le apareciera para administrarle la última comunión. Su cuerpo fue enterrado en la ermita de San Nicolás; fue canonizado por Urbano VIII en 1628, y desde 1695 es patrón principal de la diócesis de Solsona.

ATRIBUTOS: Corona de espinas, custodia, candado en la boca, cadenas y grilletes, alusivos a la misión de la Orden mercedaria, y palma del martirio con las tres coronas de mártir, doctor y confesor.

REPRESENTACIONES: La tardía canonización del santo, y en general de todos los de la Orden mercedaria, explica que las representaciones se retrasen hasta el Barroco. Las escenas más frecuentes en su iconografía son la *Aparición de la Virgen de la Merced* (Francisco Pacheco, Sevilla, Museo de Bellas Artes), *El martirio de san Ramón Nonato* (Vicente Carducho, 1631, iglesia de San Jerónimo; Lorenzo Suárez, Murcia, iglesia de la Merced; Juan de Roelas, 1619, convento de la Merced de Sanlúcar de Barrameda), la *Visión de las coronas*, con Cristo y la Virgen ofreciéndoselas, y no las dos doncellas que menciona Tirso de Molina (Diego González, 1673, Madrid, Museo del Prado; Palomino, Madrid, Museo Lázaro Galdiano), y *La última comunión de san Ramón* (Lorenzo Suárez, Murcia, iglesia de la Merced). Las imágenes devocionales son bastante más numerosas; citemos tan sólo la talla de Juan de Mesa (1626, Sevilla, Museo de Bellas Artes) y la de José de Mora (1688-1705, Córdoba, catedral).

BIBLIOGRAFÍA:
LLORENS I SOLÉ A., «Sant Ramón Nonat», *Analecta Sacra Tarraconensia* 59 (1986), pp. 223-257.

RITA DE CASIA
†1456. Agustina.

HISTORIA Y TRADICIÓN: La biografía de esta santa italiana se inicia con los habituales signos de santidad: fue concebida milagrosamente por sus padres estériles en una edad avanzada, y cuando todavía se encontraba en la cuna, un enjambre de abejas entraba y salía de su boca. Es además modelo de mujer cristiana porque pasó por todos los estados posibles: doncella, esposa, viuda y religiosa, demostrando en todos ellos una inusual paciencia y humildad. Con doce años fue obligada a casarse con un hombre violento que la maltrataba, y cuando éste murió asesinado, su piedad no sólo la llevó a perdonar al asesino de su marido, sino a rogar a Dios para que se llevase a sus hijos antes de que cayeran en la tentación de la venganza.

Una vez libre de todo vínculo terrenal, quiso ingresar en el convento agustino de Santa María Magdalena de Casia, pero por tres veces fue rechazada su petición. Entonces, una noche se le aparecieron san Juan Bautista, san Agustín y san Nicolás de Tolentino y la introdujeron en el monasterio. Santa Rita era una ferviente devota de la Pasión de Cristo, y meditando un día delante de un crucifijo sobre el dolor que debió sentir cuando le pusieron la corona de espinas, le suplicó que la hiciese partícipe de aquella pena. Cediendo a sus ruegos, Jesús fijó en su frente una espina que la produjo una profunda e incurable herida, que desprendía un hedor insoportable que hizo que se aislase en el convento hasta el día de su muerte.

Sólo con ocasión de su visita a Roma para ganar el jubileo la herida se cerró milagrosamente, pero al volver al monasterio volvió a manifestarse tan putrefacta como antes. Poco antes de morir, una amiga fue a visitarla a su celda y, al despedirla, santa Rita le pidió que le trajese una rosa del huerto de su casa. A pesar de encontrarse en pleno invierno, la muchacha obedeció el deseo de la santa, encontrando efectivamente la rosa que le había pedido. Este milagro hace que a santa Rita se la invoque como abogada de los casos imposibles.

ATRIBUTOS: Crucifijo, rosa, clavo y herida en la frente.

REPRESENTACIONES: Santa Rita viste el hábito negro ceñido a la cintura con el cinturón de cuero propio de la Orden de los agustinos. Normalmente se la representa en éxtasis, contemplando fijamente el crucifijo de donde parte la espina que se le va a clavar en la frente, como se ve en un anónimo del siglo XVII que se conserva en la iglesia de Santa María del Giglio, en Venecia. Con una simple cruz de madera y la espina clavada en la frente la representó también Luis Salvador Carmona (1754, La Granja de San Ildefonso, iglesia de Nuestra Señora del Rosario). En el sepulcro del siglo XV de santa Rita, en Casia, atribuido a Antonio de Norcia, la vemos mostrando la espina con la mano derecha.

ROMUALDO
952-1027. Fundador de la Orden de Camaldoli.

HISTORIA Y TRADICIÓN: Hijo del duque de Rávena, abandonó la vida cortesana para expiar el crimen de su padre, que había matado a otro hombre durante un duelo. Ingresó en el monasterio benedictino de San Apolinar in Classe, pero lo dejó al cabo de tres años y se puso bajo la dirección del eremita Marino de Venecia. En la ciudad de los canales conoció al abad de San Michel de Cuxá, Guarino, que se encontraba peregrinando por Italia; fue también entonces, hacia el 978, cuando el dogo de Venecia, Pedro Orseolo, abandonó la ciudad para unirse a Romualdo, a Marino y al abad de San Michel en su camino hacia el monasterio pirenaico. San Romualdo puso allí en práctica un ideal de vida mucho más austero y riguroso que el que preconizaba la reforma de Cluny, entregado por completo a la oración, la penitencia y el ayuno.

De regreso al monasterio de San Apolinar fue elegido abad por influencia del emperador Otón III, pero el rigor de la Regla que quiso imponer le trajo no pocos problemas; sus monjes, incluso, llegaron a atentar contra su vida. Abandona, pues, la dignidad abacial y decide poner en práctica sus ideas en lugares por él fundados y organizados. En la isla de Perea comienza la serie de fundaciones de san Romualdo de comunidades de vida mixta, entre la meditación y la penitencia del eremita y la estricta obediencia a la comunidad, en donde ahora el cenobita debía encontrar formación y apoyo.

Las fundaciones culminan en 1012 con el monasterio de Campo Maldoli, que dará nombre definitivo a la Orden, de Camaldoli o camaldulense, por ser una donación de un supuesto caballero Maldolo. Según se cuenta, cuando andaba buscando un lugar apropiado para su monasterio, vio en un sueño cómo subían al cielo por una escalera unos monjes vestidos de blanco. Murió en Val de Castro, otra de sus fundaciones, en el año 1027. San Romulado fue canonizado en 1032 y la Orden fue aprobada en 1072 por el papa Alejandro II.

Atributos: Libro, bastón rematado en forma de T –es decir, la tau propia de san Antonio Abad, recordando la devoción de san Romualdo hacia el anacoreta egipcio–, maqueta de iglesia y escalera.

Andrea Sacchi, *La visión de san Romualdo, ca.* 1631, Roma, Pinacoteca Vaticana.

REPRESENTACIONES: Se representa a san Romualdo como un venerable anciano de barba cana, vestido con la cogulla blanca propia de su Orden, según el sueño revelador que tuvo previo a su fundación. Normalmente se le ve en este episodio, dormido sobre su bastón, mientras un ángel le señala la escalera celeste por donde suben los monjes (Antonio Zanchi, Venecia, Museo Correr; Antiveduto Gramatica, 1620, Roma, convento de camaldulenses), o él mismo explicando la visión a sus discípulos (Andrea Sacchi, *ca.* 1631, Roma, Pinacoteca Vaticana).

Le vemos junto a san Benito, en el lado reservado a los santos regulares, en la *Crucifixión con santos* de Fra Angélico (1441, Florencia, convento de San Marcos); y también junto al santo de Nursia en *Jesús con cuatro santos y el comitente*, de Ghirlandaio (Volterra, Museo Cívico). Como el comitente es camaldulense, san Benito lleva también la cogulla blanca de la Orden de san Romualdo. Gramatica pintó la *Muerte de san Romualdo* para el convento de camaldulenses de Nápoles.

ROQUE
1295-1327. Peregrino.

HISTORIA Y TRADICIÓN: Nacido en Montpellier, en el seno de una rica familia, cuando murieron sus padres renunció a sus títulos y le cedió a un tío suyo la hacienda familiar. Repartió su fortuna entre los pobres y se marchó en peregrinación a Roma. Sorprendido por una epidemia de peste, se detiene en Acquapendente, Rímini, o Cesena, donde sana a los enfermos trazando sobre su frente la señal de la cruz. En Roma cura a un cardenal, y éste, agradecido, lo conduce hasta el papa. Este dato, contenido en la *Legenda Sancti Rochi confessoris* de Francisco Diedo compuesta hacia 1480, ha hecho retrasar las tradicionales fechas de la vida del santo hasta las décadas centrales del siglo XIV, y así su peregrinación a Roma habría tenido lugar entre 1368 y 1370, coincidiendo con la estancia en la Ciudad Eterna del papa Urbano V, un breve paréntesis en la época del papado de Aviñón.

A su paso por Piacenza también él contrae la enfermedad a causa de una flecha que se le clava en la pierna izquierda. Se retira a un bosque para evitar contagiar a otros y allí recibe la asistencia milagrosa de un ángel, que le cura la herida, y de un perro, que todos los días le trae una hogaza de pan. Recuperado, inicia el camino de vuelta a Montpellier, pero la muerte le sorprende en Voghera, localidad situada al oeste de Piacenza; o bien, según la tradición más extendida, fue apresado como espía por las tropas francesas y encerrado durante cinco años en una prisión de Montpellier, donde muere. Antes de morir, ruega a Dios que libere de la peste a todo aquel que invoque su nombre.

La muerte de san Roque está relacionada con la suerte de sus reliquias, sobre las que hay también dos tradiciones. Una, francesa, que sostiene que el santo fue sepultado en Montpellier, aunque una parte fue transferida a Arlés; la otra, italiana, afirma por el contrario que san Roque murió en Voghera, o en Anglería, en la provincia de Novara, y que de aquí fueron trasladados sus restos a Venecia en 1485. Se ha pretendido conciliar ambas tradiciones mediante un presunto robo perpetrado por venecianos en Montpellier o, incluso, defendiendo la existencia de dos santos distintos. Sea como fuere, la presencia de las reliquias en Venecia convierte a san Roque en un personaje omnipresente en la ciudad lacustre, proclamado copatrón junto a san Marcos después de la epidemia de 1576. Aunque como santo antipestífero ya era muy venerado en toda Europa, una nueva epidemia, la de 1630, volvió de nuevo a avivar su culto y su iconografía durante el Barroco (Niero, 1991).

ATRIBUTOS: Perro con pan en la boca y ángel.

REPRESENTACIONES: La iconografía devocional de san Roque lo representa de modo invariable vestido como peregrino –con bordón, calabaza, sombrero, esclavina y concha– y retirando con la mano izquierda la túnica para mostrar el bubón en su pierna infectada (Bartolomeo Vivarini, *San Roque y el ángel*, 1480, Venecia, iglesia de Santa Eufemia). Como santo intercesor contra la peste se le empareja normalmente con san Sebastián (Joos Van

Cleve, *Tríptico de la muerte de la Virgen*, Munich, Alte Pinakothek). La iglesia de San Roque de Venecia, sede de las reliquias del santo, concentra un buen número de representaciones; las más importantes sin duda son los lienzos que pintó Tintoretto para el presbiterio, situados a ambos lados de la urna-relicario: *San Roque cura a los apestados en el hospital de Acquapendente* (1549), *San Roque en el desierto, San Roque curando a los animales* y *San Roque en la cárcel consolado por un ángel* (1567).

También de Tintoretto, y en la misma iglesia, se encuentran *San Roque apresado* y *San Roque presentado al papa*. En la bóveda, Gian Antonio Fumiani pintó a *San Roque distribuyendo sus bienes entre los pobres* con la misma vestimenta y fisonomía que utilizó Tintoretto para su *San Roque en gloria*, realizado para la Scuola di San Rocco en el célebre concurso de 1564. El tema de la caridad de los santos, tan querido e impulsado por la Reforma, tampoco fue ajeno a la iconografía de san Roque (Aníbal Carracci, *La limosna de san Roque*, 1594-1595, Dresde, Gemäldegalerie).

En Venecia no podían faltar las representaciones alusivas a las relaciones del santo con la ciudad y los milagros obrados en su favor. Así, dos grandes lienzos situados en las escaleras de acceso a la Sala Grande de la Scuola di San Rocco rememoran la epidemia de 1630 y la intercesión de su patrón (Antonio Zanchi, 1666, *La Virgen y san Roque detienen la peste de 1630 en Venecia*; Pietro Negri, 1673, *Venecia invoca a san Roque para obtener de Cristo la liberación de la peste de 1630*); y ya en el siglo XVIII Giuseppe Angeli pintó para la iglesia de San Roque *El traslado del cuerpo de san Roque* y *El voto del dux y del patriarca a san Roque*, lienzo que recuerda la procesión que se realizaba en Venecia cada 16 de agosto, festividad de San Roque, desde la proclamación del santo como patrón de la ciudad en 1576.

BIBLIOGRAFÍA:

BERTOLI, B., *Arte e teologia nel culto si San Rocco*, Venecia, 1996.

CATÁLOGO, *San Rocco nell'arte. Un pellegrino sulla Via Francigena*, Milán, Electa, 2000.

NIERO, A., *San Rocco. Storia, leggenda, culto*, Vicenza, 1991.

ROSA DE LIMA
1586-1617. Terciaria dominica.

Historia y tradición: Isabel Flores de Oliva nació en Lima un 20 de abril de 1586. A los tres meses de su nacimiento, su madre, María de Oliva y Herrera, se despertó sobresaltada de la siesta ante las exclamaciones de la niñera que mecía su cuna. Al acercarse, vio una rosa con los rasgos de su hija y, asombrada por la visión, cogió a la niña y le dijo: «Vida mía, mientras Dios me diera vida, no has de oír de mi boca otro nombre sino Rosa». De esta manera trocó su nombre por el de Rosa de Santa María, pues una aparición de la Virgen la confirmó que debía adoptar el nuevo nombre, a pesar de que le parecía demasiado llamativo y ostentoso.

A partir de este momento la biografía piadosa de santa Rosa de Lima reproduce los clichés hagiográficos de santa Clara de Asís y de santa Catalina de Siena, especialmente de esta última, a quien Rosa había tomado por protectora y cuya vida quiso imitar. La santa de Siena se le apareció en múltiples ocasiones, e incluso ella misma le habría impuesto el hábito de la Orden Tercera de Santo Domingo cuando Rosa tenía 20 años, en 1606. También santa Rosa hizo muy temprano promesa de castidad, cortándose el pelo para evitar las tentaciones derivadas de su belleza; y asimismo recibió de Jesús el privilegio de hacerla su esposa.

Este episodio, el más conocido de su biografía, tuvo lugar el Domingo de Ramos de 1615. Entristecida porque no había recibido una palma entre las repartidas a las beatas, se dirigió al convento de Santo Domingo y, en la capilla de Nuestra Señora del Rosario, se le apareció la Virgen con el Niño, quien, tomándole la mano, le dijo: «Rosa de mi corazón, sé tú mi esposa», a lo que la santa contestó: «Soy tu esclava, mi Señor Jesús». Desde entonces las apariciones del Niño Jesús se hicieron frecuentes, normalmente mientras ella cosía en el patio del convento; allí se le aparecía sentado en el cesto de hilado, demostrando con sus caricias el amor que tenía por su mística esposa.

De las mortificaciones a las que sometía su cuerpo, sus biógrafos destacan la corona de espinas que tenía escondida bajo la toca y que hería su frente, y la peculiar manera que tenía de luchar contra el sueño: clavándose por el pelo a la pared para quedar colgada sobre el suelo. Los tres últimos años de su vida los pasó en la casa de Gonzalo de la Maza y de María de Uzátegui, donde murió, el 24 de agosto de 1617, cuando tenía treinta y un años. En el momento de su muerte, pidió la vela de los agonizantes y dijo: «Jesús, Jesús sea conmigo». Fue beatificada por Clemente IX en 1668 y nombrada al año siguiente patrona de Lima y Perú. Clemente X la proclamó en 1670 patrona de «todas las provincias, reinos, islas y regiones de tierra firme, tanto de América, como de Filipinas y de las Indias»; y al año siguiente fue canonizada.

ATRIBUTOS: Corona de rosas y de espinas, Niño Jesús en sus brazos o en el centro de un ramo de rosas. En América, además, se la ve con un ancla, símbolo de su protección sobre Lima, pues se atribuye a su intervención la retirada del pirata Georg von Spilbergen del puerto de Callao. También una palma y, en ocasiones, una maqueta de iglesia por haber profetizado la construcción de un monasterio dedicado a santa Catalina de Siena.

REPRESENTACIONES: Santa Rosa viste alba, escapulario y toca blancos, y velo negro, es decir, el hábito propio de los dominicos. Se la representa siempre muy joven, con los rasgos tomados del retrato póstumo que le hiciera Angelino Medoro inmediatamente después de fallecida, a petición de Gonzalo de la Maza. Una copia fue enviada a Roma con motivo de su beatificación en 1668, y el original probablemente sea el que se conserva en la basílica de Santa Rosa en Lima. La imagen más característica de santa Rosa nos la presenta siempre con el Niño Jesús, bien en la escena de los desposorios místicos (Nicolás de Correa, 1695, México, Pinacoteca Virreinal de San Diego; José Antolínez, Budapest, Museo de Bellas Artes), bien de una forma genérica, aludiendo a cualquiera de sus muchos encuentros, como en el lienzo de Murillo en el que el Niño Jesús se le aparece a santa Rosa mientras cose en el patio del convento (1668, Madrid, Museo Lázaro Galdiano). También aparece el Niño sentado sobre el cesto del hilado en el lienzo de Valdés Leal (*ca.* 1671, Barcelona, colección particular), en el que además vemos dos dados sobre la mesa; hacen referencia a una de las apariciones del Niño Jesús, un día que la santa padecía dolor de garganta y él se presentó para entretenerla jugando a los dados.

En resumen, las imágenes de santa Rosa de Lima con el Niño Jesús son tan frecuentes (Lucas Jordán, Madrid, Academia de Bellas Artes de San Fernando; Claudio Coello, Madrid, Museo del Prado; Ercole Ferrata, Roma, iglesia de Santa Sabina, etc.), que el padre Ayala dice que «esta pintura es tan propia de dicha santa, que a no pintarla así, juzgaría yo no ser perfecta efigie de Santa Rosa». También es frecuente representar su muerte. En la escultura yacente de Melchiorre Caffá, en la catedral de Santo Domingo de Lima, vemos la corona de espinas que llevaba escondida bajo la toca. En la iglesia de Santa María sopra Minerva, en Roma, Lázaro Baldi pintó *la Glorificación de santa Rosa*. Y al mismo autor se debe la primera serie, compuesta de 17 lienzos, que decoraba la iglesia de la Minerva para celebrar la beatificación de santa Rosa en 1668; este conjunto marcará la pauta para las futuras series americanas, como la de Cristóbal de Villalpando en la iglesia dominica de Azcapotzalco, o la de Laureano Dávila en el monasterio de Santa Rosa en Santiago de Chile.

BIBLIOGRAFÍA:
FLORES ARAOZ, J., «Iconografía de Santa Rosa», *Santa Rosa de Lima y su tiempo*, Lima, 1995, pp. 213-302.

ROSALÍA DE PALERMO
S. XII. Virgen y anacoreta.

HISTORIA Y TRADICIÓN: Poco se sabe de santa Rosalía, patrona de Palermo. La tradición quiere elevar su ascendencia hasta el mismo Carlomagno, por línea directa, a través de su padre, el conde Sinibaldo. Se educó en la corte de su tío, el rey Guillermo II de Sicilia, y cuando cumplió los doce años, sus padres pensaron en casarla y ordenaron engalanarla conforme a su rango, pero cuando le pusieron el espejo delante para que se contemplara, vio en él a Cristo crucificado. Horrorizada por la visión y llena de culpa, se dirigió a la iglesia de El Salvador para obtener el perdón, y rezando en el altar, delante de una imagen de la Virgen con el Niño Jesús, hizo voto de virginidad perpetua y de entregar su corazón sólo a Jesús.

Resuelta a abandonar la corte y el mundo, se retiró a la montaña de Quisquina a hacer vida de penitencia. Allí, a la entrada de una cueva, santa Rosalía grabó sobre una piedra: «Yo, Rosalía, hija de Sinibaldo, señor de Quisquina y de las Rosas, por amor de mi Señor Jesucristo me determiné vivir en esta cueva»; y después de unos años un ángel la llevó a su morada definitiva, una cueva en la falda del monte Peregrino. Poco antes de morir, la santa suplicaba: «Oh, amado esposo mío [...], ¿cuándo subiré yo a ver esa divina hermosura, que enamora y hace bienaventurados?». Y Jesús respondió: «Ven, esposa mía, ven a ser de nuevo coronada», puesto que ya lo fue el día de su nacimiento con la imposición milagrosa de su nombre, que significa «coronada de rosas».

Pronto todo Palermo conoció su historia, y como su tránsito coincidió con el cese de una epidemia de peste, se la empezó a invocar para conjurarla. Pero como no se sabía con exactitud dónde se encontraba su cuerpo, santa Rosalía cayó prácticamente en el olvido hasta que en 1624 se encontraron sus reliquias e inmediatamente cesó la peste que había traído a Palermo un barco de África cargado de esclavos. Desde entonces se extendió su fama y su culto, hasta que Urbano VIII incluyó su nombre en el Martirologio Romano en 1630. El senado de Palermo envió a Felipe IV dos reliquias de la santa que sirvieron para erradicar la peste que se había extendido entre las tropas que asediaban Barcelona al mando de Juan José de Austria. Se hizo una imagen suya y, tras pasearla en procesión por el campamento, el ejército recobró la salud y la ciudad fue tomada en 1652. Años más tarde se permitió el oficio de la santa en Toledo, Sevilla y, finalmente, a toda la Iglesia de España en 1693.

Van Dyck, *Santa Rosalía,* Madrid, Museo del Prado.

ATRIBUTOS: Corona de rosas, calavera, disciplinas y palma.

REPRESENTACIONES: Aunque se la ha representado en otros episodios de su vida, especialmente grabando su nombre en la caverna de Quisquina o rezando, es más frecuente verla ascender a los cielos mientras unos ángeles le ponen la corona de rosas. Van Dyck impuso el modelo en las numerosas versiones que realizó del tema (Palermo, Museo Nacional; Madrid, Museo del Prado; Nueva York, Metropolitan Museum, etc.). La peste y el descubrimiento de los restos de santa Rosalía coincidieron con la estancia del pintor en Palermo, entre abril y septiembre de 1624, lo que explicaría el interés del artista por el tema, que también la representó intercediendo desde su cueva por la ciudad (Palermo, Hospital de los Sacerdotes; París, colección privada).

Entre sus imitadores están Pietro Novelli (*Santa Rosalía en Gloria*, Madrid, Academia de Bellas Artes de San Fernando) y Andrea Vaccaro (*Éxtasis de santa Rosalía*, Madrid, Prado), aunque éste sitúa la escena de la coronación en el suelo. Como comparte con san Juan Bautista la imposición divina de su nombre, el mismo Novelli la pintó junto a él (*La Virgen con el Niño Jesús y los santos Juan Bautista y Rosalía de Palermo*, Palermo, Museo Nacional); y junto a santa Rosa de Lima por compartir el nombre la pintó Valdés Leal en *La Inmaculada Concepción con santa Rosa de Lima y santa Rosalía de Palermo* (Sevilla, colección particular).

BIBLIOGRAFÍA:
STERLING, CH., «Van Dyck's paintings of St. Rosalie», *Burlington Magazine* 431, 74 (1939), pp. 53-66.

ROSENDO
907-977. Obispo y abad de Celanova.

HISTORIA Y TRADICIÓN: San Rosendo perteneció a una familia noble cuyo linaje ascendía hasta el propio rey de León Alfonso III. Los hijos que tenía morían al poco de ser bautizados, por lo que su madre, Aldara, iba continuamente a rezar a la iglesia de San Salvador, cerca de Valdesalas. En una ocasión que se quedó dormida, un ángel le anunció el advenimiento de un hijo que sería la honra de su linaje, por lo que los padres quisieron bautizar al niño en la misma iglesia de San Salvador. Hicieron subir una pila bautismal, pues la iglesia no tenía, pero el carro que la transportaba se quebró. Según una tradición, unos ángeles se encargaron de transportarla hasta la iglesia, y, según otra, en la cercana iglesia de San Miguel apareció milagrosamente una pila, mostrando así la voluntad de Dios de ser bautizado en aquel lugar.

Cuando sólo tenía dieciocho años, fue nombrado obispo de la diócesis de Mondoñedo, y más tarde es elevado a la silla episcopal de Compostela por el rey Sancho I el Craso. Durante esta época rechazó los ataques sobre Galicia de normandos y musulmanes, y fue recibido en Compostela como su libertador. Por una revelación divina supo que debía fundar un monasterio dedicado al Salvador sobre un terreno heredado de su familia; lo llamó Celanova por ser la más nueva de sus fundaciones, y a él se retiró cuando acabó de construirse, abandonando la sede compostelana. En el monasterio de San Salvador de Celanova tomó el hábito benedictino y vivió humildemente a las órdenes de su abad Franquila hasta que a éste le llegó la muerte, profetizada por san Rosendo al ver que de su boca entraba y salía una paloma sin que Franquila lo advirtiese. Entonces san Rosendo fue nombrado segundo abad del monasterio de Celanova, cargo que desempeñó hasta el día de su muerte. Fue canonizado en 1194 por el papa Celestino III.

Atributos: Apenas tiene san Rosendo atributos personales, salvo los propios de su dignidad episcopal o monacal. En el monasterio de Celanova se le representa con una maqueta de iglesia por ser fundador del mismo.

Representaciones: Su doble condición de obispo y abad marca la iconografía de san Rosendo, destacando una u otra en función del contexto en el que se le representa. Así por ejemplo, en la sillería del coro de Santiago de Compostela, realizada por Juan Dávila y Gregorio Español, se le ve como obispo, mientras que José Ferreiro, en la escultura realizada para el monasterio benedictino de San Martiño Pinario, lo representó como abad, aunque hizo también alusión a su condición episcopal colocando la mitra a sus pies.

El ciclo más extenso se encuentra en la sillería del coro del monasterio de Celanova; 14 relieves están dedicados a san Benito y otros 14 se refieren a la vida de san Rosendo. Además de las circunstancias que rodearon su nacimiento y del anuncio de la muerte del abad Franquila, aquí se narran otros episodios que son también frecuentes en su iconografía, como la curación de dos retejadores que cayeron muertos del tejado del monasterio de San Juan de Veneria (Portugal) porque empezaron a murmurar y a dudar de la santidad de los encuentros que mantenía el santo con la abadesa, doña Senorina. Este mismo milagro se halla representado en un códice del siglo XII que se encontraba en el monasterio, quizá el mismo que vio en 1174 el cardenal Jacinto, futuro Celestino III, cuando estuvo en España como legado apostólico del papa Alejandro III. Otros episodios famosos representados en la sillería son la visión de unos ángeles con el alma de la reina Aragonta, mujer de Ordoño II, cuando se dirigía a asistirla; y el momento en que unos ángeles cantan los oficios divinos en sustitución de los monjes de Celanova, que se habían retrasado esperando que san Rosendo llegara de un concilio.

BIBLIOGRAFÍA:

GARCÍA IGLESIAS, J. M., «La vida de San Rosendo en la pintura de Villanueva de Lorenzana», *Boletín Auriense* 7 (1977), pp. 39-54.

SICART GIMÉNEZ, A., «Un manuscrito medieval. La vida y los milagros de San Rosendo», *Boletín Auriense* 7 (1977), pp. 7-15.

VILA JATO, M. D., «Iconografía de San Rosendo en las sillerías corales de Galicia», *Boletín Auriense* 7 (1977), pp. 21-38.

SANTIAGO EL MAYOR
S. I. Apóstol.

HISTORIA Y TRADICIÓN: Santiago el Mayor es hermano de san Juan Evangelista, y ambos, hijos de Zebedeo y de Salomé. Fueron captados por Jesús a orillas del mar de Galilea cuando se hallaban pescando junto a Simón Pedro y su hermano Andrés (Mt 4, 21-22; Lc 5, 10). A los hijos de Zebedeo Jesús les dio el nombre de Boanerges, es decir, «hijos del trueno» (Mc 3, 17), seguramente por su carácter impetuoso, como tuvieron ocasión de demostrar cuando, al negárseles albergue en una aldea de samaritanos, Santiago y Juan «dijeron al Señor: "¿Quieres que digamos que baje fuego del cielo que los consuma?"»; o en aquella otra cuando, acompañados por su madre (Mt 20, 20-28), o ellos solos (Mc 10, 35-45), le pidieron a Jesús un puesto privilegiado junto a Él en el futuro reino.

Con Pedro, ambos hermanos forman el trío de discípulos escogidos por Jesús, testigos excepcionales de algunos episodios importantes, como la resurrección de la hija de Jairo (Lc 8, 40-42; 51-55), la Transfiguración (Mt 17, 1-2) y la agonía en el Huerto de los Olivos (Mt 26, 36-46). Después de la Ascensión de Jesús, Santiago anunció la nueva fe por Samaria y Judea, y se encontraba en Jerusalén cuando fue víctima de la persecución emprendida contra la Iglesia por Herodes Agripa, nieto de Herodes el Grande. Herodes «dio muerte a Santiago, hermano de Juan, por la espada» (Hch 12, 2), siendo así el primero de los apóstoles en ser martirizado.

Aquí concluye lo que podríamos llamar el ciclo evangélico de la biografía de Santiago el Mayor, pero comienza también a formarse el perfil legendario y tradicional del apóstol, transformando al oscuro Santiago de Galilea en Santiago de Compostela, uno de los santos del colegio apostólico más venerado en toda la cristiandad gracias a la multitud de peregrinos que recorrían el Camino para visitar su tumba en Galicia. Dicha tradición se fundamenta en numerosos textos que adquieren su forma definitiva en el siglo XII con la *Historia Compostelana*, escrita hacia 1139 por encargo del obispo Diego Gelmírez; y en recopilaciones como el *Liber Sancti Jacobi* o *Codex Calixtinus*, atribuido al papa Calixto II (1119-1124) y en buena parte escrito por el picardo Aimerico Picaud (libro V, la célebre Guía del Peregrino); o el *Rationale Divinorum Officiorum* de Juan Beleth, escrito entre 1160 y 1164. Estos dos últimos son las fuentes principales de las que se sirve Santiago de la Vorágine para componer la biografía de Santiago el Mayor que incluye en la *Leyenda Dorada* (1264).

El libro I del *Codex* incluye la *Passio Magna*, una historia apócrifa de los apóstoles escrita en hebreo hacia el siglo V, pero pronto traducida al griego y al latín. El texto, conocido con el nombre de *Pseudo Abdías*, aparece en Occidente en el libro IV del *Breviarium apostolorum*, del siglo VII; y se relatan en él todos los sucesos ocurridos a Santiago desde la Ascensión de Jesús hasta su decapitación en Jerusalén. Después de predicar por Judea y Samaria, vino a España («hic spaniae et occidentalia loca praedicat»), pero viendo que su fruto era escaso, dejó en la Península a uno de sus discípulos y volvió a Judea, donde encontró a dos magos, Hermógenes y Fileto. Hermógenes envió a Fileto contra el apóstol, pero quedó convencido de la veracidad de la nueva fe y se convirtió. Irritado, Hermógenes envió una legión de demonios para que lo encadenaran, pero éstos no pudieron actuar contra Santiago, quien a su vez les encargó que trajeran maniatado al mago. Una vez en presencia del apóstol, Hermógenes fue liberado, pero, temiendo la venganza de los demonios, pidió algo con qué defenderse. Santiago le dio su propio báculo y Hermógenes se deshizo de sus libros de hechicero y se convirtió.

La conversión de los dos magos provocó tal indignación en el Sanedrín, que éste consiguió sublevar al pueblo contra Santiago. Le ataron una soga al cuello y le llevaron ante el rey Herodes. Decretada la pena capital, cuando conducían a Santiago al lugar donde iba a ser decapitado, curó a un paralítico, y Josías, un escriba que acompañaba a la comitiva, se convirtió, siendo también martirizado junto a Santiago. La conversión de Josías se cuenta en la *Passio Modica*, que recoge el texto de la *Historia Eclesiástica* de Eusebio sobre la muerte de Santiago.

A esta tradición palestina se suma ahora la leyenda española en la biografía del santo, para la cual la noticia que proporciona el *Breviarium* sobre su predicación en España es de suma importancia. El primero en admitir la predicación de Santiago el Mayor en España es Beato de Liébana en su famoso *Comen-*

tario al Apocalipsis (776). Además, en el himno *O Dei Verbum Patris,* escrito para el rey asturiano Mauregato y que Pérez de Urbel (1952) atribuye al mismo Beato, se le llama ya, por primera vez, patrón de España: «Oh, apóstol dignísimo y santísimo, cabeza refulgente y dorada de España, defensor poderoso y patrono especialísimo. Asiste piadoso a la grey que te ha sido encomendada; sé dulce pastor para el rey, para el clero y para el pueblo; aleja la peste, cura la enfermedad, las llagas y el pecado, a fin de que con tu ayuda nos libremos del infierno y lleguemos al goce de la gloria en el reino de los cielos».

Poco después, en tiempos de Alfonso II el Casto (791-842), se difunde por toda la Península la noticia del descubrimiento de las reliquias del apóstol y se erige en el lugar su primera iglesia. En el *Martirologio* de Floro de Lyon (808-838) aparece ya la idea del traslado del cuerpo del apóstol a España: «Hujus beatissimi apostoli sacra ossa ad Hispanias traslata». En la *Concordia de Antealtares* (1077) y, posteriormente, en la citada *Historia Compostelana*, se aclaran las circunstancias de este descubrimiento: una vez martirizado en Jerusalén, dos de sus discípulos recogieron su cuerpo, lo trajeron a España y lo enterraron en Galicia, en la antigua Iria Flavia, actual Padrón. Perdida la memoria del lugar exacto, una misteriosa luz reveló al ermitaño Pelagio el sitio donde se encontraba el apóstol. Entonces, el obispo de Iria Flavia, Teodomiro (813-818), descubrió los restos del santo y de sus discípulos en un sarcófago de mármol en la antigua necrópolis de la ciudad. El lugar, señalado por la estrella, «campus stellae», será la actual Compostela, desde entonces un lugar de culto y peregrinación similar a Roma y a Jerusalén.

Puesto que Santiago fue martirizado en Jerusalén y su cuerpo apareció en Galicia, surgió la necesidad de explicar cómo había sido este traslado. La primera explicación está en una carta apócrifa del siglo IX atribuida a un papa León –algunos autores la atribuyen a León III (795-816)–. Esta *Epistola Leonis* sirvió de base para una reelaboración más completa, la *Traslatio Sancti Jacobi,* del siglo XI, y ambos textos fueron incorporados al libro III del *Codex Calixtinus*. Según esta leyenda, fueron siete los discí-

Anónimo catalán, *Embarque del cuerpo de Santiago en Jafa,* Madrid, Museo del Prado.

pulos que trajeron el cuerpo a España; salieron del puerto de Jaffa en un barco sin timón, pero fueron conducidos por un ángel hasta Galicia después de una travesía de siete días. Una vez en tierra, colocaron el cuerpo del apóstol en una piedra, que milagrosamente se convirtió en su sarcófago adaptándose a su forma.

Se presentaron ante Lupa, reina de Galicia, para pedirle un lugar donde sepultar los sagrados restos. A su vez, Lupa los remitió al rey de España, que los encarceló, aunque fueron liberados por un ángel. El rey envió tras ellos a un ejército, pero, cuando atravesaba un puente, éste se derrumbó, impidiendo así a los soldados alcanzar a los fugitivos. Ante estos prodigios, el rey, arrepentido, dio permiso a los discípulos del apóstol para enterrarlo donde quisieran. Así que de nuevo se presentaron ante Lupa, quien les dio un carro tirado por unos bueyes salvajes con la esperanza de que se desbocaran y destrozaran el carro y el sepulcro del santo. Sin embargo, los bueyes se amansaron al hacer la señal de la cruz y llevaron al apóstol ante la reina sin que nadie los guiase. La reina Lupa se convirtió por fin y construyó una capilla en su palacio.

La primitiva iglesia de Alfonso II es sustituida por otra edificada por Alfonso III (866-910). Las donaciones aumentan y las peregrinaciones continúan, pero es desde mediados del siglo XI cuando las peregrinaciones a Compostela superan los límites de la Iglesia mozárabe española y se convierten en un fenómeno a escala europea. A ello contribuye el impulso de monarcas como Alfonso VI de Castilla, y el interés de los propios prelados de Compostela, como el obispo Diego Gelmírez, un antiguo monje de Cluny, la Orden que introdujo la liturgia romana desplazando a los ritos mozárabes, quien fijó definitivamente el trazado del Camino de Santiago atravesando el norte de España.

Desde el punto de vista iconográfico este hecho es muy importante, pues supuso la conversión del Santiago apóstol en Santiago peregrino (Steppe, 1985). La influencia de la peregrinación en la configuración de la leyenda de Santiago el Mayor es enorme. El libro II del *Codex* está dedicado a narrar los milagros del santo, y la gran mayoría de ellos se refieren a peregrinos que van o vuelven de Compostela. El más importante, el que mayor repercusión iconográfica ha tenido, es el del peregrino injustamente ahorcado pero mantenido con vida por el apóstol sujetándole por los pies. Este milagro, que el *Codex* sitúa en Toulouse, desde el siglo XV queda ubicado en la localidad riojana de Santo Domingo de la Calzada, unido a la leyenda de la resurrección del gallo y de la gallina (véase *supra* «Domingo de la Calzada»).

También en el libro II del *Codex* se narra otro milagro que supone el punto de partida para la creación de la tercera faceta del apóstol Santiago: el de «Miles Christi», el de caballero defensor de la fe cristiana. Tomado de la *Historia silense* (*ca.* 1115), se cuenta cómo, estando un peregrino griego en 1064 en el templo compostelano, se indignó al oír que se pedía la intercesión del santo para conseguir la toma de Coimbra, que estaba en ese momento sitiada por el rey Fernando I, ya que el peregrino consideraba impropio del apóstol el tipo de ayuda que se le pedía. Esa misma noche Santiago se le apareció en sueños al peregrino, montado en un caballo blanco y llevando en las manos las llaves de Coimbra, anunciándole que al día siguiente se las entregaría al rey castellano, quien efectivamente tomó la ciudad y fue a Compostela a dar las gracias al santo.

Más importante que la toma de Coimbra es la supuesta batalla de Clavijo, en La Rioja, ocurrida en el año 844. El hecho se nos cuenta en un documento falso, el *Privilegio del rey Ramiro*, o *Diploma de los Votos*, redactado hacia mediados del XII para justificar los tributos debidos a la iglesia de Compostela. Abderramán II reclamó al rey Ramiro el tributo de las cien doncellas conforme al compromiso adquirido por el anterior rey, Mauregato; el rey astur se niega y la contienda consiguiente lleva a ambos ejércitos hasta Clavijo. Durante la noche, Santiago se le apareció al rey y le garantizó, con su ayuda, la victoria en la batalla del día siguiente. En el combate, el santo apareció, espada en mano, montando un caballo blanco y enarbolando una bandera blanca. En agradecimiento por la victoria, el rey Ramiro estableció el Voto de Santiago, la obligación de hacer un donativo anual al apóstol, el impuesto que se pretendía legitimar ya entrado el siglo XII.

La leyenda hace intervenir a Santiago Matamoros en otras batallas importantes, como la de Simancas en el año 939, la de Piedrahíta en el año 956 entre Fernán González y Almanzor, el cerco de Huesca en 1096 junto a Pedro I de Aragón, o las Navas de Tolosa en 1212 junto a Alfonso VIII. Interviene también en otras muchas de América, donde los conquistadores españoles siguieron demandando su ayuda (Sebastián, 1993; Montes Bardo, 1995).

Atributos: La espada del martirio y el libro, símbolo de la doctrina evangélica. Atuendo de peregrino, esto es, báculo o bordón con la calabaza para el agua, esclavina y sombrero de ala ancha, normalmente doblado por delante mostrando sobre la frente la concha o vieira, símbolo distintivo de las peregrinaciones a Compostela, como la cruz griega y la palma lo eran de las que se dirigían a Jerusalén, y la doble llave y la Verónica, de las que se dirigían a Roma.

Aunque el origen de la concha sigue siendo oscuro, una tradición tardía aseguraba que un jinete caído al mar fue salvado por el apóstol cubriendo su cuerpo con conchas. Como caballero lleva espada y estandarte blanco, a veces con la cruz roja apuñalada de la Orden Militar de Santiago, aprobada en 1175 por el papa Alejandro III.

Representaciones: Como se desprende del relato de los episodios y de la enumeración de sus atributos, las representaciones devocionales de Santiago el Mayor pueden reducirse a tres tipos básicos: apóstol, peregrino y caballero. Como apóstol viste túnica larga y manto, y lleva los pies descalzos, según las indicación que dio Jesús a sus discípulos antes de enviarlos a predicar (Mt 10, 10; Lc 10, 4). Como peregrino lleva el atuendo descrito anteriormente, y como Matamoros aparece según se le describe en el *Privilegio*, montando en un caballo blanco, blandiendo una espada y enarbolando un estandarte blanco; el caballo, en corveta, pisotea los restos de la morisma que agoniza entre sus patas.

Sin embargo, es tal la importancia de la peregrinación a Compostela, que los atributos del peregrino llegan a contaminar a las otras dos tipologías. Así, según Steppe (1985), hasta principios del siglo XVI se da un tipo híbrido: Santiago lleva los atributos distintivos del peregrino, pero conserva algunas características del apóstol, como la vestimenta, el libro o los pies desnudos. Así le vemos en la Cámara Santa de Oviedo, llevando el báculo y el zurrón con la concha. También encontramos Matamoros vistiendo el atuendo del peregrino (Niño de Guevara [atrib.], Málaga, iglesia de Santiago).

Con la vuelta al rigor histórico en la vida de los santos y en sus representaciones que reclama el Concilio de Trento, los atributos del peregrino son reducidos al mínimo (Ribera, Madrid, Museo del Prado). Aunque Molano recomendaba pintarle con la espada de su martirio, los artistas o sus comitentes prefieren el báculo a la espada, como ya se le ve en el parteluz del Pórtico de la Gloria en Santiago de Compostela; es el báculo que dio al mago Hermógenes, y el mismo con el que ahuyentó a los demonios que impedían la salvación del peregrino de Lyon. Juan Interián de Ayala explicaba el atuendo del peregrino en las representaciones de Santiago, no como una consecuencia de la peregrinación a Compostela, sino porque, como apóstol, recorrió toda España con mucha presteza, «conforme convenía al hijo del trueno».

Nuestra tradición tampoco renuncia al Santiago Matamoros. Aunque la primera representación se encuentra en una ilustración datada en el año 1230, en el Tumbo B de la catedral compostelana (Sicart, 1982), es durante los siglos XVI y XVII cuando se representa este tema de manera profusa, «lo que se hace muy bien y con no pequeña gloria del nombre español», dice Ayala, aunque ahora no es el peregrino, sino el apóstol quien monta sobre el caballo blanco (Juan de Roelas, 1609, catedral de Sevilla, Capilla de Santiago; Ribalta, 1603, Algemesí, Valencia, iglesia de San Jaime). Parece que, como en una nueva Reconquista, la política internacional de los Austrias necesitaba de la ayuda celestial de su santo patrón. La defensa explícita que hace Ayala de la iconografía tradicional de Santiago contrasta con el silencio de Francisco Pacheco, más cercano a Molano y adoctrinado censor de la Iglesia en materia de pintura sagrada;

Anónimo catalán, *Traslado del cuerpo de Santiago,* Madrid, Museo del Prado.

quizá sea por esto último por lo que la única frase que le dedica, al final del comentario de la iconografía de san Juan Evangelista, sea toda su defensa de la tradición española, sin entrar en conflicto con la Iglesia ni con el decreto tridentino: «en la pintura de su hermano Santiago, Patrón de España, no tengo que advertir».

Las escenas representadas –salvo las de su propio martirio– que pueden presentarse de forma aislada, aparecen integradas en ciclos cuyos episodios varían en función de la fuente a la que se da prioridad, haciendo hincapié, según el caso, en los episodios evangélicos, en los narrados en la *Passio Magna* o leyenda palestina, o en la leyenda compostelana, en cuyo caso dominan las escenas referidas a la *Traslatio*. Así ocurre en el arte español, como en el pequeño ciclo románico de la catedral de Lérida situado en los capiteles de una capilla del transepto norte; o en el *Retablo de Santiago* de Joan Mates de la catedral de Tarragona, formado por cuatro escenas: *Conversión de Hermógenes*, *Decapitación de Santiago y Josías*, *Viaje en barco a Galicia* y *Traslado de su cuerpo en la carreta*.

El traslado del cuerpo del santo en la carreta tirada por los bueyes de Lupa es una escena constante en los ciclos de la traslación, que encontramos incluso entre los restos de retablos hoy perdidos, como la tabla de Nicolás Francés de la catedral de León, las dos anónimas del Museo del Prado o las otras dos del llamado Maestro de Astorga en el Museo Lázaro Galdiano, en una de las cuales se representa el episodio del *Milagro de la piedra ablandada*. Formaban parte de ciclos más amplios también las tres tablas de Juan de Vitoria del Museo de Bellas Artes de Murcia y las seis de Paolo de San Leocadio en la iglesia de San Jaime de Villareal de los Infantes (Castellón).

De la propia catedral compostelana merecen destacarse el retablo de alabastro regalado por un peregrino inglés en 1456 y la custodia de Antonio de Arfe, en cuyo basamento, de 1571, el artista labró la vida del apóstol en seis relieves. En el último se narra el milagro del peregrino ahorcado, el más popular y el más representado, convertido en símbolo de la protección dispensada por Santiago a todos los peregrinos que se aventuraban por el Camino hacia Compostela. Lo vemos también representado en el sepulcro de Santo Domingo de la Calzada, del siglo XV; y Friedrich Herlin le dedica cinco escenas de las ocho que pintó en 1466 para el altar mayor de la iglesia de Santo Domingo en Rothenburg del Tauber.

A pesar de estos testimonios de devoción y de respeto a la tradición compostelana, las demandas de mayor rigor histórico que reclamaban los padres del Concilio de Trento tuvieron su efecto, y numerosas biografías de santos fueron depuradas de elementos legendarios y sospechosos. En el caso de Santiago el Mayor la importancia de la peregrinación mantuvo viva la leyenda compostelana, pero redujo sensiblemente la representación de sus episodios. En París, Jean Leclerc publicó en 1615 una *Vie de St. Jacques* ilustrada con diecisiete grabados del polaco Jan Ziarnko, Jean Le Grain para el público francés. Trece de ellos narran episodios bíblicos y de la Pasión, y sólo tres se refieren a la traslación del cuerpo a Galicia. El último reúne en pequeñas viñetas nueve milagros del santo en favor de los peregrinos.

La misma reducción se aprecia también en el retablo mayor de la iglesia de Santiago, en Medina de Rioseco, en Valladolid, realizado por Joaquín de Churriguera en 1703 y decorado con esculturas y relieves por el artista riosecano Tomás de Sierra en 1704 (Martín González, 1965). De los 21 relieves que narran la vida del santo, 16 se refieren a hechos contenidos en el Evangelio y en la *Passio*, y sólo tres, relegados al cascarón, están basados en la *Traslatio*: el traslado en barco, el milagro de la piedra que se convierte en sepulcro y la conversión de la reina Lupa al ver los bueyes amansados. Sin embargo, en el retablo de Medina de Rioseco la renuncia a la leyenda española no es total, pues si el Santiago Matamoros corona el retablo, en el segundo cuerpo, en la calle central, se ha representado otro episodio típico de nuestra tradición: la aparición de la Virgen del Pilar al apóstol en Zaragoza, expresándole su deseo de levantar allí un templo en su honor. De hecho son éstos los dos únicos episodios de la tradición española que Ribadeneira incluye en su biografía.

BIBLIOGRAFÍA:

CABRILLANA CIÉZAR, N., *Santiago Matamoros, historia e imagen*, Málaga, 1999.

CATÁLOGO, *Santiago el Mayor y La Leyenda Dorada*, La Coruña, 1999.

DÍAZ Y DÍAZ, M. C., «La litterature jacobite jusqu'au XIIe siecle», *Santiago de Compostela, 1000 ans de Pélerinage Européen*, 1985, pp. 165-171.

—, *El Códice Calixtino de la catedral de Compostela*, Santiago de Compostela, 1988.

MARTÍN GONZÁLEZ, J. J., «El apóstol Santiago a través del arte vallisoletano», *Compostellanum* 10 (1965), pp. 917-938.

MELERO MONEO, M., «"Traslatio Sancti Jacobi". Contribución al estudio de su iconografía», *Los Caminos y el arte. Actas del VI Congreso Español de Historia del Arte, III. Iconografía*, pp. 71-93.

MONTES BARDO, J., «Iconografía santiaguista y espiritualidad franciscana en la Nueva España (s. XVI)», *Espacio, Tiempo y Forma. Historia del Arte* 8 (1995), pp. 82-102.

PÉREZ DE URBEL, F. J., «Orígenes del culto de Santiago en España», *Hispania Sacra* V, 9 (1952), pp. 1-31.

SEBASTIÁN, S., «La iconografía de Santiago en el arte hispanoamericano», *Santiago y América*, Santiago de Compostela, 1993, pp. 276-288.

SICART GIMÉNEZ, A., «La iconografía de Santiago ecuestre en la Edad Media», *Compostellanum* 37 (1982), pp. 11-32.

STEPPE, J. K., «L'Iconographie de Saint-Jacques Le Majeur», *Santiago de Compostela, 1000 ans de Pélerinage Européen*, 1985, pp. 129-153.

VÁZQUEZ DE PARGA, L., «Algunos aspectos de la influencia de la peregrinación compostelana en la iconografía artística», *Compostellanum* X, 4 (1965), pp. 805-819.

SANTIAGO EL MENOR
S. I. Apóstol.

HISTORIA Y TRADICIÓN: Apodado «el Menor» porque fue llamado al apostolado con posterioridad a su homónimo, el hijo del

Zebedeo, se le supone hijo de Alfeo (Mc 3, 18) y de María de Cleofás, hermana de la Virgen (Jn 19, 25), por lo que sería primo hermano del propio Jesús, aunque en las Escrituras se le llama «Hermano del Señor» (Gal 1, 19). Dirigió y gobernó la Iglesia de Jerusalén, y como tal presidió el importante Concilio que eximía a los gentiles de la observancia de la Ley de Moisés, zanjando la cuestión de acuerdo con las tesis defendidas por Pedro y Pablo (Hch 15, 13-21).

En el año 62, después de la muerte de Festo, gobernador de Judea, y antes de que llegase Albino, su sucesor, el sumo sacerdote Anano convocó a Santiago ante el Sanedrín buscando un pretexto para condenarlo aprovechando la ausencia de la autoridad romana. Fue condenado a morir lapidado, pero, según la tradición, antes fue arrojado al vacío desde lo más alto del Templo. Como las piedras no le hacían daño, un lavandero cogió la pértiga con la que solía sacudir la ropa y la descargó sobre la cabeza del apóstol, acabando así con su vida. De él se cuenta también que durante el curso de la Última Cena hizo voto de no comer ni beber hasta que Cristo resucitase. El domingo de Resurrección se le apareció Jesús y, sentados a la mesa, le dio un trozo de pan al tiempo que le decía: «Hermano mío, come tu pan, porque ha resucitado el Hijo del Hombre de entre los muertos». Santiago es el autor de la primera de las epístolas católicas del Nuevo Testamento, llamadas así porque se dirigen a todos los fieles.

Atributo: Libro y bastón largo y curvado de batanero.

Representaciones: La cuestión que ha dominado siempre la iconografía de Santiago el Menor es la relativa a su parecido físico con Jesús. En base a una carta de san Ignacio de Antioquía, y en razón de su parentesco, se les suponía los semblantes tan parecidos que ver a Santiago era lo mismo que ver a Jesús; así fue que, para evitar una posible confusión, Judas Iscariote besó a Jesús la noche del prendimiento. Ésta es la tradición más admitida y difundida, aunque Molano reprobaba el pintar a Santiago el Menor con el rostro parecido al de Jesús, mientras que Francisco Pacheco recomendaba abiertamente «seguir la imitación del rostro de

Cristo nuestro Señor, puntualmente; algo más crecido, cabello y barba, pues de esta semejanza tomó el nombre de hermano suyo». Interián de Ayala cuestiona la autenticidad de la carta de san Ignacio, pero pintar o no a Santiago algo parecido a Jesús le parece, como en otras ocasiones, asunto «de poca monta». De cualquier forma, el arte ha sido en este caso siempre fiel a la tradición, como muestra el parecido de *Santiago el Menor* con *El Salvador*, de Ribera, ambos en el Museo del Prado.

SEBASTIÁN
S. III. Mártir.

HISTORIA Y TRADICIÓN: Original de Narbona, san Sebastián era tan apreciado por los emperadores Diocleciano y Maximiano que fue nombrado jefe de la cohorte pretoriana en Roma. Desde su cargo en el ejército se dedicaba a fortalecer la fe de los cristianos y a hacer proselitismo. Un día, viendo que Marco y Marcelino, hermanos gemelos y condenados a muerte por ser cristianos, flaqueaban en su fe por los lamentos de sus padres, se adelantó de entre la multitud y con su predicación consiguió no sólo devolverles el ánimo y el deseo de ser martirizados, sino la conversión de Nicóstrato, su carcelero, y de su mujer, Zoé, que recuperó la voz gracias a la intercesión de san Sebastián. Todos ellos fueron bautizados por el presbítero san Policarpo. Cromasto, prefecto de Roma, también quiso curarse de una enfermedad que le aquejaba y mandó llamar a Sebastián y a Policarpo. Éstos le dijeron que le curarían sólo si antes destruía todos los ídolos que había en el palacio, condición que fue aceptada por el prefecto.

Sin embargo, llegó a oídos de Diocleciano la condición de cristiano de san Sebastián y ordenó que fuese muerto a flechazos por sus propios compañeros. Le llevaron al campo, le desnudaron y le clavaron «tal cantidad de dardos que lo dejaron convertido en una especie de erizo». Creyéndole muerto, le dejaron, pero esa misma noche santa Irene, viuda del mártir Cástulo, lo desató del árbol y se lo llevó a su casa para curarle las heridas. Una vez restablecido, san Sebastián volvió al palacio imperial para seguir recriminando al emperador su actitud hacia los cristianos. Diocleciano lo mandó apresar de nuevo y ordenó que lo apalearan hasta morir. Después de haber ejecutado la orden, arrojaron su cuerpo a una cloaca para que los cristianos no pudieran encontrarlo y enterrarlo; pero se apareció en sueños a Lucina, o Lucía, indicándole el lugar exacto en que se encontraba. Lucina lo encontró pendiente de un gancho que había impedido que su cuerpo se mezclara con las inmundicias del basurero, y fue finalmente sepultado en las catacumbas de la Vía Apia, a los pies de san Pedro y san Pablo.

El papa Cayo le otorgó a san Sebastián ya en el siglo III el título de Defensor de la Iglesia; se le considera también patrono de Roma junto a los apóstoles Pedro y Pablo, y es uno de los santos sanadores, concretamente se le invoca contra la peste y contra la muerte súbita e inesperada. En su hagiografía no queda clara la relación con la peste; la única posible es la alusión al vertedero al que es arrojado, del que sin embargo se salva gracias al garfio en que queda suspendido su cuerpo; sin embargo, se le atribuye el cese de la peste que asoló Roma en el 680, motivo por el cual se le erigió un altar en San Pedro in Vincoli y se trasladaron allí sus reliquias. El martirio de las flechas podría ser entonces el elemento que le vincule a la peste, ya que tanto en el cristianismo como en la cultura grecorromana la flecha está asociada a la peste; así, Apolo la extiende entre los griegos en el canto primero de la *Ilíada*, y en la Biblia es uno de los cuatro azotes de Dios (Ez 14, 21), asociada a las flechas por el pasaje del Apocalipsis en donde se cuenta la apertura de los cuatro primeros sellos, dando a la Peste arco y flechas como arma (Ap 6, 1-7).

Atributos: Arco, flechas y tronco de árbol.

Representaciones: Probablemente la representación más antigua que se conserva de san Sebastián sea la que se encuentra en la iglesia de san Pedro in Vincoli, precisamente en el altar erigido en su honor en el 680. Se trata de un mosaico en el que se le representa maduro y con barba. Éste es el tipo más extendido hasta el siglo XV, y así lo vemos, por ejemplo, vestido como un cazador en el *Retablo de santa Tecla y san Sebastián* de Rafael

Vergós de la catedral de Barcelona. Junto a las imágenes que lo representan aislado, la escena más frecuente en su iconografía es la del primer martirio, es decir, el de las flechas, aunque podemos encontrar excepcionalmente alguna representación del segundo martirio (Pedro García de Benabarre, s. XV, Madrid, Museo del Prado; Veronés, 1558, Venecia, iglesia de San Sebastián).

Veronés, *Martirio de san Sebastián,* 1558, Venecia, iglesia de San Sebastián.

A partir del siglo XV comienza a representarse al santo joven e imberbe, aunque se conservan las notas propias del Gótico por la introducción de detalles anecdóticos en la escena del martirio, como la abundancia de flechas en el cuerpo de san Sebastián, o la misma presencia de los verdugos (Pollaiuolo, 1475, Londres, National Gallery; Girolamo Genga, Florencia, Uffizi). Sin embargo, el punto de vista comienza a acercarse, dando cada vez más relevancia al desnudo, como en las distintas versiones que del tema pintó Mantegna, aunque sigue siendo fiel al comentario de Santiago de la Vorágine y pinta a san Sebastián con tal número de saetas que su cuerpo parece «una especie de erizo» (1470, Viena, Kunsthistorisches Museum; 1480, París, Louvre; 1490, Venecia, Ca' d'Oro). Una aportación de Mantegna a la iconografía de san Sebastián es situar al santo en su primer martirio sobre una plataforma o un cubo, atado a las ruinas del mundo pagano de donde emergen lentamente unas plantas, simbolizando todo ello la firmeza de la fe cristiana: «sus raíces penetran en las rocas y, humildemente, van rompiendo las más duras y obstinadas» (Guillermo Durando, *Razones de los oficios divinos*, s. XIII). En Antonello de Mesina (1475-4176, Museo de Dresde) y en Botticelli (1473, Berlín, Staatliches Museum) ya se aprecia un mayor protagonismo del desnudo del santo al disminuir sensiblemente el número de flechas en su cuerpo.

Será, sin embargo, a partir del siglo XVI cuando el tema de san Sebastián se convierta en una verdadera «academia», es decir, en una excusa para que el artista demuestre sus destrezas en la representación del desnudo masculino, como lo muestra claramente la noticia transmitida por Pietro da Cortona en el *Tratado de la pintura y la escultura* (Florencia, 1652) cuando afirma que «Baccio della Porta, para demostrar que sabía pintar desnudos, realizó en Florencia en un cuadro de una iglesia un San Sebastián desnudo con un colorido que parecía carne...». A partir de entonces son innumerables los artistas que se complacen con el tema de san Sebastián: El Greco, Guido Reni, Ribera, etc.; todos ellos siguiendo un esquema prácticamente invariable: la cabeza ligeramente levantada hacia el cielo y con la boca entreabierta, porque, según Pacheco, «está mostrando cada herida y clamando por tantas bocas al cielo, pidiendo misericordia para nosotros, y nos libra del mal contagioso». Sentido que Ribera hace explícito cuando pinta a san Sebastián arrodillado y con los brazos extendidos (Osuna, Sevilla, Patronato de Arte).

En escultura habría que mencionar las obras de Alessandro Vittoria (1600, Venecia, iglesia de San Salvatore) y de Bernini (1615, Madrid, Museo Thyssen), en las que una sola flecha y el tronco del árbol sirven para identificar el desnudo como una representación del martirio de san Sebastián. También habría que mencionar la interesante obra de Puget (*ca.* 1661, Génova, iglesia de Santa Maria de Carignano), en la que presenta a san Sebastián en el momento previo al martirio; sus ropas de soldado cuelgan del árbol y ninguna flecha mancilla todavía su cuerpo.

Aunque con bastante menos frecuencia, también ha sido representado el momento en que santa Irene acude a curar las heridas del santo; así lo hizo Ribera en varias ocasiones (1621, Bilbao, Museo de Bellas Artes; 1628, San Petersburgo, Museo del Ermitage; *ca.* 1630, Valencia, Real Academia de Bellas Artes de San Carlos, Museo de San Pío V), pero sitúa la escena de noche y en el mismo lugar del martirio, a pesar de que tanto Santiago de la Vorágine como Pedro de Ribadeneira afirman que santa Irene se lo llevó a su casa para curarle.

Pedro Pacheco, fiel a la iconografía y al sentido del decoro impulsado por la Contrarreforma, localiza la escena en un interior y pinta a san Sebastián maduro y con barba (1616, Alcalá de Guadaira, destruido). En su calidad de santo antipestífero se le suele relacionar con otros santos sanadores, en especial con aquellos a quienes se invoca también para conjurar la peste. Así, se le ve junto a san Roque (Tiziano, *San Marcos con los santos Cosme y Damián, Roque y Sebastián*, 1510, Venecia, Santa María della Salute; Joos Van Cleve, *Tríptico de la muerte de la Virgen*, Munich, Alte Pinakothek), a san Cristóbal (Giovanni Bellini, *Políptico de san Vicente Ferrer*, 1464, Venecia, iglesia de ss. Giovanni e Paolo), a Job (Bellini, *Retablo de san Giobe*, Venecia, Galería de la Academia) y a san Antonio Abad (Grünewald, *Altar de Isenheim*, 1512-1516, Colmar, Museo de Unterlinden). Cuando aparece asociado a santa Catalina de Alejandría, lo hace en su calidad de defensor de la Iglesia y de la fe (Corregio, *Desposorios de santa Catalina*, 1525-1526, París, Louvre; Valdés Leal, Sevilla, iglesia de la Magdalena, Capilla de la Quinta Angustia).

BIBLIOGRAFÍA:

BERNAL MUÑOZ, J. L., «San Sebastián. Una interpretación cristiana del mundo clásico», *Boletín del Museo e Instituto «Camón Aznar»* 40 (1990), pp. 65-69.

CALDWELL, J. G., «Mantegna's St. Sebastian. Stabilitas in a pagan world», *Journal or the Warburg and Courtauld Institutes* 36 (1973), pp. 373-377.

CORDERO, E., «San Sebastián, imagen sagrada e imagen profana», *Historia 16* 112 (1985), pp. 109-118.

Mantegna, *San Sebastián*, 1480, París, Louvre.

SERAPIO
1178-1240. Mercedario.

HISTORIA Y TRADICIÓN: Aunque nacido probablemente en Inglaterra, su celo en la defensa del catolicismo le trae a España siendo muy joven, donde se pone a las órdenes de Alfonso VIII participando en la batalla de las Navas de Tolosa contra los musulmanes. Resolvió después ingresar en la Orden de la Merced, porque ahí, decía, «se profesan dos milicias: la del cielo, que se vale de las armas del espíritu […], y la del mundo, conquistando provincias usurpadas a la Iglesia, postrando bárbaros y adquiriendo triunfos».

Se trasladó a Barcelona, donde fue nombrado redentor en 1240 por san Pedro Nolasco. Ese mismo año fue a Argel a liberar cautivos, y él mismo quedó preso en cumplimiento del cuarto voto de la Orden. En el mismo calabozo seguía predicando y consiguió la conversión de muchos musulmanes; y para que callara, lo mismo le tentaban con premios y dignidades que le amenazaban con torturarle. Como el santo no hacía caso ni a lo uno ni a lo otro, determinaron los musulmanes darle muerte: le clavaron a una cruz aspada y le fueron abrasando el cuerpo poco a poco hasta que murió, el 14 de noviembre de 1240. Según Tirso de Molina, «conserva hoy la antigüedad en nuestros templos muchos cuadros y pinturas de este invencible triunfo, añadiendo a lo alegado el devanarle los intestinos con un torno».

ATRIBUTOS: Hábito mercedario, cruz aspada o también llamada de San Andrés, la palma y la corona del martirio.

REPRESENTACIONES: Quizá la imagen más conocida de san Serapio es la que pintó Zurbarán para la sala De Profundis del convento de la Merced Calzada de Sevilla (1628, Hartford, Wadsworth Atheneum). El santo aparece atado a la cruz y completamente abatido sobre el brazo derecho, pero sin ninguna alusión a los suplicios a los que le sometieron.

SILVESTRE
Ca. 270-335. Papa.

HISTORIA Y TRADICIÓN: El pontificado de San Silvestre (314-335) coincide con uno de los periodos más importantes para la historia de la Iglesia: el reinado de Constantino. Hacía tan sólo un año que había publicado el famoso Edicto de Milán permitiendo el culto cristiano, y en los años siguientes el emperador pondría en práctica una política tendente a hacer del cristianismo el nuevo soporte ideológico del Estado romano. Para ello, se apartó del monoteísmo solar imperante y de otras prácticas del paganismo, al tiempo que multiplicaba los símbolos cristianos asociados al Estado, enriquecía a la Iglesia con donaciones y convocaba concilios (Arlés, 314; Nicea, 325). También es una de las épocas de mayor esplendor constructivo, pues se levantaron las basílicas de San Pedro del Vaticano, San Pablo Extramuros, Santa Cruz de Jerusalén, Santa Inés, San Salvador de Letrán y otras.

Naturalmente, para la Iglesia todas las iniciativas constantinianas estuvieron inspiradas por san Silvestre, en cuya biografía el emperador es sólo un personaje secundario. Ésta se inicia con los consabidos actos piadosos, en su caso, acoger en su casa a todos los que se acercaban a Roma a venerar las reliquias de los santos. En una ocasión, un tal Timoteo fue martirizado después de pasar una temporada en su casa, y Silvestre se hizo con su cuerpo y lo enterró cristianamente. Tarquino Perpena, el prefecto de Roma, creyendo que Silvestre tendría las riquezas de Timoteo, le llamó a su presencia y le amenazó con la tortura y la muerte. San Silvestre le respondió anunciándole su propia muerte esa misma noche; y efectivamente, el prefecto se atragantó con una espina de pescado y murió. Por este motivo, a san Silvestre se le invoca contra los males de garganta.

Ya siendo papa, se refugia en el monte Soracte, cerca de Roma, huyendo de las persecuciones que han iniciado los subordinados del emperador aprovechando su ausencia. Es ahora cuando ocurren los dos hechos más importantes de su biografía: el bautismo y la donación de Constantino. Estaba el emperador enfermo de lepra, y su médico le aconsejó como remedio bañarse en la sangre de unos niños, pero, llegado el momento del sacrificio, Constantino se apiada de los niños y los devuelve a sus madres. Esa misma noche se le aparecieron durante el sueño dos ancianos, Pedro y Pablo, diciéndole que sólo el papa Silvestre podía curarle. El santo bautizó al emperador y su lepra desapareció; y en agradecimiento, el emperador entregó al papa el palacio de Letrán, la ciudad de Roma, «todas las provincias, lugares y ciudades de Italia o de las regiones occidentales», y decretó además que la Iglesia de Roma mantuviese «la primacía, tanto sobre las cuatro sedes principales de Antioquía, Alejandría, Constantinopla y Jerusalén, como también sobre todas las iglesias de Dios en el universo entero».

El documento, atribuido al propio Constantino y creído como auténtico por la curia romana, es una falsificación elaborada en el siglo VIII para justificar el poder temporal y espiritual de la Iglesia en plena formación del *Patrimonium Petri*. La biografía de san Silvestre concluye con un duelo oratorio contra los doctores de la Ley judaica, en el que el papa tiene la oportunidad de demostrar su elocuencia y su poder de convicción. Durante el transcurso del mismo resucitó a un toro que había sido muerto por el poder demoníaco de uno de ellos, y ató las fauces de un dragón pestilente que causaba una gran mortandad en el lugar.

ATRIBUTOS: Dragón a sus pies.

REPRESENTACIONES: San Silvestre está representado como papa, con la mitra o la tiara papal de tres coronas desde el siglo XIV, y se le reconoce por el dragón que yace vencido a sus pies (Bartolomé Bermejo [atrib.], *Retablo de san Martín*, Daroca, Museo Diocesano). En la iconografía romana del santo, interesada en defender la autenticidad de la donación constantiniana, proliferan las escenas relativas a la conversión y al bautismo del emperador (Andrea Sacchi, *La conversión de Constantino*, Roma, baptisterio de San Giovanni in Fonte; Francesco Penni, *El bautismo de Constantino*, Roma, Vaticano, Sala de Constantino) y, por supuesto, las representaciones de la propia donación (Giulio Romano, Francesco Penni, *La donación de Roma*, Roma, Vaticano, Sala de Constantino).

En la iglesia de los Cuatro Santos Coronados, en una serie al fresco del siglo XIII, se halla representada la donación de los emblemas de la dignidad papal según se describe en el citado documento: «impusimos con nuestras manos en su sacratísima cabeza el gorro frigio que con su blanco brillo representa la esplendorosa Resurrección del Señor y, sujetando la brida de su caballo, le prestamos, en referencia a san Pedro, el oficio de palafrenero». Fuera de Roma predominan las escenas más anecdóticas y fantasiosas de su leyenda, como en la serie que Maso di Banco, un discípulo de Giotto, pintó en 1340 en la Capilla Bardi di Vernio, en Santa Croce, Florencia.

TECLA
S. I. Virgen y mártir.

HISTORIA Y TRADICIÓN: Aunque realmente recibe el apelativo de protomártir por haber sido compañera de san Pablo, su muerte se produjo en el retiro y no como consecuencia de los muchos suplicios a los que fue sometida. Santa Tecla vivía en Iconio (Asia Menor) junto a su esposo Zamiro, o Tamiro; pero cuando oyó desde la ventana de su casa a san Pablo, que había llegado a la ciudad durante su primer viaje apostólico (Hch 14, 1-4), lo dejó todo para seguirle. Su marido fue corriendo hasta la madre de la santa para contarle lo ocurrido y ésta la denunció ante el procónsul de Iconio, por lo que fue condenada a ser quemada viva, pero san Pablo impidió con sus oraciones que las llamas la hicieran daño.

Se marcharon a Antioquía y allí fue requerida en matrimonio por un hombre que, al verse rechazado, la denunció, y Tecla volvió a ser atormentada: primero fue arrojada a las fieras, pero los leones le lamían los pies y la defendían del resto de los animales; luego la arrojaron a una charca con cocodrilos y culebras, pero ella utilizó el agua para bautizarse, y al trazar la señal de la cruz convirtió el charco en agua bendita y todos los animales murieron al instante. Entonces la ataron para que fuera arrollada por una par de toros, pero éstos quedaron paralizados; en ese momento sus cuerdas se desataron y volvió a reunirse con san Pablo. De vuelta a Iconio vivió en comunidad con otras mujeres hasta que murió. Fue convertida en patrona de Tarragona desde que en 1321 la ciudad recibiera la reliquia del brazo desde Armenia, trasladada por el rey Jaime II y el arzobispo de Tarragona Jimeno de Luna.

ATRIBUTOS: Corona, palma, león a sus pies y la cruz en forma de tau como símbolo de su fe y de su protección contra los males por los que se la invoca, especialmente la peste y el fuego. Puede llevar también la reliquia del brazo.

REPRESENTACIONES: Por su carácter antipestífero Rafael Vergós la pintó junto a san Sebastián, llevando la reliquia de su brazo, en el retablo de la catedral de Barcelona; y Tiépolo (1758-1759, Nueva York, Metropolitan Museum) liberando de la peste a la ciudad de Este, de donde es también patrona. En Tarragona la invocan los agonizantes para obtener una buena muerte.

En un grabado de 1731 se la representa apareciéndose a un enfermo llevando la tau en la mano. En el frontal de mármol de la catedral de Tarragona se ha representado en ocho relieves toda la leyenda de santa Tecla, desde la predicación de san Pablo, a quien oye desde su ventana, hasta su muerte. En la predela del retablo mayor de la catedral tarraconense, Pere Johan labró hacia 1426 la leyenda en seis relieves de alabastro, en el último de los cuales se representa la recepción de la reliquia del brazo por el rey Jaime II.

BIBLIOGRAFÍA:
MISSER, S., *El libro de Santa Tecla*, Barcelona-Tarragona, 1977.
MORANT I CLANXET, J., *Iconografía de Santa Tecla, goigs y gravats*, Tarragona, 1981.

TERESA DE JESÚS
1515-1582. Fundadora de los Carmelitas Descalzos.

HISTORIA Y TRADICIÓN: Las fuentes imprescindibles para la reconstrucción de la biografía de santa Teresa son *El libro de la Vida* y *Las fundaciones*, ambos textos redactados por ella misma. El primero, obedeciendo el mandato del dominico Pedro Ibáñez, lo terminó en 1562 y circuló en copias manuscritas hasta su publicación en 1588, edición impresa en Salamanca y dirigida por fray Luis de León. En el segundo, que escribió siguiendo el consejo del padre Ripalda, relata los avatares sufridos en la fundación de cada uno de sus monasterios reformados. En estos libros se basan las hagiografías posteriores, destacando las de Francisco de Ribera (*La vida de la madre Teresa de Jesús, fundadora de las Descalzas y Descalzos carmelitas*, Salamanca, 1590) y Diego de Yepes (*Vida, virtudes y milagros de la Bienaventurada Virgen Teresa de Jesús...*, Zaragoza, 1606).

Nacida en Ávila, santa Teresa era hija de don Alonso Sánchez de Cepeda y de doña Beatriz de Ahumada, con quien se casó en segundas nupcias. Eran en total doce hermanos, pero ella sentía especial predilección por su hermano Lorenzo, casi de su misma edad. Solían leer juntos las vidas de los santos, e impulsados por su ejemplo salieron los dos a tierra de moros buscando el martirio, «pidiendo por amor de Dios, para que allá nos descabezasen»; pero cuando estaban en camino los encontró un tío suyo y los devolvió a su casa. Puesto que no alcanzarían la gloria del martirio, decidieron entonces ser ermitaños y jugaban a construir ermitas con las piedras del patio de su casa; y también «gustaba mucho, cuando jugaba con otras niñas, hacer monasterios, como que éramos monjas».

Cuando tenía doce años murió su madre: «Como yo comencé a entender lo que había perdido, afligida, fuime a una imagen de Nuestra Señora y supliquéla fuese mi madre». En 1531 su padre la metió en el convento de monjas agustinas de Santa María de Gracia, extramuros de la ciudad, pero al cabo de año y medio una grave enfermedad la devolvió a casa de su padre. Decidida, sin embargo, a cumplir los deseos de su infancia, cuan-

Gregorio Fernández, *Santa Teresa de Jesús,* Valladolid, Museo Nacional de Escultura.

do tenía veinte años, en noviembre de 1535, ingresó en el convento carmelita de Santa María de la Encarnación de Ávila, recibiendo el hábito al año siguiente. Pero de nuevo una grave enfermedad puso de manifiesto una salud frágil y quebradiza que habría de acompañarla hasta el día de su muerte. En esta ocasión un paroxismo la dejó tan sin sentido que, creyéndola muerta, le pusieron la cera en los párpados para que no abriera los ojos y le tenían la sepultura ya preparada. Santa Teresa atribuyó su recuperación a san José, al que desde entonces tributaría especial devoción y lo tomaría como patrón de su propia Orden, pues «que a otros santos parece que les dio el Señor gracia para socorrer en una necesidad, a este glorioso santo tengo experiencia que socorre en todas».

En la Encarnación, santa Teresa pasó la etapa más prolongada de su vida, pues estuvo hasta 1562. Durante este tiempo se suceden las visiones y los episodios místicos, así como el sufrimiento de la santa ante la incredulidad de sus confesores y consejeros, que hasta la creen poseída por el diablo: «Hartas afrentas y trabajos he pasado en decirlo, y hartos temores y hartas persecuciones. Tan cierto les parecía que tenía demonio que me querían conjurar algunas personas». De las muchas visiones que tuvo, la más importante sin duda es la de la transverberación. La importancia que tiene este tema en la iconografía de santa Teresa bien merece ceder el relato a su propia pluma. «Quiso el Señor que viese aquí algunas veces esta visión: vía un ángel cabe mí hacia el lado izquierdo en forma corporal, lo que no suelo ver sino por maravilla [...]. No era grande, sino pequeño, hermoso mucho, el rostro tan encendido que parecía de los ángeles muy subidos que parecen todos se abrasan, deben ser de los que llaman querubines, que los nombres no me los dicen [...]. Víale en las manos un dardo de oro largo, y al fin del hierro me parecía tener un poco de fuego; éste me parecía meter por el corazón algunas veces y que me llegaba a las entrañas. Al sacarle, me parecía las llevaba consigo, y me dejaba toda abrasada en amor grande de Dios. Era tan grande el dolor que me hacía dar aquellos quejidos, y tan excesiva la suavidad que me pone este grandísimo dolor, que no hay que desear que se quite, ni se contenta el alma con menos que Dios [...]. Es un requiebro tan suave que pasa entre el alma y Dios, que suplico yo a su bondad lo dé a gustar a quien pensare que miento».

Hacia 1560 santa Teresa también tuvo una visión del infierno que la hace cuestionarse la comodidad de la que goza en el monasterio; llora por las almas perdidas de los protestantes y piensa que por librar una sola de tales tormentos pasaría ella mil muertes de buena gana. Es entonces cuando comienza a gestar en su mente la idea de la reforma del Carmelo; santa Teresa quiere guardar la Regla «con la mayor perfección que pudiese», pues su monasterio no estaba fundado «en su primer rigor la Regla, sino guardábase conforme a lo que en la Orden, que es con bula de relajación». Efectivamente, la primitiva Regla, otorgada por san Alberto Magno en 1209 y aprobada por el papa Honorio III en 1226, había ido adaptándose a los nuevos tiempos, mitigando el rigor inicial por medio de una bula emitida por Eugenio IV en 1432.

Su intención de volver a la Regla de san Alberto encontró una fuerte oposición dentro y fuera de la Encarnación, pero las conversaciones mantenidas con san Pedro de Alcántara la animaron a seguir adelante, y en agosto de 1562 inauguró la primera fundación, el convento de San José en Ávila, gracias, entre otros donativos, al dinero enviado desde las Indias por su hermano Lorenzo. Las monjas vivían sólo de las limosnas y del trabajo manual, no había distinciones sociales entre ellas, y se imponían largas horas de silencio y de meditación personal.

En 1567 el padre general de la Orden del Carmelo, Juan Bautista Rossi, visitó el convento de San José y aprobó la reforma. Comienzan entonces los viajes de santa Teresa para extender la reforma por España, y en poco menos de doce años consigue fundar 16 conventos. El primero fue el de Medina del Campo, donde conoció a san Juan de la Cruz, con quien extendería la reforma también por la rama masculina de la Orden fundando en Duruelo (Ávila) el primer convento de carmelitas descalzos.

En 1582 había terminado de fundar el monasterio de Burgos y se encontraba descansando en Medina del Campo, cuando recibió la orden del provincial de marchar a Alba de Tormes porque la duquesa, en trance de dar a luz, requería de su presencia para que intercediera por ella; pero llegó tan agotada y enferma que murió a los pocos días con un crucifijo en las manos. Estando agonizando en la cama, su confesor le preguntó si, en caso de morir, deseaba que llevasen su cuerpo al convento de San José de Ávila; a lo que santa Teresa replicó: «¿Y no me darían aquí un poco de tierra para enterrarme?».

Además de las obras autobiográficas referenciadas más arriba, santa Teresa destaca sobre todo como comunicadora de la experiencia mística, utilizando un atractivo estilo espontáneo y muy personal. Entre sus obras destacan *Camino de perfección* y *Las moradas*, que acompañaban al *Libro de la Vida* en la edición de 1588 dirigida por fray Luis de León. Fue beatificada en 1614 por Pablo V y canonizada en 1622 por Gregorio XV.

ATRIBUTOS: Pluma, libro y la paloma del Espíritu Santo como fuente de su inspiración; nos dice ella en el capítulo 39 del *Libro de la Vida*: «muchas cosas de las que aquí escribo no son de mi cabeza, sino que me las decía este mi Maestro celestial». En el arte italiano es frecuente el ángel con el dardo como atributo.

REPRESENTACIONES: Los contemporáneos de santa Teresa quisieron guardar memoria de su fisonomía y dejaron de ella numerosas descripciones, teniendo la que hizo María de San José en el *Libro de las recreaciones* como la más completa: su rostro no era ni redondo ni aguileño, «la frente ancha y igual y muy hermosa, las cejas [...] anchas y algo arqueadas; los ojos negros, vivos y redondos, no muy grandes, mas muy bien puestos; la nariz redonda y en derecho de los lagrimales para arriba, disminuida hasta igualar con las cejas formando un apacible entrecejo [...]; la boca de muy buen tamaño; el labio de arriba delgado y derecho; el de abajo grueso y un poco caído de muy linda gracia y color [...]; en el rostro, al lado izquierdo, tres lunares levantados como verrugas pequeñas [...]. Era en todo perfecta, como se ve por un retrato que al natural sacó fray Juan de la Miseria, un religioso nuestro».

Este retrato fue pintado en Sevilla en 1576 por orden del padre Gracián y se conserva allí, en el convento de Carmelitas

Descalzos de Santa Teresa. Se considera, pues, la *vera effigies* de la santa y es la base de toda su iconografía posterior; sin embargo, no parece que santa Teresa quedara muy satisfecha con el resultado, pues según refiere el propio Gracián, le reprochaba ella «con mucha gracia: Dios te lo perdone, fray Juan, que ya que me pintaste, me has pintado fea y legañosa».

Las imágenes devocionales en las que se la representa con sus atributos de escritora son las más frecuentes, siguiendo todas ellas una tipología que apenas tiene variaciones. Suele aparecer de pie con la pluma en la mano derecha y un libro abierto en la izquierda. Su rostro se orienta absorto hacia el infinito, como prestando atención a la paloma que vuela sobre su hombro derecho. De esta forma aparece en varias ocasiones de la mano de Gregorio Fernández, quien quizá creara el prototipo en la talla que se encuentra en Nuestra Señora del Carmen de Valladolid. En la pintura se amplía el escenario y aparece sentada y escribiendo sobre una mesa en la que se incluyen nuevos elementos, como la calavera que los jesuitas recomendaban tener en las celdas de los religiosos para meditar sobre la vida y la muerte; así la vemos, por ejemplo, en los lienzos de Ribera (Valencia, Museo Provincial de Bellas Artes) y de Zurbarán (Sevilla, catedral, Sacristía Mayor).

El otro episodio más frecuente es el de la transverberación. La primera traducción gráfica de este episodio se encuentra en el grabado que Cornelio Galle realizó para la *Vita B. Virginis Teresiae a Iesu Ordinis Carmelitarum* publicada en Amberes en 1613 con motivo de la beatificación de santa Teresa. En el grabado, el ángel que le clava el dardo forma parte de la visión, y, por tanto, su cuerpo sigue inmerso en el rompimiento de gloria que se manifiesta sobre la santa. La visión mística se torna aquí en verdadera experiencia física, que se acentúa cuando el ángel, ya en pleno Barroco, adquiera mayor corporeidad y protagonismo, como en el conocido grupo que Bernini realizó para la familia Cornaro, testigo de excepción del acontecimiento (1647-1652, Roma, Santa María della Vittoria). Bernini presenta un ángel adolescente, con el brazo derecho desnudo llevando la flecha en la mano, mientras que con la otra aparta el hábito de la santa para clavárselo.

A la sombra de Bernini, otros artistas interpretan de la misma manera el episodio (Lucas Jordán, *La transverberación de santa Teresa*, 1660, Peñaranda de Bracamonte, convento de Carmelitas Descalzas). En los centros importantes de su culto, especialmente en Alba de Tormes, San José o La Encarnación de Ávila, encontramos lienzos anónimos que hacen referencia a otras visiones que tuvo santa Teresa, como la aparición de Cristo atado a la columna que tuvo lugar en la portería del monasterio de La Encarnación, o aquella en la que, también en La Encarnación, se le apareció Jesús entregándole un clavo como señal de sus desposorios místicos.

También son importantes aquellas visiones en las que santa Teresa obtiene confirmación divina en sus propósitos de emprender la reforma de la Orden. Así, en 1561, el día de la Asunción, se encontraba en la iglesia de Santo Tomás de Ávila cuando se le aparecieron san José y la Virgen imponiéndole un manto blanco y un collar. La Virgen le dijo que «le daba mucho contento en servir al glorioso San José, que creyese que lo que pretendía del monasterio se haría y en él se serviría mucho al Señor y ellos dos».

En 1563 se encontraba ya en la iglesia del monasterio de San José cuando, estando en oración, «vi a Cristo que con grande amor me pareció me recibía y ponía una corona, y agradeciéndome lo que había hecho por su Madre». Estos dos episodios serán muy frecuentes en los monasterios e iglesias del Carmelo. El tema de la imposición del collar fue pintado por Andrea Vaccaro en 1642, en un lienzo que se conserva en la Academia de Bellas Artes de San Fernando, y quizá sea el que vio Antonio Ponz en la iglesia de San Pascual de Madrid, aunque la descripción que hace no concuerda exactamente con el cuadro de Vaccaro: «A un lado hay una pintura, y representa a Jesucristo y a su Madre, que ponen un collar a Santa Teresa, y es de escuela napolitana».

En cuanto a las series narrativas, las más completas son, como siempre, las series de grabados que ilustran su vida y que sirvieron de base para la inspiración de otros artistas. La más importante, aunque no la más extensa, es la ya citada de Amberes de 1613, la cual consta de 24 grabados firmados por Adrian

Bernini, *La transverberación de santa Teresa,* 1647-1652, Roma, Santa María della Vittoria, Capilla Cornaro.

Collaert y Cornelio Galle. En esta serie basó Domingo Echevarría Chavarito los cinco lienzos destinados al convento de Carmelitas Descalzas de los Mártires en Granada (1712-1715, Granada, Museo Provincial de Bellas Artes), plasmando algunos de los episodios de la infancia de santa Teresa que no son muy usuales en otros ámbitos, como la *Huida de santa Teresa niña con su hermano Lorenzo a tierras de moros* y la *Entrada de santa Teresa en el convento*. Completan la serie la *Visión de la Trinidad*, la *Aparición de Cristo* y la *Muerte de santa Teresa*.

En 1716 Arnoldo Van Westerhout realizó 67 grabados para la *Vita effigiata della serafica vergine S. Teresa di Gesu*, constituyéndose en el repertorio iconográfico más extenso de la vida de santa Teresa, aunque, debido a la fecha de su publicación, ha tenido menor repercusión que la serie de Amberes. Para las representaciones en las que comparte escenario con san Pedro de Alcántara o con san Juan de la Cruz, pueden consultarse las entradas respectivas.

BIBLIOGRAFÍA:

BARCIA, A., «El retrato de Santa Teresa», *Revista de Archivos, Bibliotecas y Museos* 13 (1909), pp. 1-15.

GUTIÉRREZ RUEDA, L., «Ensayo de iconografía teresiana», *Revista de Espiritualidad* 90 (1964).

JIMÉNEZ PRIEGO, T., «Juan García de Miranda, Pinturas religiosas en conjuntos madrileños I», *Espacio, Tiempo y Forma, Serie VII, Historia del Arte* 7 (1994), pp. 129-164.

NICOLAU CASTRO, J., «Santa Teresa en el arte español», *Toletum* 15 (1984), pp. 111-125.

PARDO CANALIS, E., «Iconografía teresiana», *Goya* 53 (1963), pp. 298-307.

TOMÁS
S. I. Apóstol.

HISTORIA Y TRADICIÓN: Exceptuando a Judas Iscariote, el traidor, santo Tomás es el apóstol más denostado de los doce por su falta de fe y su incredulidad ante la Resurrección de Jesús, quien le reprende diciéndole: «Porque me has visto has creído.

Dichosos los que no han visto y han creído». El episodio de la incredulidad de Tomás sólo lo cuenta el Evangelio de San Juan (Jn 20, 19-29): cuando Jesús se apareció a sus discípulos, les mostró las manos y el costado, y enseguida le reconocieron; pero Tomás no se encontraba presente en ese momento, y cuando le contaron que habían estado con Jesús, les contestó que no se lo creería si no tocaba con sus propias manos las señales de sus heridas. A los ocho días volvió a aparecérseles y le dijo a Tomás: «Acerca aquí tu dedo y mira mis manos; trae tu mano y métela en mi costado; y no seas incrédulo, sino creyente».

Pero el apócrifo *Tránsito de la bienaventurada Virgen María* le ofrece una compensación: Tomás tampoco estaba presente cuando el resto de los apóstoles enterró a María, mas pudo ver cómo era llevada a los cielos. Tomás le pidió una gracia y la Virgen le lanzó el cinturón con el que habían ceñido su cuerpo. Cuando se presentó ante los demás apóstoles, negó que la Virgen se encontrara en el sepulcro en el que la habían depositado, a lo que Pedro, enfurecido, volvió a reprocharle su tradicional incredulidad. Ante su insistencia, corrieron al sepulcro, lo abrieron y comprobaron que estaba vacío. Tomás les contó la visión y les mostró el ceñidor de la Virgen. Después de aceptar las disculpas de los apóstoles, sentenció: «Mirad qué bueno y qué agradable es el que los hermanos vivan unidos entre sí».

Según la tradición, santo Tomás predicó el Evangelio a los partos, a los persas, a los medos y llegó finalmente a la India, recomendado por el propio Jesús para construir un palacio al rey Gondóforo. Aprovechó también para predicar y convertir a su gente, llegando incluso a convencer a la esposa del rey para que rechazara sus deberes conyugales. Irritado, el rey ordenó que torturaran al apóstol, y cuando quisieron obligarle a adorar a sus ídolos de bronce, las estatuas se derritieron como si fuesen de cera; entonces uno de los sacerdotes tomó una lanza y le atravesó con ella. Otra versión más tardía asegura que santo Tomás fue martirizado en Meliapor, luego colonia portuguesa. Allí, el apóstol construyó una iglesia partiendo de una gran viga de madera que el rey quería para su palacio, pero que no pudo moverla ni aun utilizando elefantes. Construida la iglesia, colocó una cruz y rezaba todos los días delante de ella. Los bramanes, celosos porque había logrado la conversión de su rey, le sorprendieron un día en oración y le clavaron la lanza.

Duda de santo Tomás, s. XII, Santo Domingo de Silos.

ATRIBUTOS: Lanza, escuadra y ceñidor.

REPRESENTACIONES: Santo Tomás figura en los apostolados llevando la escuadra del arquitecto (Rubens, Madrid, Museo del Prado) o la lanza del martirio (El Greco, Toledo, Casa-Museo de El Greco; Velázquez, Orleans, Museo de Bellas Artes). En la escena de la Asunción de la Virgen, santo Tomás rodea junto a los demás apóstoles el sepulcro vacío llevando el cinturón de María (Rafael, *Coronación de la Virgen*, 1502, Pinacoteca Vaticana).

Sin embargo, la escena más representada es su incredulidad ante la Resurrección de Jesús, la necesidad de meter el dedo en la llaga para creer en la resurrección de la carne; porque, «¿y si hubiese resucitado sin las heridas?», se preguntaba san Agustín. A menudo, siguiendo fielmente el imperativo evangélico «trae tu mano y métela en mi costado», Jesús coge la mano de san Tomás para acercarla a la herida (Cima da Conegliano, *Duda de santo Tomás con san Magno*, ca. 1504, Venecia, Galería de la Academia; Caravaggio, *La incredulidad de Tomás*, Potsdam, Neues Palais). Otras veces Jesús levanta el brazo para no obstaculizar el gesto de santo Tomás (Luca Signorelli, catedral de Loreto). Es éste el esquema compositivo que vemos en uno de los relieves de Santo Domingo de Silos. Frente al «Magnus Sanctus Paulus» escrito en el nimbo de san Pablo, el «Thomas Unus de XII», es decir, «Tomás, uno de los doce» (Jn 20, 24) que se ha escrito en el suyo, parece bastante despectivo.

TOMÁS DE AQUINO
1224-1274. Dominico y Doctor de la Iglesia.

HISTORIA Y TRADICIÓN: Santo Tomás era de noble linaje, pues sus padres ostentaban el título de condes de Aquino. Inició sus estudios en Montecasino, donde estuvo desde los cinco hasta los catorce años, y luego, en 1239, se matriculó en la Universidad de Nápoles. En 1245 ingresa en la Orden de los Predicadores y es enviado por sus superiores a París. Durante el viaje fue raptado por sus propios hermanos, que querían apartarlo de la vocación eclesiástica; lo encerraron en un castillo durante dos años e intentaron tentarlo en una ocasión introduciendo en su habitación a una cortesana, pero santo Tomás la ahuyentó con un tizón encendido de la chimenea. Esta primera victoria contra el pecado fue premiada con el cíngulo de la castidad, que le ciñeron dos ángeles, de manera que nunca más volvió a sentir tentación alguna.

Concluido su secuestro, fue enviado a Colonia, donde estudió teología y filosofía bajo la dirección de san Alberto Magno, y después marchó a la Universidad de París, consiguiendo una plaza de profesor cuando tenía 31 años. Desde entonces se dedica a la docencia, al estudio y a la redacción de sus numerosas obras, entre las que hay que destacar la *Summa contra los gentiles* y la *Summa Theologica*, en las que trata de conciliar la filosofía aristotélica con la teología, sentando las bases del pensamiento escolástico posterior. Se cuenta que, cuando se encontraba ante cuestiones especialmente difíciles, Dios le ayudaba por medio de los apóstoles Pedro y Pablo que se le aparecían en su estudio mostrándole la solución al problema. Así, según Santiago de la Vorágine, «pudo aclarar a todos los maestros de la Universidad de París una dificilísima cuestión relacionada con el Sacramento de la Eucaristía que ninguno de ellos sabía resolver», por lo que es considerado también Doctor Eucarístico.

Tenía por costumbre rezar antes de dar clase o antes de ponerse a escribir sobre cualquier asunto teológico. En una de estas ocasiones estaba rezando delante de un crucifijo cuando el mismo Jesucristo le dijo: «Bien escribiste de mí, Tomás. ¿Qué galardón quieres recibir por tu trabajo?». Y santo Tomás contestó: «Señor, no quiero otro galardón sino a Ti mismo». Clemente IV le ofreció el arzobispado de Nápoles, pero el santo lo rechazó. Más tarde, en 1274, Gregorio X le llamó a Lyon para preparar un concilio, pero santo Tomás murió cuando se encontraba de camino hacia allí; tenía sólo 49 años. Fue canonizado por Juan XXII en 1323; y en 1567, el papa dominico Pío V le proclamó Doctor de la Iglesia.

Velázquez, *La tentación de santo Tomás de Aquino,* Orihuela, Museo Diocesano.

ATRIBUTOS: Libro, pluma, maqueta de iglesia, sol radiado sobre el pecho simbolizando la sabiduría y la verdad de su doctrina. A veces, como Doctor Angélico, lleva alas y, como Doctor Eucarístico, un cáliz con la Sagrada Forma.

REPRESENTACIONES: Se le representa siempre sin barba, y normalmente en edad madura y de complexión algo gruesa (Fra

Angélico, *Tríptico de san Pedro Mártir*, 1428, Florencia, Museo de San Marcos; Ghirlandaio, *Virgen entronizada con santos*, 1484, Florencia, Galería de los Uffizi). En su época de estudiante en Bolonia le pusieron el apodo de «buey mudo» debido a su tamaño y al silencio con el que asistía a las clases. La fecha de su canonización y la de su proclamación como Doctor de la Iglesia marcan los dos momentos más importantes en la iconografía de santo Tomás de Aquino, que incide especialmente en mostrar la superioridad de sus escritos, en los que se encuentra la verdad revelada por Dios; y cómo él mismo irradia sabiduría al resto de sabios y teólogos. En estos *Triunfos de santo Tomás* encontramos vencidos a los pies del santo a los autores de los errores del pasado; Arrio, Sabelio y Averroes (Traini, 1340-1345, Pisa, iglesia de Santa Catalina; Bonaiuti, 1365, Florencia, Santa Maria Novella; Filippino Lippi, 1457-1504, Roma, Santa Maria Sopra Minerva).

Zurbarán lo pintó entre los cuatro Padres de la Iglesia latina, como el «quinto padre», recibiendo la inspiración del Espíritu Santo (*Apoteosis de santo Tomás de Aquino*, 1631, Sevilla, Museo de Bellas Artes). Murillo pintó la *Visión de fray Lauterio* (1638-1640, Cambridge, Fitzwilliam Museum), que cuenta cómo en una ocasión un monje franciscano que estudiaba teología pidió a san Francisco ayuda en la resolución de sus dudas; entonces se le aparecieron la Virgen, santo Tomás y san Francisco, quien, señalando al dominico, le recomendó la lectura de sus obras. En el cuadro de Murillo, de la boca de san Francisco salen las palabras que reconocen la superioridad de la doctrina tomista: «Crede huic quia eius doctrina non deficiet in aeternum».

Pedro Berruguete eligió para el retablo de Santo Tomás de Ávila las cuatro escenas más importantes de la vida del dominico, dos de ellas referidas a su adolescencia –*Santo Tomás recibe el hábito de novicio* y *La tentación de santo Tomás*–, y las otras dos a su madurez como escritor –*Aparición de san Pedro y san Pablo*, y *La oración de santo Tomás ante el Crucificado*, que se dirige al santo con las primeras palabras de la famosa conversación «Bene scripsisti de me, Thoma»–. Velázquez pintó también el episodio de la cortesana expulsada de su habitación

(*La tentación de santo Tomás de Aquino*, 1633, Orihuela, Museo Diocesano) para que ejerciera sus efectos ejemplificadores entre los estudiantes del colegio de Santo Domingo de Orihuela, lugar en el que se encontraba el cuadro ya en 1633, regalo de fray Antonio de Sotomayor, confesor de Felipe IV. La fecha despejaría así las dudas sobre una posible atribución a Alonso Cano, pues éste no llegaría a la corte de Madrid hasta 1638. Entre las series, cabe destacar la *Vita Divi Thomae Aquitanis* publicada en Amberes en 1610, con 30 grabados sobre diseños de Otto Van Veen.

BIBLIOGRAFÍA:

HERNÁNDEZ GUARDIOLA, L., «*La tentación de Santo Tomás de Aquino*, de Velázquez, estudio iconológico», *Boletín del Museo e Instituto «Camón Aznar»* 40 (1990), pp. 95-101.

PÉREZ SANTAMARÍA, A., «Aproximación a la iconografía y simbología de Santo Tomás de Aquino», *Cuadernos de Arte e Iconografía* III, 5 (1990), pp. 31-54.

TOMÁS DE VILLANUEVA
1488-1555. Agustino y arzobispo.

HISTORIA Y TRADICIÓN: Santo Tomás de Villanueva es también conocido como «el santo limosnero» o «el santo de la bolsa». Escribió su vida el agustino Miguel Salón: *Libro de los grandes y singularissimos exemplos que dexó de todo género de sanctidad y virtud... el Ilustrissimo y Reverendissimo Señor Don Fray Thomas de Villanueva* (Valencia, 1588). Después de su beatificación, el mismo autor publicó en 1620 una segunda edición corregida y aumentada. Tomás García Martínez nació en Fuenllana, en el arzobispado de Toledo, pero pasó su infancia en Villanueva de los Infantes (Ciudad Real), de donde tomará el sobrenombre. Como indicio de lo que luego será su vida, entregada por entero a la caridad, ya de niño repartió en una ocasión toda la ropa que llevaba entre unos niños pobres, y daba de comer a todos los que llamaban a su puerta.

Hacia 1502 fue enviado a estudiar al colegio de San Ildefonso, en Alcalá de Henares, donde ejerció posteriormente como profesor en la Facultad de Artes entre 1512 y 1516. En ese año ingresa en la Orden de San Agustín, en el convento de Salamanca, adonde había sido llamado para ocupar la cátedra de filosofía moral. Residió habitualmente en el convento hasta 1525, y posteriormente fue ascendido al cargo de prior, visitador y provincial, lo que le obligaba a viajar continuamente. Estos viajes le pusieron en contacto con la corte imperial, e incluso llegó a predicar delante del emperador, aunque nunca tuvo el título de predicador real que le otorga la tradición.

Carlos V fue quien le obligó a aceptar el arzobispado de Valencia, sacándole de la quietud de los monasterios que el santo tanto apreciaba, según confiesa al general de su Orden, Jerónimo Seripando, en una carta enviada en 1544 desde Valladolid para que confirmase el nombramiento. Once años ocupó el arzobispado de Valencia, durante los cuales ejerció con prodigalidad la caridad con todos los fieles de su diócesis; tenía incluso censados a los pobres de las doce parroquias que la conformaban, e iban periódicamente al palacio arzobispal de Valencia para recibir su limosna. Él mismo solía repartirla personalmente después de oficiar la misa.

Un día, mientras rezaba en su oratorio del palacio, el crucifijo le anunció el día y la hora de su muerte. Antes de morir, repartió el último dinero que tenía entre los pobres, pues, según solía repetir, «si me hallareis, señores, al tiempo de mi muerte un real, tened mi alma por perdida, y no me enterréis en sagrado». Fue enterrado en el convento agustino de Santa María del Socorro, extramuros de la ciudad. Fue beatificado por Pablo V en 1618 y canonizado en 1658 por Alejandro VII.

ATRIBUTOS: La bolsa de las limosnas.

REPRESENTACIONES: Normalmente viste el hábito negro de los agustinos, al que añade la indumentaria propia de su dignidad episcopal: capa, mitra, báculo y el sagrado palio de los arzobispos (Zurbarán, *ca.* 1660, Madrid, colección particular). Se le representa siempre rodeado de pobres y necesitados a los que reparte el dinero de su bolsa (Murillo, *ca.* 1668, Sevilla, Museo de Bellas Artes; Espinosa, *ca.* 1658, Valencia, Museo de Bellas Artes). Murillo realizó entre 1665 y 1670 una serie de cuatro lienzos sobre la vida del santo para el convento de San Agustín de Sevilla: *Santo Tomás de Villanueva niño repartiendo su ropa* (Cincinnati, Museo de Arte), *Santo Tomás de Villanueva curando a un lisiado* (Munich, Alte Pinakothek), *Santo Tomás de Villanueva repartiendo limosna* (Los Ángeles, Fundación Norton Simon) y *Santo Tomás de Villanueva recibiendo la noticia de su muerte* (Sevilla, Museo de Bellas Artes).

BIBLIOGRAFÍA:

CAMPOS Y FERNÁNDEZ DE SEVILLA, J., «Visión de Santo Tomás de Villanueva en la pintura de Murillo», *Revista Agustiniana* 28, 86-87 (1987), pp. 587-612.

TORIBIO
S. V. Obispo.

HISTORIA Y TRADICIÓN: De la vida de santo Toribio la tradición guarda memoria de apenas tres episodios importantes. Aunque había nacido en Astorga, es en Jerusalén, adonde había ido en peregrinación, donde es ordenado sacerdote. Vuelve a Astorga custodiando un precioso tesoro, un trozo del travesaño del *Lignum Crucis*, la cruz en la que fue crucificado Jesucristo; esta reliquia se guarda en el monasterio de Santo Toribio de Liébana, junto con los propios restos del santo astorgano que fueron llevados allí para protegerlos de la invasión musulmana, de ahí su nombre. En este monasterio escribiría el monje Beato sus famosos *Comentarios al Apocalipsis* hacia el 776.

En Astorga, santo Toribio alcanzó la dignidad episcopal, pero se atrajo la envidia de su diácono, llamado Rogato, que también había aspirado al cargo. Despechado, acusa injustamente a santo Toribio de adulterio; pero el santo, para manifestar públicamente su inocencia, envolvió en su roquete unas ascuas encendidas y anduvo con ellas por toda la iglesia sin que le causaran la menor lesión. Éste es el milagro en el que insisten con énfasis los hagiógrafos de santo Toribio para demostrar su santidad y es, lógicamente, el que más fortuna iconográfica ha tenido. El último de los episodios que recordamos es, sin embargo, el de mayor relevancia histórica, pues a santo Toribio se le recuerda como a uno de los principales perseguidores de las herejías que se profesaban en España a finales del siglo v, especialmente contra el priscilianismo, surgida un siglo antes en Galicia. Escribió una carta al papa san León Magno que no ha llegado hasta nosotros, pero sí la respuesta del pontífice manifestándole su apoyo. Organizó también concilios en Braga y en Toledo para luchar contra la herejía.

ATRIBUTOS: Ascuas encendidas en el roquete.

REPRESENTACIONES: No conservamos representaciones de santo Toribio anteriores al siglo XVI. Las más numerosas son las que lo presentan como obispo, en actitud de bendecir (Gaspar Becerra, s. XVI, Astorga, Museo de la Catedral), o predicando contra los herejes (1549, silla episcopal en el coro de la catedral de Astorga). Mateo Núñez talló un curiosa escultura que lo muestra de pie sobre Prisciliano (1799, Astorga, Residencia Episcopal). Se ha representado también el milagro de las ascuas ardiendo (Francisco de Castro, s. XVIII, coro de la catedral de Tuy) y a santo Toribio con el *Lignum Crucis*. Este último se trata de un grabado realizado en Roma en 1722 por encargo del monasterio de Liébana, que, como ya vimos, guarda tan preciada reliquia.

BIBLIOGRAFÍA:
GONZÁLEZ GARCÍA, M. A., «Iconografía de Santo Toribio de Astorga. Geografía y fuentes», *Cuadernos de Arte e Iconografía* VI, 11 (1993), pp. 479-485.

ÚRSULA
S. III-IV. Virgen y mártir.

HISTORIA Y TRADICIÓN: La fuente principal para la leyenda de santa Úrsula y las 11.000 vírgenes es el *Liber revelationum de sacro exercitu virginum Coloniensium*, escrito entre 1156 y 1157 por la monja benedictina Elisabeth de Shönau sobre la base de la *Passio* de la santa escrita en el siglo X. Úrsula era hija de Deonoto, o Mauro, y de Daría, reyes de Bretaña. La belleza de Úrsula llegó a oídos del rey pagano de Inglaterra, que envió emisarios para pedir la mano de la princesa para su hijo Etéreo, amenazando además con la guerra si no se satisfacía su requerimiento. Para evitarlo, Úrsula aceptó, pero impuso algunas condiciones: que se le suministraran 10 doncellas en calidad de amigas, 1.000 sirvientas para cada una de ellas y para ella misma, y una flota para viajar y conocer mundo durante tres años, tiempo que consideraba suficiente para que el príncipe Etéreo se preparase para el bautismo o desistiese de su empeño de contraer matrimonio con ella.

Pero Etéreo recibe el bautismo y marcha a Colonia para recibir el martirio junto a su prometida. Reunida, pues, la expedición, santa Úrsula se dispuso a ir en peregrinación a Roma. Pusieron rumbo a las Galias y pronto llegaron al puerto de Tiel; remontando el Rin llegaron a Colonia, donde un ángel se le apareció a Úrsula para comunicarle que en esa misma ciudad encontraría el martirio junto a sus compañeras durante el viaje de regreso. Reanudado el viaje, desembarcaron en Basilea para seguir a pie hasta Roma. El papa Ciríaco salió a recibirla cuando ya se encontraba cerca, y él mismo supo por revelación divina que también encontraría el martirio junto a Úrsula, sus 10 amigas y las 11.000 vírgenes. Renunció por tanto al papado y se unió a la expedición; y otros prelados de la Iglesia siguieron su ejemplo.

En Roma, dos generales del ejército, Máximo y Africano, alarmados por la devoción que despertaba la comitiva allá por donde pasaba, decidieron matar a las doncellas. Le hicieron saber al jefe de los hunos que las 11.000 vírgenes cristianas llegarían pronto a Colonia en su viaje de regreso hacia Bretaña. Así, nuevamente en Colonia, encontraron la ciudad asediada por los hunos, quienes, al ver desembarcar a las doncellas, se abalanzaron sobre ellas y las mataron. En medio de la matanza, Julio, el rey de los hunos, vio a Úrsula y se enamoró de ella. Le prometió respetar su vida si se casaba con él, pero al negarse, el huno le clavó una flecha en el corazón. Fueron todas las vírgenes enterradas allí mismo, en un lugar que a partir del siglo XII se conocerá con el nombre de «Campo de Úrsula», *Ager Ursulanus*.

Este cementerio será la fuente principal de la difusión del culto de Úrsula en toda Europa, pues el elevado número de doncellas martirizadas hacía posible la distribución de miles de reliquias con que alimentar la devoción popular y la erección de iglesias y capillas en su honor. Precisamente, el primero de los dos milagros que se relatan en la *Leyenda Dorada* se refiere a un abad que solicita de la abadesa de Colonia uno de los cuerpos de las santas vírgenes para exponerlo a la pública veneración en una urna de plata. La abadesa accedió, pero como el abad no cumplió su promesa, simplemente, la difunta mártir se levantó del ataúd en el que se encontraba y volvió al cementerio de Colonia.

Memling, *Relicario de santa Úrsula* (detalle), 1489, Brujas, Hospital de San Juan.

ATRIBUTOS: Flecha, corona y palma (Juan Rexach, 1460, Barcelona, Museo Nacional de Arte de Cataluña).

REPRESENTACIONES: La representación de la historia de santa Úrsula se da sobre todo durante los siglos XIV y XV, decayendo posteriormente como consecuencia de la depuración de las biografías de los santos reclamada por la Reforma Católica. En el caso de santa Úrsula las dudas recayeron sobre la leyenda en su conjunto, pues el número de vírgenes martirizadas era demasiado elevado como para no despertar sospechas sobre su autenticidad; de hecho, Molano no incluye a santa Úrsula en el libro III de su *De Historia SS. Imaginum* (Lovaina, 1570) dedicado a la iconografía de los santos.

Juan Interián de Ayala se limita a sembrar de dudas la credibilidad de la leyenda y a ofrecer una explicación sobre tan elevado número de vírgenes martirizadas, atribuyéndolo a un error de lectura: «acuérdome haber leído en una obrilla de un escritor español (aunque no tengo presente el lugar) intitulada con el especioso nombre de *Hiericonosphalmata* [...], que el error nació de que en los antiguos libros se encontró el título de este forma: XI. M. VV. el cual debiendo leerse simplemente "once mártires vírgenes", leyóse "once mil vírgenes"». Sin embargo, el padre Pedro de Ribadeneira admite el número de vírgenes martirizadas, pero rechaza el resto de la leyenda, y en su lugar, en la fiesta dedicada a la santa el 21 de octubre, relata los acontecimientos tomados del libro IV de la *Historia de los reyes de Britania* de Geoffrey de Monmouth escrita hacia 1136.

Los dos ciclos más importantes son, por tanto, del siglo XV. El primero lo realizó Hans Memling en 1489 en el *Relicario de santa Úrsula* (Brujas, Hospital de San Juan). Desarrolla la narración en seis paneles, comenzando por el desembarco de la expedición en Colonia. El segundo es el realizado por Vittore Carpaccio para la Scuola di Santa Úrsula entre 1490 y 1496, hoy en la Galería de la Academia de Venecia. Aquí el relato se desarrolla en ocho grandes lienzos, comenzando por la embajada enviada por el rey de Inglaterra para pedir la mano de Úrsula, e incluye también la escena de la revelación de su martirio mientras duerme.

Con la petición de mano se inicia el ciclo de ocho relieves, del siglo XIII, que se halla en la iglesia de San Lorenzo de Lérida, quizá la serie más importante dedicada a santa Úrsula en España. Otros ciclos importantes se encuentran en el Museo de Mallorca, procedente de la iglesia de San Francisco, o el realizado por Rexach en 1468 (Barcelona, Museo Nacional de Arte de Cataluña), en el que se ha representado el episodio del devoto de las 11.000 vírgenes que es asistido por ellas el día de su muerte.

BIBLIOGRAFÍA:

FERREIRO ALEMPARTE, J., *La leyenda de las once mil vírgenes. Reliquias, culto e iconografía*, Universidad de Murcia, 1991.

VERÓNICA

HISTORIA Y TRADICIÓN: Verónica, o *vera oikon*, imagen verdadera, es con toda probabilidad una santa ficticia surgida como personificación del significado de su nombre. Según la tradición, durante el camino al Calvario, Verónica se acercó hasta Cristo y le prestó su pañuelo para que se enjugara la sangre y el sudor de la cara; Jesús le devolvió el pañuelo, pero había dejado en él la impronta de su rostro. Esta leyenda no surge antes del siglo XIV. En el evangelio apócrifo conocido como *Actas de Pilatos*, o *Evangelio de Nicodemo*, aparece una Verónica, a quien se identifica con la hemorroísa que queda curada al tocar la túnica de Cristo (Mt 9, 20) pero nada se dice sobre su imagen.

La fuente principal se encuentra en otro texto, la *Vindicta Salvatoris*, de hacia el siglo VII, en donde se presenta una variante de la leyenda bizantina del Mandylion, el lienzo que Cristo envió con su imagen a Abgar, rey de Edesa, para que sanase de una enfermedad porque no podía ir en persona. El enfermo en este caso es el emperador Tiberio, que ha enviado a un tal Volusiano a Jerusalén porque han llegado a sus oídos noticias acerca de un hombre con un extraordinario poder curativo; sin embargo, cuando Volusiano llega se encuentra con Verónica, que le dice que Jesús, el hombre a quien busca, ha sido crucificado, pero que ella guarda un trozo de su túnica. Fueron a Roma con la citada reliquia y el emperador sanó de su enfermedad.

Llegado el siglo XIII la leyenda se ha modificado, y lo que Verónica y Volusiano presentan al emperador es un lienzo con el rostro de Jesús impreso. Él mismo se lo regaló a Verónica para que recordase el rostro de su salvador. Ésta es la versión que se presenta en la *Leyenda Dorada* sin citar más fuente que la de «una historia apócrifa».

En el año 944 el lienzo de Edesa fue trasladado a Constantinopla, y de aquí desapareció cuando la ciudad fue saqueada por los cruzados en 1204. Sin embargo, se habían hecho numerosas copias, a las que se consideraba dotadas del mismo poder taumatúrgico que el original. Algunas de estas copias fueron apareciendo en los años siguientes en Occidente. Una de ellas estaba ya en Roma en 1208, en la basílica de San Pedro, pero se veneraba como la reliquia original de Edesa, rivalizando incluso con la comunidad griega de San Silvestre in Capite, también en Roma, que poseía otro Mandylion.

Según la literatura contemporánea creada para justificar la posesión de la reliquia vaticana, el lienzo fue llevado a Roma por la viuda de Abgar; se ignoraba así el hecho de la traslación a Constantinopla, al tiempo que se evitaba una posible vinculación de la reliquia de San Pedro con el saqueo de la ciudad (Ragusa, 1991). Aunque fue rebautizada con el nombre de «sudario», pronto se la conoció con el nombre de «verónica», surgiendo entonces la leyenda de Verónica, la portadora de la verdadera imagen de Cristo y el pañuelo con el que se secó el sudor camino del Calvario.

ATRIBUTOS: El paño, con la Santa Faz de Cristo.

REPRESENTACIONES: En las representaciones de la Verónica podemos distinguir tres tipologías. En la primera vemos al personaje en el contexto narrativo de la Pasión de Cristo, llevando el paño con su imagen ya impresa en él (Jacob Cornelisz van Oostansen, *Calvario, ca.* 1510, Amsterdam, Rijksmuseum; Durero,

Gran Pasión, 1497-1500; Ercole Procaccini el Joven, *Cristo y la Verónica, ca.* 1648, Milán, iglesia de San Marcos). El segundo tipo es el propio de las imágenes de devoción, donde vemos a Verónica con el paño de la Santa Faz, como en la escultura de Francesco Mochi realizada entre 1635 y 1640 para el Vaticano, para recordar que allí se conserva la reliquia. Otros ejemplos notables son los de Memling (*ca.* 1470-1475, Washington, National Gallery), del Maestro de Colonia (*ca.* 1400, Munich, Alte Pinakothek), Pontormo (1515, Florencia, Santa María Novella), El Greco (*ca.* 1577, Toledo, Museo de Santa Cruz), o Bernardo Strozzi (*ca.* 1630, Madrid, Museo del Prado).

Especialmente en el siglo XVII, en lo que constituye el tercer y último de los tipos, el paño con la Santa Faz se independiza de su portadora y vuelve a ser una «verdadera imagen», la representación de la reliquia del Vaticano. El rostro de Cristo, puesto que la impronta se obtuvo en un momento de agonía, es el de un Cristo sufriente, con la sangre y la corona de espinas: «¿Cómo pues Cristo no había de retratar con su sacro sudor y sangre tan al vivo su rostro en el lienzo de la mujer Verónica, que no quedasen en él impresas todas las señales de lástima, sangre y cardenales que en su rostro llevaba impresas?» (Acuña de Adarve, *Discurso de las effigies y verdaderos retratos non manufactos de Santo Rostro y cuerpo de Jesu Christo*, 1637). Es éste el rasgo que diferencia a la Verónica del Mandylion de tipo bizantino, pues en este último el rostro de Cristo se muestra impasible y sereno, más propio de un Cristo en Majestad.

Siguiendo a Stoichita (1991), podemos a su vez distinguir dos modalidades en las representaciones del paño de la Verónica. En una de ellas, la tradicional, el rostro de Cristo se muestra frontal y está «expreso», es decir, es un verdadero retrato cuyos perfiles se aprecian con nitidez (Domenico Fetti, 1622, Washington, National Gallery). La segunda modalidad es una aportación personal de Zurbarán a la iconografía de la Verónica en las numerosas ocasiones en las que abordó el tema de la Santa Faz (Valladolid, Museo Nacional de Escultura; Bilbao, Museo de Bellas Artes; Estocolmo, National Museum, etc.). Zurbarán presenta el rostro de Cristo inclinado y con un giro de tres cuartos, una resonancia del origen narrativo de la imagen; pero además, la imagen es apenas perceptible porque está «impresa», es decir, se ha representado la impronta del rostro de Jesús en el paño y no su retrato, como en la modalidad tradicional: un verdadero *trompe l'oeil* a lo divino porque lo que pretende representar es un paño real, la auténtica reliquia.

Bibliografía:

Caturla, M. L., *La Verónica. Vida de un tema y su transfiguración por El Greco,* Madrid, Revista de Occidente, 1944.

—, «La Santa Faz de Zurbarán, trompe l'oeil a lo divino», *Goya* 64-65 (1965), pp. 202-205.

Ragusa, I., «Mandylion-Sudarium: The "Translation" of a byzantine relic to Rome», *Arte Medievale* 2 (1991), pp. 97-106.

Stoichita, V., «La Verónica de Zurbarán», *Norba-Arte* 11 (1991), pp. 71-90.

VICENTE
S. IV. Mártir.

Historia y tradición: Es san Vicente de Zaragoza, también llamado protomártir de Valencia, el más célebre de todos los mártires hispánicos antiguos y el único incorporado a la liturgia de la Iglesia universal. Basándose en su *Passio* (s. IV) popularizaron su vida el poeta Aurelio Prudencio, que le dedica el himno V de su *Liber Peristephanon* (s. V), y san Agustín, que le alaba en algunos de sus sermones: «¿Qué región, qué provincia dentro del Imperio romano o hasta donde llega el nombre de cristiano, no se alegra hoy de celebrar el nacimiento de Vicente? ¿Quién hubiera escuchado hoy, aunque fuera el nombre de Daciano, de no haberse leído la pasión de Vicente» (*Sermón* 276, 4). El relato de su martirio fue incluido en el *Martirologio Hieronimiano* (siglos V-VI), tomado a su vez como fuente para todos los martirologios posteriores. Así, la biografía de san Vicente queda reducida a unos pocos datos y a una extensa descripción de los tormentos a los que fue sometido.

Vicente, cuyo nombre tanto san Agustín como Prudencio hacen derivar de «vincentius», vencedor o victorioso, debió nacer hacia mediados del siglo III en Huesca. Fue ordenado diácono en Zaragoza por el obispo san Valero, y con él apresado y conducido a Valencia por orden de Daciano, gobernador de la Tarraconense, en virtud del decreto de persecución dictado por el emperador Diocleciano entre los años 303 y 305. Presentados obispo y diácono ante Daciano, se niegan a renegar de su fe y a adorar a los ídolos. El gobernador ordenó el destierro del obispo, pero sometió a san Vicente a distintas torturas: primero fue puesto en el potro o ecúleo para que le descoyuntaran los huesos, luego fue azotado, lacerado su cuerpo con rastrillos o peines de hierro, y puesto al fuego en una parrilla como san Lorenzo, pero con ninguno de estos tormentos obtuvo el gobernador el efecto deseado. Lo encerraron en una mazmorra oscura con el suelo repleto de cortantes trozos de vasijas de barro, pero los ángeles inundaron su cárcel de luz y de flores.

Daciano decidió prolongarle la vida para torturarle más tarde; le hizo acostar en una lujosa cama, pero allí murió por fin. «Al anunciársele su muerte, Daciano, ya vencido y turbado, dijo: "Si no pude vencerlo en vida, lo castigaré aunque sea muerto".» Ordenó que llevasen su cadáver a un lugar solitario para que fuera devorado por las fieras, pero un cuervo lo defendió con sus graznidos. Entonces decidieron que fuesen los monstruos marinos quienes se deshiciesen del cuerpo del mártir: lo ataron a una gran piedra, «pesada como la de un molino» («saxum molaris ponderis», *Perist.* V, 490), y lo arrojaron al mar, pero, según la tradición, las olas lo llevaron hasta las playas de Cullera, donde fue recogido por una viuda de nombre Jónica. Con la ayuda de otros cristianos, le sepultaron en un lugar fuera de los muros de Valencia y erigieron un oratorio en su memoria, en lo que es hoy la iglesia de San Vicente de la Roqueta.

Desde este foco originario, el culto a san Vicente se difundió por toda Europa, como ocurre con otros santos, a propósito de la dispersión y traslación de sus reliquias como se dice explícitamente en el capítulo 27 de la *Passio*. En España se veneraba también ya desde el siglo V la reliquia de la sangre, un lienzo o túnica empapada con ella; así se desprende de los versos de Prudencio: «Aquél recorre a besos los dobles surcos de los garfios, éste disfruta lamiendo la purpurante sangre de su cuerpo. La mayoría moja paños con la sangre que le cae gota a gota, con la intención de conservarlos en casa como sagrada protección para sus descendientes» (*Perist*. V, 337-344).

La estola fue llevada a París en el año 542 por el rey Childeberto después del sitio de Zaragoza, y erigió en su honor un monasterio que posteriormente cambiaría su titularidad por el de Saint German des Prés. Pero la difusión del culto a san Vicente en Francia no partiría de aquí, sino del monasterio benedictino de Castres, en el Languedoc, adonde había sido trasladado su cuerpo en el siglo IX. De aquí Luis VIII se llevó en 1215 la mandíbula a Saint German; y en 1224 el resto del cráneo fue llevado a Claraval. También Portugal tenía el cuerpo de san Vicente, ya que unos mozárabes lo habían sacado de Valencia y lo habían trasladado hasta un cabo al sur del país, el «promontorio sacro», que luego se llamaría cabo de san Vicente. Desde aquí el cuerpo fue trasladado a Lisboa en 1173 bajo el reinado de Alfonso Enriquez I, que convertiría a san Vicente en el patrón de Lisboa y de Portugal.

En Italia el culto a san Vicente se introdujo a través de un monasterio benedictino fundado junto al río Volturno a principios del siglo VIII, que también creía poseer el cuerpo del santo. Para proteger las reliquias de los sarracenos fueron trasladadas a Cortona, y de aquí, en el siglo X, el emperador Otón el Grande las trasladó a Metz. A pesar de todas estas traslaciones, existe constancia documental de que el cuerpo de san Vicente seguía estando en Valencia en el siglo XII. El obispo don Jerónimo se llevó un brazo para que le protegiera en su viaje de peregrinación a Tierra Santa, pero le sorprendió la muerte en Bari, y el brazo se quedó en la iglesia de San Nicolás. El brazo fue devuelto en 1970 y colocado en una capilla de la catedral de Valencia, donde todavía se venera.

ATRIBUTOS: Palma, libro, rueda de molino, garfios de hierro y cruz aspada en sustitución de la máquina de madera en la que fue colocado para descoyuntar sus extremidades.

Martirio de san Vicente, s. XIII, catedral de Basilea.

REPRESENTACIONES: Se representa a san Vicente joven e imberbe, vestido con la dalmática sobre el alba blanca; por su calidad de diácono puede ir en compañía de san Esteban o san Lorenzo. Los instrumentos de su martirio elegidos como atributo que le acompañan en las imágenes de devoción, no se mantienen constantes. Así, en la imagen central del retablo de Bernat Martorell y en el del Maestro de Estimariu, ambas en el Museo Nacional de Arte de Cataluña de Barcelona, el santo lleva como atributo principal la cruz aspada; pero en el *Retablo de san Vicente* de la colegiata de Santa María, en Calatayud, se le ve con el peine de hierro; y en el *Retablo de la Virgen de la Gracia*, de Francesh Comes, en el Museo de Palma de Mallorca, lleva el santo la parrilla. Le vemos también con frecuencia con la rueda de molino (Pedro García de Benabarre, *Retablo de san Vicente*, ca. 1456, Ainsa, Huesca, iglesia parroquial).

En la tabla de Maestro del Arzobispo Mur (Madrid, Museo del Prado), además le vemos pisando vencedor al gobernador Daciano. Entre las escenas, las más frecuentes son las que ilustran los distintos tipos de tormentos y su muerte en el lecho, como en el retablo de Martorell antes citado. También se han representado su ordenación por el obispo Valero, la derrota de los ídolos (Huguet, *Retablo de san Vicente*, 1450-1460, Barcelona, Museo Nacional de Arte de Cataluña) y las escenas posteriores a su muerte, cuando es arrojado al muladar, al mar con la rueda de molino atada al cuello, y el hallazgo y entierro de su cuerpo (Maestro de Estimariu, Barcelona, Museo Nacional de Arte de Cataluña; anónimo español, Madrid, Museo del Parado; Maestro de San Vicente, colegiata de Santa María, Calatayud, Zaragoza).

BIBLIOGRAFÍA:

CASTELL MAIQUES, V., «Hagiotoponimia de San Vicente, Protomártir de Valencia», *Anuario de la Real Academia de la Cultura Valenciana* 69 (1992), pp. 103-152.

MATEU IBARS, M., *Iconografía de San Vicente Mártir I, pintura*, Valencia, 1980.

VICENTE FERRER
1350-1419. Dominico.

HISTORIA Y TRADICIÓN: Nacido en Valencia, su madre supo ya desde que lo llevaba en el vientre que su hijo habría de ser un insigne predicador, pues el niño emitía desde su interior sonidos muy parecidos a los ladridos de los perros. Efectivamente, cuando tenía dieciocho años, san Vicente tomó el hábito de la Orden de Predicadores, alcanzando desde entonces una fama de predicador apasionado y exaltado que lo acompañaría toda su vida; y recorrió Europa predicando el Evangelio y anunciando la inminente llegada del Juicio Final. Sus incendiarios sermones y el contexto de crisis social en el que se encontraba Europa después de la gran peste de 1348 empujaron a muchos judíos a la conversión para evitar las persecuciones a que eran sometidos. Es tradición que, en 1405, san Vicente Ferrer excitó a las masas desde Santiago del Arrabal de Toledo provocando el asalto a la Sinagoga Mayor y su conversión al culto cristiano como Santa María la Blanca.

También participó activamente en la política de su tiempo. Defendió la sede apostólica de Aviñón en la persona de Clemente VII, y luego fue llamado por su sucesor, Benedicto XIII, el papa Luna, como confesor suyo. Fue también uno de los tres compromisarios que envió el reino de Valencia a Caspe en 1412 para elegir al sucesor de Martín el Humano, contribuyendo con su voto a la elección de Fernando I de Antequera como nuevo rey de Aragón. Aunque para no apartarse de su vocación apostólica huyó siempre de cargos y dignidades (rechazó los obispados de Valencia y de Lérida, y el capelo cardenalicio que le ofreció Benedicto XIII), y siguió ejerciendo de portavoz de su rey y de su papa. Así, participó en 1413 en una disputa cristiano-judía organizada en Tortosa por Benedicto XIII que concluyó con la claudicación de los rabinos participantes. Fernando I, intentando acabar con el Cisma, le retiró su obediencia al papa Luna en 1416; y Vicente Ferrer fue el encargado de proclamarlo mediante lectura pública realizada en Perpiñán el 6 enero del mismo año.

La vida de san Vicente está salpicada también de numerosos hechos maravillosos que siguen las pautas tradicionales de cualquier hagiografía. Especialmente destacan las curaciones milagrosas realizadas tanto en vida como después de muerto, por lo que uno de sus apelativos es el de «Santo Taumaturgo», apelativo que comparte con el de «Apóstol de Europa», misión que le sería conferida por el propio Jesús cuando se le apareció durante una convalecencia en Aviñón. Jesús le curó con una cariñosa palmadita en la mejilla y le encargó recorrer las tierras de Occidente «anunciando a todas las gentes que el día del Juicio estaba próximo». Tampoco le faltaba al santo el don de la profecía, ya que anunció la llegada de barcos cargados de trigo para la hambrienta ciudad de Barcelona, y en otra ocasión, mientras paseaba por Valencia, se le acercó un caballero de nombre Ferrando pidiéndole bendición para su sobrino; san Vicente le encomendó que cuidara de la educación del niño porque «andando el tiempo, llegará a ser papa y él ha de ser quien glorifique mi nombre». Efectivamente, el niño era Alfonso de Borja, que llegó al pontificado con el nombre de Calixto III y canonizó a san Vicente Ferrer en 1455.

ATRIBUTOS: Filacteria con la leyenda *Timite dominum et date illi honorem quia venit hora iudici eius* («Temed a Dios y dadle gloria, porque ha llegado la hora de su Juicio»), que también puede aparecer en un libro abierto ante el espectador, el libro del Apocalipsis, de donde se ha extraído la cita (Ap 14, 7). En la pintura italiana podemos verlo con unas llamaradas de fuego sobre su mano derecha (Bellini, *Políptico de san Vicente Ferrer*, 1464, Venecia, iglesia de ss. Giovanni e Paolo; Andrea da Murano, *San Vicente Ferrer y san Sebastián con otros santos*, 1478, Venecia, Galería de la Academia), que es una alusión al cuarto ángel encargado de la plaga del fuego (Ap 16, 8-9) con quien se identifica al santo taumaturgo.

En numerosas estampas populares aparece con alas y con las llamas sobre la cabeza. Los ángeles apocalípticos que a veces le acompañan simbolizan también el anuncio del Juicio Final (José Vergara, *San Vicente Ferrer resucitando a una muerta*, catedral de Valencia). Menos frecuentes son los símbolos de las dignidades rechazadas por el santo que aparecen por tanto a sus pies, es decir, las mitras episcopales y el capelo cardenalicio (Gregorio Fernández, 1606, Valladolid, monasterio de Santa Catalina de Siena).

REPRESENTACIONES: Se representa a san Vicente Ferrer en edad madura, con amplio cerco monacal que no cierra sobre la frente, ocupada por un pequeño mechón de pelo. En su iconografía domina su faceta de predicador apocalíptico, rodeado por la filacteria en la que anuncia la llegada del Juicio y con el dedo índice de la mano derecha levantado, señalando el cielo, como se ve en la tabla de la catedral de Valencia atribuida a Jacomart, de la mitad del siglo XV. Ésta es la disposición habitual que adquiere el santo en el arte español, y en la que inciden casi invariablemente los maestros valencianos (Juan de Juanes *San Vicente Ferrer*, Barcelona, Museo Nacional de Arte de Cataluña; *San Vicente Ferrer*, Valencia, Museo del Patriarca).

Otras veces el santo cruza el brazo sobre el pecho señalando a la filacteria por su izquierda (Maestro del Grifo, *Retablo de san Vicente Ferrer*, Valencia, Museo Provincial de Bellas Artes;

Ribalta, *San Vicente Ferrer*, Valencia, convento de Santo Domingo). A veces se enfatiza el mensaje de la llegada del Juicio señalando al propio Jesús, que aparece sobre nubes a la derecha (Vicente Macip y Juan de Juanes, *Retablo de san Vicente Ferrer*, Segorbe, Museo Diocesano; Ghirlandaio, *Retablo de san Vicente Ferrer y la familia Malatesta*, ca. 1488, Rímini, Pinacoteca). En su iconografía italiana es frecuente que el santo aparezca sin su clásica filacteria, lo que puede llevar a confundir su identidad con la de cualquier otro santo dominico, como en el lienzo de Tiziano de la Galería Borghese, en Roma, normalmente identificado como una representación de santo Domingo, pero que, por su gesto de señalar al cielo con el dedo, es probable que se trate de san Vicente Ferrer (Zucker, 1992).

Si en estas imágenes devocionales la figura aparece descontextualizada, en otras el santo predica ante un auditorio atento en el que también encontramos judíos, como en una de las tablas del ya citado retablo del Maestro del Grifo, o en uno de los lienzos que Ribalta pintó para el retablo de Algemesí, en Valencia (1604, iglesia de San Jaime). José Vergara plasmó también la disputa cristiano-judía de Tortosa organizada por Benedicto XIII en 1414 (s. XVIII, catedral de Valencia). La faceta de taumaturgo está también ampliamente representada. Ilustran las numerosas curaciones, resurrecciones, exorcismos y otros milagros de los que dan buena cuenta sus hagiógrafos –el Maestro del Grifo, Bellini o Ercoli de Roberti en la predela del *Políptico Griffoni* de la Pinacoteca del Vaticano, por poner sólo los ejemplos más significativos–. Por último, Ribalta ilustró la curación del santo cuando se encontraba en Aviñón en la *Aparición de Cristo a san Vicente Ferrer* (1604-1605, Valencia, colegio del Corpus Christi); y con *San Vicente Ferrer leyendo el fallo de Caspe* de Vicente Salvador (1664-1665, Valencia, convento de Santo Domingo) se ilustra otro de los momentos importantes en la vida del santo.

BIBLIOGRAFÍA:

AGUILERA CERNI, V., «Catálogo artístico de la exposición vicentina», *Crónica de la exposición vicentina*, Valencia, 1957, pp. 115-242.

Domínguez M., *Iconografía vicentina. El retaule de San Vicente Ferrer y els Malatesta de Ghirlandaio, en Rímini*, Centro de Cultura Valenciana, 1965.

Ferri Chulio, A., *Iconografía popular de San Vicente Ferrer*, Alicante, 1999.

Mateu y Llopis, F., *La iconografía tipográfica de San Vicente Ferrer de los siglos XV y XVI*, Valencia, 1955.

Zucker, M. J., «Problems in Dominican iconography: The case of St. Vincent Ferrer», *Artibus et historiae* 13, 25 (1992), pp. 181-193.

ÍNDICE ONOMÁSTICO

Abdón, **13**, 92
Afra, 338-340
Águeda, **13-15**, 292
Agustín, **15-18**, 20, 22, 38, 122, 124, 185, 233, 245, 295, 346, 348, 363-364, 392, 442, 456-457
Alejo, **18-20**
Alberto Magno, 434, 443
Alvito, 174, 270
Ambrosio, 15, **20-22**, 185, 205-206
Ana, **23-26**
Andrés, **27-29**, 130, 144, 362, 407, 426
Antonio Abad, **29-33**, 34, 354, 356, 394, 424
Antonio de Padua, **34-37**, 157, 371-372
Apolonia, **37-38**
Atilano, 173-174
Auspicio, 24

Bárbara, **38-40**
Bartolomé, **40-42**, 134

Benito, **42-49**, 51, 336-337, 396, 406
Bernardino de Siena, **50-51**, 96
Bernardo de Claraval, 47, **51-57**, 160
Blas, **57-58**
Bruno, 51, **58-63**
Buenaventura, 51, **63-67**, 115, 151, 153, 157, 160

Carlos Borromeo, **68-70**, 135-136, 138
Carmelo, **71-72**
Casilda, **72-73**, 112, 211
Catalina de Alejandría, 65-66, **73-76**, 424
Catalina de Siena, **76-79**, 399-400
Cayetano, **79-81**
Cecilia, **81-83**, 205
Clara de Asís, **83-86**, 359, 361, 399
Clemente, **86-87**, 125, 144, 351
Cosme, **88-92**, 326, 424
Cristóbal, **92-95**, 298, 424

Dámaso, 205, 219
Damián, **88-92**, 326, 424
Diego de Alcalá, **95-98**, 383
Dionisio Areopagita, 125, 126
Domingo de Guzmán, **98**, **103**, 149, 296, 376, 463
Domingo de Silos, 98, 102, **103-105**, 110
Domingo de la Calzada, **105-111**, 412, 417
Dorotea, **111-112**

Elena, **112-115**
Eloy, **116-118**, 216
Emerenciana, 206-207
Engracia, 175
Erasmo, **118-120**, 327
Escolástica, 45
Estanislao de Kostka, **120-121**, 300
Esteban, **121-125**, 236, 286, 311, 348, 353, 459
Esteban Harding, 52
Eugenio, **125-127**
Eulalia de Barcelona, **127-130**
Eulalia de Mérida, **127-130**
Eustaquio, **131-133**
Eustoquio, 219, 221-222

Felices, 279, 332
Felipe, 42, **133-134**
Felipe Neri, 70, **134-140**, 198
Félix de Cantalicio, **140-141**
Félix de Valois, 249-250, 252
Fernando III, 87, **143-150**, 213, 377
Florentina, 118, 212, 274
Francisco de Asís, 34, 36, 63-66, 83-85, 101-102, 115, **150-161**, 165-166, 208, 359, 361, 371-372, 445

Francisco de Borja, 120-121, **163-165**, 170, 194
Francisco de Paula, **165-168**
Francisco Javier, 136, **168-173**, 192, 194, 198
Froilán, **173-175**
Frutos, **175-176**
Fulgencio, 212

Gabriel Arcángel, **176-178**, 228, 236
Genaro, 80, **178-180**, 358
Gervasio, 22
Gil, **180-182**
Gregorio Magno, 43, 47, **182-187**, 291, 309, 329
Gregorio Nacianceno, 218

Hermenegildo, **187-189**, 273
Hilario, 318
Hipólito, 284, 286-287
Huberto, 132-133
Hugo de Grenoble, 59, 60, 61, 62
Hugo de Lincoln, **189-190**

Ignacio de Loyola, 163, 168-169, **190**, **199**
Ildefonso, 126, **200**, **204**, 211, 272, 275, 277
Inés, 37, **205-207**, 249
Irene, 420, 424
Isabel de Hungría, 112, **207-210**, 211, 298
Isabel de Portugal, 73, 112, **210-212**
Isidoro, 143, 145, 149, 189, 200, **212-213**, 270, 272, 388
Isidro, 13, 136, **214-218**

Jerónimo, 20, 22, 26, 185, 205, **218-224**, 233, 282, 233, 299, 324
Joaquín, 23-25
Jorge, 31, **224-228**, 298, 303
José, **228-232**, 239, 433, 437
Juan, **232-236**, 244, 362, 406-407
Juan Bautista, 59, 176-177, 221, 235, **236**, **241**, 289, 392, 404
Juan de Capistrano, 50
Juan de Dios, **241-248**, 254
Juan de Mata, **249-252**
Juan de Sahagún, **252-255**
Juan de la Cruz, **255-261**, 434, 439
Juan Nepomuceno, **261-263**
Judas Tadeo, **264-265**
Julián de Cuenca, **265-268**
Justa, 212, **269-271**, 274
Justo, **271-273**

Lázaro, 305, 310-311, 315
Leandro, 66, 187, 189, 212, 269, **273-274**, 291
Leocadia, 126, 200-201, 203, **274-277**
León Magno, **277-279**, 499
Librada, **279-283**
Lorenzo, 31, 40, 122-123, **284-288**, 457, 459
Lucas, 153, 236, 238, **288-291**, 351
Lucía, **292-294**
Luis Bertrán, **294-296**
Luis de Francia, 298
Luis de Tolosa, **296-299**
Luis Gonzaga, 121, **299-300**

Marcos, 92, 221, 289, **300-303**, 397, 424
Margarita, **303-306**

María de Cervelló, **306-307**
María de la Cabeza, 214-216, 218
María Egipcíaca, **308-309**, 347
María Magdalena, 305, 308, **309-317**, 392
Marta, 305-306, 310-311, 313
Martín, **317-321**, 428
Mateo, 153, 230, 289, **321-326**
Matías, 264-265, 352
Mauricio, 120, **326-328**
Mauro, 44, 49
Maximino, 311
Miguel Arcángel, 31, 70, 176, 182, 186, 291, **328-332**, **332-338**, 388
Millán de la Cogolla, **332-338**, 388
Mónica, 15-17

Narciso, **338-341**, 377
Nicolás, 303, **341-344**, 345
Nicolás de Tolentino, **345-347**, 392

Onofre, **347-348**

Pablo, 15, 99, 102, 122, 278, 289, **348-354**, 363-366, 419, 421, 428-430, 442-443, 445
Pablo Ermitaño, 30-31, 347, **354-356**
Pantaleón, 92, **356-358**
Pascual Bailón, 254, **358-362**
Pastor, **271-273**
Paula, 219
Pedro, 14-15, 59, 86-87, 99, 102, 160, 186, 191, 197, 232, 234, 278, 350, 352-353, **362-368**, 378-379, 407, 419, 421, 428, 440, 443, 445

Pedro Armengol, **368-369**
Pedro de Alcántara, 359, **370-372**, 434, 439
Pedro Mártir, **372-376**, 445
Pedro Nolasco, 149, 250, **376-380**, 389-390, 426
Pedro Pascual, 71, 369, **380-382**
Pedro Regalado, **382-385**
Plácido, 44, 48
Policarpo, 420
Protasio, 22

Rafael Arcángel, 176, **385-386**
Raimundo de Fitero, **387-388**
Raimundo de Peñafort, 377, **389-390**
Ramón Nonato, 369, **390-392**
Rita de Casia, **392-393**
Román, 286-287
Romualdo, **393-396**
Roque, 92, 132, 268, **396-398**, 424
Rosa de Lima, 77, **399-401**, 404
Rosalía de Palermo, **401-404**
Rosendo, **404-406**
Rufina, **269-271**, 274

Santiago el Mayor, 20, 108-110, 174, 211, 232, 234, 334, 337, 362, 388, **406-419**
Santiago el Menor, 134, 264, **418-420**

Sebastián, 92, 94, 268, 397, **420-424**, 430, 462
Senén, **13**, 92
Serapio, 369, **426**
Silvestre, **427-429**
Simón, **264-265**
Sixto, 284, 286-287

Tecla, 421, **429-430**
Telmo, 119
Teófilo, 111-112
Teresa de Jesús, 136, 230, 256, 260, 307, 370-372, **431-439**
Tomás, 158, 265, **439-442**
Tomás de Aquino, 63-64, 66, 185, 376, **442-446**
Tomás de Villanueva, 255, **446-448**
Toribio, **448-449**

Úrsula, **450-453**

Valentín, 175
Valero, 286, 457, 460
Verónica, 413, **453-456**
Vicente, 286, **456-460**
Vicente Ferrer, 424, **460-464**

Wilgeforte, 280, 283

Bibliografía

Angulo Íñiguez, D. (1940-1941), «Francisco Zurbarán. Mártires mercedarios. San Carlos Borromeo», *Archivo Español de Arte* 14, pp. 365-376.
Bassegoda i Hugas, B. (1989), «Observaciones sobre el "Arte de la Pintura" de Francisco Pacheco como tratado de iconografía», *Cuadernos de Arte e Iconografía* 3, pp. 185-196.
Caamaño Martínez, J. M. (1969), «Berceo como fuente de iconografía cristiana medieval», *Boletín del Seminario de Estudios de Arte y Arqueología* 34-35, pp. 177-193.
Ceán Bermúdez, J. A. (2001), *Diccionario histórico de los más ilustres profesores de las Bellas Artes en España* [1800], Madrid, Akal.
Croiset, J. (1773), *Año Christiano, o exercicios devotos para todos los días del año*, Madrid.
Del Castillo y Utrilla, M. J. (1992), «Reyes y nobles en la iconografía franciscana», *Laboratorio de Arte* 5, pp. 25-41.
Ferrando Roig, J. (1950), *Iconografía de los santos*, Barcelona, Omega.
García Páramo, A. M. (1988), *Aportaciones al estudio de la iconografía de los santos en el Reino de Castilla*, Madrid, tesis de licenciatura inédita.
García Rodríguez, C. (1966), *El culto de los santos en la España romana y visigoda*, Madrid, C.S.I.C.
Ginés Sabras, A. (1988), «Los programas hagiográficos en la escultura románica monumental de Navarra», *Príncipe de Viana* 183, pp. 7-49.
Hornedo, R. (1968), «Martínez Montañés y los jesuitas», *Razón y Fe* 178, pp. 463-476.

INTERIÁN DE AYALA, J. (1883), *El pintor cristiano y erudito, o tratado de los errores que suelen cometerse frecuentemente en pintar y esculpir las imágenes sagradas* [1730], Barcelona, 3 vols.

KAFTAL, G. (1986), *Iconography of the saints in tuscan painting*, Florencia.

MÂLE, E. (1985), *El Barroco. Arte religioso del siglo XVII*, Madrid, Encuentro.

— (1986), *El Gótico. La iconografía de la Edad Media y sus fuentes*, Madrid, Encuentro.

MANSÓ MARTÍNEZ, E. y SÁNCHEZ RUBIO, M. A. (1989), «Origen y fuentes de la iconografía del tetramorfos en la pintura románica castellano-leonesa», *Cuadernos de Arte e Iconografía* II, 3, pp. 110-116.

MARTÍN GONZÁLEZ, J. (1957), «Cabezas de santos degollados en la pintura española», *Goya* 16, pp. 210-213.

MARTÍNEZ-BURGOS GARCÍA, P. (1989), «Imágenes tipo y Modus Orandi: las variantes iconográficas del santo en la pintura del renacimiento español», *Cuadernos de Arte e Iconografía* II, 4, pp. 30-35.

— (1989), «Ut pictura natura: la imagen plástica del santo ermitaño en la literatura espiritual del siglo XVI», *Norba-Arte* 9, pp. 15-27.

— (1990), *Ídolos e imágenes. La controversia del arte religioso del siglo XVI español*, Universidad de Valladolid.

— (1999), «La meditación de la muerte en los penitentes de la pintura española del Siglo de Oro. Ascetas, melancólicos y místicos», *Espacio, Tiempo y Forma, Serie VII, Historia del Arte* 12, pp. 149-172.

MEISS, M. (1988), *Pintura en Siena y Florencia después de la Peste Negra*, Madrid, Alianza.

MOLANO, J. (1996), *De Historia SS. Imaginum* [1570], París [trad. francesa: *Traité des saintes images*].

MOLINA I FIGUERAS, J. (1996), «Hagiografía y mentalidad popular en la pintura tardogótica barcelonesa (1450-1500)», *Locus Amoenus* 2, pp. 125-139.

NAVARRETE PRIETO, B. (1998), *La pintura andaluza del siglo XVII y sus fuentes grabadas*, Madrid.

PACHECO, F. (1990), *El arte de la pintura* [1649], Madrid, Cátedra.

PALEOTTI, G. (1961), «Discorso intorno alle imagini sacre e profane (Bolonia, 1582)», en P. Barocchi, *Trattati d'arte del Cinquecento fra Manierismo e Controriforma II*, Bari.

PALOMINO DE CASTRO Y VELASCO, A. (1947), *El Museo Pictórico y Escala Óptica (1715-1724)*, Madrid, Aguilar.

PANOFSKY, E. (2003), *Tiziano. Problemas de iconografía*, Madrid, Akal.

PÉREZ DE URBEL, J. (1951), *Año cristiano*, Madrid, Ediciones Fax.
PÉREZ GUILLÉN, I. V. (1989), «Nuevas fuentes de la pintura de Zurbarán. La estampa didáctica jesuítica», *Goya* 213, pp. 151-160.
PONZ, A. (1947), *Viaje de España, (1772-1794)*, Madrid, Aguilar.
PORTÚS PÉREZ, J. (1999), «Retrato, humildad y santidad en el Siglo de Oro», *Revista de Dialectología y Tradiciones Populares* 54, 1, pp. 169-188.
RAYA RAYA, A. (1978), «El programa iconográfico de la iglesia del antiguo convento de la Merced de Córdoba», *Traza y Baza* 7, pp. 89-100.
RIBADENEIRA, P. (1675), *Flos sanctorum o libro de la vida de los santos... con una adición de santos que hizo el padre Juan Eusebio Nieremberg... añadido de santos ahora nuevamente canonizados por el padre Francisco García*, Madrid.
RIESCO CHUECA, P. (1995), *Pasionario hispánico*, Universidad de Sevilla.
RÉAU, L. (1997-1998), *Iconografía del arte cristiano. Iconografía de los santos*, Barcelona, Ediciones del Serbal.
RUIZ BUENO, D. (1987), *Actas de los Mártires*, Madrid, B.A.C.
RUSSO, D. (1992), «Compilation iconographique et légitimation de l'ordre dominicain: les fresques de Tomaso da Modena à San Niccolò de Trevise (1352)», *Revue de l'art* 97, pp. 76-84.
SAINT SAËS, A. (1990), «Apología y denigración del cuerpo del ermitaño en el Siglo de Oro», *Hispania Sacra* 42, pp. 169-180.
SEBASTIÁN, S. (1981), *Contrarreforma y barroco*, Madrid, Alianza.
— (1994), *Mensaje simbólico del arte medieval. Arquitectura, liturgia e iconografía*, Madrid, Encuentro.
SILVA Y VERÁSTEGUI, S. (1987), *Iconografía gótica en Álava. Temas iconográficos de la escultura monumental*, Diputación Foral de Álava.
SIMÓN DÍAZ, J. (1977), «Hagiografías individuales publicadas en español de 1480 a 1700», *Hispania Sacra* 30, 59, pp. 421-480.
STOICHITA, V. I. (1996), *El ojo místico. Pintura y visión religiosa en el Siglo de Oro español*, Madrid, Alianza.
SUÁREZ QUEVEDO, D. (1998), «De imagen y reliquia sacras. Su regulación en las constituciones sinodales postridentinas del arzobispado de Toledo», *Anales de Historia del Arte* 8, pp. 257-290.
TERRÓN REYNOLDS, M. T. (1994-1995), «Temas e iconografía en la pintura barroca de Extremadura», *Norba-Arte* 14-15, pp. 119-144.
TIRSO DE MOLINA (1973), *Historia General de la Orden de Nuestra Señora de la Merced*, Madrid, Revista Estudios.

USABIAGA URKIOLA, J. J. (1996), «Iconografía de la representación de milagros "ad sepulcrum" en la pintura bajomedieval hispana», *Anales de Historia del Arte* 6, pp. 235-253.
VEGA, P. (1580), *Flos sanctorum*, Sevilla.
VILLEGAS, A. (1652), *Flos sanctorum. Historia general de la vida y hechos de Iesu Christo y de todos los santos de que reza la Iglesia católica*, Madrid.
VORÁGINE, S. DE LA (1982), *La Leyenda Dorada*, Madrid, Alianza.
VV.AA., (1966), *Año Cristiano*, Madrid, B.A.C.
VV.AA., (1965), *Bibliotheca Sanctorum*, Roma, Istituto Giovanni XXIII della Pontificia Universitá Lateranense, 12 vols.